Mein Recht im Alltag

Dominique Strebel

Mein Recht im Alltag

Der grosse Schweizer Rechtsratgeber

Ein Ratgeber aus der Beobachter-Praxis

Der Autor

Der Autor Dominique Strebel ist Jurist und Redaktor beim Beobachter.

Dank

Für die fachliche Unterstützung und die kritische Durchsicht des Manuskripts dankt der Autor: den Fachleuten des Beobachter-Beratungsteams Irmtraud Bräunlich, Karin von Flüe, Doris Huber, Regina Jäggi, Michael Krampf, Daniel Leiser, Rosmarie Naef, Patrick Strub, Barblina Töndury und Toni Wirz, dem Rechtsanwalt, Sozialversicherungsexperten und Beobachter-Buchautor Ueli Kieser sowie Christian Zingg, Dozent für Arbeits- und Sozialversicherungsrecht.

Beobachter Buchverlag
© 2007 Jean Frey AG Zürich
Alle Rechte vorbehalten
www.beobachter.ch

Herausgeber:
Der Schweizerische Beobachter, Zürich

Lektorat: Käthi Zeugin
Illustrationen: Karin Negele (www.illustration.li)
Cover: artimedia.ch (Grafik),
Tres Camenzind (Bild), Modissa (Outfit)
Satz: Bruno Bolliger

ISBN 978 3 85569 385 6

Dieses Buch wurde auf chlor- und säurefreiem Papier gedruckt.

Inhaltsverzeichnis

Vorwort ... 15

1. Wie Juristen denken ... 16

1.1 Mit einem rechtlichen Problem konfrontiert ... 19
Wenn man sich plötzlich mit Juristinnen herumschlagen muss ... 19
Wie Juristen eine Sache angehen ... 20
Früh Beweise zusammentragen ... 22
Kleiner Exkurs zu den Fristen ... 22

1.2 Rechtliche Konflikte anpacken ... 24
Der erste Schritt zur Lösung: das Gespräch ... 24
Argumente schriftlich darlegen ... 26
Das richtige Gesetz finden und verstehen ... 27

1.3 Am richtigen Ort juristische Hilfe holen ... 29
Zuerst zur Rechtsberatungsstelle ... 29
Rechtsberatung per Telefon und Internet ... 31
Lockerungsübung: Verbeissen Sie sich nicht! ... 32
Der dritte Weg: Mediation ... 33
Wann ist es sinnvoll, einen Anwalt zu nehmen? ... 33
Eine gute Anwältin finden ... 34
Der erste Termin mit dem Anwalt ... 36

1.4 Recht und Geld ... 38
Wie teuer kann ein Gerichtsverfahren werden? ... 38
So kommen Sie auch ohne Geld zu Ihrem Recht ... 40
Lohnt sich eine Rechtsschutzversicherung? ... 41
Wenn die Anwältin schlechte Arbeit leistet ... 42
Übersetzte Anwaltsrechnung ... 43

1.5 So läuft es vor Gericht	**45**
Grundzüge des Prozessrechts	46
Wie läuft ein Zivilverfahren ab?	46
Wie läuft ein Strafverfahren ab?	47
Wie läuft ein verwaltungsrechtliches Verfahren ab?	48
Wie läuft ein Verfahren im Sozialversicherungsrecht ab?	49
1.6 Der gute Umgang mit Behörden	**50**
Der Bürger als höflicher, aber informierter Kunde	50
Ärgernis Behördenbriefe	51
Auf dem Amt vorbeigehen	51
Wenn die Behörde verfügt hat	53
Links, Adressen, rechtliche Grundlagen	**54**

2. Mietrecht 56

2.1 Eine Wohnung suchen und mieten	**58**
Ihre Waffen als Mieterin	59
Die Wohnungssuche	60
Was auch noch zum Mietvertrag gehört	61
Gemeinsam mieten	63
Wenn Sie Einrichtungsgegenstände übernehmen	64
Ihre Rechte und Pflichten als Mieterin	65
2.2 In der neuen Wohnung leben	**66**
Die ersten Tage in der Wohnung	66
Wer muss für Reparaturen aufkommen?	67
Die Vermieterin lässt nicht reparieren	67
Der Vermieter baut um, die Heizung steigt aus	68
Streitpunkt Nebenkosten	69
Untermieter erlaubt	70
Wenn der Mietzins steigt	71
Der Hypozins sinkt – und der Mietzins?	73

2.3 Sie müssen die Wohnung verlassen — 75

Die Kündigung und ihre Folgen — 75
Mieterstreckung — 76
Sie kündigen die Wohnung selber — 78
Die Wohnungsrückgabe — 79
Mietkaution zurückfordern — 81

Links, Adressen, rechtliche Grundlagen — 82

3. Nachbarrecht — 84

3.1 Nachbar ist nicht gleich Nachbar — 86

Zuerst das Gespräch — 86
So gehen Sie als Mieterin vor — 87
So gehen Sie als Stockwerkeigentümer vor — 87
Der Störenfried im Nachbarhaus — 88

3.2 Hilfe für die häufigsten Situationen — 90

Rasenmäher, Presslufthammer und Partylärm — 90
Grillieren mit Rauchfahne — 91
Aufdringlicher Velounterstand — 91

Links, Adressen, rechtliche Grundlagen — 93

4. Recht und Eigenheim — 94

4.1 Mieterin oder Eigentümerin? — 97

Was können Sie sich leisten? — 98
Allein oder gemeinsam kaufen? — 99
Miete oder Eigentum: Was behagt Ihnen besser? — 101

4.2 Vor dem Kauf — 103

Das Traumhaus, die Traumwohnung bestimmen — 103
Eigentumsform klären — 104

4.3 Der Kauf — 108

Eigenkapital beschaffen — 108
Den Hypothekarvertrag abschliessen — 109
Der Kaufvertrag — 110
Achtung beim Kauf ab Plan — 110
Altbauten: charmant, aber ... — 114

4.4 Umbauen und Renovieren — 115

Der Architekt, ein wichtiger Partner — 115
Grenzen eines Umbaus — 116
Probleme beim Bau — 117
Die Bauabnahme — 117
Der Werkvertrag mit den Handwerkern — 118
Wichtig: der Kostenvoranschlag — 119
Wenn Handwerker pfuschen — 120

4.5 Das Haus wieder verkaufen — 122

Selber verkaufen — 122
Einen Makler beauftragen — 122
Die Haftung beim Verkauf — 124

4.6 Besonderheiten beim Stockwerkeigentum — 125

Der Einfluss der Gemeinschaft — 125
Sonderrecht und gemeinschaftliche Teile — 126
Die Wertquote und der Anteil an den gemeinschaftlichen Kosten — 127
Eignen Sie sich für Stockwerkeigentum? — 128
Die Regeln fürs Zusammenleben — 128
Die eigene Wohnung umbauen — 131
Besonderheiten beim Verkauf — 131

Links, Adressen, rechtliche Grundlagen — 132

5. Familien- und Erbrecht 134

5.1 Konkubinat, Heirat oder eingetragene Partnerschaft? 137
Rechtliche Konsequenzen des Konkubinats 137
Vor- und Nachteile des Konkubinats 138
Der Konkubinatsvertrag hilft Nachteile beseitigen 139
Wann ist heiraten rechtlich sinnvoll? 140
Die rechtlichen Folgen der Heirat 142
Die eingetragene Partnerschaft 143
Fragen, die alle schriftlich regeln sollten 143

5.2 Kleine und grosse Kinder 145
Wie wird man Vater? 145
Vater und Mutter durch Adoption 146
Krankenkasse für Mutter und Kind 147
Sinnvolle weitere Versicherungen 148
Staatliche Beiträge an die Kinderkosten 148
Der Unterhalt für das Kind 150
Vom Taschengeld und andern Vermögensfragen 151
Schulfragen 152
Wann können Kinder selber Verträge abschliessen? 154
Wer haftet, wenn Kinder Schaden anrichten? 154

5.3 Von Krisen und vom Auseinandergehen 156
Ärger wegen des Geldes 157
Notbremse Eheschutzgericht 157
Trennung: Was müssen wir regeln? 158
Gesetzliche Gründe für eine Scheidung 159
Was ist bei einer Scheidung zu regeln? 160
Das gemeinsame Sorgerecht für die Kinder 162
Das Besuchsrecht 163
Alimente einfordern 165

5.4 Fragen zu älteren Familienmitgliedern 166
Ein Beistand für den betagten Vater 166
Die kranke Mutter zu Hause pflegen 167
Die Pflegekosten der Oma mitragen? 168

5.5	**Von Testamenten, Erbverträgen und Pflichtteilen**	**169**
	So verfassen Sie Ihr Testament korrekt	170
	Für komplexere Verhältnisse: der Erbvertrag	170
	Den Ehepartner optimal begünstigen	171
	Die Konkubinatspartnerin optimal begünstigen	172
	Ein Testament anfechten	173
	Erbvorbezug für ein Kind?	173
	Mietwohnung und Rechnungen des Verstorbenen	174
	Was Sie über die Erbteilung wissen müssen	174

Links, Adressen, rechtliche Grundlagen   **176**

6. Recht am Arbeitsplatz   178

6.1	**Wissen, was im Arbeitsalltag gilt**	**180**
	Gesetz, Vertrag, Gesamtarbeitsvertrag	181
	Fragen rund um die Stellensuche	181
	Was ist ein guter Arbeitsvertrag?	182
	Wenn Sie krank werden	182
	Wie lange wird bei Krankheit der Lohn bezahlt?	182
	Schwangerschaft, Geburt und Familienpflichten	186
	Ferien und Freitage	188
	Den Lohnausweis verstehen	190
	Wann müssen Überstunden bezahlt werden?	190
	Wer haftet für Schäden am Arbeitsplatz?	191
	Gleicher Lohn für gleiche Arbeit?	192
	Unbezahlter Urlaub	193
	Mobbing und andere Schikanen	195
	Die Arbeitgeberin zahlt den Lohn nicht	197
6.2	**Kündigen und gekündigt werden**	**198**
	Die Kündigungsfristen	198
	Nicht alle Kündigungen sind gültig	199
	Wann ist eine Kündigung missbräuchlich?	200
	Richtig reagieren bei einer fristlosen Kündigung	201
	Die grosse Abrechnung	202
	Das Arbeitszeugnis, ein wichtiges Papier	203
	Vor Arbeitsgericht	203

6.3 Spezielle Arbeitsverhältnisse   205

    Teilzeitangestellte, Aushilfen, Stundenlöhner   205
    Welche Rechte haben Lehrlinge?   207
    Als Selbständigerwerbende arbeiten   208

Links, Adressen, rechtliche Grundlagen   **209**

7. Recht für Konsumenten   210

7.1 Kauf, Leasing und Kredit   213

    Verträge sind zu halten   213
    Das verflixte Kleingedruckte   214
    Haustürgeschäft: Rücktritt möglich   215
    Unbestellte Zusendung: getrost in den Papierkorb   216
    Ein Fall für die Garantie   216
    Kaufen per Internet: Das müssen Sie beachten   217
    Kleinkredite und die Regeln dafür   218
    Lohnt sich ein Leasingvertrag?   219

7.2 Geld und Gewinn   221

    So erkennen Sie Betrüger   221
    Sicherheit beim Online-Banking   223
    Hände weg von Kettenbriefen und Schenkkreisen   225
    Die Fallstricke bei einem Darlehen   225
    Verjährung von Forderungen   227

7.3 Haftung und Versicherungen   228

    Wie Autofahrer, Hundehalter und Hauseigentümerinnen haften   228
    Welche Versicherungen sind wirklich nötig?   229
    Richtig vorgehen im Schadenfall   230
    Die Auto-, Hausrat- oder Haftpflichtversicherung wechseln   231

7.4 Wenn einer eine Reise tut   232

    Pauschalreise: Ihre Rechte   232
    Wenn Ihre Reise keine Pauschalreise ist   233
    Time-Sharing lohnt sich nicht   234

7.5 Telefon, Internet, Handy — 235
Was tun gegen Spam? — 235
Gewappnet gegen Internetschwindler — 235
Was gilt bei Internetauktionen? — 236
Daten überprüfen und löschen lassen — 237
Unerwünschte Werbung und Telefonmarketing — 237

7.6 Betreibung und Konkurs — 239
Sich gegen eine Betreibung wehren — 239
Den Eintrag im Betreibungsregister löschen lassen — 240
Wenn Sie das Geld tatsächlich schuldig sind — 240
Wenn Sie selber der Gläubiger sind — 241

Links, Adressen, rechtliche Grundlagen — 244

8. Sozialversicherungen und Sozialhilfe — 246

8.1 Das System der Sozialversicherungen — 249
Der Unterschied zwischen Sozial- und Privatversicherungen — 250
Wer ist wie versichert? — 251

8.2 Gut geschützt bei Unfall — 253
Unfall oder Krankheit – der entscheidende Unterschied — 253
Sie hatten einen kleinen Unfall — 255
Arbeitsunfähig nach einem Unfall — 256
Wenn eine Invalidität zurückbleibt — 257
Wie hoch sind die Invalidenrenten? — 258

8.3 Die Leistungen bei Krankheit — 261
Die Krankenkasse wechseln — 261
Mit der Krankenkasse streiten — 263
Arbeitsunfähig wegen einer Krankheit — 265
Die Krankheit führt zur Invalidität — 266
Ergänzungsleistungen beantragen — 267

8.4 Die Altersvorsorge		**268**
Wie hoch können Altersrenten werden?		268
AHV: lückenlose Beiträge sind wichtig		269
Den Pensionskassenausweis verstehen		271
Säule 3a: wertvolle Ergänzung		271
Wenn die Pensionierung naht		274
8.5 Arbeitslos – wie weiter?		**276**
Was zahlt die Arbeitslosenversicherung?		276
Mit diesen Stellen haben Sie zu tun		277
Das richtige Verhalten nach der Kündigung		277
Achtung Versicherungsschutz		278
Einstelltage und wie man sich dagegen wehrt		278
8.6 Wenn alle Stricke reissen: Sozialhilfe		**280**
Alle Ansprüche prüfen und sich beraten lassen		280
Was ist Sozialhilfe?		281
So kommen Sie zu den Leistungen		282
Müssen Sozialhilfegelder zurückgezahlt werden?		282
Verwandtenunterstützungspflicht: Wer muss wann zahlen?		283
Links, Adressen, rechtliche Grundlagen		**285**

9. Steuern, Strassenverkehr und Strafrecht   288

9.1 Steuern zahlen, aber nicht zu viel		**290**
Die wichtigsten Abzüge		292
Die Steuereinschätzung anfechten		292
Den Überblick über die Steuerzahlungen behalten		293
9.2 Recht im Strassenverkehr		**295**
Sich gegen eine Busse wehren		295
Wenig Rechte bei einer Polizeikontrolle		295
Sich gegen den Führerausweisentzug wehren		296
Das richtige Verhalten nach einem Verkehrsunfall		297

9.3 Verwickelt in ein Strafverfahren — 299

So läuft ein Strafverfahren ab — 299
Sein Recht selbst in die Hand nehmen? — 300
Wann darf die Polizei jemanden festnehmen? — 301
Ihre Rechte bei einer Einvernahme — 302
Ihre Rechte bei einer Verhaftung — 302
Wann empfiehlt sich der Beizug eines Anwalts? — 303
Sich gegen Übergriffe der Polizei wehren — 303
Der Eintrag ins Strafregister — 304
Angehörige im Strafverfahren — 304
Jugendliche im Strafverfahren — 305
Opfer einer Gewalttat — 306

Links, Adressen, rechtliche Grundlagen — **308**

Anhang — 311

Musterbriefe und -verträge — 312
Glossar — 329
20 gesamtschweizerische Links und Adressen — 332
Beobachter-Ratgeber zum Weiterlesen — 334
Stichwortverzeichnis — 336

Vorwort

Jeden Tag haben Sie dutzendfach mit Recht zu tun und merken es nicht einmal. Das ist gut so. Am Kiosk schliessen Sie einen Kaufvertrag über die Zeitung, im Tram einen Dienstleistungsvertrag für den Transport oder Sie machen Gebrauch vom geleasten Auto. An all die möglichen rechtlichen Konsequenzen denkt kaum jemand.

Recht spüren Sie erst, wenn es Probleme gibt: Wenn Ihnen plötzlich eine Rechnung für einen SMS-Dienst ins Haus flattert, den Sie nie abonnieren wollten – vielleicht aber beim Surfen im Internet, ohne es zu realisieren, doch anklickten. Wenn der Vermieter plötzlich mehr Miete will oder der Arbeitgeber grundlos kündigt. Darf der das? Muss ich zahlen? Muss ich mir das bieten lassen? Wer hat Recht? Plötzlich stellen sich Fragen über Fragen.

Dieses Buch liefert Antworten. Aber nur jene Antworten, die Nicht-Juristen verstehen und anwenden können. Für alle andern Fragen weist es den Weg zur kompetenten Fachperson – zu Rechtsberatern und Anwältinnen. Und es lässt Sie auch dort nicht im Stich: Es hilft Ihnen, den richtigen Anwalt zu finden, zu verstehen, wie er denkt, und zu merken, wenn er unfähig ist. Und es gibt Ihnen Anhaltspunkte für die Frage, ob sich der Gang ans Gericht lohnt.

Am besten lesen Sie das erste Kapitel in Ruhe, wenn kein rechtliches Problem drängt. Es erklärt, wie Juristen denken und wie das Recht funktioniert, wie Sie einen Rechtsberater oder eine Anwältin finden und wie teuer Gerichtsverfahren werden können. Die weiteren Kapitel sind einzelnen Rechtsgebieten wie Mietrecht, Arbeitsrecht, Familienrecht oder Konsumentenrecht gewidmet. Dort finden Sie bei konkreten Problemen über das Stichwort- oder das Inhaltsverzeichnis schnell zur richtigen Antwort oder zur richtigen Beratungsstelle.

Auf diese Weise dient Ihnen dieses Buch als juristische Hausapotheke: Wo ein Hausmittel genügt, wird es beschrieben und seine Anwendung erklärt. Wo es um komplexere Probleme geht, wird der Gang zum Spezialisten empfohlen. So haben Sie Ihr Recht im Alltag im Griff.

Zürich, im August 2007
Dominique Strebel

1. Wie Juristen denken

Eine Parkbusse, eine Scheidung, ein Verfahren
vor der Mietbehörde – jeder Kontakt mit der Juristenwelt
ist wie eine Reise in einen andern Kontinent. Man
versteht die Sprache nicht und kann sich schlecht orientieren.
Dieses Kapitel dient Ihnen als Reiseführer.

1.1	**Mit einem rechtlichen Problem konfrontiert**	**19**
	Wenn man sich plötzlich mit Juristinnen herumschlagen muss	19
	Wie Juristen eine Sache angehen	20
	Früh Beweise zusammentragen	22
	Kleiner Exkurs zu den Fristen	22
1.2	**Rechtliche Konflikte anpacken**	**24**
	Der erste Schritt zur Lösung: das Gespräch	24
	Argumente schriftlich darlegen	26
	Das richtige Gesetz finden und verstehen	27
1.3	**Am richtigen Ort juristische Hilfe holen**	**29**
	Zuerst zur Rechtsberatungsstelle	29
	Rechtsberatung per Telefon und Internet	31
	Lockerungsübung: Verbeissen Sie sich nicht!	32
	Der dritte Weg: Mediation	33
	Wann ist es sinnvoll, einen Anwalt zu nehmen?	33
	Eine gute Anwältin finden	34
	Der erste Termin mit dem Anwalt	36
1.4	**Recht und Geld**	**38**
	Wie teuer kann ein Gerichtsverfahren werden?	38
	So kommen Sie auch ohne Geld zu Ihrem Recht	40
	Lohnt sich eine Rechtsschutzversicherung?	41
	Wenn die Anwältin schlechte Arbeit leistet	42
	Übersetzte Anwaltsrechnung	43

1. Wie Juristen denken

1.5 So läuft es vor Gericht		**45**
	Grundzüge des Prozessrechts	46
	Wie läuft ein Zivilverfahren ab?	46
	Wie läuft ein Strafverfahren ab?	47
	Wie läuft ein verwaltungsrechtliches Verfahren ab?	48
	Wie läuft ein Verfahren im Sozialversicherungsrecht ab?	49
1.6 Der gute Umgang mit Behörden		**50**
	Der Bürger als höflicher, aber informierter Kunde	50
	Ärgernis Behördenbriefe	51
	Auf dem Amt vorbeigehen	51
	Wenn die Behörde verfügt hat	53
Links, Adressen, rechtliche Grundlagen		**54**

1.1 Mit einem rechtlichen Problem konfrontiert

Da hat der Pöstler einen eingeschriebenen Brief gebracht. Der Vermieter kündigt Ihnen die Wohnung. Einziehen soll eine Krankenschwester, um seine gebrechliche Mutter rund um die Uhr pflegen zu können. Das sei Eigenbedarf, schreibt der Vermieter.

Oje, diese Wörter, denken Sie. Plötzlich kommt es auf vermeintliche Kleinigkeiten an. Zum Beispiel darauf, ob der eingeschriebene Brief fristgerecht angekommen ist. Oder darauf, was «Eigenbedarf» genau bedeutet. Sie müssen sich in einer fremden Welt voller Fettnäpfchen und Fallen zurechtfinden.

Eins gleich vorneweg: Dieser Fall wurde einvernehmlich gelöst. Die Mieterin zog aus, erhielt aber eine Mieterstreckung von einem Jahr.

Wenn man sich plötzlich mit Juristinnen herumschlagen muss

Der erste Kontakt mit der Welt der Juristen ist ernüchternd. Denn «das Recht» gibt es nicht. Es gibt kein Buch, in dem steht, wer genau in einem konkreten Fall Recht hat. Es gibt nur Menschen, die allgemeine Regeln (Gesetze, Verordnungen) auf einen konkreten Fall anwenden. Und diese Menschen haben unterschiedliche Meinungen und machen auch mal Fehler. Es ist also nicht so, dass jeder, der im Recht ist, auch wirklich Recht erhält. Es gibt Ungerechtigkeiten, die vom Richter nicht erkannt werden. Das muss man sich gut vor Augen führen, bevor man sich in die Juristenwelt stürzt, denn es wird helfen, sich darin nicht zu verirren. Dazu später mehr.

Bei Mietproblemen – um das Beispiel von oben aufzugreifen – entscheiden zuerst die Schlichterinnen der Schlichtungsbehörde. Ist es Eigenbedarf, wenn die alte Mutter des Vermieters rund um die Uhr von einer Krankenschwester gepflegt werden muss und diese daher einziehen will? Der Hauseigentümerverband sagt Ja, der Mieterverband sagt Nein. Vertreter beider Organisationen sitzen in der Schlichtungsbehörde und müssen die Frage entscheiden. Die Antwort steht in keinem Gesetzbuch. Die Schlichter müssen in diesem Einzelfall – wie in jedem andern – eine Wertung vornehmen.

Diese Wertung können Sie mit Argumenten beeinflussen. Deshalb ist es wichtig, dass

1. Wie Juristen denken

Sie sich für Ihr Recht einsetzen. Und da hilft es, wenn Sie verstehen, wie Juristinnen denken und Entscheidbehörden funktionieren.

> **! DAS KÖNNEN SIE SELBST ANPACKEN**
>
> > Gesetze nachlesen.
> > Sich frühzeitig über Rechtsfristen informieren.
> > Abklären, ob sich eine Rechtsschutzversicherung lohnt.
> > Gespräche auf einer Rechtsberatungsstelle vorbereiten.
> > Frühzeitig abklären, ob Sie eine Anwältin brauchen.
> > Die Vertrauenswürdigkeit eines Anwalts überprüfen.
> > Gespräche mit der Anwältin vorbereiten.
> > Die Arbeit Ihres Anwalts beurteilen.
> > Sich gegen eine übersetzte Anwaltsrechnung wehren.
> > Das Mandat eines Anwalts oder einer Rechtsberaterin auflösen.

> **HIER BRAUCHEN SIE HILFE**
>
> > Wenn Sie gegen einen Anwalt klagen wollen.
> > Wenn Sie vor Gericht eine Klage einreichen wollen.

Wie Juristen eine Sache angehen

Drehen wir den Film zurück: Sie haben die Kündigung der Wohnung eben erst erhalten. Damit gehen Sie zur Rechtsberatungsstelle des Mieterverbands. Sie erzählen der Beraterin vom «gemeinen Vermieter», davon, dass seine Mutter unhöflich sei, im Treppenhaus nie grüsse. Dass das Ganze sehr ärgerlich sei und so weiter. Ihr Frust quillt über. Die Juristin wird Sie unterbrechen und ganz gezielte Fragen stellen. Wann haben Sie den eingeschriebenen Brief erhalten? Wie viel Miete zahlen Sie pro Monat für die Wohnung? Wie viele Kinder haben Sie?

Diese Fragen helfen der Juristin abzuklären, ob die Kündigung gültig ist (sie ist es nur, wenn sie innert Frist bei Ihnen eingetroffen ist – wenn nicht, gilt sie erst auf den nächsten Termin) und welche Chancen bestehen, das Mietverhältnis trotz gültiger Kündigung zu verlängern (die Chancen sind höher, wenn Sie Kinder haben oder die Wohnung billig ist). Im Kapitel «Sie müssen die Wohnung verlassen» (siehe Seite 75) wird dieser Themenkreis ausführlich behandelt.

Hier nun vier Stichworte zum Denken von Juristinnen und Juristen. Von diesem Denken kann man als Normalbürgerin einiges für den Alltag lernen.

Juristinnen denken in Begriffen

Solche Begriffe sind zum Beispiel «Eigenbedarf», «Mieterstreckung» oder «gültige Kündigung». Die Juristinnen haben Schublädchen im Kopf und prüfen, ob das, was Sie erzählen, in eines davon passt. Das «Schublädchen» spielt eine Rolle bei Rechtsberaterinnen und Anwälten, die Ihnen helfen wollen. Noch wichtiger ist es bei Beamten, Staatsanwälten und Richterinnen, die Sie von Ihrer Sache überzeugen müssen. Die Juristinnen finden ihre Schublädchen entweder im Gesetz, in Leiturteilen oder in Verträgen. Im Mietrecht und den Urteilen dazu steht, was bei «Eigenbedarf» passiert und wann man Anspruch auf «Mieterstreckung» hat. Und im Mietvertrag oder in der Hausordnung steht zum Beispiel, ob man Haustiere halten darf oder nicht.

Entscheidend ist nur, was beweisbar ist

Deshalb versuchen Juristen möglichst schnell herauszufinden, welche Beweise Sie für das haben, was Sie behaupten. Ohne Beweise können Sie noch so Recht haben – es hilft Ihnen nichts, denn vor Gericht obsiegt nicht die «wahre Wahrheit», sondern die beweisbare Wahrheit. Beweise sind in der Regel Schriftstücke oder Zeugen, die Ihre Sicht der Dinge bestätigen (mehr dazu auf der nächsten Seite).

Relevant ist nur, was noch nicht verjährt ist

Deshalb wird Sie ein guter Anwalt zum Beispiel fragen, wann der Nachbar Ihnen Fluchwörter an den Kopf geworfen haben soll. Denn nur bis zu drei Monaten nach einem solchen Ereignis kann man noch Ehrverletzungsklage einreichen. Oder der Anwalt wird sich erkundigen, wann Sie Ihrer Freundin ein Darlehen gewährt haben, denn solche Summen kann man nur zehn Jahre lang gerichtlich zurückfordern. Mehr zu den Fristen erfahren Sie auf Seite 22 und 226.

Es lohnt sich, wichtige Abmachungen und Schritte beweisbar zu machen, Beweise aufzubewahren und sich über allfällige Fristen von Klagen oder Ansprüchen früh zu informieren.

Anwälte wägen Prozesschancen und Kosten ab

Wenn Anwälte wissen, was passiert ist, wie es in die Schublädchen passt, was sich beweisen lässt und noch nicht verjährt ist – erst dann überlegen sie, welche Chancen der Fall vor Gericht hat und was das alles kosten würde. Zwar ist der Entscheid der ersten Behörde manchmal kostenlos, so zum Beispiel das Schlichtungsverfahren vor der Schlichtungsbehörde in Mietsachen. Doch wenn das Verfahren über mehrere Instanzen weitergezogen wird, kann das schnell ins Geld gehen. Dann müssen die Anwälte wissen, ob Sie eine Rechtsschutzversicherung haben oder Anspruch auf unentgeltliche Rechtspflege erheben können (mehr dazu auf Seite 40 und 41).

1. Wie Juristen denken

Früh Beweise zusammentragen

Es muss nicht gleich die Kündigung sein. Jeden Tag haben Sie dutzendfach mit Recht zu tun: Wenn Sie beim Bäcker Gipfeli kaufen, schliessen Sie einen Kaufvertrag, wenn Sie zum Coiffeur gehen oder ein Trambillett lösen, einen Dienstleistungsvertrag. Und meist geht alles gut. Wollen Sie aber Garantie geltend machen für die eben gekaufte Kamera, die den Geist aufgegeben hat, werden Sie Probleme bekommen, wenn Sie den Kassabon nicht mehr finden. Der Kassabon ist der Beweis, dass Sie die Kamera in dem Geschäft gekauft haben, in dem Sie sie zurückgeben wollen. Der Beweis ist entscheidend, nicht das Recht. Und: Beweise hängen häufig von Schriftstücken ab.

Deshalb werden wichtige Verträge in der Regel schriftlich abgeschlossen, obwohl die meisten Vertragstypen wie Miet-, Arbeits- oder Kaufvertrag auch mündlich gültig sind. Deshalb tut man gut daran, die Versicherung oder den Job mit eingeschriebenem Brief zu kündigen, obwohl eine mündliche Kündigung eigentlich genügen würde. Man macht es schriftlich und eingeschrieben, damit man wenn nötig beweisen kann, dass man dem Versicherer oder der Arbeitgeberin die Kündigung rechtzeitig mitgeteilt hat. Wichtige Verträge schriftlich festzuhalten hat noch mehr Vorteile: Häufig hilft das Aufschreiben, an alle Punkte zu denken und sich selber die Regelung wirklich klarzumachen. Mündlich sind die Dinge oft (zu) schnell gesagt.

Wichtige Verträge, die Sie besser schriftlich abschliessen, sind etwa: Mietvertrag, Arbeitsvertrag, Darlehensvertrag oder Konkubinatsvertrag. Bei den ganz wichtigen hält das Gesetz fest, dass sie nur schriftlich gültig sind: zum Beispiel beim Testament, beim Ehevertrag oder beim Leasingvertrag.

Kleiner Exkurs zu den Fristen

Informieren Sie sich bei Rechtsproblemen frühzeitig, ob Fristen bestehen, die Sie einhalten müssen. Denn Sie können noch so Recht haben – wenn die Frist verpasst ist, können Sie das Recht nicht mehr durchsetzen.

Die wichtigsten Fristen – Verjährungsfristen, Kündigungsfristen, Rechtsmittelfristen – stehen in den Verträgen, auf der Verfügung, im Gesetz oder in den allgemeinen Vertragsbestimmungen (dem Kleingedruckten). Auch hier kann Ihnen ein Rechtsberater schnell weiterhelfen. Fragen Sie ihn frühzeitig, wenn Sie sich nicht selbst anhand Ihrer Unterlagen Klarheit verschaffen können.

Kurt G. ...

... hat seinem Bruder vor 16 Jahren ein Darlehen von 12 000 Franken gewährt. Jetzt will er sein Geld zurück und stellt dem Bruder Rechnung über 12 000 Franken zuzüglich Zinsen. Der Bruder zahlt nicht.

Kurt G. hat Pech: Er kann nicht rechtlich gegen seinen Bruder vorgehen, denn eine vertragliche Forderung – in diesem Fall aus Darlehensvertrag – verjährt nach zehn Jahren. Er kann nur darauf hoffen, dass der Bruder die Summe freiwillig überweist. Zinsen braucht der Bruder im Übrigen in keinem Fall zu zahlen, denn diese sind bei Darlehen zwischen Privaten nur geschuldet, wenn das von vornherein so abgemacht wurde.

Wann ist die Frist gewahrt?

Im Verkehr mit dem Staat gilt eine Frist in der Regel dann als gewahrt, wenn Sie den Brief vor Ablauf der Post übergeben (Poststempel). Im Umgang mit Privatpersonen und Geschäften – etwa bei einer Wohnungskündigung – muss der Brief dagegen vor Ablauf der Frist zugegangen, das heisst beim Adressaten angekommen sein. Es gilt also nicht der Poststempel!

Eine Übersicht über die wichtigsten Verjährungsfristen finden Sie auf Seite 226.

1. Wie Juristen denken

1.2 Rechtliche Konflikte anpacken

Sie wurden ungerecht behandelt, übervorteilt sogar – und wollen sich das nicht bieten lassen. Je geschickter Sie sich nun verhalten, desto eher kommen Sie zum Ziel. Wenn alles gut geht, vielleicht auch ohne rechtliche Schritte einzuleiten.

Sind Sie mit einem rechtlichen Problem konfrontiert, lohnt es sich, Schritt für Schritt vorzugehen.

Der erste Schritt zur Lösung: das Gespräch

Wenn ein juristisches Problem auftaucht, sollte der Gang zum Rechtsberater oder zur Anwältin nicht die erste Reaktion sein. Suchen Sie zuerst das Gespräch mit dem Verkäufer, mit der störenden Nachbarin, dem Steueramt oder dem Arbeitgeber. Manchmal lassen sich Probleme so schnell, einfach und ohne grosse Unkosten lösen. Zudem erfahren Sie unter Umständen wichtige Details oder Hintergründe; dieses Wissen wird Ihnen später, wenn es doch noch zu einer rechtlichen Auseinandersetzung kommt, nützlich sein.

Tipps für ein gutes Gespräch

Es ist nicht leicht, in einem Konflikt mit dem Nachbarn, der Vermieterin oder dem Arbeitgeber ein Gespräch so zu führen, dass sich die Fronten nicht verhärten, sondern gemeinsam eine Lösung gefunden werden kann. Ein paar Grundregeln helfen, die grössten Fehler zu vermeiden.

> **Vor dem Gespräch**
>   > **Auf zehn zählen:** Lassen Sie nach einem Vorfall zuerst die gröbste Wut verrauchen. Atmen Sie tief durch, schlafen Sie darüber. Suchen Sie erst dann ruhig und sachlich das Gespräch.
>   > **Klare Ziele:** Machen Sie sich klar, was Sie mit dem Gespräch bezwecken. Wollen Sie einfach Dampf ablassen – was nicht der direkteste Weg zu einer Einigung ist – oder wollen Sie eine dauerhafte, tragfähige Lösung suchen?
> **Während des Gesprächs**
>   > **Ich-Botschaften:** Beschreiben Sie das Problem immer aus Ihrer persönlichen Sicht, vermeiden Sie Anschuldigungen oder gar Beschimpfungen. Sagen Sie zum Beispiel: «Ich fühle mich durch

IN SIEBEN SCHRITTEN VOM GESPRÄCH ZUM GERICHTSTERMIN

1. Schritt: das direkte Gespräch
Stört Sie die Nachbarin mit lauter Musik morgens um eins, will ein Schuldner nicht zahlen oder die Schulbehörde Ihr Kind nicht vorzeitig in die Ferien entlassen, lohnt sich zuerst ein direktes Gespräch. Am besten von Angesicht zu Angesicht und nicht am Telefon.

2. Schritt: sich über die Rechtslage informieren
Führt das Gespräch nicht weiter, müssen Sie sich über Ihre rechtlichen Möglichkeiten informieren. Zum Beispiel, indem Sie einschlägige Ratgeberbücher lesen, gesetzliche Grundlagen studieren oder im Internet unter www.beobachter.ch/helponline Rat suchen.

3. Schritt: Berufsverbände und Ombudsstellen ansprechen
Zu vielen Fragen bieten spezialisierte Ombudsstellen Beratung an und versuchen, vermittelnd eine Lösung zu finden. Berufsverbände und Ombudsstellen können zwar keine verbindlichen Entscheide fällen, doch bündeln sie allfällige Beschwerden zur selben Person oder Institution. Dies erhöht den Druck auf fehlbare Branchenmitglieder oder Behörden.

4. Schritt: eine Rechtsberatung anfragen
Als juristischer Laie können Sie nur wenige Rechtsfragen selbst beantworten. Hilfe finden Sie bei Rechtsberatungsstellen von Konsumentenzeitschriften wie dem Beobachter, die einfache Fragen am Telefon oder per Mail beantworten. Bei komplexeren juristischen Problemen verweisen diese Stellen Sie an spezialisierte Beratungsstellen – wie den Mieterverband oder gewerkschaftliche Rechtsberatungen – oder direkt an einen Anwalt des Vertrauens.

5. Schritt: Besprechung mit einer Anwältin
Sind die Rechtsfragen zu komplex für eine Rechtsberatungsstelle oder wollen Sie rechtliche Schritte konkret prüfen lassen, lohnt sich der Gang zur Anwältin.

6. Schritt: Mediation
Prüfen Sie alternative Methoden für die Beilegung des Streites, bevor Sie Klage einreichen. Manchmal genügt ein Brief Ihres Anwalts; manchmal lohnt sich eine Mediation, bei der die Streitparteien unter professioneller Leitung den Konflikt gemeinsam zu lösen versuchen.

7. Schritt: rechtliche Schritte einleiten
Wägen Sie Ihren Aufwand an Geld und Nerven mit dem möglichen Nutzen eines Prozesses sorgfältig ab, bevor Sie mithilfe einer Anwältin ein Gerichtsverfahren einleiten.

die laute Musik um Mitternacht gestört und kann nicht schlafen.» Sagen Sie nicht: «Um Mitternacht darf man keine Musik mehr hören. Das ist verboten.»

> Zuhören und nachfragen: Auch wenn es vielleicht schwerfällt, dient es Ihrem Anliegen, wenn Sie Ihrem Gesprächspartner zuhören und ihn nicht unterbrechen. Fragen Sie nach, wenn Sie etwas nicht verstanden haben. Verlangen Sie das gleiche Verhalten von Ihrem Gegenüber. So zeigen Sie einander Respekt, was einem fruchtbaren Gespräch förderlich ist.

Argumente schriftlich darlegen

Nach einem Gespräch lohnt es sich oft, das Besprochene schriftlich festzuhalten oder Ihre Forderungen nochmals zu formulieren, falls Sie keine Einigung gefunden haben. Unabdingbar ist ein Brief, sobald es um einen grösseren Streitwert geht oder zum Beispiel um eine Grossfirma, für die man eine Kundin unter Tausenden ist. Ein Schreiben erspart ein x-faches Verbundenwerden am Telefon und ermöglicht es, Belege mitzuschicken.

So wirkt Ihr Brief

Sie ärgern sich über die Mietzinserhöhung des Vermieters. Er will satte 200 Franken mehr, ohne dies wirklich zu begründen.

Auch ein direktes Gespräch fruchtet nichts. Jetzt wollen Sie in die Tasten hauen und Ihrem Ärger so richtig Luft machen. Halt! Genau so werden Sie am wenigsten erreichen.

> **Höflich und sachlich**
Sympathischen Menschen kommt man lieber entgegen. Deshalb schreiben Sie besser höflich und sachlich. Begründen Sie, weshalb Sie zum Beispiel mit der Mietzinserhöhung nicht einverstanden sind, und verlangen Sie Belege. Halten Sie sich zurück mit Belehrungen, Beschimpfungen und Drohungen. Wie das Sprichwort sagt: Hunde, die bellen, beissen nicht.

> **Kurz und bündig**
Fassen Sie sich kurz und versuchen Sie nicht krampfhaft, originell, witzig oder locker zu sein. Sie wollen Ihre Argumente vorbringen und eine Auskunft, eine Stellungnahme oder einen andern Bescheid, sonst nichts.

> **Schlicht und ohne Schnörkel**
Schreiben Sie mit wenig Adjektiven und vielen konkreten Verben, in kurzen Hauptsätzen, klar und auf den Punkt.

> **Nicht allzu juristisch**
Manchmal ist man versucht, rechtlich zu argumentieren, sich auf vertragliche Bestimmungen, allgemeine Geschäftsbedingungen oder Gesetzesartikel zu beziehen. Doch passen Sie auf: Ein falsches rechtliches Argument fällt auf Sie

zurück. Es zeigt dem Gegenüber, dass Sie unerfahren sind. Deshalb führen Sie juristische Begründungen nur an, wenn Sie ganz sicher sind, dass diese zutreffen. Es ist besser, mit dem gesunden Menschenverstand zu argumentieren als mit holprigen juristischen Floskeln und zusammengesuchten Paragrafen.

> **Erwartung formulieren**
Schreiben Sie am Briefende, was Sie erwarten, zum Beispiel eine Stellungnahme oder Belege. Sie können auch einen Lösungsvorschlag formulieren.

Damit Ihnen dies alles etwas leichter fällt, gibt es eine Sammlung mit über 200 Musterbriefen, die Sie einfach an Ihre Verhältnisse anpassen können: «Schreiben leicht gemacht. Brief- und Vertragsmuster für den Alltag», den Beobachter-Ratgeber mit CD-ROM (www.beobachter.ch/buchshop).

Das richtige Gesetz finden und verstehen

Manchmal versuchen Inkassofirmen, Arbeitgeber oder Vermieterinnen einen einzuschüchtern, indem sie Gesetzesartikel zitieren oder in Juristendeutsch schreiben.

Lassen Sie sich dadurch nicht bluffen. Lesen Sie die zitierten Artikel im Wortlaut und schlagen Sie vielleicht in einem verständlichen Kommentar nach. Die grossspurigen Floskeln verpuffen rasch. Am schnellsten finden Sie ein Gesetz per Internet:

> **Wenn Sie ein Gesetz des Bundes suchen,** gehen Sie am besten auf die Website der Bundesverwaltung. Unter www.admin.ch (→ Bundesgesetze → Systematische Sammlung) finden Sie die Systematische Sammlung des Bundesrechts (SR) mit allen Bundesgesetzen. In diesem Buch sind am Ende jedes Kapitels unter «Rechtliche Grundlagen» die relevanten Gesetze samt den SR-Nummern aufgeführt.

> **Für ein kantonales oder kommunales Gesetz** steigen Sie am besten über eine juristische Linkseite ein (zum Beispiel www.legalswiss.ch, www.law-links.ch oder www.weblaw.ch/lawsearch). Dort finden Sie unter der Rubrik «Gesetzgebung» die Unterrubrik «kantonale oder kommunale Gesetze».

Doch meist ist es nicht damit getan, einen Gesetzesartikel zu finden. Viele Artikel sind unverständlich oder enthalten unbestimmte Begriffe, die man erst verstehen kann, wenn man die Rechtsprechung dazu kennt. So kommt man häufig nicht darum herum, eine Rechtsberatungsstelle anzufragen oder in einem verständlichen juristischen Kommentar nachzuschlagen.

1. Wie Juristen denken

Carola W. ...

... erhält harsche Post. «Sie haben eine letzte Möglichkeit, diese noch immer offene Forderung zu erledigen», droht das Inkassobüro Intrum ihr im September 2007. Frau W. habe eine Rechnung aus dem Jahr 1998 in der Höhe von knapp 60 Franken für das Entwickeln von Fotos nicht bezahlt. Zur Forderung schlagen die Geldeintreiber gleich noch einen «Verzugsschaden gemäss Art. 106 OR» von 30 Franken. Carola W. weiss nichts von Fotos, die sie angeblich vor neun Jahren entwickeln liess. Sie sucht den Artikel im Nachschlagewerk «OR für den Alltag». Den Gesetzestext versteht sie zwar nicht ganz, doch im Kommentar steht klipp und klar, dass im Rahmen von Artikel 106 OR «in der Regel die Kosten einer Inkassofirma nicht belastet werden können». Kommt hinzu, dass so kleine Summen nach neun Jahren gar nicht mehr eingetrieben werden können: Eine solche Forderung verjährt bereits nach fünf Jahren, weil es sich um einen sogenannten Kleinkauf handelt. Das erfährt Carola W. bei der Rechtsberatungsstelle, die sie zur Sicherheit noch angefragt hat.

Die beiden Beobachter-Nachschlagewerke «ZGB für den Alltag» und «OR für den Alltag» enthalten nicht nur alle Gesetzesartikel von Zivilgesetzbuch und Obligationenrecht, sondern auch gut verständliche Kommentare dazu (www.beobachter.ch/buchshop). Wertvolle Hilfe bietet auch die Online-Beratung des Beobachters www.beobachter.ch/helponlie.

1.3 Am richtigen Ort juristische Hilfe holen

Manchmal helfen weder Gespräche, Briefe noch rechtliche Recherchen: Der Vermieter besteht auf der Mietzinserhöhung, die Polizei ist nicht bereit, die Parkbusse zu annullieren, die Steuerbeamtin hält an der Steuerveranlagung fest.

In solchen Situationen haben Sie in der Regel 10 bis 30 Tage Zeit, um im Detail und mit formeller Beschwerde darzulegen, weshalb die Mietzinserhöhung, die Parkbusse oder die Steuerrechnung nicht gerechtfertigt ist. Doch dafür brauchen Sie meist juristische Hilfe.

Zuerst zur Rechtsberatungsstelle

Am besten gehen Sie der Reihe nach vor: Sie melden sich zum Beispiel zuerst beim Beobachter-Beratungszentrum (Telefonnummern siehe Seite 332), bei einer Konsumentenorganisation, beim Mieterverband oder beim Rechtsdienst Ihrer Gewerkschaft. Die Fachleute dieser Anlaufstellen können Ihnen helfen, einfache Rechtsfragen selbst zu lösen. Steht zu Ihrem Problem eine Ombudsstelle zur Verfügung, wird man Sie zuerst an diese verweisen. Gibt es keine Ombudsstelle und können die Rechtsberater die Fragen nicht klären, wird man Ihnen spezialisierte Anwälte vermitteln.

Mit einem solchen Vorgehen halten Sie die Kosten tief und können mit der Zeit Ihren Fall immer besser und kompetenter darlegen. Auch dies spart Geld.

Manchmal ist der direkte Gang zum Anwalt sinnvoll, etwa wenn die Wartezeiten bei den Rechtsberatungsstellen lang und die Fristen (zu) kurz sind. Auch gewisse Rechtsfragen machen von Anfang an die Unterstützung eines Anwalts erforderlich (siehe Seite 33).

Das Gespräch mit der Rechtsberaterin

Stellen Sie vor dem Gespräch sämtliche wichtigen Unterlagen zusammen. Wenn Sie diese zur Hand haben und kennen, erleichtert dies das Gespräch mit der Beraterin. Wichtig sind Verträge samt Kleingedrucktem (sogenannte allgemeine Geschäftsbedingungen), alle Briefwechsel mit dem Vertragspartner, alle eingeschriebenen Briefe, weitere schriftliche oder mündliche Abmachungen.

Hilfreich ist auch, vor dem Gespräch aufzuschreiben, was der Reihe nach passiert ist. Datieren Sie die Ereignisse mithilfe Ihrer

1. Wie Juristen denken

Agenda möglichst genau. Notieren Sie alle Punkte, die Sie geklärt haben möchten.

Fragen Sie zu Beginn der Beratung immer, was diese kostet. Verlangt der Rechtsberater Anwaltstarife (120 bis 450 Franken), obwohl er kein Anwaltspatent besitzt, und fordert gar einen Kostenvorschuss, lassen Sie besser die Hände davon. Es gibt billigere und gleich gute Varianten für juristische Erstberatungen.

Wenn Sie während des Gesprächs auf folgende Punkte achten, holen Sie am meisten heraus:

> **Lassen Sie sich Begriffe,** die Sie nicht verstehen, erklären.

RECHTSBERATUNGEN IM ÜBERBLICK

Verschiedene Institutionen und Stellen bieten juristische Erste Hilfe an (die Adressen finden Sie auf Seite 54):

Zeitschriften, Zeitungen, Konsumentenorganisationen
Die Rechtsberatungsstellen von Zeitschriften wie «Beobachter», «Saldo» und «K-Tipp», die Beratungsstellen der «Stiftung für Konsumentenschutz» und des «Konsumentenforum» beraten Abonnenten oder Mitglieder gratis oder gegen geringes Entgelt.

Rechtsberatungsstellen von Gewerkschaften und Verbänden
Mieterverband, Hauseigentümerverband, Patientenorganisationen, Asylberatungsstellen, Gewerkschaften, Fachstellen für Schuldensanierung, Eheberatungsstellen, Ombudsstellen bieten meist gratis Rechtsberatung an – teilweise allerdings nur für Mitglieder.

Kantonale Anwaltsverbände
Diese bieten gegen eine bescheidene Gebühr eine erste Beratung an (15 bis 30 Minuten). Die Liste der Gemeinden, in denen diese Dienstleistung zur Verfügung steht, finden Sie unter www.swisslawyers.com.

Anwältinnen und Anwälte
Die Preise für eine erste (stündige) Beratung variieren zwischen 80 und 450 Franken. Die Anwälte, die das Beobachter-Beratungszentrum vermittelt, verrechnen für eine stündige Erstberatung 180 Franken. Informieren Sie sich per Telefon bei mehreren Anwälten über die Kosten einer Erstberatung, bevor Sie einen Termin abmachen.

> **Erwähnen Sie auch Dinge,** die Ihnen unwichtig erscheinen; für den Rechtsberater sind sie vielleicht entscheidend.
> **Verlangen Sie** vom Rechtsberater, dass er Ihnen bei Fragen, die nicht klar im Gesetz geregelt sind, seine Auskunft mit Gerichtsfällen belegt und nicht bloss seine intuitive Meinung äussert.
> **Machen Sie sich Notizen** und fassen Sie nachher zusammen, was Sie Neues erfahren haben und welche Fragen sich weiter stellen.
> **Fragen Sie** nach dem weiteren Vorgehen und den Fristen.

Rechtsberatung per Telefon und Internet

Die Rechtsberatung am Telefon und per E-Mail eignet sich vor allem für einfache Rechtsfragen des Alltags. Die Fachleute dieser Anbieter kennen die Grenzen ihrer Dienstleistung: Sie werden darauf aufmerksam machen, wenn zur Beurteilung der Problematik Aktenstudium und persönliche Beratung notwendig sind. Dann wird man Ihnen meist auch die geeignete Stelle dafür nennen können oder Sie an eine spezialisierte Fachperson verweisen.

Rechtsinformation gibt es auch rund um die Uhr im Internet: Der Beobachter zum Beispiel stellt für seine Abonnentinnen und Abonnenten leicht verständliche Informationen und Hilfsmittel unter dem Namen «HelpOnline» zur Verfügung (www.beobachter.ch/helponline).

Alexandra K. ...

... findet beim Aufräumen eine Rechnung für eine Shiatsu-Behandlung, die zweieinhalb Jahre alt und auch schon bezahlt ist. Kann sie dieses Geld von der Krankenkasse zurückfordern? Auf HelpOnline gibt Frau K. in der Suchmaschine das Stichwort «Arztrechnung» ein und landet prompt bei der Antwort: Anwendbar ist das Versicherungsvertragsgesetz (VVG), weil Shiatsu-Behandlungen in der Regel von der Zusatzversicherung und nicht von der Grundversicherung übernommen werden. Die Frage der Verjährung ist in Artikel 46 VVG geregelt. Und dort steht: Arztrechnungen können gegenüber Privatversicherungen nur während zweier Jahre geltend gemacht werden. Alexandra K.s Forderung ist also verjährt. Das Geld kann sie nicht mehr zurückfordern.

Ist die Beratung seriös?

Vertrauen Sie nur Online-Rechtsberatern, die transparent über ihre Identität, die Leistungen und die Tarife informieren. Auch sollten Angaben zur Sicherheit der Datenübertragung und zur weiteren Verwendung Ihrer teilweise sensiblen Informationen gemacht werden.

Abzuraten ist von Rechtsberatungsdiensten, die einen hohen Minutentarif (mehr als zwei Franken) am Telefon verlangen oder einen Pauschaltarif für eine E-Mail-Beratung anbieten, bei der nur beschränkt nachgefragt werden kann. Eine Beraterin muss wiederholt nachfragen können, sonst sind professionelle Ratschläge kaum möglich.

Seien Sie sich bewusst, dass die Beantwortung auch einer einfachen Rechtsfrage schnell eine Viertelstunde in Anspruch nehmen kann, weil der Berater nur schon einige Minuten braucht, um von Ihnen alle wichtigen Details zu erfahren. In der Regel sind Online- und Telefonberatungen, die über einen einmaligen Jahresbeitrag abgegolten werden, einem Minuten- oder Falltarif vorzuziehen.

Lockerungsübung: Verbeissen Sie sich nicht!

Bis jetzt hat Sie der Kontakt mit der Juristenwelt noch nicht viel Geld gekostet. Legen Sie eine Verschnauf- und Denkpause ein, bevor Sie einen Schritt weiter gehen, einen Anwalt nehmen oder gar prozessieren. Lohnt es sich wirklich, den Streit vor Gericht zu bringen und damit Tausende von Franken zu riskieren, Ihre Nerven zu strapazieren und sich um Stunden von Schlaf und Freizeit zu bringen? Manchmal ist es besser, einen Strich unter die Angelegenheit zu ziehen, auch wenn Sie sich ungerecht behandelt fühlen. Einfach, um wieder Zeit für andere Dinge zu haben.

Denken Sie daran: Ungerechtigkeiten sind leider eine Realität, genauso wie Regentage oder Unfälle. Nicht immer kann man sie aus der Welt schaffen, manchmal muss man schlicht lernen, mit Ungerechtigkeiten zu leben.

Wenn Sie aber nach diesen Überlegungen immer noch der Meinung sind, Sie möchten im Kampf für Ihr Recht einen Schritt weiter gehen, dann sind Sie reif für den Gang zur Anwältin.

Der pensionierte Programmierer Michele M. ...

... wurde von seinem Nachbarn wiederholt beleidigt und unter anderem als «Sautschingg» bezeichnet. Der 67-jährige Italiener, der seit Jahrzehnten in der Schweiz lebt, wollte Strafanzeige wegen Ehrverletzung einreichen, verpasste aber die Frist. Der Friedensrichter habe nicht darauf hingewiesen, dass er den Strafantrag innert dreier Monate ab Vorfall einreichen müsse und nicht die Sühneverhandlung abwarten dürfe, empört sich Herr M. «Dass mich der Friedensrichter nicht korrekt informiert hat, finde ich noch heute ungerecht.» Doch statt gegen den Friedensrichter und seinen Nachbarn vorzugehen, findet Michele M. eine andere Lösung: Er zieht in ein anderes Dorf und sagt sich, dass «es auf der Welt noch mehr und grössere Ungerechtigkeiten gibt, die nicht gesühnt werden».

Der dritte Weg: Mediation

Menschen, die ihren Konflikt lösen, aber nicht vor Gericht ziehen wollen, steht eine dritte Möglichkeit offen: die Mediation. In diesem Verfahren suchen die Konfliktparteien unter Anleitung eines neutralen Vermittlers – eben des Mediators – gemeinsam eine tragfähige Lösung.

Wenn Sie eine Mediation ins Auge fassen, klären Sie zunächst ab, ob Sie die andere Streitpartei motivieren können, sich mit Ihnen an einen Tisch zu setzen. Beachten Sie bei der Suche nach einer Mediatorin, dass dies kein geschützter Beruf ist. Prüfen Sie deshalb, ob Ihre Mediatorin gut ausgebildet ist. Damit ist auch garantiert, dass keine Mediation durchgeführt wird, wenn dies für Ihren Fall nicht angezeigt ist.

Interessiert an einer Mediation? Der Beobachter Ratgeber «Mediation. Konflikte lösen im Dialog» zeigt Ihnen, worauf es dabei ankommt (www.beobachter.ch/buchshop). Fachpersonen finden Sie unter www.infomediation.ch oder www.mediation-svm.ch.

Mediationen haben sich vor allem bei Scheidungen und bei Nachbarschaftskonflikten bewährt, werden aber auch bei arbeitsrechtlichen Auseinandersetzungen oder bei Konflikten im Geschäftsleben eingesetzt.

Wann ist es sinnvoll, einen Anwalt zu nehmen?

Sobald Sie einen Anwalt mit Ihrem Fall betrauen, geht das ins Geld. Die Spannweite der Stundenansätze ist gross; sie geht von rund 120 bis 450 Franken und mehr, je nach Region und Renommee der Anwaltskanzlei. Deshalb lohnt es sich in der Regel, zuerst eine Rechtsberatungsstelle anzufragen. Manchmal ist es aber empfehlenswert, von Anfang an einen Anwalt beizuziehen. Dann nämlich, wenn es um komplizierte Verfahren geht, wenn viel Geld oder sonst eine Menge auf dem Spiel steht. Zum Beispiel in folgenden Fällen:

> bei Strafverfahren
> bei Streitigkeiten um hohe Geldsummen
> bei Scheidungsverfahren
> bei Fällen im Bereich von Unfallversicherung, Krankenversicherung, Haftpflichtversicherung
> wenn die Gegenpartei einen Anwalt beizieht
> wenn Sie oder die Gegenpartei vor Gericht gehen

Suchen Sie auch in solchen Fällen den Einstieg über eine Rechtsberatungsstelle. Sie wird Ihnen erste, grundsätzliche Auskünfte geben können und Ihnen helfen, einen guten Anwalt zu finden.

1. Wie Juristen denken

Eine gute Anwältin finden

Die richtige Anwältin zu finden ist nicht einfach. Zum einen muss sie fachlich kompetent sein – und das können Sie als Laie schlecht überprüfen. Zum andern müssen Sie Vertrauen zu ihr haben. Das ist fast so wichtig wie die fachliche Qualifikation. Wechseln Sie die Anwältin, wenn Sie nach dem ersten Besuch ein schlechtes Gefühl

---

CHECKLISTE: DER ANWALTS-CHECK

Wollen Sie überprüfen, wie vertrauenswürdig ein Anwalt ist, holen Sie fünf Informationen ein:

☐ **Mitglied beim Berufsverband?**
Der Anwalt sollte Mitglied sein beim Schweizerischen Anwaltsverband. Nur dann untersteht er einer Verbandsaufsicht. Die Mitgliederliste finden Sie unter www.swisslawyers.com.

☐ **Eingetragen in einem kantonalen Anwaltsregister?**
Nur dann untersteht ein Anwalt staatlicher Aufsicht. Im kantonalen Anwaltsregister ist auch vermerkt, ob gegen einen Anwalt derzeit ein Berufsverbot verhängt ist, weil er seine Berufspflichten verletzte. Ist ein Anwalt nicht eingetragen, kann es sein, dass er sich löschen liess, weil sonst Berufsausübungsverbote angemerkt worden wären (kantonale Anwaltsregister unter www.bgfa.ch → BGFA-Register).

☐ **Negativ bekannt?**
Googeln Sie den Namen des Anwalts und schauen Sie unter www.beobachter.ch, ob er bereits negative Schlagzeilen gemacht hat.

☐ **Zufrieden mit dem Erstgespräch?**
Vereinbaren Sie ein Erstgespräch und werten Sie es aus: Hat der Anwalt schon einmal einen vergleichbaren Prozess geführt? Hat er Sie über seine Kosten aufgeklärt? Hat er Alternativen aufgezeigt?

☐ **Vernünftiger Preis?**
Holen Sie eine Zweitmeinung bei einer andern Anwältin ein. Das erlaubt einen minimalen Preis- und Leistungsvergleich.

haben. Sie können jederzeit das Mandat niederlegen (Musterbrief im Anhang).
Überlegen Sie sich, was Ihnen wichtiger ist: Wollen Sie die beste Spezialistin, die ihre (grosse) Kanzlei im fernen Zürich hat, oder den Allgemeinpraktiker, der drei Häuser weiter in Ihrem Dorf arbeitet und Ihr Vertrauen geniesst? Auf jeden Fall ist es aber sinnvoll, einen Anwalt aus demjenigen Kanton zu suchen, in dem Sie vor Gericht gehen wollen oder müssen. Das Verfahren vor Gericht ist nämlich kantonal geregelt und damit oft unterschiedlich. Die im Kanton heimischen Anwältinnen und Anwälte kennen sich da am besten aus.

Manchmal kennt eine Freundin oder ein Bekannter, der ähnliche juristische Probleme ausgetragen hat, einen Anwalt. Über Mund-zu-Mund-Propaganda werden in der Schweiz am meisten Anwälte vermittelt.

Häufig können Rechtsberatungsstellen Anwälte vermitteln, die sich bewährt haben. Das ist der einfachste und sicherste Weg. So unterhält zum Beispiel der Beobachter ein ganzes Netz von Anwältinnen und Anwälten. Sie verpflichten sich zu stündigen Erstberatungen zum Preis von 180 Franken, und ihre Arbeit wird durch Klientenbefragungen regelmässig überprüft.

Wer auf diesem Weg keine Anwältin findet oder zusätzliche Informationen einholen will, kann die Mitgliederliste des schweizerischen Anwaltsverbands oder der Demokratischen Juristinnen und Juristen einsehen (www.swisslawyers.com und www.djs-jds.ch, beide mit Suchmaschine).
Auch die meisten kantonalen Anwaltsverbände helfen bei der Suche nach einem Anwalt. Die Sekretariate werden Ihnen aber nur nach Zufallsprinzip Anwälte aus den Mitgliederlisten heraussuchen. Und bei diesen Listen gilt Vorsicht: Wenn dort zum Beispiel steht, dass eine Anwältin im Arbeitsrecht spezialisiert ist, heisst das nicht viel. Denn diese Angaben zu den «bevorzugten Tätigkeitsgebieten» hat niemand überprüft.

Der Zürcher Anwaltsverband (ZAV) hat unter www.advofinder.ch einen originellen Dienst eingeführt. Dort können Sie Ihren Fall anonym schildern. Er wird an die spezialisierten Anwälte des ZAV verschickt. Diejenigen, die sich dafür interessieren, können Ihnen direkt eine Offerte mailen. Die Anwälte schildern, wie sie den Fall angehen würden, und geben ihren Stundentarif bekannt. Wirklich eine gute Möglichkeit, schnell zu Vergleichsofferten zu kommen.

Sie beruhen einzig auf der Meldung der Anwältin selber. Der Schweizerische Anwaltsverband will deshalb Fachanwaltstitel einführen, die Anwälte nach entsprechender Weiterbildung und einer Prüfung im Spezialgebiet erhalten sollen. Die ersten solchen Titel wurden Mitte 2007 verliehen.

Eher Vorsicht ist geboten bei Internet-Vergleichsdiensten wie www.anwaltvergleich.ch. An erster Stelle werden dort nicht die besten Anwälte aufgeführt, sondern jene, die für den Eintrag am meisten zahlen. Zudem sind die einzelnen Beurteilungen wenig aussagekräftig, da sie auch von Personen geschrieben werden können, die den Anwälten nahe stehen.

Der erste Termin mit dem Anwalt

Notieren Sie sich vor dem Termin die Fragen, die Sie beantwortet haben möchten; Beispiele finden Sie im Kasten. Bringen Sie zum Beratungsgespräch alle Unterlagen mit, die mit dem Fall etwas zu tun haben (siehe auch Seite 29).

Verrechnet die Anwältin 300 Franken pro Stunde, gehört sie zu den teuren Rechtsbeiständen, verrechnet sie 150 Franken, gehört sie zu den billigeren.

FRAGEN AN DIE ANWÄLTIN

Zu den Fragen, die Sie Ihrer Anwältin beim ersten Termin stellen können, gehören etwa die folgenden:

> Gibt es verschiedene Wege, mein Problem zu lösen? Was sind die Vor- und Nachteile?
> Welche Kosten kommen auf mich zu (Anwaltshonorar, Gerichtskosten, andere Auslagen)?
> Welchen Stundentarif verrechnen Sie? Ist es möglich und sinnvoll, ein Kostendach zu vereinbaren?
> Habe ich Anspruch auf unentgeltliche Rechtspflege?
> Sind Sie bereit, meinen Fall zu übernehmen?
> Was können und was werden Sie konkret für mich tun?
> Wie schätzen Sie sich selbst ein als Anwältin: eher kämpferisch oder eher vergleichsbereit?
> Welches sind die nächsten Schritte, und wann werden Sie diese unternehmen?
> Was kann ich meinerseits tun? Wie soll ich mich verhalten?

Verheimlichen Sie Ihrem Anwalt nichts. Auch nicht Sachverhalte, die gegen Sie sprechen. Erwähnen Sie auch Dinge, die Sie für unwichtig halten – der Anwalt muss Sie deswegen möglicherweise anders beraten. Je besser informiert Ihr Anwalt ist, desto besser kann er sich für Sie einsetzen. Zudem ist er ans Anwaltsgeheimnis gebunden und darf niemandem - auch nicht den staatlichen Behörden, Ihrer Partnerin oder Ihrem Arbeitgeber - mitteilen, was Sie ihm gesagt haben.

Getrauen Sie sich nachzufragen, wenn Sie etwas nicht verstehen. Ein Anwalt sollte sich verständlich ausdrücken können.

Werten Sie das Gespräch aus: Riet die Anwältin zum Beispiel in Ihrem nachbarrechtlichen Fall sofort zu einer Klage, suchen Sie sich besser eine andere Rechtsvertreterin, da Klagen bei solchen Problemen wenig nützen. Hat Ihnen die Anwältin hingegen verschiedene Alternativen aufgezeigt und bewertet - vom Verfassen eines Briefes auf Anwaltspapier, einem Gespräch mit dem Gegenanwalt über Vergleichsverhandlungen und Mediation bis hin zur Klage -, dann wurden Sie umfassend beraten. Wichtig ist nicht zuletzt auch Ihr Gefühl: Vertrauen Sie dieser Anwältin? Nur dann lohnt es sich, weitere Schritte mit ihr zu gehen.

Fühlen Sie sich frei, Ihrer Anwältin das Mandat zu entziehen, wenn Sie das Vertrauen verloren haben. Sie können das jederzeit tun, müssen dann allerdings die bisherigen Aufwendungen bezahlen.

1.4 Recht und Geld

Bevor Sie vor Gericht gehen, müssen Sie das Kostenrisiko einschätzen. Denken Sie dabei aber nicht nur an die Kosten, die anfallen, wenn Sie den Prozess verlieren, sondern auch an die Auslagen, wenn sie ihn gewinnen. Prozessieren kostet immer.

Zwar gilt: Wer vor Gericht unterliegt, zahlt der andern Partei eine Entschädigung. Doch diese deckt die Kosten für den eigenen Anwalt oft nur zum Teil. Oder die unterliegende Partei, die Ihnen Ihre Anwaltskosten ersetzen müsste, fällt nach dem Gerichtsurteil in Konkurs. Verkürzt lässt sich sagen: Ein Prozess kostet immer – ob Sie ihn nun gewinnen oder verlieren.

Die ersten Ausgaben fallen früh an: Gerichte verlangen nämlich in der Regel einen Kostenvorschuss, bevor sie überhaupt tätig werden. Damit soll sichergestellt werden, dass der Staat das Geld von Ihnen auch bekommt, wenn Sie den Prozess verlieren. Ein solcher Kostenvorschuss kann einige Hundert bis einige Tausend Franken betragen.

Besprechen Sie die Kostenfrage deshalb immer mit Ihrer Anwältin, legen Sie ein ungefähres Kostendach fest und definieren Sie Etappen – zum Beispiel bis zum Entscheid der ersten Instanz. Überprüfen Sie nach jeder Etappe erneut, ob es sich lohnt weiterzuprozessieren.

Wie teuer kann ein Gerichtsverfahren werden?

Wenn Sie einen Prozess verlieren, müssen Sie die Arbeit des Gerichts (Gerichtskosten), die des gegnerischen Anwalts (Parteientschädigung) und den Aufwand Ihrer eigenen Anwältin zahlen. Diese Summe im Voraus zu berechnen ist schwierig, da nicht klar ist, über wie viele Instanzen der Streit gehen wird und wie viel Aufwand Anwälte und Gerichte haben werden.

Zudem berechnen die Gerichte je nach Kanton und je nach Rechtsgebiet die Kosten unterschiedlich. In Zivilprozessen zum Beispiel, wenn es also um vertragliche Streitigkeiten geht, sind Gerichtskosten und Anwaltshonorare abhängig vom Streitwert, das heisst von der Summe, die Sie einklagen. Im Mietrecht, Arbeitsrecht und im Sozialversicherungsrecht berechnen einzelne Entscheidbehörden keine Kosten.

Ein paar reale Fallbeispiele sollen Ihnen einen Anhaltspunkt dafür geben, wie teuer

Prozesse ungefähr werden können. Aufgeführt sind jeweils die Kosten für diejenige Partei, die den Prozess verloren hat (Gerichtskosten, eigene Anwaltskosten, Parteientschädigung für den Gegenanwalt, allfällige Gutachten – alles inklusive):

> Vertragsrecht

Ein Schreiner klagt gegen seinen Kunden, weil dieser für den gelieferten Schrank die abgemachten 12 000 Franken nicht zahlen will. Er verliert den Prozess. Kosten bis und mit Entscheid des Bezirksgerichts (erste Instanz): 7000 Franken. Kosten bis und mit Entscheid des Obergerichts (zweite Instanz): 12 000 Franken.

> Mietrecht

Ein Vermieter will den Mietzins um 35 Franken pro Monat erhöhen, weil er die Fassade hat streichen lassen. Die Mieterin akzeptiert das nicht. Der Vermieter muss zuerst vor die kostenlose Schlichtungsstelle in Mietsachen. Da gibts keine Einigung. Dann klagt der Vermieter und unterliegt. Kosten bis und mit Mietgericht (1. Instanz): 2500 Franken; Kosten bis und mit Obergericht: 5000 Franken.

> Arbeitsrecht

Eine Arbeitnehmerin wird fristlos entlassen. Dagegen klagt sie und will eine Entschädigung von 35 000 Franken (vier Monatsgehälter). Das Arbeitsgericht (1. Instanz) weist ihre Klage ab. Kosten: 20 000 Franken.

> Strafrecht

Ein Nachbar führt einen Knaben unsanft vom Spielplatz und erhält eine Busse von 300 Franken wegen Tätlichkeit und Nötigung. Der Nachbar wehrt sich erfolglos gegen die Busse. Kosten bis und mit Entscheid des Obergerichts (zweite Instanz): 12 000 Franken.

> Strassenverkehrsrecht

Ein Strafverfahren gegen eine Automobilistin wegen schwerer Verkehrsregelverletzung wird eingestellt, weil unklar ist, wie sich der Unfall genau ereignet hat. Der geschädigte Automobilist reicht erfolglos Beschwerde ein. Kosten bis und mit Entscheid des Bundesgerichts (dritte Instanz): 30 000 Franken (inkl. Gutachten).

> Sozialversicherungsrecht

Eine Automobilistin hat bei einem Auffahrunfall ein Schleudertrauma erlitten. Sie muss ihre Ansprüche gegen die Invaliden- und die Unfallversicherung gerichtlich durchsetzen. Kosten bis und mit Entscheid des kantonalen Sozialversicherungsgerichts: 6000 Franken; bis und mit Entscheid des Bundesgerichts: 10 000 Franken.

Alice W. ...

... ist Programmiererin in einer Internetagentur. In der ersten Jahreshälfte hat ein langjähriger Kunde mit einem unerwarteten Auftrag sehr viel Mehrarbeit verursacht. Ende Jahr verlangt Frau W. als Lohn für ihre 120 Überstunden

1. Wie Juristen denken

10 000 Franken. Der Arbeitgeber wehrt sich: Die Programmiererin habe die Mehrarbeit und ihre Überstunden nicht gemeldet. Darum zahle er nichts.

Alice W. geht vor Arbeitsgericht. Das ist bei einer Forderung unter 30 000 Franken vor dem kantonalen Gericht kostenlos. Sie erhält Recht, doch der Arbeitgeber zieht den Fall weiter bis ans Bundesgericht. Dort ist er erfolgreich. Die Richter befinden, dass Alice W. den zusätzlichen Arbeitsanfall per Ende Monat hätte melden müssen. Der Arbeitgeber habe davon nichts gewusst und auch nichts wissen müssen. Jetzt wirds teuer für Alice W.: Sie muss ihre eigenen Anwaltskosten für alle Instanzen zahlen, dazu kommen die Parteientschädigung für den Anwalt des Arbeitgebers in der Höhe von 8000 Franken und die Rechnung des Bundesgerichts von 600 Franken.

So kommen Sie auch ohne Geld zu Ihrem Recht

Damit auch Menschen ohne dickes Portemonnaie zu ihrem Recht kommen, gibt es in der Schweiz die sogenannte unentgeltliche Rechtspflege. Das heisst, dass der Staat die Gerichts- und Anwaltskosten vorschiesst – vorausgesetzt, der Fall ist nicht aussichtslos. Nach einer Faustregel ist ein Fall dann nicht aussichtslos, wenn die Chancen, ihn zu gewinnen, mehr als 20 Prozent betragen.

Ab welchem Einkommen man unentgeltliche Rechtspflege zugestanden erhält, ist schwierig vorauszusagen. Das ist von Kanton zu Kanton, mitunter sogar von Richter zu Richter verschieden und hängt ab von den Lebenshaltungskosten sowie davon, ob man Familie und Kinder hat, wie teuer man wohnt usw. Als Faustregel gilt: Unentgeltliche Rechtspflege erhalten Personen, die nicht mehr verdienen als das (betreibungsrechtliche) Existenzminimum plus 10 bis 15 Prozent.

Fragen Sie Ihren Anwalt schon bei der ersten Sitzung, ob Sie Anspruch auf unentgeltliche Rechtspflege haben. In der Regel stellen Anwälte Gesuche um unentgeltliche Rechtspflege bereits, wenn ein Klient nicht mehr verdient als das Existenzminimum plus 20 bis 30 Prozent. Fragen Sie ihn zudem, ob der Staat die Anwaltskosten nur übernimmt, wenn es zu einem Gerichtsverfahren kommt, oder auch, wenn man sich vor dem Prozess einigen kann. Und beachten Sie unbedingt folgende Punkte:

> **Unterliegen Sie vor Gericht,** müssen Sie die Parteientschädigung, das heisst einen Kostenanteil für das Honorar des gegnerischen Anwalts, immer selber zahlen.

> **Unentgeltliche Rechtspflege heisst nicht,** dass man die Gerichts- und Anwaltskosten in keinem Fall tragen muss. Wer später wieder mehr verdient,

muss den Betrag unter Umständen nachzahlen, wenn er den Prozess seinerzeit verloren hat. Ab welchem Einkommen die vorgeschossenen Gelder zurückgefordert werden, ist von Kanton zu Kanton verschieden. Im Kanton Bern zum Beispiel werden die Gelder eingetrieben, wenn eine alleinstehende Person wieder mehr als 30 000 Franken steuerbares Vermögen ausweist, im Kanton Solothurn gelten 36 000 Franken als Minimum.

> **Erst zehn Jahre nach dem Prozess** kann man sicher sein, dass nie eine Rechnung vom Kanton ins Haus flattert. Dann ist die Rückforderung des Staates in den meisten Kantonen verjährt.

Lohnt sich eine Rechtsschutzversicherung?

Eine Rechtsschutzversicherung funktioniert wie jede andere Versicherung: Man zahlt Prämien, und wenn ein Schaden eintritt, kommt der Versicherer dafür auf. Der «Schaden» bei einer Rechtsschutzversicherung ist die Tatsache, dass man in einen Prozess verwickelt wird. Dann deckt die Police die Anwaltskosten und die Auslagen für notwendige Gutachten. Wenn man den Prozess verliert, zahlt sie zudem Gerichtskosten und Parteientschädigung.

Ob Sie eine Rechtsschutzversicherung abschliessen, hängt von Ihrem Sicherheitsbedürfnis ab. Stellen Sie sich folgende Frage: Wie hoch schätzen Sie das Risiko ein, durch

FRAGEBOX

Vor neun Jahren liess ich mich von meinem Mann scheiden. Der Kanton Aargau hat mir damals unentgeltliche Rechtspflege gewährt und die Gerichtskosten von 6000 Franken übernommen. Jetzt stellt er mir die Summe in Rechnung, da ich wieder geheiratet habe. Ist das legal?

Ja, das ist zulässig. Die sogenannte unentgeltliche Rechtspflege ist nur ein Vorschuss. Kommen Sie wieder zu mehr Einkommen oder Vermögen, kann der Staat diese Gelder bis zehn Jahre nach dem Urteil zurückfordern. Da Sie wieder geheiratet haben, muss Ihnen Ihr Ehemann im Rahmen der ehelichen Unterstützungspflicht auch finanziell beistehen. Diese zusätzliche Finanzquelle darf der Staat heranziehen, um seine Forderungen aus unentgeltlicher Rechtspflege geltend zu machen.

Unfall oder Krankheit invalid zu werden? Schätzen Sie es als hoch ein, sollten Sie eine Rechtsschutzversicherung abschliessen. Denn wenn Sie nach einem Unfall mit Versicherungen um angemessene Schadenersatzzahlung oder eine Rente streiten müssen – und das muss man immer häufiger –, geht es um Millionenbeträge. Sie brauchen eine Anwältin und meist geht es nicht ohne Gerichtsverfahren ab.

Sehen Sie diesem Risiko jedoch gelassen entgegen, lohnt sich eine Rechtsschutzversicherung für Privatpersonen in der Regel nicht. Die Wahrscheinlichkeit, in einen Rechtsstreit verwickelt zu werden, ist im Allgemeinen doch recht klein. Sie würden jahrelang zwischen 200 und 300 Franken Prämien zahlen, ohne je von den Versicherungsleistungen zu profitieren.

Empfehlenswert ist eine Rechtsschutzversicherung für kleine und mittlere Unternehmen, die in einem Bereich tätig sind, in dem Rechtsstreitigkeiten öfter vorkommen. So zum Beispiel, wenn Sie eine grosse Anzahl Kunden haben, die Sie schlecht oder gar nicht kennen.

Den richtigen Rechtsschutzversicherer auswählen

Wenn Sie eine Rechtsschutzversicherung abschliessen wollen, klären Sie genau ab, in welchen Fällen die Versicherung zahlt. Häufig sind in den allgemeinen Versicherungsbedingungen – im Kleingedruckten – ganze Rechtsgebiete ausgeschlossen, zum Beispiel das Familien- und Erbrecht. Prüfen Sie, ob Sie nicht bereits als Mitglied einer Gewerkschaft, des Mieter- oder Hauseigentümerverbands oder eines Automobilklubs für gewisse Rechtsgebiete Rechtsschutz in Anspruch nehmen können. Achten Sie zudem darauf, ob Sie freie Anwaltswahl haben oder ob Sie einen vom Versicherer bestimmten Rechtsvertreter beauftragen müssen. Schliessen Sie nur Einjahrespolicen ab.

Was bringt ein Prozessfinanzierer?

Eine Rechtsschutzversicherung kann man nur abschliessen, bevor man mit einem Rechtsstreit zu tun hat. Hat der Rechtsstreit bereits begonnen, kann man sich allenfalls an einen Prozessfinanzierer wenden. Das sind Unternehmen, die Anwalts-, Gerichts- und Gutachterkosten übernehmen, dafür aber einen grossen Teil der Summe verlangen, die Ihnen zusteht, wenn Sie den Prozess gewinnen. Prozessfinanzierer übernehmen allerdings nur Fälle, die sie mit grosser Wahrscheinlichkeit gewinnen werden – und Fälle mit hohen Streitsummen. Ab 250 000 Franken lohnt es sich, Ihre Anwältin zu fragen, ob allenfalls ein Prozessfinanzierer infrage käme.

Wenn die Anwältin schlechte Arbeit leistet

Macht ein Arzt einen Fehler, gibt es eine unabhängige Gutachterstelle, die hilft, gegen ihn vorzugehen. Bei Anwälten gibt es das nicht. Arbeitet Ihre Anwältin schlecht und verliert deshalb den Prozess, sind Sie auf sich allein gestellt. Ihre Anwältin wird versuchen, sich herauszureden: Nicht sie, sondern der Richter habe schlecht gearbeitet; in der Juristerei wisse man halt nie, wie ein Fall ende; in diesem Rechtsgebiet seien solche Überraschungen üblich ...

Als Laie haben Sie immerhin eine Möglichkeit, die Arbeit Ihrer Anwältin grob zu überprüfen: Lesen Sie das Urteil gut durch. Immer häufiger rüffeln die Gerichte ausdrücklich, wenn Anwälte unsorgfältig gearbeitet haben. Dann stehen im Urteil Sätze wie: «Von einem Rechtsanwalt darf erwartet werden, dass er vorher einen Blick in die massgebliche Verfahrensordnung wirft.» In solchen Fällen greift das Bundesgericht manchmal auch zu drastischen Massnahmen und auferlegt dem Anwalt die Verfahrenskosten.

Anwälte, die im Anwaltsregister eingetragen sind, sind zudem an die Berufsregeln gebunden, die in den Artikeln 12 und 13 des Bundesgesetzes über die Freizügigkeit der Anwälte festgelegt sind. Sie müssen zum Beispiel Interessenkollisionen vermeiden, ihren Beruf sorgfältig und gewissenhaft ausüben, aufklären über die Grundsätze der Rechnungstellung und dem Klienten periodisch die aufgelaufenen Kosten melden. Sind Sie der Meinung, Ihre Anwältin habe solche Berufspflichten verletzt, können Sie eine Beschwerde bei der kantonalen Aufsichtskommission über die Rechtsanwälte einreichen. Eine fehlbare Anwältin kann von dieser Behörde verwarnt, gebüsst oder in der Berufsausübung eingestellt werden.

Anwälte, die dem Schweizerischen Anwaltsverband angehören, unterstehen auch dem Standesrecht. Dieses Standesrecht stellt Grundsätze auf, wie Mandate geführt werden müssen. Einen fehlbaren Anwalt können Sie beim Anwaltsverband des Kantons verzeigen. Der Verband prüft dann, ob der Anwalt verwarnt oder gar ausgeschlossen werden soll.

Verliert Ihre Anwältin den Prozess, weil sie eine Frist verpasst, ist dies ein klarer Fall einer Sorgfaltspflichtverletzung. Prüfen Sie eine Anzeige und allenfalls eine Schadenersatzklage.

Übersetzte Anwaltsrechnung

Empfinden Sie eine Honorarrechnung als zu hoch, suchen Sie am besten zuerst das Gespräch mit dem Anwalt. Fruchtet dies nichts, können Sie die Rechnung vom Anwaltsverband des Kantons überprüfen lassen und allenfalls ein Schlichtungsverfahren verlangen.

Anwälte sind aufgrund des Standesrechts und des allgemeinen Auftragsrechts verpflichtet, ihre Rechnung zu detaillieren. Doch ist auch dies ein ungenauer Begriff. So ist es in einigen Kantonen zulässig, dass Anwälte Telefonate in der Höhe von mehreren Hundert Franken pauschal in Rechnung

1. Wie Juristen denken

stellen, ohne Datum, Dauer und Gesprächspartner genauer angeben zu müssen. Im Kanton Zürich ist sogar eine Kleinspesenpauschale in der Höhe von zwei Prozent der Honorarsumme üblich.

Leider gibt es keine genauen Zahlen darüber, wie erfolgreich solche Schlichtungsverfahren um Honorarfragen sind. Das Beispiel des Kantons St. Gallen gibt einen Anhaltspunkt: Dort wird das Schlichtungsverfahren rund zwanzigmal pro Jahr angerufen. Bei jedem fünften Fall einigt man sich auf ein tieferes Honorar.

Allenfalls können Sie wegen einer Anwaltsrechnung auch bei der kantonalen Aufsichtskommission über die Rechtsanwälte Anzeige erstatten. Doch Aufsichtskommissionen schreiten in Honorarsachen meist nur ein, wenn eine Rechnung krass falsch ist oder eine Berufspflicht verletzt.

Die letzte Möglichkeit ist eine Zivilklage vor Gericht, wenn Sie Geld zurückverlangen möchten, das Sie Ihrem Anwalt bereits bezahlt haben.

Küchenbauer Alfons Z. ...

... hat einen Aargauer Anwalt genommen, um von einem Kunden den Preis einer Einbauküche von 8500 Franken gerichtlich einzuklagen. Der Anwalt verlangt einen Kostenvorschuss von 2000 Franken, den Herr Z. zahlt. Der Anwalt gewinnt den Prozess und streicht die Parteientschädigung von 4500 Franken samt der erstrittenen Summe von 8500 Franken gleich selbst ein. Alfons Z. verlangt vergebens eine detaillierte Abrechnung über den Aufwand und die Herausgabe des überschüssigen Betrags. Er wendet sich an die Aargauer Aufsichtskommission über die Rechtsanwälte. Diese weist den Anwalt an, eine detaillierte Abrechnung vorzulegen. Der Anwalt reagiert nicht. Darauf nimmt sich Alfons Z. einen andern Anwalt und lässt Strafanzeige wegen Veruntreuung einreichen. Erst jetzt – mit einem Jahr Verspätung – spurt der Anwalt.

Geraten Sie nicht vom Regen in die Traufe und in endlose juristische Streitereien. Lassen Sie sich auch bei einer allfälligen Klage gegen einen Anwalt zuerst von einer Rechtsberatungsstelle beraten.

1.5 So läuft es vor Gericht

Die Welt der Gerichte, der Richterinnen und Richter ist ein weiterer fremder Planet. Nach dem Stern der Juristen, dem Asteroiden der Anwältinnen lernen Sie nun die Galaxie der Urteilsfäller kennen.

Es ist die Welt der Beweisregeln und Fristen. An den Gerichten gelten klare Regeln darüber, wer was beweisen und wer was abklären muss, wann man etwas sagen darf und wann es zu spät ist, um ein Argument im Prozess geltend zu machen. Kennt man diese Regeln gut, ist man vor Gericht eher erfolgreich. Kennt man sie nicht oder wendet sie schlecht an, verliert man, obwohl man vielleicht Recht hat. Vor Gericht ist nämlich nicht die wahre Wahrheit, sondern die beweisbare und im Prozess durchsetzbare Wahrheit entscheidend. Das ist ein zentraler und für Laien manchmal schwer verständlicher Unterschied.

Die Führerin in dieser Welt der Fristen und Beweisregeln ist Ihre Anwältin. Sie kennt sich im Prozessrecht aus. Sie weiss, wann man was «ins Recht legen» muss, und stellt auch taktische Überlegungen an.

FRAGEBOX

Bei einem Unfall entstand an meinem Wagen Blechschaden. Die andere Automobilistin ist schuld, da sie überholt hat, obwohl ich schon auf der Gegenfahrbahn sichtbar war. Das glauben mir aber weder die Amtsstatthalterin noch der Oberrichter. Sie haben meine Beschwerden abgewiesen. Kann ich vor Bundesgericht ein neues unfalltechnisches Gutachten einreichen, das die Bremswege analysiert?

Nein, das können Sie nicht. Das Bundesgericht wird sich das Gutachten gar nicht erst anschauen. Es ist zu spät eingereicht worden. Die Bundesrichter werden die Beschwerde deshalb abweisen. Sparen Sie sich also Aufwand und Geld. Solche Gutachten müssen Sie bereits dann einreichen, wenn Sie das Argument erstmals im Verfahren geltend machen. Im konkreten Fall also vor dem Amtsstatthalteramt.

1. Wie Juristen denken

Grundzüge des Prozessrechts

Die Prozessrechte sind in der Schweiz derzeit noch von Kanton zu Kanton verschieden (auf Bundesebene ist die Vereinheitlichung von Zivil- und Strafprozessrechten bereits weit fortgeschritten). Damit Sie eine grundlegende Ahnung haben, um welche Fragen es im Prozessrecht geht, hier die Grundzüge kurz erläutert.

> **Die Juristen** teilen das Recht grob ein in Zivil-, Straf- und Verwaltungsrecht. Diese drei grossen Rechtsgebiete kennen auch unterschiedliche Verfahrensregeln vor Gericht.
> **Zivilrecht** ist das Recht, das unter Privaten gilt. Wenn Sie zum Beispiel ein Brot kaufen, schliessen Sie einen Vertrag ab, der zum Zivilrecht gehört und in einem Zivilverfahren eingeklagt werden könnte.
> **Strafrecht** ist das Recht, mit dem der Staat illegale Handlungen verfolgt. Wenn Sie also ein Brot stehlen, dann wird dies nach Strafrecht in einem Strafverfahren beurteilt.
> **Verwaltungsrecht** ist das Recht, das festlegt, wie gewisse wichtige Rechtsgüter wie Gesundheit, Ruhe, Ordnung, Eigentum vom Staat verwaltet werden. Wenn Sie eine Bäckerei betreiben, legt das Verwaltungsrecht fest, was Sie beachten müssen, damit Ihre Waren niemanden krank machen (Hygienevorschriften). Als Normalbürger haben Sie mit Verwaltungsrecht bei einer Steuereinsprache zu tun. Oder im Rahmen des Sozialversicherungsrechts, wenn Sie zum Beispiel nicht einverstanden sind damit, dass die Grundversicherung der Krankenkasse eine Arztrechnung nicht vergütet.

Wie läuft ein Zivilverfahren ab?

Ein Verfahren in einer Mietsache ist natürlich etwas ganz anderes als eine Scheidung oder eine arbeitsrechtliche Streitigkeit. Und doch sind das alles Zivilstreitigkeiten, die ähnlichen Abläufen und Regeln unterliegen. Grundsätzlich legt in einem Zivilverfahren der Kläger seine Argumente in einer Klageschrift ans Gericht dar. Die beklagte Partei kann dann in einer Klageantwort dazu Stellung nehmen. Darauf folgt ein zweiter Schriftenwechsel: Der Kläger antwortet mit einer Replik auf die Klageantwort des Beklagten, und der Beklagte hat die Möglichkeit einer Duplik. Wichtig dabei sind die Beweise, die man für seine Behauptungen anführt. Die Richterin hört sich die Argumente beider Parteien an und fällt das Urteil. Dabei gelten folgende Grundsätze:

> **Wer von einer behaupteten Tatsache Rechte ableitet,** muss diese beweisen. Und die Beweise muss die klagende

Partei liefern, das Gericht klärt nichts ab. Im Klartext: Wenn Sie von Ihrem Bruder 10 000 Franken zurückhaben wollen, müssen Sie beweisen, dass Sie ihm die 10 000 Franken gegeben haben – und zwar als Darlehen und nicht als Schenkung. Wer etwas nicht beweisen kann, trägt die Folgen der Beweislosigkeit: Wenn Sie nicht beweisen können, dass Sie Ihrem Bruder 10 000 Franken als Darlehen gegeben haben, erhalten Sie das Geld nicht zurück. Als Beweise sind zum Beispiel zugelassen: Urkunden, Zeugen, Augenschein, Sachverständige.

> **Die Richterin prüft nur** die Argumente und Fragen, welche die Parteien geltend machen. Sie stellt nicht von sich aus Nachforschungen an und sucht auch nicht von sich aus Rechtsansprüche, die man geltend machen könnte.

> **Ein normales Zivilverfahren** beginnt mit einem Sühneverfahren vor einer Schlichtungsstelle (zum Beispiel Friedensrichter oder Mietamt), wird fortgesetzt mit einer Klage vor dem Bezirksgericht oder Amtsgericht und geht übers Obergericht oder Kantonsgericht – die Begriffe variieren von Kanton zu Kanton – bis ans Bundesgericht in Lausanne.

Wie läuft ein Strafverfahren ab?

Ein Strafverfahren beginnt mit einer Strafanzeige. Diese können Private einreichen, die Polizei oder andere Behörden. Eine Strafanzeige genügt, wenn es sich um ein sogenanntes **Offizialdelikt** handelt, also um ein Delikt, das so schwer wiegt, dass es von Amtes wegen verfolgt wird: zum Beispiel Raub, Diebstahl, Brandstiftung, Körperverletzung. Ziehen Sie bei einem Offizialdelikt Ihre Strafanzeige zurück, läuft das Verfahren trotzdem weiter.

Einen Strafantrag muss man zusätzlich einreichen, wenn es sich um ein sogenanntes **Antragsdelikt** handelt, also um ein Delikt, das so leicht wiegt, dass es nur verfolgt wird, wenn der Geschädigte das will – zum Beispiel bei blossen Tätlichkeiten. Ziehen Sie Ihren Strafantrag zurück, wird das Verfahren eingestellt.

Die Polizei untersucht in beiden Fällen zuerst, was genau passiert ist. Ob es genug Beweise gibt, dass ein Strafverfahren weiter durchgeführt wird, entscheidet dann je nach Kanton der Untersuchungsrichter oder der Staatsanwalt. Kommt der Fall vor Gericht, trägt der Staatsanwalt die Anklage vor und die angeschuldigte Person kann sich verteidigen. Die Richterin hört zu, lässt allenfalls ergänzende Gutachten erstellen und fällt am Schluss das Urteil.

Im Unterschied zum Zivilverfahren versucht im Strafverfahren der Staat selber herauszufinden, was wirklich passiert ist. Er erhebt Beweise. Als Beweise gelten Zeugen,

1. Wie Juristen denken

> 🔍 **Eine Ausnahme bilden Ehrverletzungsdelikte wie üble Nachrede, Verleumdung oder Beschimpfung. Da muss der Strafantragsteller in den meisten Kantonen die Beweise selber beibringen (und allfällige Kosten dafür übernehmen).**

Sachverständige, Augenschein, Urkunden und Ähnliches. Der Beschuldigte gilt bis zum Beweis des Gegenteils als unschuldig (Unschuldsvermutung).

Ein normales Strafverfahren beginnt mit polizeilichen Ermittlungen, die zu einer Anklageerhebung führen. Darauf folgt ein Urteil der ersten Instanz (Bezirksgericht, Amtsgericht, Kreisgericht – je nach Kanton). Das Verfahren führt weiter übers Obergericht (oder Kantonsgericht, Anklagekammer – die Begriffen variieren auch hier) bis hin zum Bundesgericht in Lausanne.

Wie läuft ein verwaltungsrechtliches Verfahren ab?

Hat ein Amt verfügt – also zum Beispiel die Steuerbehörde darüber entschieden, ob Sie Ihre Weiterbildungskosten vom steuerpflichtigen Einkommen absetzen können –, haben Sie in der Regel 10 bis 30 Tage Zeit, um diesen Entscheid mit einer Einsprache von der verfügenden Behörde nochmals überprüfen zu lassen. Den Einspracheentscheid können Sie mit Beschwerde oder Rekurs – die Begriffe variieren – an die nächsthöhere Instanz weiterziehen. Im Verwaltungsverfahren ist das entweder eine Schiedskommission (verwaltungsunabhängig) oder eine verwaltungsinterne Behörde. In den Kantonen zum Beispiel führt die Beschwerde gegen die Verfügung eines kantonalen Amtes oft zum Regierungsrat. An welche Behörde Sie Ihre Beschwerde richten müssen und innert welcher Frist, steht in der Verfügung unter dem Titel «Rechtsmittelbelehrung».

Diese erste Beschwerdeinstanz erhebt oft nur geringe Entscheidkosten. In der Regel haben Einsprache und auch Beschwerde aufschiebende Wirkung, das heisst, dass die Verfügung noch nicht vollzogen wird, bis die Beschwerdeinstanz entschieden hat.

> **Einsprachen und Beschwerden sind oft erfolgreich, wenn Sie dartun können, dass der Sachverhalt von den Behörden falsch erhoben wurde. Sind Sie hingegen der Meinung, dass ein Amt Recht falsch angewendet hat, sind Ihre Erfolgschancen geringer.**

Den Entscheid der Beschwerdeinstanz oder der Schiedskommission kann man an ein Gericht weiterziehen. Bei Verfügungen, die sich auf Bundesrecht stützen, ist das das Bundesverwaltungsgericht oder das Bundesgericht, bei Verfügungen, die sich auf kantonales Recht stützen, in der Regel das kantonale Verwaltungsgericht. Solche Beschwerden an die Gerichte haben meist keine aufschiebende Wirkung: Die ursprüngliche Verfügung kann also vollstreckt werden, obwohl die Verwaltungsgerichtsbeschwerde noch hängig ist. Zudem erheben die Gerichte Gerichtskosten von einigen Hundert bis einigen Tausend Franken.

Wie läuft ein Verfahren im Sozialversicherungsrecht ab?

Auch das Verfahren im Sozialversicherungsrecht ist ein verwaltungsrechtliches Verfahren, doch es ist in der ganzen Schweiz gleich. Ein Unterschied besteht aber zwischen dem Verfahren bei der IV und demjenigen bei allen andern Sozialversicherungen wie AHV, Unfallversicherung, Arbeitslosenversicherung oder Krankenversicherung.

Das Verfahren bei der IV
Wollen Sie IV-Leistungen beziehen, müssen Sie sich zuerst bei der IV-Stelle anmelden. Darauf klärt die IV-Stelle ab, ob Sie Anspruch auf Leistungen haben. Sie holt Auskünfte bei Ihren Ärzten und Ihrer Arbeitgeberin ein und ordnet allenfalls ein eigenes Gutachten an. Auch hier klärt also der Staat ab, was wirklich passiert ist und welchen Leistungsanspruch Sie haben.
Darauf teilt Ihnen die IV-Stelle in einem Brief mit, welchen Entscheid sie fällen will (sogenannter Vorbescheid). Sie können dann innert 30 Tagen darlegen, ob Sie damit einverstanden sind oder nicht, und allenfalls einen eigenen – begründeten – Antrag stellen. Darauf prüft die IV-Stelle Ihre Argumente und entscheidet in einer Verfügung.
Diesen Entscheid können Sie vor dem kantonalen Sozialversicherungsgericht anfechten und dessen Urteil wiederum vor das Bundesgericht (sozialrechtliche Abteilung in Luzern) ziehen. Beide Gerichte erheben Gerichtsgebühren – je nach Aufwand zwischen 200 und 1000 Franken.

Das Verfahren bei den andern Sozialversicherungen
Handelt es sich um eine andere sozialversicherungsrechtliche Streitigkeit, zum Beispiel einen Rentenentscheid der Suva, erhalten Sie als Erstes eine Verfügung der zuständigen Behörde. Gegen diese können Sie bei der gleichen Behörde Einsprache erheben, im genannten Beispiel also wieder bei der Suva. Den Einspracheentscheid können Sie vom kantonalen Sozialversicherungsgericht und zuletzt vom Bundesgericht überprüfen lassen. Das Verfahren vor dem kantonalen Sozialversicherungsgericht ist kostenlos, das Verfahren vor Bundesgericht dagegen nicht.

1.6 Der gute Umgang mit Behörden

Staatsangestellte haben Macht: Sie entscheiden, ob ein Quartierfest die nötige Bewilligung erhält, ob Eltern im Konkubinat die elterliche Sorge gemeinsam ausüben dürfen oder ob die Steuerabzüge für die Weiterbildung akzeptiert werden.

Dabei sind sie an gesetzliche Vorschriften gebunden, doch die lassen einigen Spielraum offen. Deshalb fühlt man sich Staatsangestellten manchmal ausgeliefert. Die Begegnung mit dem Staat, einer mit Macht ausgestatteten Autorität, ist immer ein bisschen unangenehm. Fast wie der Besuch beim Zahnarzt. Ein paar Tipps sollen Ihnen den Umgang mit Behörden und Ämtern erleichtern.

Der Bürger als höflicher, aber informierter Kunde

Heutzutage wird Staatsangestellten eingebläut, Bürger nicht als Untertanen, sondern als Kunden zu behandeln. So begegnet man nur mehr selten Beamten, die ihre Macht über Gebühr ausspielen. Handkehrum treten die Bürgerinnen und Bürger dem Staat gegenüber fordernder auf. Sie wollen Leistungen beziehen und sehen sich nicht als Bittsteller. Das mag grundsätzlich richtig sein, weil Bürger dem Staat gegenüber gewisse Ansprüche geltend machen dürfen. Doch eine zu grosse Anspruchshaltung erschwert den Kontakt mit den Behörden.

Am besten treten Sie als Gesuchsteller sachlich, neutral und höflich auf. Dabei dürfen Sie - wenn nötig - durchaus durchblicken lassen, dass Sie Ihre Rechte und berechtigten Ansprüche kennen. Doch brauchen Sie das nicht von Anfang an zu betonen. Hilfreich ist ein gutes Einfühlungsvermögen in die Situation des Staatsangestellten, in seine Arbeitssituation, die gesetzlichen Schranken, die seine Arbeit bestimmen wie zum Beispiel das Amtsgeheimnis, oder seinen beschränkten Zuständigkeitsbereich.

Routinearbeit und Sonderwünsche

Beamte tun ihren Job. Häufig in langweiligen Büros und in ausgeprägter Routine. Es kommen immer wieder Leute, die eine Passverlängerung wollen. Sie sind also nicht der Einzige.

Die Routine kann zu einem schematisierten Umgang mit dem Bürger führen: Was ins

Schema passt, wird schnell und schmerzlos erledigt. Sonderwünsche stören diesen Ablauf. Bringen Sie deshalb Ihr Anliegen möglichst höflich vor, um bei der Beamtin die Bereitschaft zum Verlassen der Routine überhaupt erst herzustellen.

Es ist wichtig, dass Sie für Ihr Anliegen Verständnis schaffen, indem Sie Ihre Situation detailliert schildern. Drücken Sie aber nicht unnötig auf die Tränendrüse.

Ärgernis Behördenbriefe

Paul V. fährt ...

... wie jedes Jahr an Allerseelen aus dem Waadtland nach Graubünden, um das Grab seiner Mutter zu besuchen. Dort traut er seinen Augen nicht: Das Grab ist aufgehoben – bereits nach fünfeinhalb Jahren! In einem korrekten Schreiben an die Gemeindeverwaltung fragt Herr V. nach den Gründen und danach, wieso er nicht informiert worden sei. Der Zivilstandsbeamte putzte ihn mit einem aggressiven Antwortbrief herunter: «Sie müssen uns nicht sagen, was zu tun ist; Sie hätten sich erkundigen müssen! Auf Ihre weiteren taktlosen Bemerkungen treten wir nicht ein.»

Leider sind solche Behördenbriefe keine Seltenheit. Amtliche Briefe und Verfügungen sind oft schlecht geschrieben. Da werden einem mitunter unnötig Gesetzesartikel um die Ohren geschlagen oder unsensible Unterstellungen gemacht – und meist kommt das nur daher, dass Beamten häufig Normbriefe verwenden, die wenig Bezug auf den Einzelfall nehmen.

Reklamieren Sie bei Unhöflichkeit, versuchen Sie aber, Verständnis aufzubringen für kühle Sachlichkeit oder wenig Einfühlungsvermögen. Lesen Sie solche Briefe möglichst nüchtern auf ihren sachlichen Inhalt hin.

In einigen Kantonen und Städten gibt es Ombudsstellen, die Beschwerden über fehlbares Verhalten von Ämtern entgegennehmen und zu vermitteln versuchen (Adressen siehe Seite 308).

Auf dem Amt vorbeigehen

Informieren Sie sich telefonisch oder im Internet, bevor Sie bei einer Behörde vorbeigehen. Das lohnt sich nicht nur wegen der Öffnungszeiten, sondern auch, weil Sie dort häufig Listen von Dokumenten finden, die Sie beim Besuch am Schalter zwingend mitbringen müssen. So ersparen Sie sich einen erfolglosen Gang zum Amt.

1. Wie Juristen denken

Häufig bieten Ämter im Internet auch Formulare an. Verwenden Sie diese wenn immer möglich, denn entweder muss man sie für eine Gesuchseingabe zwingend benützen oder sie erleichtern zumindest die Arbeit. So kann zum Beispiel in vielen Kantone die Fristverlängerung für die Steuererklärung ganz einfach per Internet beantragt werden.

Den Kontakt frühzeitig suchen

Oft zögert man, mit Behörden Kontakt aufzunehmen, weil es unangenehm ist oder weil man zu viel Respekt vor den Trägern staatlicher Macht hat. Doch frühzeitiger Kontakt kann vieles erleichtern. Viele Beamte haben wenig Kontakt mit Bürgern und wenn, dann nur im Konfliktfall. Die Erfahrung zeigt, dass gerade sie bereitwillig Auskunft geben, wenn man mit seinem Anliegen einfach mal vorbeikommt.

Lieber einmal zu viel den Kontakt mit Behörden suchen als einmal zu wenig. Beim Telefongespräch wird die Staatsangestellte auch auf die zwingenden Modalitäten eines Gesuchs, auf Öffnungszeiten, mitzubringende Dokumente oder hilfreiche Formulare im Internet hinweisen.

Bei Fragen zur Steuererklärung beispielsweise ist ein Anruf bei der Steuerbehörde oft sinnvoll. Die Steuerbeamtin wird Ihnen gerne erklären, dass bei Konkubinatspaaren in der Regel der Partner mit dem tieferen Einkommen die Kinderabzüge vornehmen darf. Und dass der andere Partner dagegen Zusatzzahlungen an den gemeinsamen Haushalt als Unterstützungsbeiträge abziehen kann. Auch wenn Sie zum Beispiel anstelle Ihres alten Gartenschopfs einen neuen Velounterstand planen, lohnt sich präventiv ein Anruf bei der Baubehörde: Der zuständige Sachbearbeiter wird Ihnen erklären, dass auch dieser Velounterstand eine Baubewilligung braucht.

Wann ist ein Besuch auf dem Amt nötig?

Wollen Sie einen neuen Pass machen lassen, müssen Sie zwingend selber auf der Einwohnerkontrolle vorbei. Wollen Sie als unverheirateter Vater Ihr Kind anerkennen, müssen Sie persönlich beim Zivilstandsamt vorsprechen. So sind viele amtliche Dokumente oder Bewilligungen weder per Internet noch telefonisch noch brieflich erhältlich, sondern setzen eine persönliche Vorsprache auf dem Amt voraus. Ob dies für Ihr Anliegen der Fall ist, erfahren Sie mit einem Anruf bei der zuständigen Behörde.

Auch wenn ein persönlicher Besuch nicht zwingend ist, kann er trotzdem sinnvoll sein – zum Beispiel bei komplizierteren Problemen, bei denen ein Beamter auch Einblick in Ihre Unterlagen nehmen muss. Scheuen Sie sich in solchen Fällen nicht, die Behörde um einen Termin zu bitten.

Wenn die Behörde verfügt hat

Der Umgang mit einer Behörde ändert seine Qualität, sobald ein Amt eine Verfügung erlassen hat. Dann hat die Behörde festgelegt, was gelten soll – ob Sie die Weiterbildungskosten von den Steuern abziehen können, ob Sie die gemeinsame elterliche Sorge erhalten oder ob die Bewilligung fürs Quartierfest erteilt wird.

Sind Sie mit dem Entscheid nicht einverstanden, bringt es wenig, mit dem Amt zu telefonieren oder vorbeizugehen. Dann können Sie nur noch innert Frist – meist 10 bis 30 Tage – Einsprache an die verfügende Behörde oder, falls dies nicht möglich ist, Beschwerde an die Beschwerdeinstanz einreichen. Details zum anschliessenden Verfahren finden Sie auf Seite 48.

Die genauen Angaben zu Frist und Beschwerdeinstanz finden Sie jeweils in der Verfügung unter dem Stichwort «Rechtsmittelbelehrung».

Links, Adressen, rechtliche Grundlagen

Behörden

www.admin.ch
Offizielle Website der Behörden der Schweizerischen Eidgenossenschaft, des Bundesrats und der Bundesverwaltung; die kantonalen Verwaltungen findet man unter dem Kantonskürzel (zum Beispiel www.gr.ch).

www.bger.ch
Offizielle Website des Bundesgerichts

www.bundespublikationen.ch
Vertriebs- und Verkaufsstelle für die Publikationen des Bundes

www.ch.ch
Wegweiser zu den Verwaltungsstellen des Bundes, der Kantone und der Gemeinden, zum Beispiel zum Passantragsformular oder zum Führerausweis

www.parlament.ch
Offizielle Website des eidgenössischen Parlaments

Gesamtschweizerische Rechtsberatung

Beobachter-Beratungszentrum
Das Wissen und der Rat der Fachleute in acht Rechtsgebieten stehen im Internet und am Telefon zur Verfügung:
> HelpOnline: Rund um die Uhr im Internet mit umfassenden Informationen, Antworten zu Rechtsproblemen, Hinweisen auf einschlägige Gesetzesartikel sowie Musterbriefen und Checklisten
www.beobachter.ch/helponline
> Telefon: Montag bis Freitag von 9 bis 13 Uhr, allgemeine Nummer 043 444 54 00, Direktnummern der Fachbereiche siehe Seite 332

Wer den Beobachter abonniert hat, profitiert gratis von der Beratung. Wer kein Abo hat, kann online oder am Telefon eines bestellen und erhält sofort Zugang zu den Dienstleistungen.

Gesamtschweizerische Ombudsstellen

> **www.bankingombudsman.ch**
Schweizerischer Bankenombudsman
> **www.ombudscom.ch**
Schlichtungsstelle der Telekommunikationsbranche
> **www.ombudsman-kv.ch**
Ombudsstelle der sozialen Krankenversicherung
> **www.ombudsman-touristik.ch**
Ombudsstelle der Schweizer Reisebranche
> **www.swisshotels.ch**
Ombudsstelle der Schweizer Hotellerie
> **www.versicherungsombudsman.ch**
Ombudsstelle der Privatversicherungen und der Suva

Kantonale Anwaltsverbände

In den meisten Kantonen erteilen die Anwaltsverbände unentgeltlich oder gegen eine bescheidene Gebühr in einfachen Fragen Rechtsberatung. Liste der kantonalen Rechtsauskunftsstellen unter www.swisslawyers.com

Links zu Gesetzen und juristischer Literatur

www.advokatur.ch (→ Linkdatenbank)
Umfassende Linkliste einer Anwaltskanzlei

www.law-links.ch
Linkliste des Berner Jus-Professors Fridolin Walther

www.weblaw.ch (→ Linkliste)
Linkliste des Juristenportals weblaw GmbH

Probleme mit einem Anwalt

Beim Obergericht, Kantonsgericht oder Appellationsgericht Ihres Kantons – die Bezeichnungen variieren – gibt es eine Aufsichtskommission über die Rechtsanwälte. Dort können Verstösse gegen das Standesrecht angezeigt werden. Adressen im Telefonbuch (meist im Kantonshauptort).

Anwaltsrechnungen können in der Regel von demjenigen Gericht überprüft werden, welches das Urteil in der Sache gefällt hat.

Bei den meisten kantonalen Anwaltsverbänden bestehen sogenannte Gebührenkommissionen, die auf Anfrage die Angemessenheit eines Anwaltshonorars überprüfen. Auch standesrechtswidriges Verhalten von Anwälten kann bei den kantonalen Anwaltsverbänden gemeldet werden. Adressen im Telefonbuch (meist im Kantonshauptort) oder unter www.swisslawyers.com.

Suche nach einem Anwalt

Anwältinnen und Anwälte, die auf Ihr Problem spezialisiert sind, können Ihnen die Rechtsberatungsstellen nennen. Die lokalen Gerichte sind oft ebenfalls bereit, spezialisierte Anwälte zu vermitteln. Auch folgende Stellen vermitteln Anwälte:

www.advofinder.ch
Anwaltsvermittlung des Zürcher Anwaltsverbandes (ZAV, siehe Seite 35)

Beobachter-Beratungszentrum
Die Fachbereiche vermitteln auch Anwältinnen und Anwälte; Telefonnummern auf Seite 332.

www.bgfa.ch (→ BGFA-Register)
Alle kantonalen Anwaltsregister

www.djs-jds.ch
Demokratische Juristinnen und Juristen der Schweiz (DJS)
Neuengasse 8
3011 Bern
Tel. 031 312 83 34
Mitgliederliste mit Spezialgebieten

www.swisslawyers.com
Schweizerischer Anwaltsverband
Postfach 8321
3001 Bern
Tel. 031 313 06 06
Die Website des Anwaltsverbands führt unter der Rubrik «Recht im Alltag» von der Lebenssituation zum spezialisierten Anwalt. Aufgeführt sind auch sämtliche kantonalen Anwaltsverbände mit ihren unentgeltlichen Rechtsauskunftsstellen.

Rechtliche Grundlagen

Vertrag mit dem Anwalt:
> Art. 394 bis 406 Obligationenrecht (OR, SR 220)
> Art. 12 bis 14 des Bundesgesetzes über die Freizügigkeit der Anwälte (BGFA, SR 935.61)

Nationale Standesordnung des Schweizerischen Anwaltsverbands (zu finden unter www.swisslawyers.com)

Muster im Anhang

Einem Anwalt das Mandat entziehen
(Muster 1, Seite 312)

Eine detaillierte Anwaltsrechnung verlangen
(Muster 2, Seite 312)

Beschwerde an die kantonale Aufsichtskommission über die Rechtsanwälte
(Muster 3, Seite 313)

2. Mietrecht

Wenns beim Wohnen Konflikte gibt, stellen sich schnell auch rechtliche Fragen: Wann kann ich eine Mietzinserhöhung anfechten? Welche Schäden muss ich bezahlen? Welche Ansprüche habe ich, wenn der Umbau lärmig ist? Die Antworten finden Sie in diesem Kapitel.

2.1 Eine Wohnung suchen und mieten	**58**
Ihre Waffen als Mieterin	59
Die Wohnungssuche	60
Zum Mietvertrag gehört nicht nur der Vertrag	61
Gemeinsam mieten	63
Wenn Sie Einrichtungsgegenstände übernehmen	64
Ihre Rechte und Pflichten als Mieterin	65
2.2 In der neuen Wohnung leben	**66**
Die ersten Tage in der Wohnung	66
Wer muss für Reparaturen aufkommen?	67
Die Vermieterin lässt nicht reparieren	67
Der Vermieter baut um, die Heizung steigt aus	68
Streitpunkt Nebenkosten	69
Untermieter erlaubt	70
Wenn der Mietzins steigt	71
Der Hypozins sinkt – und der Mietzins?	73
2.3 Sie müssen die Wohnung verlassen	**75**
Die Kündigung und ihre Folgen	75
Mieterstreckung	76
Sie kündigen die Wohnung selber	78
Die Wohnungsrückgabe	79
Mietkaution zurückfordern	81
Links, Adressen, rechtliche Grundlagen	**82**

2. Mietrecht

2.1 Eine Wohnung suchen und mieten

Einen Mietvertrag haben Sie sicher schon einmal unterschrieben und gekündigt wohl auch. Mehr als 60 Prozent der Schweizerinnen und Schweizer sind Mieter. Das zeigt, wie wichtig der Mietvertrag ist.

Wohnen müssen wir alle, Geld für ein eigenes Haus haben aber nur wenige. In Zeiten der Wohnungsnot könnten die Vermieter deshalb sehr hohe Mietzinsen verlangen, wenn der Mietzins nur von Angebot und Nachfrage bestimmt würde. Deshalb enthält das Gesetz mehrere Bestimmungen, welche die Mieter schützen. Die meisten Regeln des Mietrechts dürfen vertraglich nicht zuungunsten des Mieters abgeändert werden. Tut die Vermieterin es trotzdem, ist der Vertrag in diesen Punkten ungültig.

Die Regeln des Mietrechts sind jedoch alles andere als klar; deshalb hat das Bundesgericht in diesem Bereich viele Urteile gefällt. Und so ist das Mietrecht heute unübersichtlich. Selbst Anwälte lassen die Finger davon, wenn sie nicht darauf spezialisiert sind.

Weil das Mietrecht kompliziert ist, ist es manchmal selbst für mieterfreundliche Vermieter schwierig, sich korrekt zu verhalten. Sie müssen Fristen einhalten, Mietzinserhöhungen oder die Kündigung auf dem richtigen Formular mitteilen, dieses an alle Vertragspartner schicken und so weiter. Da

> **DAS KÖNNEN SIE SELBST ANPACKEN**
>
> > Den Mietvertrag überprüfen.
> > Auskunft verlangen über den Mietzins des Vormieters.
> > Eine Mietzinsreduktion verlangen, wenn der Hypothekarzins sinkt.
> > Eine Mietzinsreduktion verlangen bei Mängeln der Wohnung.

Es lohnt sich, mit Mietfragen zu spezialisierten Rechtsberaterinnen oder Anwälten zu gehen. Auch steht Ihnen die Schlichtungsbehörde jederzeit für unentgeltliche Beratung zur Verfügung. Ohne Hilfe sollten Sie nur in einfachen Fällen aktiv werden.

verlieren gerade private Vermieter auch mal den Überblick und machen Fehler.

Ihre Waffen als Mieterin

Das heutige Mietrecht ist mieterfreundlich. Es ist Ende der 80er Jahre entstanden, als mit Wohnungen spekuliert wurde und Hauspreise wie Mietzinsen künstlich in die Höhe getrieben wurden. Deshalb gibt das Gesetz der Mieterin einige Mittel in die Hand, um sich gegen zu hohe Mietzinsen und missbräuchliche Kündigungen zu wehren:

> **Anfechtung des Anfangsmietzinses**
> Die Mieterin kann den Anfangsmietzins anfechten und ihn senken lassen, wenn er übersetzt ist. Dieses Recht spielt in der Praxis kaum eine Rolle.
> **Formularpflicht**
> Jede Vertragsänderung muss der Vermieter auf einem amtlichen Formular mitteilen. Dies gilt besonders für die Kündigung und Mietzinserhöhungen, aber auch für Änderungen der verrechneten Nebenkosten oder der Hausordnung.
> **Schutz vor Rachekündigung**
> Wehrt sich die Mieterin für ihre Rechte und erhält sie Recht (vor Gericht oder vor der Schlichtungsstelle), ist sie drei Jahre lang gegen Kündigung geschützt – sofern sie ihren Pflichten nachkommt und den Mietzins pünktlich zahlt.
> **Mietzinshinterlegung**
> Kommt der Vermieter einer seiner Pflichten nicht nach – repariert er zum Beispiel die Heizung nicht, die im Winter zwei Wochen lang nicht funktioniert –, hat die Mieterin das Recht, den Mietzins zu hinterlegen. Sie zahlt die Miete nicht dem Vermieter, sondern überweist sie auf ein spezielles Bankkonto, das ihr die Schlichtungsstelle angibt.
> **Mieterstreckung**
> Die Mieterin kann verlangen, dass sie auch nach der gültigen Kündigung bis zu vier Jahre in der Wohnung bleiben darf – zum Beispiel wenn Wohnungsnot herrscht oder es ihr nicht zugemutet werden kann, innert nützlicher Zeit eine vergleichbare Wohnung zu finden.
> **Kostenloses Verfahren**
> Das Verfahren vor der Schlichtungsstelle oder dem Mietamt – die Begriffe variieren von Kanton zu Kanton – ist kostenlos. Die Schlichtungsstelle kann auch für Rechtsauskünfte angefragt werden.

 HIER BRAUCHEN SIE HILFE

> Wenn Sie eine Mietzinserhöhung anfechten wollen.
> Wenn Sie eine Kündigung anfechten wollen.
> Wenn Sie Mieterstreckung verlangen.
> Wenn der Vermieter hohen Schadenersatz für Schäden in der Wohnung fordert.
> Wenn Sie den Mietzins hinterlegen wollen, weil der Vermieter seinen Pflichten nicht nachkommt.

2. Mietrecht

Die Wohnungssuche

Genug der Theorie. Wir suchen uns jetzt eine Wohnung. Das ist einfacher gesagt als getan. Denn an vielen Orten, vor allem in den Städten, ist das Angebot knapp.
Von Wohnungsnot spricht man, wenn weniger als ein bis eineinhalb Prozent der Wohnungen einer Gemeinde leer stehen. Das ist zum Beispiel in der Stadt Zürich seit Jahrzehnten so. Die statistischen Ämter der Kantone müssen jeweils per 1. Juni den Bestand an leeren Wohnungen erheben. Dort können Sie die Zahl für Ihre Gemeinde erfragen.

Vorsicht bei Wohnungsvermittlern

Wenig überraschend, dass es Leute gibt, die diese Situation ausnützen wollen. So pflegen sogenannte Wohnungsvermittler oft zweifelhafte Geschäftsmethoden. Zu warnen ist vor allem vor Agenturen, die eine «Bearbeitungsgebühr» verlangen, die auch im Fall eines Misserfolgs nicht zurückgezahlt wird. Im Kanton Zürich ist die Wohnungsvermittlung gesetzlich geregelt. Wohnungsvermittler dürfen hier als Vermittlungsgebühr maximal 75 Prozent des ersten monatlichen Nettomietzinses verlangen. In den meisten andern Kantonen fehlt leider eine gesetzliche Regelung.

Das Inserat ...

... tönt verlockend: «3-Zi-Wohnung an bester Lage mit Balkon und Vorgarten für Fr. 760.– inkl.» Stefan J. ruft sofort bei der Wohnungsvermittlung Niceflat an. Leider sei die Wohnung eben vermietet worden, heisst es dort. Es gebe aber andere, ähnlich attraktive in der Datenbank. Stefan J. brauche sich bloss für 100 Franken in die Adresskartei aufnehmen zu lassen, dann finde sich in den nächsten Tagen sicher etwas Vergleichbares.
Herr J. zahlt die 100 Franken – doch alle andern Wohnungen sind entweder zu teuer oder an schlechter Lage.
Ein paar Tage später sieht Stefan J. erneut ein interessantes Inserat von Niceflat. Doch wieder heisst es: Pech gehabt, die Wohnung wurde eben vermietet. Nun will er sein Geld zurück. Die Agentur winkt ab. In den allgemeinen Geschäftsbedingungen sei festgelegt, dass die Bearbeitungsgebühr nicht zurückerstattet werde. Stefan J. hat keine Möglichkeit, dagegen vorzugehen.

Wie neugierig darf der Vermieter sein?

Wer sich um eine Wohnung bewirbt, muss in der Regel ein Anmeldeformular ausfüllen. Immer wieder trifft man dabei auf Vermieterinnen, die auf dem Formular Auskunft über Dinge verlangen, die sie gar nichts angehen. Grundsätzlich darf die Vermieterin nur Fragen stellen, die in einem Zusammenhang mit der Vermietung stehen. Das heisst: Sie darf neben den üblichen Personalien auch nach Beruf, Arbeitgeber und nach dem Einkommen in 10 000er Schritten fragen, um abzuschätzen, ob Sie den Mietzins zahlen können. Auch ist es zulässig, einen Betreibungsauszug für die letzten zwei Jahre zu verlangen. In keinem Fall aber darf die Vermieterin weitere Angaben zur finanziellen Situation (Abzahlungsverträge, Lohnzessionen) oder gar zu den persönlichen Umständen (Krankheiten, Mitgliedschaft bei Mieterschutzorganisationen) einfordern. Tut sie es doch, dürfen Sie lügen.

Eine ausführliche Liste von zulässigen und unzulässigen Fragen finden Sie auf der Website des Eidgenössischen Datenschutz- und Öffentlichkeitsbeauftragten www.edoeb.admin.ch (→ Dokumentation → Datenschutz → Merkblätter).

Was auch noch zum Mietvertrag gehört

Sie haben eine Wohnung gefunden. Gratuliere! Der Vermieter hat Ihnen den Vertrag samt Hausordnung und verschiedenen Beiblättern mit allgemeinen Bestimmungen geschickt. Viel Papier! Es lohnt sich, alles gut durchzulesen, denn auch die Hausordnung und die Beiblätter sind Bestandteil des Mietvertrags.

Häufig verwenden die Vermieter vorgedruckte Verträge, zum Beispiel denjenigen des Hauseigentümerverbands oder des Hausvereins. Mieterfreundliche Vermieter verwenden Vertragsformulare, die in Zusammenarbeit mit dem Mieterverband erstellt wurden. Darin sind nicht nur die Pflichten des Mieters, sondern auch diejenigen des Vermieters ausdrücklich aufgeführt. Um Ihren eigenen Mietvertrag besser prüfen zu können, benutzen Sie die Checkliste auf Seite 62.

Sonderfälle: Staffel- und Indexmiete

Bei Mietverträgen, die auf längere Zeit abgeschlossen werden, wird manchmal eine Staffel- oder eine Indexmiete vereinbart. Dies hat Vor- und Nachteile, die Sie selbst abwägen müssen.

Bei einer **Staffelmiete** wird im Voraus festgelegt, auf welchen Termin sich die Miete jährlich um welchen Betrag (in Franken) erhöht. Sie als Mieter haben den Vorteil, dass Sie genau wissen, welche Kosten in den nächsten Jahren auf Sie zukommen. Sie haben aber keinen Anspruch auf Mietzinssenkung – selbst wenn der Hypothekarzins sinken sollte. Staffelmieten sind nur in Mietverträgen möglich, die mindestens drei Jahre dauern.

Bei einer **Indexmiete** wird im Vertrag festgehalten, dass sich der Mietzins jährlich entsprechend der Veränderung des Landesindexes der Konsumentenpreise erhöhen kann. Dies hat für Sie als Mieterin den Vorteil, dass der Mietzins sich ausgeglichen

2. Mietrecht

CHECKLISTE: SO PRÜFEN SIE IHREN MIETVERTRAG

☐ **Hypothekarzins**
Gibt der Vermieter den aktuellen Hypothekarzins als Basis an? Den jeweils gültigen Satz können Sie bei der Kantonalbank erfragen. Stimmt der angegebene Zinssatz nicht mit dem aktuellen überein, fragen Sie nach den Gründen.

☐ **Landesindex der Konsumentenpreise**
Ist der Vertrag nicht auf dem aktuellen Indexstand berechnet, fragen Sie den Vermieter nach den Gründen (Auskunft über den aktuellen Landesindex unter www.bfs.admin.ch → Teuerung).

☐ **Mietzinsvorbehalt**
Hat der Vermieter vermerkt, dass er mit dem Mietzins nicht den vollen zulässigen Ertrag erwirtschaften kann? Ein solcher Hinweis muss klar beziffert sein, entweder in Prozent oder mit dem Frankenbetrag, um den der Mietzins erhöht werden kann. Steht ein solcher Mietzinsvorbehalt im Vertrag, kann der Vermieter jederzeit die entsprechende Mietzinserhöhung vornehmen. Sie Ihrerseits können die Erhöhung aber anfechten und damit überprüfen lassen.

☐ **Nebenkosten**
Im Vertrag müssen alle Nebenkosten ausdrücklich und Punkt für Punkt aufgezählt sein. Was nicht separat aufgezählt ist, gilt als im Nettomietzins enthalten und darf vom Vermieter nicht zusätzlich verrechnet werden.

☐ **Mietkaution**
Wie hoch ist die Mietkaution bzw. das Depot? Mehr als drei Monatsmieten darf der Vermieter nicht verlangen – ob Brutto- oder Nettomieten, ist je nach Kanton unterschiedlich. Das Geld dient als Sicherheit, dass Sie Ihren Verbindlichkeiten nachkommen – vor allem auch beim Auszug (siehe Seite 81). Der Vermieter muss dafür bei einer Bank ein spezielles Sperrkonto auf Ihren Namen eröffnen, auf das weder Sie noch er Zugriff haben.

☐ **Hausordnung**
In welchem Ton ist die Hausordnung gehalten? Gibt es viele Verbote, viele komplizierte Regeln, zum Beispiel wer wann die Waschküche benutzen darf? Die Hausordnung ist nicht

belanglos. Wenn Sie sich wiederholt nicht daran halten, kann der Vermieter Ihnen unter Umständen ausserordentlich kündigen.

☐ **Kündigung**
Welche Kündigungsfristen gelten gemäss Mietvertrag? Üblich sind drei Monate. Auf wann können Sie kündigen: auf Ende des Halbjahrs, auf die ordentlichen Kündigungstermine, auf Ende jeden Monats?

☐ **Teilkündigungsklausel**
Wenn Sie mit Kollegen oder der Partnerin eine Wohnung mieten: Gibt es eine Klausel, wie einzelne Mitglieder einer Wohngemeinschaft aus dem Vertrag ausscheiden können, ohne dass die andern auch kündigen müssen? Es lohnt sich, eine solche Formulierung mit dem Vermieter auszuhandeln (siehe unten).

☐ **Untermiete**
Verbietet der Vertrag Untermiete? Dann ist er in diesem Punkt nicht gültig. Das Gesetz verlangt, dass Untermiete grundsätzlich möglich sein muss. Der Vermieter hat aber das Recht zu wissen, wer der Untermieter ist und wie viel Mietzins Sie verlangen (siehe Seite 64).

---

entwickelt und nicht in Sprüngen wie bei der Bindung an den Hypothekarzins. Der Nachteil auch hier: Sie können keine Mietzinssenkungen verlangen, wenn die Kosten des Vermieters sinken.

Gemeinsam mieten

Wollen Sie mit andern Leuten gemeinsam in einer Wohnung leben – sei es mit Freunden in einer Wohngemeinschaft oder mit Ihrer Lebenspartnerin –, stellt sich die Frage, welche Form für das gemeinsame Wohnen gewählt werden soll. Sie haben die Wahl zwischen zwei Mietarten.

Mitmiete

Alle Wohnpartner unterzeichnen den Mietvertrag und werden somit Mieter. Das hat den Vorteil, dass alle gleichberechtigt sind, aber auch Nachteile: Es können nur alle gemeinsam kündigen und alle haften solidarisch für die Mietzinsen. Mit einer Vertragsklausel, dass der Vermieter nach der Kündigung eines einzelnen den Vertrag mit den verbleibenden Mietern weiterführt, kann zumindest der erstgenannte Nachteil beseitigt werden (siehe Kasten auf der nächsten Seite).
Konkubinatspaare wählen häufig die Mitmiete, weil die Lebenspartner gleichgestellt

2. Mietrecht

> **DIE TEILKÜNDIGUNGSKLAUSEL**
>
> Frau Marianne B. und Herr Ernst F. sind berechtigt, den gemeinsam unterzeichneten Mietvertrag dem Vermieter gegenüber einzeln zu kündigen. Die Kündigungsfrist verlängert sich in einem solchen Fall um zehn Tage. Erfolgt während dieser Bedenkfrist keine Kündigung des Vermieters, wird das Mietverhältnis mit dem verbleibenden Mieter fortgesetzt.

sein wollen. Im Trennungsfall kann das aber zu Problemen führen, weil dann entschieden werden muss, wer in der Wohnung bleiben darf. Zudem kann der verbleibende Partner die Wohnung oft allein nicht mehr zahlen, die Kündigungsfrist erlaubt es aber nicht, sofort auszuziehen.

Zahlen Sie als Konkubinatspaar in guten Zeiten bis drei Monatsmieten auf ein Reservekonto. Regeln Sie die Frage, wer in der Wohnung bleiben darf und wie lange der Partner, der auszieht, seinen Mietanteil zahlen muss (mehr dazu auf Seite 137).

Untermiete

Nur eine der Wohnpartnerinnen unterschreibt den Vertrag und schliesst mit den andern Untermietverträge ab. Das hat den Nachteil, dass nicht alle gleichberechtigt sind, aber einige Vorteile: Nur die Mieterin haftet dem Vermieter, Untermieterinnen können einfach kündigen und im Streitfall ist klar, wer die Wohnung behält (siehe auch Seite 70).

Die drei Familien K., L. und O. ...

... mieten zusammen ein Bauernhaus im Toggenburg auf unbestimmte Zeit als Ferienhaus. Familie K. hat das Haus gefunden und will es im Streitfall auch weiter mieten können. Deshalb unterschreiben nur die K.s den Vertrag mit dem Vermieter. Mit den Familien L. und O. schliessen sie je einen Untermietvertrag ab mit einer Kündigungsfrist von sechs Monaten. So würde genügend Zeit bleiben, um eine neue Familie zu finden, mit der sich alle verbleibenden Mietpartner gut verstehen.

Wenn Sie Einrichtungsgegenstände übernehmen

Sie haben eine Wohnung gefunden, die günstig ist und Ihnen gefällt. Einziger Haken: Der Vormieter will, dass Sie den Spannteppich übernehmen, den er übers Parkett geleimt hat. Das will gut überlegt sein: Ziehen Sie später aus, kann die Vermieterin von Ihnen verlangen, dass Sie den Teppich entfernen und das Parkett wieder herrichten. Denn die Vermieterin kann darauf bestehen, dass Sie die Wohnung so abgeben, wie Ihr Vormieter sie angetreten hat – und das kann teuer werden.

Lassen Sie sich daher nicht dazu drängen, Einrichtungsgegenstände zu übernehmen. Was aber, wenn Sie keine Wahl haben, weil Sie die Wohnung unbedingt wollen? Dann sollten Sie genau abklären, welche Abmachungen der Vormieter mit der Vermieterin getroffen hat.

Verlangen Sie vom Vormieter einen schriftlichen Nachweis, dass keine Wiederherstellungspflicht besteht, wenn es sich um Veränderungen handelt, die man nur schwer wieder rückgängig machen kann.

Ihre Rechte und Pflichten als Mieterin

Sie haben Ihre Unterschrift unter den Mietvertrag gesetzt. Damit ist etwas passiert, obwohl Sie natürlich nichts gespürt haben. Das hat Recht so an sich, häufig spürt man Juristisches erst im Nachhinein. Was passiert ist, lässt sich ganz simpel sagen: Als Mieterin dürfen Sie in der Wohnung wohnen, müssen sie sorgfältig behandeln und pünktlich den Mietzins zahlen. Falls Sie den Mietzins auch nach einer Nachfrist von 30 Tagen nicht bezahlt haben, kann der Vermieter Sie aufs nächste Monatsende vor die Tür setzen. Mieterstreckung gibt es in diesem Fall nicht.

Der Vermieter muss Sie in der Wohnung wohnen lassen und diese «in einem zum vorausgesetzten Gebrauch tauglichen Zustand» unterhalten. Kommt der Vermieter dieser Pflicht nicht nach, können Sie eine Mietzinssenkung verlangen und allenfalls den Mietzins hinterlegen. So weit das Grundlegende, auf den nächsten Seiten folgen die Details.

Auf den folgenden Seiten erhalten Sie Antworten auf die häufigsten Mieterfragen. Wenn Sie noch besser Bescheid wissen möchten, finden Sie alle weiteren Informationen im Beobachter-Ratgeber «Mietrecht. Umzug, Kosten, Kündigung – alles, was Mieter wissen müssen» (www.beobachter.ch/buchshop).

2. Mietrecht

2.2 In der neuen Wohnung leben

In meinen eigenen vier Wänden kann ich tun und lassen, was ich will: Tatsächlich haben Sie als Mieter viele Rechte. Aber auch einige Pflichten gegenüber der Vermieterin.

Der Vertrag ist unterschrieben, der Vermieter lädt Sie ein zur Wohnungsübergabe. Sie brennen darauf, endlich einzuziehen, sind ganz geblendet vom schönen Balkon, den grossen Fenstern. Aber Achtung: Setzen Sie bei der Übergabe trotzdem eine kritische Brille auf, denn jetzt gehts um Geld. Schauen Sie sich die Wohnung gründlich an. Hat die Wand Flecken? Dringt Wasser durch die Fensterfront ins Wohnzimmer?
Sagen Sie das alles dem Vermieter. Er soll es ins Antrittsprotokoll schreiben. Wenn diese Schäden dort festgehalten sind, ist klar, dass sie schon vorhanden waren, als Sie in die Wohnung einzogen. Dann müssen Sie auch nicht dafür aufkommen, wenn Sie später wieder ausziehen. Lassen Sie deshalb auch kleine Mängel notieren und verlangen Sie ein Doppel des Antrittsprotokolls.

Die ersten Tage in der Wohnung

Das Wohnzimmer ist voller Kisten, der Mixer hat seinen Platz in der Küche noch nicht gefunden und im Badezimmer stapeln sich die Klorollen. Trotzdem: Schauen Sie in die Kästen, öffnen Sie die Wasserhähne, backen Sie einen Kuchen. So finden Sie heraus, ob

Lassen Sie sich vom Vermieter das Rückgabeprotokoll der Vormieterin zeigen. Darin sind die Schäden aufgeführt, für die die Vormieterin aufkommen musste. Was der Vermieter davon nicht repariert hat, übernehmen Sie in Ihr Antrittsprotokoll.

Suchen Sie die Wohnung in den ersten Tagen gründlich nach Mängeln ab und melden Sie diese sofort. Sonst müssen später Sie für die Reparaturen zahlen.

etwas kaputt ist, das Sie bei der Wohnungsübernahme nicht auf den ersten Blick erkennen konnten. Solche Mängel können Sie je nach Mietvertrag bis 10 oder 30 Tage nach dem Einzug dem Vermieter melden und er muss sie kostenlos beheben.

Wer muss für Reparaturen aufkommen?

Ist die Meldefrist für Mängel abgelaufen, muss der Vermieter nur noch für grössere Reparaturen aufkommen, etwa wenn sich Einzelteile des Parketts lösen oder die Tapete sich von der Wand schält. Kleinere Reparaturen gehen auf Ihre Kappe.

Ob eine Reparatur klein oder gross ist, steht in der Regel im Kleingedruckten des Mietvertrags oder richtet sich nach der Ortsüblichkeit. Als Faustregel gilt, dass Mieter kleine Reparaturen bis 200 Franken selber bezahlen müssen. Im Zweifelsfall lohnt sich ein Anruf beim Mieterverband oder bei der Schlichtungsbehörde.

Selber verschuldete Schäden

Wenn der Kühlschrank kaputtgeht, weil Sie ihn unsachgemäss behandeln, müssen Sie natürlich für die Reparatur aufkommen, auch wenn sie mehr kostet. Muss das Gerät ersetzt werden, darf der Vermieter aber nur so viel verlangen, wie vom alten noch nicht amortisiert war. War es voll amortisiert, muss der Vermieter den vollen Preis für den neuen Kühlschrank selber bezahlen. Wann aber ist das der Fall? Es gibt Lebensdauertabellen, die zeigen, nach wie vielen Jahren ein Teppich, ein Geschirrspüler oder andere Teile der Wohnung amortisiert sind und der Vermieter die Erneuerung ganz übernehmen muss (die Tabellen finden Sie unter www.mieterverband.ch/1655.0.html).

Ersetzt der Vermieter einen alten Kühlschrank durch einen neuen und kann der neue nicht viel mehr als der alte, darf der Mietzins deswegen nicht erhöht werden. Denn der neue Kühlschrank ist bloss werterhaltend und nicht wertvermehrend (wie die Juristinnen sagen).

Die Vermieterin lässt nicht reparieren

Ist eine grössere Reparatur nötig, müssen Sie die Vermieterin unverzüglich und eingeschrieben benachrichtigen. Dabei sollten Sie den Mangel detailliert beschreiben und eine Frist setzen, bis wann die Reparatur ausgeführt sein soll. Wenn die Vermieterin untätig bleibt, müssen Sie sie mahnen. Geschieht auch dann nichts, können Sie androhen, dass Sie den Mietzins auf einem Sperrkonto hinterlegen. Tut sich weiter nichts, wenden Sie sich an die Schlichtungsbehörde und lassen sich das Konto für die Hinterlegung nennen.

2. Mietrecht

> 🔍 **Innert 30 Tagen nach Fälligkeit des ersten hinterlegten Mietzinses, müssen Sie bei der Schlichtungsbehörde ein Begehren um Mängelbehebung und Mietzinsherabsetzung stellen. Sonst wird der hinterlegte Mietzins der Vermieterin ausbezahlt.**

Für die Zeit, bis die Reparatur erledigt ist, haben Sie allenfalls Anspruch auf eine Reduktion des Mietzinses. Auch das können Sie wenn nötig vor der Schlichtungsbehörde erstreiten.

Brrr, wir frieren!

Auch bei sehr dringenden Reparaturen – zum Beispiel wenn die Heizung bei minus zehn Grad ausfällt –, müssen Sie zuerst die Vermieterin benachrichtigen. Unternimmt diese nichts, dürfen Sie selbst einen Handwerker beauftragen. Die Reparaturkosten können Sie von der Vermieterin zurückverlangen.

Es ist November ...

... und es regnet seit Tagen. Schon zum dritten Mal entdeckt Jana R. eine grosse Pfütze im Wohnzimmer, direkt entlang der Fensterfront. Die Fenster sind schlecht abgedichtet. Frau R. meldet es der Vermieterin. Die brummelt etwas wie: «Kann ich doch nichts dafür.» Schon am nächsten Tag regnet es an der gleichen Stelle wieder rein. Jana R. schreibt einen eingeschriebenen Brief an die Vermieterin, setzt ihr eine Frist von zwei Tagen und droht an, selbst einen Handwerker beizuziehen. Die Vermieterin reagiert nicht. Frau R. beauftragt nun einen Fensterfachmann mit der Reparatur und lässt die Rechnung in der Höhe von 450 Franken an die Vermieterin schicken. Diese muss zahlen, denn eine umfangreiche Fensterreparatur gilt als grössere Reparatur, für die der Vermieter aufkommen muss.

Der Vermieter baut um, die Heizung steigt aus

Sie können vom Vermieter verlangen, dass er den Mietzins reduziert, wenn zum Beispiel im Winter eine Woche lang die Heizung nicht funktioniert oder wenn während der Haussanierung unerträglicher Lärm herrscht. Die Mietzinsreduktion können Sie erst ab dem Zeitpunkt verlangen, in dem der Vermieter vom Lärm (oder der kaputten Heizung) erfahren hat.

Also: den Mangel so schnell wie möglich dem Vermieter melden. Und das tun Sie aus Beweisgründen am besten mit eingeschriebenem Brief (Muster im Anhang). Falls der Vermieter kein Musikgehör hat, drohen Sie

> **FRAGEBOX**
>
> **Ich habe den Ersatzschlüssel zu meiner Wohnung verloren. Der Vermieter hat deswegen die Schlösser gewechselt und stellt mir die gesamten Kosten von 500 Franken in Rechnung. Darf er das?**
>
> **Nein.** Grundsätzlich müssen Sie zwar die Kosten für das Auswechseln tragen, doch darf Ihnen der Vermieter nur den Zeitwert der Schlösser in Rechnung stellen. Es kommt also darauf an, wie alt die ausgewechselten Schlösser waren. Je älter, desto weniger darf er Ihnen verrechnen. Für ein Wohnungstürschloss gilt eine Lebensdauer von 20 Jahren. Wenn das Schloss 10 Jahre alt ist, darf der Vermieter bloss die Hälfte in Rechnung stellen. Bei Haftpflichtversicherungen gilt für Mieterschäden häufig ein Selbstbehalt von 200 Franken. Für diesen Betrag werden Sie wohl oder übel selbst aufkommen müssen.

ihm – wieder eingeschrieben – an, dass Sie den Mietzins hinterlegen werden. Dann wenden Sie sich an die Schlichtungsbehörde und lassen sich das Konto für die Hinterlegung angeben.

Morgens um acht Uhr ...
... beginnt im Haus der Lärm: Presslufthammer, Fräsen, Bohren. Und im Briefkasten findet Ursula C. einen fotokopierten Brief des Vermieters. Dieser entschuldigt sich für den Lärm, es werde umgebaut und das dauere fünf Monate. Frau C. schreibt dem Vermieter einen eingeschriebenen Brief und verlangt eine Mietzinsreduktion von 20 Prozent. Der Vermieter antwortet, er weigere sich, den Mietzins zu reduzieren. Solche Unannehmlichkeiten müssten Mieter halt auf sich nehmen. Ursula C. gelangt an die Schlichtungsbehörde und erhält Recht: Der Vermieter muss den Mietzins reduzieren, denn der ordnungsgemässe Gebrauch der Wohnung ist durch den Lärm eingeschränkt.

Streitpunkt Nebenkosten

Hier gehts um das berühmte «inkl.» oder «exkl.»: Ende Monat überweisen Sie dem Vermieter einerseits einen Preis dafür, dass Sie in der Wohnung wohnen dürfen – die Miete. Anderseits zahlen Sie für konkrete Leistungen wie Heizung, Cablecom-Anschluss und Warmwasser. Das sind die Nebenkosten. Dafür leisten Sie in der Regel jeden Monat eine Akontozahlung, einmal im Jahr kommt die Schlussrechnung.
Nebenkostenabrechnungen sind nicht einfach zu überprüfen. Immerhin, eine Kon-

trollmöglichkeit bleibt den Mietern: Der Vermieter darf nur diejenigen Nebenkosten verrechnen, die ausdrücklich und Punkt für Punkt im Mietvertrag genannt sind. Was im Mietvertrag nicht separat aufgeführt ist, gilt als mit dem Mietzins abgegolten. Steht zum Beispiel nichts von den Kosten für den Cablecom-Anschluss im Vertrag, kann der Vermieter nicht plötzlich unter dem Titel Nebenkosten Geld dafür verlangen. Wenn der Vermieter neu auch diesen Betrag über die Nebenkosten abrechnen will, muss er das auf einem amtlichen Formular mitteilen.

Aufgepasst: Tiefe Akontozahlungen schützen nicht vor einer hohen Schlussrechnung! Das Bundesgericht hat in einem neuen Entscheid festgehalten, dass auch umfangreiche Nachforderungen gestellt werden dürfen. Ohne besondere Zusicherung des Vermieters könne ein Mieter nicht annehmen, dass die geleisteten Akontozahlungen zur Tilgung der tatsächlichen Schuld ausreichten, meinten die höchsten Schweizer Richter.

Untermieter erlaubt

Sie haben sich von Ihrem Mann getrennt, bleiben aber in der teuren Wohnung und suchen deshalb eine Untermieterin für ein Zimmer. Das kann Ihnen der Vermieter nicht verbieten. Sie müssen ihm aber den Namen der Untermieterin und die Details des Untermietvertrags mitteilen. Verweigern darf der Vermieter die Untermiete nur in zwei Fällen:

> **Wenn der Mietzins,** den Sie von der Untermieterin verlangen, im Verhältnis zur Hauptmiete zu hoch ist. Dies wird angenommen, wenn Sie mehr als nur einen bescheidenen Gewinn erzielen.
> **Wenn wesentliche Nachteile** für den Vermieter entstehen. Zum Beispiel, wenn Ihre Untermieterin im Zimmer nicht wohnt, sondern ein Gewerbe betreibt.

Gegenüber dem Vermieter haften Sie als Mieterin weiterhin für den gesamten Mietzins und auch für Schäden, welche die Untermieterin anrichtet. Sie können Ihrerseits aber die Auslagen für solche Schäden und den Mietanteil von der Untermieterin zurückverlangen. Deshalb lohnt es sich, mit der Untermieterin einen schriftlichen Vertrag abzuschliessen.

Vertragsformulare finden Sie beim Mieterverband (www.mieterverband.ch).

Wenn der Mietzins steigt

Auch das kommt mit eingeschriebenem Brief: die Mietzinserhöhung. Sofort stellt sich die Frage: Darf die Vermieterin so viel mehr verlangen? Gesetz und Bundesgericht haben Regeln aufgestellt darüber, was erlaubt ist und was nicht. Die Grundregel lautet: Die Vermieterin darf ihre Kosten überwälzen und ihr Eigenkapital zu einem Satz verzinsen, der dem aktuellen Niveau entspricht.

Prüfen Sie die Mietzinserhöhung genau. Das lohnt sich, denn wenn Sie einen zu hohen neuen Mietzins unwidersprochen lassen, gilt er als Ausgangspunkt für alle späteren Berechnungen. Eine Anleitung finden Sie in der Checkliste auf der nächsten Seite. Ob eine Mietzinserhöhung in allen Punkten korrekt ist, lässt sich für Mieter aber nur sehr schwer beurteilen. Lassen Sie sich deshalb beim geringsten Zweifel rechtlich beraten.

Achten Sie auf die Frist: Eine Mietzinserhöhung müssen Sie innert 30 Tagen, nachdem sie Ihnen mitgeteilt wurde, anfechten.

 FRAGEBOX

Darf mir der Vermieter verbieten, in der Wohnung eine Katze zu halten?

Ja. Ein Vermieter kann im Mietvertrag oder in der Hausordnung vorsehen, dass das Halten von Tieren wie Katzen oder Hunden, die regelmässig freien Auslauf benötigen, ganz verboten ist oder seine Einwilligung braucht. Wenn Sie sich nicht ans Verbot Ihres Vermieters halten oder keine Bewilligung haben, eine Katze in der Wohnung zu halten, riskieren Sie die Kündigung. Hat der Vermieter allerdings andern Mietern im selben Haus erlaubt, Katzen oder Hunde zu halten, darf er Ihnen die Zustimmung nur aus triftigen Gründen verweigern. Bieten Sie ihm an, eine Vereinbarung über die Heimtierhaltung zu treffen (Mustervereinbarung unter www.iemt.ch → Heimtierhaltung in Mietwohnungen).
Anders sieht es bei Hamstern, Kanarienvögeln oder Fischen aus. Diese dürfen in kleiner Anzahl in der Wohnung gehalten werden – eine Zustimmung des Vermieters braucht es höchstens für den Bau von Gehegen oder Käfigen.

2. Mietrecht

CHECKLISTE: IST DIE MIETZINSERHÖHUNG ZULÄSSIG?

☐ **Amtliches Formular**
Die Erhöhung muss auf dem amtlichen Formular mitgeteilt werden, sonst ist sie nichtig.

☐ **Begründung**
Die Mietzinserhöhung muss begründet werden. Hat der Vermieter keine oder eine ungenügende Begründung angegeben, fordern Sie diese ein (Musterbrief im Anhang). Wird die Erhöhung weiterhin ungenügend begründet, wenden Sie sich an die Schlichtungsstelle. Achtung: Behalten Sie die 30-tägige Anfechtungsfrist im Auge!

☐ **Kostensteigerung**
Die Vermieterin darf nur Kostensteigerungen geltend machen, die erst nach der letzten Erhöhung (oder Senkung) eingetreten sind. Ausnahme: Die Vermieterin hat damals – oder beim Abschluss des Mietvertrags – ausdrücklich geschrieben, dass sie nicht alle Kosten überwälzt (Mietzinsvorbehalt, siehe Seite 62).

☐ **Zulässige Gründe**
Zulässige Gründe sind vor allem Hypothekarzinserhöhungen, Teuerungsausgleich, wertvermehrende Investitionen.

☐ **Frist**
Eine Mietzinserhöhung muss zehn Tage vor dem Kündigungstermin bei Ihnen sein. Trifft sie später ein, ist die Erhöhung erst auf den nächsten Kündigungstermin gültig.

Carla H. ...

... hat unerfreuliche Post erhalten. Der Vermieter erhöht die monatliche Miete für ihre 2-Zimmer-Wohnung von 980 auf 1080 Franken. Grund: Er habe einen leistungsfähigeren Kühlschrank mit einem grösseren Eisfach einbauen lassen. Der Kühlschrank habe 2000 Franken gekostet, sei wertvermehrend und wirke sich deshalb auf die Miete aus. Frau H. wehrt sich erfolgreich: Der Vermieter muss von den 2000 Franken den Preis eines Kühlschranks abziehen, der gleich viel könnte wie der alte. Nur die Differenz ist wertvermehrend. Die Miete darf deshalb nur auf 990 Franken erhöht werden.

Mietzinserhöhung nach Umbau

Lässt der Vermieter die alten, abgeblätterten Fensterläden neu streichen oder eine geborstene Wasserleitung reparieren, sind das Unterhalts- und Instandstellungsarbeiten, die nicht zu einer Mietzinserhöhung führen dürfen. Renoviert der Vermieter aber die Liegenschaft oder baut sie so um, dass sie mehr wert ist und die Mieter mehr Komfort haben, kann er die Miete erhöhen.

Für die Berechnung des zulässigen Aufschlags gibt es Regeln, die den Satz für Verzinsung, die Amortisationsdauer und den Anteil, der zum üblichen Unterhalt gehört, berücksichtigen. Bei Totalsanierungen von Mietliegenschaften ist diese Berechnung schwierig. Es gilt folgende Sonderregel: Bei umfassenden Sanierungen sind normalerweise 50 bis 70 Prozent der Kosten als wertvermehrend zu betrachten.

FRAGEBOX

Das Haus, in dem ich wohne, wurde verkauft. Der neue Hauseigentümer hat nun die Miete um fast 40 Prozent erhöht. Ist das zulässig?

Nein. Zwar darf der neue Eigentümer die Miete neu festsetzen. Er kann sie auf der Basis jenes Preises berechnen, den er für die Liegenschaft gezahlt hat. Steigen die Mietzinsen aber so massiv wie in Ihrem Fall, liegt der Verdacht nahe, dass der neue Vermieter für das Haus einen offensichtlich übersetzten Kaufpreis gezahlt hat. Diesen überrissenen Preis darf er nicht voll auf die Mieter überwälzen. Sie haben deshalb gute Chancen mit einer Mietzinsanfechtung vor der Schlichtungsbehörde.

Auch eine solche Mietzinserhöhung muss der Vermieter Ihnen auf einem amtlichen Formular anzeigen und begründen. Das darf er erst, wenn die Arbeiten ausgeführt und die entsprechenden Belege vorhanden sind. Als Mieterin können Sie eine solche Erhöhung innerhalb einer Frist von 30 Tagen bei der Schlichtungsstelle anfechten.

Der Hypozins sinkt – und der Mietzins?

Steigt der Hypothekarzins, steigt bald auch der Mietzins. Aber: Sinkt der Hypozins, sinkt die Miete selten und kaum je automatisch. Nur mieterfreundliche Vermieter geben die Hypothekarzinssenkung von sich aus an die Mieter weiter. In der Regel müssen Sie Ihrem Vermieter ein schriftliches Gesuch um Mietzinssenkung stellen (Musterbrief im Anhang). Tun Sie das bald, nachdem die Kantonalbank den Hypothekarzins gesenkt hat, denn der Vermieter muss Ihnen die Reduktion frühestens auf den nächsten Kündigungstermin gewähren. Der Vermieter hat 30 Tage Zeit, auf Ihren Brief zu antworten. Antwortet er nicht, haben Sie wiederum 30 Tage Zeit, um die Schlichtungsstelle anzurufen.

Aber versprechen Sie sich nicht allzu viel. Das Bundesgericht steht in dieser Frage auf der Seite der Vermieter. Es hat entschieden, dass Vermieter nicht automatisch die Miete senken müssen, wenn der Hypothekarzins sinkt. Sie können sagen, seit der letzten Anpassung seien die Kosten und die Teuerung gestiegen, deshalb senkten sie den Mietzins nicht oder nur wenig. Oder sie können argumentieren, die Liegenschaft erziele keinen übersetzten Ertrag oder die Miete liege immer noch im Rahmen dessen, was am Ort und im Quartier üblich sei.

Bevor Sie ein Gesuch um Mietzinssenkung stellen, berechnen Sie die neue tiefere Miete, die Sie geltend machen können. Dafür gibt es ein Berechnungsprogramm auf der Website des Mieterverbands (www.mieterverband.ch → Schweizerischer Mieterverband → MietrechtOnline).

2.3 Sie müssen die Wohnung verlassen

Eine Wohnungskündigung kann ein rechter Schock sein. Da fühlt man sich von einem Tag auf den andern buchstäblich heimatlos. Keine Panik: Als Mieter haben Sie ein paar Trümpfe in der Hand.

Die Vermieterin kann Ihnen grundsätzlich aus irgendeinem Grund kündigen. Dagegen gibt es keinen Schutz. Nur die missbräuchliche Kündigung ist anfechtbar. Wenn Sie eine Kündigung erhalten, prüfen Sie diese anhand der Checkliste auf Seite 77.

Erhalten Sie von der Vermieterin die Kündigung, gibts nur eines: Suchen Sie Rat beim Mieterverband oder bei einer Rechtsberatungsstelle (Adressen siehe Seite 82). Und zwar sofort. Sie haben nämlich nur 30 Tage Zeit, um zu reagieren.

Die Kündigung und ihre Folgen

In der Regel können Sie nach einer Kündigung Mieterstreckung verlangen. Das heisst, Sie können ein Gesuch stellen, dass Sie länger in der Wohnung bleiben dürfen, weil Sie so schnell nichts Vergleichbares finden. Eine solche Mieterstreckung wird häufig für ein halbes Jahr oder mehr bewilligt. Sie ist der grösste Trumpf der Mieter in den Verhandlungen mit der Vermieterin, denn damit können sie den Zeitpunkt mitbestimmen, an dem die Wohnung frei wird.

Rechtzeitig eingetroffen?

Nur rechtzeitig eingetroffene Kündigungen sind auf den nächsten Termin wirksam.

Als Urs T. und seine Familie …

… Mitte Juli aus den Ferien zurückkommen, erwartet sie ein Schreck. Unter der zurückbehaltenen Post, die der Vater beim Postamt abholt, ist auch die eingeschriebene Kündigung ihrer 5-Zimmer-Wohnung. Am 25. Juni ist die Kündigung beim Postamt eingegangen. Da war Familie T. noch fröhlich am Sonnenbaden. Urs T. lässt sich vom Mieterverband beraten und kann aufatmen: Die Kündigung ist zu spät eingetroffen.

Kann der Mieter eingeschriebene Briefe nicht entgegennehmen und auch nicht auf der Post abholen, gelten sie erst sieben Tage

2. Mietrecht

nach erfolgloser Zustellung als zugestellt. Das heisst: Das Kündigungsschreiben an die Familie T. galt erst am 2. Juli als zugestellt – zu spät für die ordentliche Kündigung auf den 30. September, die bis am 30. Juni hätte eintreffen müssen. Ungültig ist die Kündigung deshalb nicht: Sie ist wirksam auf den 31. März, den nächstmöglichen ordentlichen Kündigungstermin. Anders wäre die Situation, wenn Familie T. nicht in den Ferien gewesen wäre, sondern den Abholtermin absichtlich hätte verstreichen lassen. Dann wäre die Kündigung gültig, weil das Abholen am 26. Juni zumutbar gewesen wäre.

Eigenbedarf

Erinnern wir uns an das Beispiel vom Vermieter und seiner Mutter auf Seite 19. Darf er Ihnen kündigen, weil er eine Krankenschwester für seine pflegebedürftige Mutter in Ihrer Wohnung einquartieren will? Das können Sie jetzt selbst beantworten: Kündigen darf der Vermieter auf jeden Fall, nur nicht aus missbräuchlichen Gründen. Will er die Wohnung für die Krankenschwester, ist das sicher nicht missbräuchlich. Die Frage ist nur, auf wann Sie die Wohnung räumen müssen. Und damit wären wir bei der Mieterstreckung.

Mieterstreckung

Das Mietrecht schützt nicht vor Kündigungen. Um Härtefälle zu vermeiden, kennt

---

DAVON HÄNGT DIE DAUER DER MIETERSTRECKUNG AB

Argumente für eine kurze Mieterstreckung

> Eigenbedarf der Vermieterin, sei es für sich selbst oder für Verwandte bis hin zu Nichten und Neffen
> Wiederholter Verstoss des Mieter gegen vertragliche Pflichten

Argumente für eine längere Mieterstreckung

> Härtesituation, zum Beispiel Wohnungsnot, knappe finanzielle Verhältnisse der Mieterin, Kinder oder ein anderes Handicap auf dem Wohnungsmarkt (alte und behinderte Menschen, Ausländer)
> Langjähriges Mietverhältnis

---

das Gesetz aber die Mieterstreckung. Die Schlichtungsstellen können ein Mietverhältnis in ein oder zwei Raten bis zu vier Jahre verlängern, obwohl die Kündigung gültig ist. Dieser Entscheid ist ein Abwägungsentscheid und darum schlecht vorherzusagen. Die Schlichtungsstelle wägt das Interesse des Vermieters gegen Ihr Interesse als Mieterin ab. Der Vermieter will die Wohnung möglichst schnell neu vermieten oder er braucht sie selbst für sich oder seine Familie

CHECKLISTE: WANN IST EINE KÜNDIGUNG GÜLTIG?

Wenn der eingeschriebene Brief in Ihren Händen ist, können Sie folgende Punkte prüfen, um herauszufinden, ob die Kündigung hieb- und stichfest ist:

1. Amtliches Formular
- [ ] Steht die Kündigung nicht auf dem amtlichen Formular, ist sie nichtig.

2. Adressaten
- [ ] Sind Sie verheiratet, muss die Kündigung separat an Sie und an Ihren Partner bzw. Ihre Partnerin zugestellt sein. Sonst ist sie nichtig.
- [ ] Haben Sie den Mietvertrag zusammen mit andern Personen unterschrieben, müssen alle Mitmieter auf der Kündigung erwähnt sein, sonst ist sie nichtig.

3. Frist
- [ ] Eine Kündigung muss spätestens am letzten Tag vor Beginn der Kündigungsfrist bei Ihnen sein, sonst ist sie erst auf Ende der nächsten Kündigungsfrist gültig (siehe Beispiel auf Seite 75).

4. Kündigungsgründe
- [ ] Die Vermieterin muss in der Kündigung die Gründe nicht nennen. Sie haben aber das Recht, diese zu erfahren. Verlangen Sie Auskunft bei der Vermieterin.

5. Missbräuchliche Kündigung
Das Gesetz kennt nur wenige Kündigungsgründe, die missbräuchlich sind:
- [ ] Rachekündigung: Missbräuchlich ist es, wenn die Vermieterin die Wohnung kündigt, weil der Mieter seine Ansprüche aus dem Mietvertrag geltend macht. Beispiel: Sie verlangen eine Mietzinsreduktion wegen Lärm; als Nächstes erhalten Sie von der Vermieterin die Kündigung.
- [ ] Nötigungskündigung: Die Vermieterin will ihren Willen durchsetzen und kündigt, um Druck zu machen. Beispiel: Die Vermieterin kündigt Ihnen die Mansarde. Sie erklären ihr, dass sie die Mansarde allein nicht kündigen kann. Darauf kündigt sie die ganze Wohnung.
- [ ] Kündigung während der dreijährigen Sperrfrist: Haben Sie in einem Rechtsstreit mit der Vermieterin zur Hauptsache Recht bekommen und können Sie dies mit einem Entscheid der Schlichtungsbehörde oder andern Schriftstücken belegen, darf die Vermieterin während drei Jahren nicht mehr kündigen. Voraussetzung ist aber, dass Sie als Mieter Ihre Pflichten erfüllen und zum Beispiel den Mietzins pünktlich zahlen und dass die Vermieterin weder Eigenbedarf geltend macht noch das Haus verkauft.

(Eigenbedarf). Sie als Mieterin brauchen mehr Zeit für die Wohnungssuche, weil zum Beispiel Wohnungsnot herrscht und Sie wenig Einkommen haben.

Beginnen Sie sofort nach der Kündigung mit der Wohnungssuche und bewahren Sie abschlägige Antworten auf. Für eine Mieterstreckung müssen Sie nachweisen können, dass Sie sich erfolglos für vergleichbare Wohnungen beworben haben.

Kündigung und Erstreckung nach Eigentümerwechsel

Hat jemand das Haus gekauft, in dem Sie wohnen, muss er sämtliche Mietverträge übernehmen und sich an die Kündigungsfristen halten. Auch können Sie Mietzinserhöhungen anfechten (siehe Seite 73) und bei einer Kündigung Mieterstreckung verlangen. Mit einer Ausnahme: Macht der neue Eigentümer sofort nach dem Kauf einen dringenden Eigenbedarf geltend, kann er Ihnen auf den nächstmöglichen gesetzlichen Termin kündigen. Dieses Recht hat er auch bei langfristigen Verträgen. Sie als Mieter können dann aber die Kosten, die Ihnen durch den vorzeitigen Auszug entstehen, beim früheren Eigentümer als Schadenersatz einfordern.

Hans O. ...

... wohnt in einem Haus, das von einer Grossgarage gekauft wurde. Die Firma, die nebenan ihren Geschäftssitz hat, will in O.s Haus einen Ausstellungsraum einrichten und braucht diesen unbedingt auf nächsten Frühling. Als die Umbaubewilligung vorliegt, kündigt sie ihm wegen dringenden Eigenbedarfs auf den nächstmöglichen Termin und setzt die Frist auf drei Monate fest. Herr O. hat soeben eine Wohnung im Stockwerkeigentum gekauft, in die er aber erst drei Monate nach Ablauf der Kündigungsfrist einziehen kann. Die Schlichtungsbehörde macht die Garage darauf aufmerksam, dass in solchen Fällen so kurze Erstreckungen in der Regel gewährt werden. Darauf ist die Firma bereit, die Kosten einer Zwischenlösung für Hans O. bis zum Betrag von 8000 Franken zu übernehmen.

Sie kündigen die Wohnung selber

Sie haben zwei Möglichkeiten: Entweder Sie kündigen fristgerecht auf den vertraglichen Kündigungstermin oder Sie stellen einen Nachmieter. Im Mietvertrag ist festgehalten, auf wann Sie kündigen können. Da steht zum Beispiel: «Auf Ende jeden Monats mit dreimonatiger Frist kündbar», oder: «Kündbar mit dreimonatiger Frist auf die ortsüblichen Kündigungstermine.» Ortsüblich sind je nach Kanton zum Beispiel der 31. März und der 30. September oder der 30. April und der 31. Oktober. Was in Ihrer Gemeinde gilt, erfahren Sie bei der örtlichen Schlichtungsbehörde, beim Gericht oder bei den Beratungsstellen des Mieter- bzw. Hauseigentümerverbands (Adressen siehe Seite 82).

Kündigen Sie schriftlich, am besten eingeschrieben. Der Brief muss drei Monate vor dem Kündigungstermin bei der Vermieterin sein. Es gilt also nicht der Poststempel!

Wenn Sie die Wohnung ausserhalb dieser Termine aufgeben wollen, müssen Sie einen zumutbaren und zahlungsfähigen Nachmieter stellen. Der Mietzins sollte nicht mehr als 30 Prozent seines Bruttoeinkommens betragen. Zudem muss der Nachmieter bereit sein, den Mietvertrag zu den gleichen Bedingungen zu übernehmen. Einen Ausländer darf die Vermieterin nicht generell ablehnen. Sie kann sich aber zum Beispiel weigern, einen Berufsmusiker in ein ruhiges Haus aufzunehmen.

An Termine sind Sie nicht gebunden. Sie müssen der Vermieterin aber rund vier Wochen Zeit geben, den Nachmieter zu prüfen.

Nennen Sie der Vermieterin nicht bloss einen Nachmieter, nennen Sie zwei oder drei. So sind Sie sicher, dass es klappt. Denn gleich mehrere Nachmieter wird die Vermieterin nicht so leicht ablehnen können.

Was gilt beim Tod des Mieters?

Wenn Ihr verwitweter Vater stirbt, werden automatisch Sie als Erbe Mieter der Wohnung. Sie können die Wohnung mit der gesetzlichen Kündigungsfrist auf den nächsten gesetzlichen Termin kündigen. Stirbt Ihr Vater zum Beispiel am 20. Mai und sind die gesetzlichen Kündigungstermine in dieser Gemeinde der 31. Dezember, 31. März, 30. Juni oder 30. September, so können Sie die Wohnung auf den 30. September kündigen, da eine dreimonatige Frist gilt. Sind es mehrere Erben, müssen alle gemeinsam die Kündigung aussprechen.

Die Wohnungsrückgabe

Die Wohnung ist geputzt. Die Zimmer sind leer. Es ist der Moment der Wohnungsrückgabe. Jetzt geht der Vermieter durch die Wohnung und schaut, ob sie ordentlich gereinigt und in gutem Zustand ist. Als Vorbereitung haben Sie das Antrittsprotokoll hervorgeholt (siehe Seite 66). Die Mängel, die darin aufgeführt sind, waren schon da, als

Sie eingezogen. Dafür müssen Sie nicht aufkommen.

Auch für die normale Abnutzung müssen Mieter nicht aufkommen, für die ausserordentliche hingegen schon. Nicht zahlen müssen Sie also für vergilbte Tapeten, Spuren von Bildern an den Wänden oder Nagel- und Dübellöcher, sofern sie fachmännisch ausgebessert sind. Auf Ihre Kosten gehen aber die verschmierten Wände im Kinderzimmer und die abgeschlagene Ecke am Lavabo. Dabei gilt immer: Für alte oder bereits amortisierte Einrichtungsgegenstände müssen Sie weniger oder gar nichts zahlen (siehe Seite 67).

Akzeptieren Sie die beanstandeten Schäden, sollten Sie im Abgabeprotokoll eine konkrete Schadenersatzsumme festlegen. Bringen Sie zudem einen Vermerk an, dass die im Protokoll anerkannte Bereitschaft zur Schadenübernahme nur so weit gilt, als sich die Versicherung des Mieters der Beurteilung anschliessen kann.

> **FRAGEBOX**
>
> **Ich habe vor vier Jahren, als ich in die 2-Zimmer-Wohnung einzog, einen Spannteppich im Wohnzimmer verlegen lassen. Jetzt beim Auszug verlangt der Vermieter, dass ich den Teppich wieder herausreisse. Darf er das?**
>
> **Ja, grundsätzlich schon.** Sie sind verpflichtet, die Wohnung wieder so zurückzugeben, wie sie nach normaler Abnutzung aussieht. Haben Sie bauliche Veränderungen vorgenommen, müssen Sie diese auf Ihre Kosten rückgängig machen – und auch die Haftpflichtversicherung wird Ihnen nichts vergüten. Ausnahme: Wenn der Vermieter den Veränderungen schriftlich zugestimmt hat. Dann müssen Sie den Umbau nicht rückgängig machen und können allenfalls sogar noch Geld von ihm verlangen, weil Sie den Wert der Wohnung vermehrt haben.

Sind Sie mit der Liste der Schäden und den dafür berechneten Summen nicht einverstanden, dürfen Sie das Übergabeprotokoll keinesfalls unterschreiben. Denn das gilt bei den Schlichtungsbehörden als Schuldanerkennung.

Verweigert der Vermieter die Abnahme, lassen Sie den Zustand der Wohnung durch einen Experten aufnehmen, machen Fotos und schicken den Schlüssel eingeschrieben an die Verwaltung zurück. Versäumt es diese anschliessend, erkennbare Mängel sofort zu beanstanden, verliert sie Ihnen gegenüber alle Ansprüche.

Wenn Sie mit dem Vermieter ein gespanntes Verhältnis haben oder befürchten, dass er Ihnen Kosten aufbrummt, die Sie gar nicht übernehmen müssen, ziehen Sie für die Wohnungsabgabe von Anfang an einen Experten des Mieterverbands bei.

Mietkaution zurückfordern

Als Sie in die Wohnung einzogen, hat der Vermieter verlangt, dass Sie zwei oder drei Monatsmieten als Depot auf ein Sperrkonto einzahlen. Dieses Geld diente als Sicherheit, dass Sie alle Mietzinsen zahlen und auch für Schäden an der Wohnung aufkommen. Haben Sie also alle Mieten und Nebenkosten beglichen und müssen für keine Schäden aufkommen, sollte der Vermieter Ihnen die Kaution innert 30 Tagen auszahlen. Weigert er sich, können Sie die Herausgabe bei der Schlichtungsbehörde verlangen. Muss aus der Kaution ein Schaden beglichen werden, haben Sie den Restbetrag zugut.

Ganz sicher erhalten Sie das Geld, wenn der Vermieter innert eines Jahres keine rechtlichen Schritte gegen Sie eingeleitet hat. Dann können Sie nämlich direkt von der Bank verlangen, dass Ihnen die Kaution ausbezahlt wird.

Ist schon bei der Wohnungsabnahme klar, dass keine Forderungen mehr gegen Sie bestehen, sollten Sie vom Vermieter eine schriftliche Erklärung fordern, dass er die Kaution freigibt.

Links, Adressen, rechtliche Grundlagen

Beratung

Beobachter-Beratungszentrum
Das Wissen und der Rat der Fachleute stehen Abonnenten des Beobachters im Internet und am Telefon kostenlos zur Verfügung:
> HelpOnline: Rund um die Uhr im Internet unter www.beobachter.ch/helponline, Rubrik: Wohnen (Wohnungsmiete)
> Telefon: Montag bis Freitag von 9 bis 13 Uhr, Fachbereich Wohnen 043 444 54 02

www.mieterverband.ch
Schweizerischer Mieterinnen- und Mieterverband
Postfach
8026 Zürich
Tel. 043 296 90 20 (keine Rechtsauskunft)
Kurze Rechtsauskünfte: 0900 900 800
(Fr. 3.70/Min.)
Die kantonalen Mieterverbände beraten Mitglieder unentgeltlich, Nicht-Mitglieder für rund 80 Franken. Der Jahresbeitrag kostet zwischen 40 und 90 Franken. Adressen auf der Website des Schweizerischen Mieterverbands oder im Telefonbuch

Schlichtungsbehörden
Die Schlichtungsbehörden sind verpflichtet, Mieter und Vermieter in mietrechtlichen Belangen zu beraten. Adressen im Telefonbuch unter Schlichtungsstelle, Schlichtungsbehörde oder Mietamt

Landesindex der Konsumentenpreise

Den aktuellen Index erfahren Sie unter www.bfs.admin.ch (→ Teuerung) oder bei Tel. 0900 55 66 55 (Grundtaxe Fr. –.50 plus Fr. –.50 pro Minute).

Rechtliche Grundlagen

Art. 253 bis 274g Obligationenrecht (OR, SR 220)

Verordnung über Miete und Pacht von Wohn- und Geschäftsräumen (VMWG, SR 221.213.11)

Mietvertrag samt allfälligen allgemeinen Vertragsbedingungen

Hausordnung (sofern vorhanden)

Muster im Anhang

Mängel an der Mietsache: Herabsetzung des Mietzinses (Muster 4, Seite 314)

Begehren um Herabsetzung des Mietzinses wegen Hypothekarzinssenkung (Muster 5, Seite 315)

Begründung für eine Mietzinserhöhung einfordern (Muster 6, Seite 315)

Die Schlichtungsbehörde um Vermittlung bitten (Muster 7, Seite 316)

3. Nachbarrecht

Nachbarn können ein Segen sein, aber auch eine Qual.
Wann wehre ich mich gegen Lärm und Schikanen?
Wie verhindere ich aber auch jahrelange, verbitterte
Streitereien, die am Ende nichts bringen?
Auf Fragen rund um unliebsame Nachbarn gibt
dieses Kapitel Antwort.

3.1 Nachbar ist nicht gleich Nachbar	**86**
Zuerst das Gespräch	86
So gehen Sie als Mieterin vor	87
So gehen Sie als Stockwerkeigentümer vor	87
Der Störenfried im Nachbarhaus	88
3.2 Hilfe für die häufigsten Situationen	**90**
Rasenmäher, Presslufthammer und Partylärm	90
Grillieren mit Rauchfahne	91
Aufdringlicher Velounterstand	91
Links, Adressen, rechtliche Grundlagen	**93**

3. Nachbarrecht

3.1 Nachbar ist nicht gleich Nachbar

Die Nachbarin obendran hört bis spät nachts laute Musik, der Nachbar rechts mäht seinen Rasen stets über Mittag und abends grilliert die dritte Partei ihre Koteletten so, dass man selbst zur Rauchwurst wird. Probleme mit Nachbarn gehören zu den häufigsten Streitigkeiten überhaupt.

Die Juristerei hilft Ihnen im Umgang mit solchen Nachbarn nur wenig. Denn was bringt es, Recht zu bekommen, wenn sich das nachbarschaftliche Verhältnis in einen kalten Krieg verwandelt? Am besten ist immer das direkte Gespräch. Rufen Sie die Polizei erst, wenn alles andere nichts gebracht hat.

Zuerst das Gespräch

Wenn ein Nachbar stört, suchen Sie zuerst das Gespräch. Schildern Sie sachlich und ohne Anschuldigung, was Sie stört, und suchen Sie dann gemeinsam eine Lösung. Vielleicht lässt sich fürs Klavierüben des Nachbarmädchens eine Zeit vereinbaren, in der Sie weg sind. Oder Sie können mit dem Hauseigentümer nebenan abmachen, dass er den Grill am andern Ende seines Gartens aufstellt, wo der Wind den Rauch nicht direkt in Ihr Schlafzimmer weht.

Nützt ein solches Gespräch nichts, versuchen Sie als Erstes abzuklären, ob das Verhalten des Nachbarn auch andere stören würde. Denn überempfindliche Menschen schützt das Gesetz nicht. Am besten laden Sie einen Freund in die Wohnung ein und

> **DAS KÖNNEN SIE SELBST ANPACKEN**
>
> > Sich per Hausordnung, Lärm- und Polizeiverordnung informieren, welche Ruhezeiten und sonstigen Regeln für Nachbarn gelten.
> > Die Vermieterin brieflich auffordern, den lärmigen Mieter zu rüffeln.
> > Als Stockwerkeigentümer das Gespräch mit der Stockwerkeigentümergemeinschaft suchen.
> > Versuchen, den nachbarschaftlichen Konflikt mithilfe einer Mediatorin zu lösen.
> > Die Polizei rufen, wenn Ruhezeiten wiederholt nicht eingehalten werden.

HIER BRAUCHEN SIE HILFE

> Wenn Sie gegen eine Nachbarin gerichtlich vorgehen wollen.

fragen, ob der Lärm, der Geruch oder was auch immer ihn auch stören.
Ist das der Fall und wollen Sie sich wehren, ist für das weitere Vorgehen entscheidend, ob Sie Mieterin sind, Stockwerkeigentümer oder Eigentümerin der ganzen Liegenschaft. Und ob Sie mit dem unangenehmen Nachbarn im gleichen Haus wohnen oder nicht.

So gehen Sie als Mieterin vor

Fühlen Sie sich als Mieterin durch das Verhalten eines Mitmieters gestört, werfen Sie am besten zuerst einen Blick in die Hausordnung. Wann muss Nachtruhe sein? Wo darf man grillieren?
Finden Sie in der Hausordnung nichts, schauen Sie in der Lärmschutzverordnung und der allgemeinen Polizeiverordnung Ihrer Gemeinde nach. Dort sind oft Ruhezeiten und Bestimmungen für belästigende Tätigkeiten wie zum Beispiel Rasenmähen oder Grillieren enthalten.

Anlaufstelle Vermieter

Suchen Sie als Nächstes erneut das Gespräch mit dem Nachbarn und streben Sie eine gemeinsame Lösung an. Wenn das nicht fruchtet, schreiben Sie einen Brief an die Vermieterin, in dem Sie den Zustand und Ihr Problem sachlich schildern. Klagen Sie nicht an, beschreiben Sie einfach Ihr Problem. Das wirkt am besten (siehe auch Seite 26). Die Vermieterin ist verpflichtet, Ihren Nachbarn zur Rücksichtnahme aufzufordern. Sie können aber auch um ein klärendes Gespräch zu dritt bitten. Bessert sich die Situation auch nach der Ermahnung durch die Vermieterin nicht, kann diese Ihrem Nachbarn das Mietverhältnis wegen mangelnder Rücksichtnahme kündigen.
Unternimmt die Vermieterin trotz Ihrer Aufforderung nichts, sollten Sie sie nochmals schriftlich per Einschreiben dazu ermahnen. Setzen Sie ihr eine Frist von rund zwei Wochen und drohen Sie ihr an, dass Sie den Mietzins bei der örtlichen Schlichtungsbehörde für Mietsachen hinterlegen, wenn weiter nichts geschieht.

Gerichtliche Auseinandersetzungen bringen bei nachbarschaftlichen Streitigkeiten wenig. Regen Sie eine Mediation an (siehe Seite 33).

So gehen Sie als Stockwerkeigentümer vor

Leben Sie im Stockwerkeigentum, sind Nachbarschaftsstreitigkeiten im gemeinsamen Haus noch heikler, als wenn Sie «nur»

Mieter sind. Denn als Mieter können Sie einfacher wegziehen, wenn der Streit ausartet. Als Stockwerkeigentümer haben Sie viel Geld investiert und sind deshalb stärker an die Wohnung gebunden. Darum lohnt es sich, solche Streitigkeiten besonders behutsam anzugehen.

Reglement und Stockwerkeigentümerversammlung

Stockwerkeigentümer legen meist in einem Reglement und in einer Hausordnung fest, was man in Haus und Garten darf und wie im Streitfall zu verfahren ist. Ist Ihr Problem dort bereits geregelt, reicht es allenfalls, wenn Sie die störende Nachbarin auf ihre Pflichten hinweisen. Ändert sie ihr Verhalten immer noch nicht oder findet sich im Reglement kein Hinweis, der Ihnen weiterhilft, wenden Sie sich an die Stockwerkeigentümerversammlung. Doch auch da wird man die Lösung gemeinsam mit der störenden Nachbarin finden müssen, denn ein Ausschluss aus der Stockwerkeigentümergemeinschaft ist in der Praxis kaum durchsetzbar.

Findet auch die Stockwerkeigentümerversammlung keine Lösung, wird es schwierig. Hält die Nachbarin Bestimmungen der Lärmschutzverordnung oder der allgemeinen Polizeiverordnung nicht ein, können Sie natürlich jeweils die Polizei rufen, um Ordnung zu schaffen – doch ein genussvolles Zusammenleben ist das nicht. Auch können Sie sich überlegen, vor Zivilgericht eine Klage wegen übermässiger Immission einzureichen. Dafür suchen Sie am besten Rat bei einer Rechtsberatungsstelle (Adressen siehe Seite 93).

Klären Sie vor der Stockwerkeigentümerversammlung ab, was die andern Eigentümer zu Ihrem Problem meinen. So können Sie in der Versammlung mit einem Vorschlag auftreten, der bereits von einigen mitgetragen wird.

Der Störenfried im Nachbarhaus

Fühlen Sie sich nicht durch Mieter oder Stockwerkeigentümer im gleichen Haus gestört, sondern durch Leute in der Nachbarliegenschaft, suchen Sie natürlich auch zuerst das Gespräch und eine einvernehmliche Lösung und informieren sich in der Lärmschutz- oder Polizeiverordnung darüber, welche Immissionen zu welchen Zeiten erlaubt sind.

Als Grundeigentümer können Sie sich mit einer Klage nach Zivilgesetzbuch gegen Immissionen wehren – allerdings nicht gegen alle, sondern nur gegen übermässige. In verschiedenen Gerichtsurteilen wurden Einzelfälle entschieden, die etwas konkreter umschreiben, was unter übermässig zu verstehen ist.

Gerd F. ...

... hat ein Einfamilienhaus in einer kleinen Gemeinde. Er konnte nachts nicht schlafen, weil auf dem Nebengrundstück Kühe weideten, deren Glocken bimmelten. Da er sich mit dem Bauern nicht einigen konnte, klagte er vor Gericht. Das Kuhglockengeläut sei eine übermässige Immission und deshalb unzulässig, machte er geltend. Und das Bundesgericht gab ihm Recht: Es gebe keinen Grund, wieso die Kühe des Bauern auch nachts Glocken tragen müssten, meinten die Richter. Die Weide sei eingezäunt, befinde sich in einem Dorf mit verschiedenen andern Bauernhöfen, sodass ein durchgebranntes Tier leicht gefunden werden könne. Deshalb gehe die Nachtruhe von Gerd F. dem Wunsch des Bauern vor. Das Bundesgericht verbot diesem, seinen Kühen auf der betreffenden Weide nachts Glocken umzuhängen.

Stockwerkeigentümer und Hauseigentümer können bei Störungen von Nachbargrundstücken nur gegen den Verursacher vorgehen. Mieter haben auch die Möglichkeit, vom Vermieter die Beseitigung der Störung oder eine Mietzinsherabsetzung zu verlangen.

3. Nachbarrecht

3.2 Hilfe für die häufigsten Situationen

Was dem einen entspannende Musik, ist für den andern bloss Lärm. Leckere Düfte verwandeln sich in Gestank, wenn sie vom ungeliebten Hausgenossen im Parterre stammen. Alles nur Ansichtssache?

Nicht ganz. Berufen können Sie sich beim Streit um solche Themen auf die Lärmschutz- und Polizeiverordnungen Ihrer Gemeinde. Oder auf den Nachbarschaftsartikel 684 im Zivilgesetzbuch, der übermässige Immissionen verbietet. Auch im Umweltschutzgesetz oder im kantonalen Einführungsgesetz zum ZGB finden sich Vorschriften, zum Beispiel Grenzabstände für Pflanzen und Bauten.

Rasenmäher, Presslufthammer und Partylärm

Als Faustregel gilt: Von 22 Uhr bis 07 Uhr darf man draussen nicht lärmen. Das heisst: Man muss Gespräche so dosieren, dass man sich nur noch am gleichen Tisch versteht.

Wenn Sie selber eine Party veranstalten: Informieren Sie die Nachbarn frühzeitig und bitten Sie um Nachsicht für die (einmalige) Nachtruhestörung.

Wenn sich Nachbarn wiederholt nicht daran halten, suchen Sie unbedingt zuerst das Gespräch mit ihnen. Rufen Sie die Polizei erst, wenn der persönliche Kontakt nichts gefruchtet hat. Die Polizei kann gegen lärmige Nachbarn Bussen von mehreren Hundert Franken verhängen.

Die meisten Lärmschutzverordnungen der Gemeinden schützen nicht nur die Nachtruhe, sondern auch die Siesta. So ist zum Beispiel Rasenmähen über Mittag an den meisten Orten verboten. In der Stadt Zürich dürfen «lärmende Garten- und Feldarbeiten nur in der Zeit von 08.00 Uhr bis 12.00 Uhr und von 14.00 Uhr bis 19.00 Uhr ausgeführt werden», am Sonntag gar nicht. Auch für Bauarbeiten kennt die Lärmschutz- oder die Bauverordnung Ihrer Gemeinde ähnliche Regeln. In Chur etwa sind «lärmige Bauarbeiten von 12.00 Uhr bis 13.00 Uhr und von 19.30 Uhr bis 07.00 Uhr untersagt».

Dann halt auf dem Rechtsweg?

Als letztes Mittel bleiben rechtliche Schritte. Möglich sind Strafanzeigen, zum Beispiel wegen Nachtruhestörung. Als Hauseigentümer können Sie zudem eine nachbarrechtliche Klage erheben. Gerade bei Nachbarstreitigkeiten empfiehlt es sich aber, Kosten und Nutzen sorgfältig abzuwägen.

Christoph S., ...

... bekannt als kämpferischer Rechtsanwalt, hat Probleme mit seinem Nachbarn. Es beginnt mit der Katze, die ihr Geschäft offenbar mit Vorliebe im nachbarlichen Gemüsebeet erledigt. Im Sommer ist die Musik zu laut und der Grill zu rauchig. Die Kinder sind das ganze Jahr über zu lärmig. Christoph S. bemüht sich immer wieder um eine friedliche Lösung. Doch der Nachbar beruhigt sich jeweils nur kurz. Das Ganze gipfelt in einem wüsten Ausbruch. Er werde nicht mehr aufpassen, ob da Kinder auf der Einfahrt spielen, schimpft der Nachbar, nachdem er sich über ein liegen gebliebenes Velo beschwert hat. Es sei ihm egal, wenn er einen von den Saugoofen überfahre. Christoph S. reicht es. Er verkauft das Haus und zieht weg. Ein Gerichtsverfahren würde den Konflikt nicht lösen, meint er. Und das Leben sei zu schade für solche Streitereien.

Grillieren mit Rauchfahne

Wer beispielsweise in der Stadt Bern den Grill anwirft, muss sich ans Reglement zur Bekämpfung des Betriebs- und Wohnlärms halten: «Übermässige (...) die Nachbarschaft

FRAGEBOX

Unsere Nachbarin hat eine Hecke, die viel Schatten in unseren Garten wirft. Können wir zur Gartenschere greifen und die Hecke herunterstutzen?

Nein. Sie müssen die Nachbarin zuerst bitten, die Hecke zurückzuschneiden. Setzen Sie eine Frist, bis wann dies gemacht sein müsste. Zeigt die Nachbarin keine Einsicht und wirft die Hecke ungebührlich Schatten, dürfen Sie diejenigen Äste entfernen, die über Ihrem eigenen Grundstück hängen (Art. 687 Abs. 1 ZGB). Handelt es sich zum Beispiel um eine Brombeerhecke, sollten Sie sich das aber gut überlegen. Beeren und Früchte, die eindeutig auf Ihr Grundstück hinüberragen, dürfen Sie nämlich pflücken (Art. 687 ZGB Abs. 2).

schädigende oder belästigende Einwirkungen durch Rauch, Russ (...) sind verboten.» Deshalb muss man darauf achten, dass der Grillrauch nicht ins Schlafzimmer der Nachbarin zieht. Auch sollte man Holzkohle oder unbehandeltes Holz verwenden und weder Garten- noch Bauabfälle verbrennen.

Aufdringlicher Velounterstand

Baut man eine Immobilie, das heisst ein Objekt, das fest mit dem Boden verbunden ist, braucht es dafür eine Baubewilligung. Diese wird nur erteilt, wenn gegen das Projekt

3. Nachbarrecht

keine begründete Einsprache eines Nachbarn eingeht. Begründet sind solche Einsprachen immer dann, wenn ein Projekt Bauvorschriften verletzt. Solche Vorschriften regeln zum Beispiel die maximal mögliche Höhe von Gebäuden, Ausnützungsziffern oder Grenzabstände.

Die konkreten Bestimmungen für Ihre Gemeinde können Sie bei der örtlichen Baubehörde erfragen. Sicher zu beachten sind die Vorschriften des kantonalen Bau- und Planungsgesetzes und des kantonalen Einführungsgesetzes zum ZGB. Dort steht zum Beispiel, wie weit von der Grenze entfernt ein Zwetschgenbaum zu pflanzen ist – was von Kanton zu Kanton variiert!

Merken Sie erst, nachdem Ihr Nachbar einen Bau fertig gestellt hat, dass eine Bauvorschrift verletzt wurde, können Sie bei der Baubehörde eine Anzeige machen. Die Behörde klärt dann den Fall von sich aus ab und verfügt die Änderung der Baute.

Familie E. ...

... braucht einen Velounterstand. Seit die drei Kinder grosse Velos fahren, wird der Platz unter dem Vordach zunehmend eng. Herr E. holt eine Baubewilligung ein und lässt den Unterstand zwischen dem Kiesplatz und der Grenze zum Grundstück von Nachbar P. bauen. Doch als der Velounterstand fertig ist, fühlt sich Herr P. dadurch gestört. Er erstattet Anzeige. Und tatsächlich steht der **Unterstand nicht die gesetzlich geforderten drei Meter von der Grenze entfernt, sondern nur zwei Meter. Familie E. muss ihn um einen Meter verschieben.**

Das Näherbaurecht

Wird eine Baute in vollem Wissen um den Grenzverlauf zu nahe an der Grenze erstellt, muss sie abgerissen oder verschoben werden. Einziger Ausweg: eine Einigung mit dem betroffenen Nachbarn, dass er die Unterschreitung des Grenzabstands toleriert und ein Näherbaurecht einräumt.

War ein Bauherr gutgläubig und ging zum Beispiel in guten Treuen von einem andern Grenzverlauf aus, kann die Baubehörde ein Näherbaurecht auch gegen den Willen von Nachbarn verfügen. Dass man die gesetzlichen Bestimmungen nicht gekannt habe, gilt aber nicht als Entschuldigung. Darüber muss man sich als Bauherr halt informieren.

Mehr Beispiele gefällig? Eine grosse Fallsammlung und viele weitere Informationen zum Nachbarrecht finden Sie im Beobachter-Ratgeber «Im Clinch mit den Nachbarn. Handbuch für Eigentümer und Mieter» (www.beobachter.ch/ buchshop).

Links, Adressen, rechtliche Grundlagen

Beratung

Beobachter-Beratungszentrum
Das Wissen und der Rat der Fachleute stehen Abonnenten des Beobachters im Internet und am Telefon kostenlos zur Verfügung:
> HelpOnline: Rund um die Uhr im Internet unter www.beobachter.ch/helponline, Rubrik: Wohnen
> Telefon: Montag bis Freitag von 9 bis 13 Uhr, Fachbereich Wohnen 043 444 54 02

www.hausverein.ch
Hausverein Schweiz
Zentralsekretariat
Postfach
3001 Bern
Tel. 031 311 50 55
Merkblätter zu nachbarrechtlichen Fragen

www.mieterverband.ch
Schweizerischer Mieterinnen- und Mieterverband
Postfach
8026 Zürich
Tel. 043 296 90 20 (keine Rechtsauskunft)
Kurze Rechtsauskünfte: 0900 900 800
(Fr. 3.70/Min.)
Merkblätter zu nachbarrechtlichen Fragen

www.shev.ch
Hauseigentümerverband Schweiz
Postfach
8032 Zürich
Tel. 044 254 90 20
Merkblätter zu nachbarrechtlichen Fragen

Mediation

www.infomediation.ch
Der Schweizerische Dachverband Mediation bietet auf seiner Website weiterführende Informationen und vermittelt Fachpersonen.

www.mediation-svm.ch
Website des Schweizerischen Vereins für Mediation mit weiterführenden Informationen und den Adressen von Fachpersonen in Ihrer Region

Rechtliche Grundlagen

Art. 679, 684 bis 701 Zivilgesetzbuch
(ZGB, SR 210)

Lärmschutzverordnung, Polizeiverordnung oder Polizeireglement Ihrer Wohngemeinde (die Bezeichnungen variieren)

Bauordnung Ihrer Wohngemeinde

Für Mieter zusätzlich:
> Art. 256, 259a bis 259i Obligationenrecht (OR, SR 220)
> Hausordnung

Für Stockwerkeigentümer zusätzlich:
> Art. 712a ff. Zivilgesetzbuch (ZGB, SR 210)
> Reglement und Hausordnung der Stockwerkeigentümergemeinschaft

Muster im Anhang

Störungen beim Vermieter monieren
(Muster 8, Seite 316)

4. Recht und Eigenheim

Wer sich entscheidet, ein Eigenheim zu kaufen, steht vor einem Intensivkurs nicht nur in Immobilien-Know-how, sondern auch in Juristerei. Da schliesst man Verträge zuhauf – vom Hypothekarvertrag über den Kauf-, den Werk-, den Architektenvertrag bis hin zum Maklervertrag, wenn man das Objekt wieder loswerden will.

4.1 Mieterin oder Eigentümerin?	**97**
Was können Sie sich leisten?	98
Allein oder gemeinsam kaufen?	99
Miete oder Eigentum: Was behagt Ihnen besser?	101
4.2 Vor dem Kauf	**103**
Das Traumhaus, die Traumwohnung bestimmen	103
Eigentumsform klären	104
4.3 Der Kauf	**108**
Eigenkapital beschaffen	108
Den Hypothekarvertrag abschliessen	109
Der Kaufvertrag	110
Achtung beim Kauf ab Plan	110
Altbauten: charmant, aber ...	114
4.4 Umbauen und Renovieren	**115**
Der Architekt, ein wichtiger Partner	115
Grenzen eines Umbaus	116
Probleme beim Bau	117
Die Bauabnahme	117
Der Werkvertrag mit den Handwerkern	118
Wichtig: der Kostenvoranschlag	119
Wenn Handwerker pfuschen	120

4. Recht und Eigenheim

4.5 Das Haus wieder verkaufen	**122**
Selber verkaufen	122
Einen Makler beauftragen	122
Die Haftung beim Verkauf	124
4.6 Besonderheiten beim Stockwerkeigentum	**125**
Der Einfluss der Gemeinschaft	125
Sonderrecht und gemeinschaftliche Teile	126
Die Wertquote und der Anteil an den gemeinschaftlichen Kosten	126
Eignen Sie sich für Stockwerkeigentum?	128
Die Regeln fürs Zusammenleben	128
Die eigene Wohnung umbauen	131
Besonderheiten beim Verkauf	131
Links, Adressen, rechtliche Grundlagen	**132**

4.1 Mieterin oder Eigentümerin?

Gemäss Umfragen träumen 80 Prozent der Schweizerinnen und Schweizer vom Wohneigentum. Doch der konkrete Kauf eines Hauses oder einer Wohnung hat nichts mit Träumen, sondern viel mit schwierigen Entscheiden zu tun und ist nicht ohne Risiko.

Zahlen wir zu viel für das Haus? Ist es in gutem Zustand oder verstecken sich unter dem Putz böse Überraschungen? Was, wenn die Umbaukosten explodieren? Ist der Generalunternehmer wirklich vertrauenswürdig? All diese Fragen müssen Sie im engen Korsett Ihrer finanziellen Möglichkeiten beantworten. Wollen Sie sich also den Traum vom Wohneigentum erfüllen, sollten Sie mit beiden Füssen auf dem Boden der Realität stehen und tun gut daran, zuallererst Ihren Traum auf Realisierbarkeit und effektive Wünschbarkeit abzuklopfen. Jede Käuferin von Wohneigentum macht nämlich intensive Bekanntschaft mit der Immobilien- und Juristenwelt. Und das ist nicht nur lustig. Deshalb zuerst ein paar Hilfestellungen zum Entscheid, ob Sie wirklich den Weg von der Mieterin zur Wohneigentümerin einschlagen wollen. Vielleicht werden Sie ja zur überzeugten Mieterin und können sich das Weiterlesen sparen.

! DAS KÖNNEN SIE SELBST ANPACKEN

> Sich klar werden, ob Miete, Stockwerkeigentum oder Alleineigentum am besten für Sie ist.
> Den maximal möglichen Bankkredit errechnen.
> Einen Hypothekarvertrag abschliessen.
> Einen Darlehensvertrag formulieren.
> Einen Erbvorbezug schriftlich festhalten.
> Ihr Pensionskassenguthaben vorbeziehen oder verpfänden.
> Einen einfachen Architektenvertrag abschliessen.
> Einfache Werkverträge mit Handwerkern schliessen.
> Bei Baumängeln Mängelrüge erheben.
> Beim Wiederverkauf einen Maklervertrag abschliessen.

4. Recht und Eigenheim

Was können Sie sich leisten?

Den ersten Schritt vom Traum zur Realität machen Sie über den Taschenrechner gebeugt oder vor dem Computer: Sie berechnen, wie hoch der Kredit ist, den Ihnen eine Bank für den Haus- oder Wohnungskauf gewähren würde, wie viel Geld Ihnen also maximal zur Verfügung steht und wie viel an Hypothekarzinsen Sie monatlich dafür zahlen müssen. Am bequemsten machen Sie diese Rechnung auf der Website Ihrer Hausbank oder einer Regionalbank. Viele Finanzinstitute bieten einfache Berechnungsprogramme dafür an (zum Beispiel www.zkb.ch, www.bekb.ch, www.ubs.ch oder www.postfinance.ch – jeweils Stichwort «Rechner» oder «Hypothekarrechner»).

Die Finanzierungsregeln der Banken

Auch wenn Sie keinen Internetanschluss haben, können Sie den maximalen Bankkredit und die Zinsbelastung ausrechnen. Die Banken wenden nämlich bei der Vergabe von Hypotheken alle ähnliche Regeln an:

> **Grenze Eigenkapital**
> Als Hypothek gewähren die Banken maximal 80 Prozent des Kaufpreises (65 Prozent als 1. Hypothek, 15 Prozent als 2. Hypothek). 20 Prozent müssen Sie also als Eigenkapital mitbringen: in Form vom Bankguthaben, Wertschriften oder Pensionskassenkapital. Das ist oft die kleinere Hürde.

> **Tragbarkeit**
> Das ist der entscheidende Wert: Die Wohnkosten dürfen nicht mehr als einen Drittel Ihres Bruttolohns ausmachen (gewisse Banken gehen sogar vom Nettolohn aus). Wohnkosten sind: Hypothekarzinsen (im mehrjährigen Durchschnitt etwa 5 Prozent) plus die Kosten für die Rückzahlung der 2. Hypothek innert 20 Jahren plus die Nebenkosten einschliesslich Rückstellungen für Unterhalt und Reparaturen oder Renovationen (1 Prozent des Kaufpreises).

Da dies etwas gar abstrakt tönt, hier subito ein Fallbeispiel:

 HIER BRAUCHEN SIE HILFE

> Bei der Beurteilung alter Bausubstanz
> Beim Bestimmen des besten Hypothekenmixes
> Beim Kauf ab Plan
> Bei der Beurteilung eines Vertrags mit einem Generalunternehmer
> Beim Überprüfen und Abschliessen eines Kaufvertrags

Erika G. ...

... hat ein Eigenkapital von 200 000 Franken. Aufgrund der Eigenkapitalregel könnte sie von einer Hypothek von maximal 800 000 Franken und somit von einem Kaufpreis von einer Million Franken ausgehen. Doch sie verdient bloss 110 000 Franken brutto im Jahr. Deshalb wird die Tragbarkeitsrechnung zum Stolperstein: Erika G. dürfte das Wohnen im Eigenheim nämlich maximal 36 600 Franken pro Jahr kosten (33 Prozent vom Bruttoeinkommen). Die Berechnung der effektiven Wohnkosten bei einem Millionenhaus ergibt aber deutlich mehr:

> Hypothekarzins:
  4,5 % von 650 000.–   Fr. 29 250.–
  5,5 % von 150 000.–   Fr. 8 250.–
> Amortisation 2. Hypothek:
  15 % von 1 000 000.– : 20 Fr. 7 500.–
> Unterhalt und Rückstellungen:
  1 % von 1 000 000.–   Fr. 10 000.–

Total Wohnkosten   Fr. 55 000.–

Rechnen Sie selbst

Anhand der Checkliste auf der nächsten Seite können Sie die Tragbarkeit für Ihr Wunschobjekt selber ausrechnen. Achtung: Diese Berechnung ist nur approximativ und geht von durchschnittlichen langjährigen Zinssätzen aus. Gut möglich, dass Sie eine Bank finden, die bessere Konditionen anbietet. Es lohnt sich aber, genug finanziellen Spielraum vorzusehen, da die Zinsen jederzeit steigen können.

Nach diesen Überlegungen stehen Sie schon etwas fester auf dem Boden Ihrer finanziellen Realität. Für Leute, die in der Stadt wohnen wollen, zeigt eine solche Rechnung nicht selten, dass kein Haus, sondern (nur) Stockwerkeigentum drin liegt. Erschwingliche Häuser gibt es eher auf dem Land.

Wollen Sie in der Stadt wohnen bleiben und trotzdem ein Haus kaufen, können Sie sich vielleicht mit andern zusammentun und die Liegenschaft als Genossenschafter oder Miteigentümer kaufen (siehe Seite 105).

Allein oder gemeinsam kaufen?

Häuser kann man nicht nur alleine kaufen (Alleineigentum), sondern auch in Gemeinschaft mit andern. Dies bietet sich an, wenn Einkommen und Vermögen nicht ausreichen, um Wohneigentum am gewünschten Ort oder mit dem ersehnten Komfort zu erstehen, oder wenn man bewusst mit andern Menschen in einer Gemeinschaft leben will. Rechtlich haben sich vor allem zwei Formen bewährt: das Stockwerkeigentum und die Wohnbaugenossenschaft.

4. Recht und Eigenheim

CHECKLISTE: IST DER PREIS EINES WOHNOBJEKTS TRAGBAR?

	Ihre Zahlen
Grundlagen	
Kaufpreis der Liegenschaft	_____
Eigene Mittel in bar	_____
Jährliches Bruttoeinkommen	_____
Benötigtes Fremdkapital (Kaufpreis minus eigene Mittel)	
1. Hypothek (65% vom Kaufpreis)	_____
2. Hypothek (Differenz zwischen Fremdkapital und 1. Hypothek, maximal 15% vom Kaufpreis)	_____
Jährliche Kosten	
Zinskosten 1. Hypothek (4,5%)	_____
Zinskosten 2. Hypothek (5,5%)	_____
Amortisation (2. Hypothek geteilt durch 20)	_____
Nebenkosten und Rückstellungen (1% des Kaufpreises)	_____
Total Jahreskosten	_____
Tragbarkeit	
33% vom Bruttoeinkommen	_____
Abzüglich Total Jahreskosten	− _____
Tragbar oder nicht?	_____

Tragbar ist ein Objekt, wenn Ihre Rechnung aufgeht oder einen Überschuss aufweist.

Stockwerkeigentum

Beim Stockwerkeigentum werden Sie Miteigentümer einer Liegenschaft und haben ein Sonderrecht an Ihrer Wohnung, das dem Alleineigentum sehr nahe kommt. Sie können in Ihrer Wohnung weitgehend schalten und walten, wie Sie wollen, müssen sich aber bezüglich der gemeinschaftlichen Teile der Liegenschaft mit den andern Stockwerkeigentümern einigen. Gemeinschaftliche

4.1 Mieterin oder Eigentümerin?

Teile sind zum Beispiel Fassade, Dach, Garten, Parkgarage. Ihren Anteil am Miteigentum (die Wohnung) können Sie frei verkaufen und verpfänden.

Diese Eigentumsform hat den Vorteil, dass man sich Wohneigentum an teurer Lage und mit hohem Komfort leisten kann, das sonst unerschwinglich wäre. Sie hat aber den Nachteil, dass man nahe mit Nachbarn zusammenlebt, die man nicht selbst bestimmen kann. Dies kann sich zu einem ernsthaften Problem entwickeln, wenn ein nachbarschaftlicher Streit eskaliert. Als Stockwerkeigentümer sind Sie stärker an Ihre Wohnung gebunden, als wenn Sie bloss zur Miete wohnen. Zudem geht es immer um Ihr Eigentum, da ist man oft empfindlicher, als man vorher selber glaubte (mehr zum Stockwerkeigentum auf Seite 125).

Wohnbaugenossenschaft

Bei dieser Form von Wohneigentum erwirbt die Genossenschaft die Liegenschaft. Sie ist auch Vertragspartnerin der Bank und schuldet die Hypothekarzinsen. Das Eigenkapital zahlen die Genossenschafterinnen und Genossenschafter ein, indem sie Anteilscheine kaufen, die in der Regel zwischen 24 und 30 Monatsmieten kosten. Die Genossenschafter wohnen in den einzelnen Wohnungen der Liegenschaft und zahlen Mietzins an die Genossenschaft. Will jemand wegziehen, kann er die Wohnung wie ein Mieter kündigen. Der Nachmieter übernimmt die Anteilscheine und kauft sich so in die Genossenschaft ein.

Wollen Sie eine Wohnbaugenossenschaft gründen, ziehen Sie unbedingt Fachleute bei. Diese helfen Ihnen nicht nur bei der Gründung, sondern auch bei der Suche eines geeigneten Objekts, bei Streitigkeiten unter Genossenschaftern und bei der Beschaffung von Bankkrediten (Adresse siehe Seite 132).

Miete oder Eigentum: Was behagt Ihnen besser?

Ob Mieter, Stockwerkeigentümerin oder Einfamilienhausbesitzer – jede Wohnform hat Vorteile, aber auch Nachteile. Was für Sie und Ihre Familie das Richtige ist, können nur Sie selbst bestimmen. Im Kasten auf der nächsten Seite finden Sie die wichtigsten Plus- und Minuspunkte zusammengefasst.

Wenn Sie nach all diesen Überlegungen den Traum vom Eigenheim oder von der Eigentumswohnung immer noch weiterverfolgen wollen, lohnt sich jetzt ein Gang zu Ihrer Hausbank. Lassen Sie sich dort unverbindlich beraten und Ihre finanziellen Möglichkeiten professionell errechnen.

4. Recht und Eigenheim

VOR- UND NACHTEILE VON MIETE UND WOHNEIGENTUM

Miete

+ Sie können unkompliziert den Wohnort wechseln. Eine Kündigung genügt.
+ Sie können die Wohnkosten schnell anpassen, wenn zum Beispiel Kinder, eine Trennung oder Arbeitslosigkeit das Budget zusätzlich belasten.
+ Die Auswahl ist grösser (zumindest bei Wohnungen bis zu vier Zimmern).
+ Sie können allfällige Sparguthaben optimal investieren.
+ Sie sind nicht verantwortlich für das Haus: kein Papierkram mit Hypotheken und Versicherungen, weniger Probleme mit Handwerkern, Reparaturen oder unbequemen Mietern.

− Sie können Ihre Wohnung nicht beliebig verändern.
− Sie können sich nicht aussuchen, wer im gleichen Haus wohnt, im gleichen Garten grilliert und auf der gleichen Dachterrasse den Sonnenuntergang geniesst.
− Sie können nicht verhindern, dass Ihnen die Vermieterin kündigt.
− Sie können keine Wohnkosten von den Steuern abziehen.
− Mietwohnungen von einer bestimmten Grösse (5 Zimmer und mehr) sind schwierig zu finden und teuer.

Wohneigentum

+ Sie können das Haus oder die Wohnung beliebig verändern.
+ Sie werden im eigenen Haus und Garten nicht von Mitbewohnern gestört (gilt nur beim Einfamilienhaus, nicht bei Stockwerkeigentum).
+ Sie haben kein Kündigungsrisiko.
+ Sie haben mehr Platz und Komfort.
+ Im Vergleich zur Miete ist Ihre monatliche Belastung unter Umständen tiefer.
+ Je nach Finanzsituation haben Sie Steuervorteile, weil Sie Schuldzinsen und den Aufwand für werterhaltende Arbeiten abziehen können (wird aber überschätzt, siehe Seite 291).

− Sie sind stärker an den Wohnort gebunden.
− Sie können die monatlichen Ausgaben schlechter an neue finanzielle Gegebenheiten anpassen − zum Beispiel bei einer Trennung oder bei Arbeitslosigkeit.
− Ihr Sparguthaben ist im Haus oder in der Wohnung gebunden.
− Sie müssen Unterhalt und Reparaturen selbst bezahlen.
− Sie tragen das Risiko eines Wertverlustes.
− Sie haben Umtriebe mit Hypotheken, Handwerkern, Reparaturarbeiten, allfälligen Mietern usw.

4.2 Vor dem Kauf

Doppelhaushälfte oder Fabrikloft? Bauernhaus auf dem Land oder Attikawohnung in der Stadt? Nehmen Sie sich genug Zeit, das richtige Objekt zu finden. Der Entscheid für die eine oder andere Immobilie wird lange Jahre Ihr Leben prägen.

Setzen Sie sich auch schon früh mit den verschiedenen Eigentumsformen auseinander. Wollen Sie als Paar Ihr Haus gemeinsam kaufen, also im Miteigentum? Wenn ja, zu welchen Anteilen? Soll es eine Seite im Alleineigentum erwerben?

Das Traumhaus, die Traumwohnung bestimmen

Das grosse, unübersichtliche Angebot an Häusern, Wohnungen und Grundstücken in Internet und Zeitungen wird Sie zuerst einmal fast erschlagen. Zeit ist der wichtigste Faktor bei der Suche nach dem richtigen Eigenheim. Je mehr Objekte Sie besichtigen, je mehr Prospekte und Pläne Sie studieren, je mehr Gespräche mit Anbietern Sie führen, desto deutlichere Gestalt nimmt Ihre Traumimmobilie an.

Den Preis beurteilen

Haben Sie ein Objekt gefunden, das Ihrem Traumprofil nahe kommt, müssen Sie entweder den Kaufpreis dafür beurteilen oder selbst eine Summe bieten. Dabei stossen Sie schnell an Ihre Grenzen. Deshalb ist es sinnvoll, eine Architektin beizuziehen, die Ihnen bei der Bewertung hilft. Immerhin gibt es zwei einfache Möglichkeiten, wie auch Laien den Wert einer Liegenschaft wenigstens annäherungsweise beurteilen können:

> **Grundstückpreis**
> Da die Lage eines Grundstücks der wichtigste Faktor ist für den Preis, lohnt sich ein Anruf beim Bausekretär der Gemeinde oder in einer grösseren Stadt beim Kreisarchitekten. Diese wissen oft recht

Bevor Sie Dutzende von Objekten besichtigen, lohnt es sich, ein klares Profil Ihres künftigen Daheims zu erstellen. Im Beobachter-Starter-Set «Der Weg zum Eigenheim» (Buch) und «Kaufen, Bauen, Wohnen» (CD-ROM) finden Sie ausführliche Checklisten dazu (www.beobachter.ch/buchshop).

4. Recht und Eigenheim

genau, in welchen Quartieren Grundstücke zu welchen Preisen gehandelt werden. Auch können Sie sich in der Nachbarschaft erkundigen.

> **Hedonistische Bewertung**
Das Informations- und Ausbildungszentrum für Immobilien (Iazi) bietet im Internet sogenannte hedonistische oder hedonische Bewertungen von Immobilien an (www.iazi.ch). Dort geben Sie Dutzende von Daten zum Objekt ein. In einer grossen Datenbank werden Ihre Angaben mit ähnlichen Liegenschaften verglichen, die in den letzten Jahren verkauft wurden und deren Preis bekannt ist. Auf diese Weise lässt sich der Wert einer Liegenschaft ähnlich genau bestimmen wie mithilfe eines Schätzers.

Die Liegenschaft überprüfen

Die Immobilie kommt Ihrem Traumhaus nahe, der Preis stimmt ebenfalls – nun sollten Sie noch wichtige Eckdaten abchecken. Sonst kann es Ihnen beispielsweise passieren, dass in zwei Jahren direkt vor Ihrer Sonnenterrasse mit Weitsicht ein mehrstöckiges Gebäude hochgezogen wird. Die nebenstehende Checkliste hilft Ihnen dabei.

Eigentumsform klären

Werden Sie das Wohnobjekt alleine kaufen? Oder zusammen mit Ihrer Ehefrau, Ihrem Lebenspartner oder andern «Wohngenossen» (siehe auch Seite 101)? Spätestens im Kaufvertrag müssen Sie zwingend angeben, ob Sie das Haus allein oder im Miteigentum kaufen und zu welchen Anteilen Sie und Ihre Partner daran beteiligt sind. Diese Angaben werden im Grundbuch vermerkt. Die häufigsten Arten, wie man Wohneigentum erwirbt, sind:

> **Alleineigentum**
Nur eine Person bringt das Eigenkapital auf. Sie kann frei über das Objekt verfügen, ist aber auch allein verantwortlich für Unterhalt, Schäden und die Bezahlung des Zinses an die Bank.

> **Miteigentum**
Zwei oder mehrere Personen zahlen ans Eigenkapital. Im Grundbuch werden die Miteigentumsanteile festgehalten, die sich in der Regel nach den Beiträgen der Beteiligten richten. Jede Partei kann über ihren Anteil frei verfügen, ist aber auch verantwortlich fürs Eigentum.

Seltener ist das Gesamteigentum, bei dem die Eigentümer nur gemeinsam über das Wohnobjekt verfügen können. Hier braucht es für jedes Geschäft die Zustimmung aller. Diese Form kommt zum Beispiel bei Erbengemeinschaften vor.

CHECKLISTE: ECKDATEN, DIE STIMMEN MÜSSEN

Erschliessung

☐ Überprüfen Sie bei einem Neubau, ob das Grundstück voll erschlossen ist, das heisst, ob Zufahrt, Wasserleitungen, Anschlüsse für Telefon, Strom und Fernsehen bestehen.

Dienstbarkeiten

☐ Beschaffen Sie sich einen Grundbuchauszug und überprüfen Sie, ob irgendwelche Grunddienstbarkeiten das Grundstück belasten. Lassen Sie sich die einzelnen Eintragungen vom Grundbuchbeamten erklären. Informieren Sie sich auch darüber, welche Rechte Ihr Grundstück allenfalls gegenüber umliegenden hat.

Pfandrechte

☐ Nicht alle Pfandrechte sind im Grundbuchauszug sichtbar. Klären Sie auf dem Grundbuchamt, ob weitere Eintragungen bestehen. Heikel sind etwa Bauhandwerkerpfandrechte oder Pfandrechte von Gemeinden für nicht bezahlte Steuern.

Bauzone

☐ Informieren Sie sich bei der Gemeinde, in welcher Bauzone das Grundstück liegt. Je nachdem gilt eine höhere Ausnützungsziffer und Sie können ein bestehendes Gebäude allenfalls noch aufstocken. Fragen Sie auch nach weiteren Auflagen wie Parkplatzerstellungspflichten und Ähnlichem. Und erkundigen Sie sich, ob es in der Nachbarschaft grössere Bauvorhaben gibt.

Altlasten

☐ Prüfen Sie bei der kommunalen Baubehörde – Katasteramt, auch Vermessungsamt oder Amt für Geoinformation genannt – im Altlastenkataster, ob das Grundstück belastet ist.

Altbau

☐ Einen Altbau sollten Sie unbedingt von einer Fachperson beurteilen lassen. Sie wird Ihnen sagen können, wie gut die Bausubstanz ist, ob Altlasten wie versteckte Asbestböden vorhanden sind und was Sie kurz- und langfristig investieren müssen.

4. Recht und Eigenheim

Will eine Partei ihren Anteil verkaufen, haben die andern Miteigentümer ein gesetzliches Vorkaufsrecht. Entscheide werden nach dem Mehrheitsprinzip gefällt. Das Stockwerkeigentum ist eine Form des Miteigentums, für die das Gesetz detaillierte Regeln aufstellt (mehr dazu auf Seite 125).

Besonderheiten für Ehepaare

Ehepaare, die gemeinsam Wohneigentum kaufen, wählen in der Regel Miteigentum. Dabei sind Mann und Frau zu den jeweiligen Anteilen Eigentümer des Hauses – in der Praxis meist je zur Hälfte. Ihre Miteigentumsanteile werden im Grundbuch eingetragen, und sie können frei darüber verfügen. Sie sind gemeinsam verantwortlich für Unterhalt, Reparaturen, Bezahlung des Hypothekarzinses.

Bei einer Scheidung hat jede Seite Anspruch auf die Eigenkapitalanteile, die sie aus ihrem eigenen Vermögen bezahlt hat, sowie auf einen Wertgewinn, der im Verhältnis der Eigenkapitalanteile verteilt wird. Will zum Beispiel der Mann das Haus übernehmen, hat er gegenüber Dritten ein Vorkaufsrecht, muss aber seine Exfrau auszahlen.

Beim Tod eines Ehegatten fallen dessen Eigenkapitalanteil, die Hälfte des Geldes, das während der Ehe erwirtschaftet und ins Haus investiert wurde, sowie der Anteil am Wertgewinn in die Erbmasse. Die überlebende Partnerin kann verlangen, dass ihr das gemeinsame Haus zugeteilt wird, muss aber die andern Erben auszahlen.

Antonia und Xaver A. ...

... haben zusammen ein Haus für 650 000 Franken gekauft. Xaver A. hat dafür einen Erbvorbezug von 100 000 Franken verwendet, seine Frau Erspartes in der Höhe von 50 000 Franken. Heute wird der Wert der Liegenschaft auf 800 000 Franken geschätzt. Will Herr A. bei der Scheidung das Haus übernehmen, muss er seiner Frau das Eigengut zurückzahlen (50 000 Franken) und einen Drittel des Wertgewinns (50 000 Franken) vergüten.

Kauft ein Ehepartner das Wohnobjekt allein, hat er zwar Alleineigentum. Doch wenn es sich um die Familienwohnung handelt, sind seiner Verfügungsmacht Grenzen gesetzt. Das Zivilgesetzbuch sieht vor, dass die Familienwohnung – im Gegensatz zu einer Ferienwohnung – ohne Zustimmung der Partnerin weder verkauft noch vermietet werden darf (Art. 169 ZGB).

Besonderheiten für Konkubinatspaare

Das Gesetz schützt Konkubinatspartner nicht, wenn nach einer Trennung oder nach dem Tod einer Seite über die gemeinsame Wohnung entschieden werden muss. Detaillierte Regelungen im Konkubinatsvertrag sind nötig. Erwerben Konkubinatspartner ein Wohnobjekt im Miteigentum, müssen sie folgende Punkte vertraglich festhalten:

> Wer steuert wie viel an den Kaufpreis bei?
> Wer trägt welche Wohnkosten?
> Wer hat bei Entscheiden wie viel Stimmrecht?
> Wer hat bei einer Trennung welche Ansprüche?

Eine sinnvolle Lösung sieht vor, dass bei einer Trennung beide Seiten innert einer gewissen Frist den Wohnanteil der andern erwerben können, und legt die Art fest, wie der Preis dann berechnet wird (zum Beispiel: Eigenkapitalanteil plus investierte Unterhalts- und Amortisationsbeträge plus Anteil an der Wertvermehrung).

Ist die Partnerin Alleineigentümerin, sollte sie mit ihrem Lebensgefährten einen Mietvertrag abschliessen, der Mietzins und Kündigungsbedingungen regelt – separat oder als Teil des Konkubinatsvertrags. Diesen Mietvertrag müssen auch die Erben der Hauseigentümerin einhalten.

Besonderheiten für Paare in eingetragener Partnerschaft

Gleichgeschlechtliche Paare, die ihre Partnerschaft haben eintragen lassen, geniessen einen ähnlichen Schutz wie Ehepaare. Ein Alleineigentümer kann nicht frei über die «Familienwohnung» verfügen, sondern braucht die Zustimmung seines Partners. Und im Erbfall haben eingetragene Partner einen geschützten Pflichtteil.

Hingegen besteht für eingetragene Paare in der Regel Gütertrennung. Deshalb sollten sie wie Konkubinatspaare vertraglich regeln, wer welchen Anteil an den Kaufpreis sowie an Unterhalt und Amortisationskosten beiträgt. Zudem ist es sinnvoll, ein Ausstiegsszenario festzulegen.

**STICHWORT
ERBVERZICHTSVERTRAG**

Stirbt die Partnerin oder der Partner, haben die Pflichtteilserben von Gesetzes wegen einen Anspruch auf einen grossen Anteil am Erbe. Kinder zum Beispiel erben zwingend drei Viertel des Nachlasses. So kann die überlebende Seite das gemeinsame Haus kaum übernehmen. Dies ist nur durch einen Erbverzichtsvertrag möglich, in dem die Pflichtteilserben auf ihren Anteil verzichten. Mit Kindern kann man diesen aber in der Regel nicht abschliessen, da sie dafür mindestens 18 Jahre alt sein müssen (siehe Seite 170).

4. Recht und Eigenheim

4.3 Der Kauf

Sie haben ein Objekt gefunden, das Ihren Ansprüchen entspricht, eine vertretbare Summe kostet und vom Fachmann in der Bausubstanz als solid befunden wurde. Jetzt geht es darum, den Kauf so abzuwickeln, dass Sie sich keine Probleme einhandeln.

Nun müssen Sie das Geld beschaffen, das heisst Ihr Eigenkapital vom Bankkonto abziehen, Wertschriften verkaufen und sich allenfalls über einen Vorbezug des Pensionskassenguthabens informieren. Sie müssen mit Banken über die besten Bedingungen für einen Hypothekarkredit verhandeln, einen Hypothekarvertrag, einen Kaufvertrag mit dem Immobilienverkäufer oder einen Vertrag mit dem Generalunternehmer für die noch zu bauende Wohnung ab Plan abschliessen.

Eigenkapital beschaffen

20 Prozent des Kaufpreises müssen Sie an Eigenmitteln aufbringen, damit die Bank Ihnen Kredit gewährt. Das können sein:

> Bankguthaben
> Wertschriften
> Erbvorbezüge (siehe Seite 173)
> Darlehen von Privaten (siehe Seite 225 und Mustervertrag im Anhang)
> Pensionskassenguthaben
> Guthaben aus Säule 3a

Bei Bankguthaben müssen Sie den Bezug von grösseren Summen rechtzeitig planen, da meist Bezugslimiten bestehen. Wollen Sie ohne Einhaltung der Kündigungsfrist mehr beziehen, müssen Sie hohe Gebühren zahlen – es sei denn, Sie schliessen das Hypothekargeschäft mit der Bank ab, bei der Ihre Konten liegen.
Bei Wertschriften führt ein Verkauf unter Druck oft zu einem Verlust. Deshalb ist auch hier eine langfristige Planung angesagt.

Das Pensionskassenguthaben einsetzen

Wollen Sie Pensionskassenguthaben als Eigenkapital einsetzen, empfiehlt sich statt eines Vorbezugs die Verpfändung. Das hat den Vorteil, dass Ihr Alterskapital erhalten bleibt und Sie keine Leistungseinbussen bei der Pensionskasse hinnehmen müssen. Dank der hohen Sicherheit gewähren Ihnen die

Banken sogar bis zu 90 Prozent des Kaufpreises als Hypothek. Das bedeutet aber auch, dass Sie höhere Hypothekarzinsen bezahlen müssen.

Einen Vorbezug sollten Sie sich gut überlegen. Müssen Sie in einem finanziellen Engpass die Liegenschaft unter dem Wert verkaufen, ist auch Ihre Altersvorsorge gefährdet.

Den Hypothekarvertrag abschliessen

Kaum jemand hat das ganze Geld, um ein Haus oder eine Wohnung zu kaufen. Deshalb wenden Sie sich an ein Finanzinstitut (Bank, Versicherer, Post) und fragen um eine Hypothek – ein langfristiges Darlehen, für das Sie Zins zahlen und das Sie mit dem Wohnobjekt als Pfand sichern.

Das Finanzinstitut wird den Hypothekarkredit in der Regel in eine 1. und eine 2. Hypothek unterteilen. Die 1. Hypothek deckt bis zu 65 Prozent des Kaufpreises, profitiert von einem tieferen Zins und muss nicht zurückgezahlt werden. Die 2. Hypothek deckt die restlichen 15 Prozent des Kaufpreises, muss höher verzinst und innert 20 Jahren zurückgezahlt werden.

Haben Sie mehr Eigenkapital als 20 Prozent, lohnt es sich, dieses einzusetzen, sodass Sie keine oder eine tiefere 2. Hypothek benötigen. Damit sparen Sie Zinsen und Amortisationskosten.

Der richtige Mix zu guten Konditionen

Jetzt müssen Sie den richtigen Mix an Hypothekenformen und den günstigsten Anbieter finden. Dazu verschaffen Sie sich am besten einen ersten Überblick über das Angebot im Internet (www.comparis.ch). Dann gehen Sie in folgenden Etappen vor:

> **Stellen Sie ein Dossier zusammen** zu Ihrem Wohnobjekt oder -projekt und Ihrer finanziellen Situation (Kopie der letzten Steuererklärung, Liste der Eigenmittel, Pensionskassenausweis) und schicken Sie es an Ihre Hausbank, die Regionalbank sowie die Banken mit dem billigsten Angebot gemäss Internetrecherche. Bitten Sie im Begleitbrief um eine Offerte und setzen Sie dafür eine Woche Frist. Verlangen Sie bei jedem Anbieter verschiedene Angebote (zum Beispiel für Festhypothek und variable Hypothek).

> **Tragen Sie die Angebote in eine Tabelle ein,** sodass Sie einen guten Überblick haben. Ermitteln Sie das billigste Angebot.

4. Recht und Eigenheim

> Laden Sie nun zur zweiten Offertrunde ein und schicken Sie allen angeschriebenen Instituten das billigste Angebot aus der ersten Runde – natürlich anonymisiert. Setzen Sie auch für diese Antwort eine Frist.

> Wählen Sie drei Banken aus, mit denen Sie persönliche Gespräche führen. Auch da können Sie mit Verhandlungsgeschick noch etwas herausholen. Und das lohnt sich, denn es geht um viel Geld. Ein Viertelprozent weniger Hypothekarzins macht schnell mal Tausende von Franken aus.

> Lassen Sie sich die ausgehandelten Konditionen unbedingt schriftlich bestätigen. Sagen Sie erst dann den andern offerierenden Banken ab.

Der Kaufvertrag

Sie haben Ihre Liegenschaft auf Herz und Nieren geprüft, die nötigen Hypotheken zugesichert erhalten und sind mit dem Verkäufer handelseinig über Preis und Zeitpunkt. Dann sind Sie jetzt bereit für den Kaufvertrag.

Der Kauf einer Liegenschaft muss von Gesetzes wegen durch einen Notar öffentlich beurkundet werden, damit er gültig ist. Eigentümer werden Sie erst mit dem Eintrag ins Grundbuch.

Der Notar schreibt zuerst einen Entwurf, den er Ihnen und dem Verkäufer zur Prüfung und Ergänzung unterbreitet. Je nachdem, ob Sie einen Altbau, einen Neubau ab Plan oder Stockwerkeigentum kaufen, sind unterschiedliche Vertragspunkte wichtig (siehe Checkliste auf Seite 112).

Werden die Grundstückgewinn- und die Handänderungssteuer nicht vollständig überwiesen, kann der Staat zulasten Ihrer Liegenschaft ein Pfandrecht eintragen. Um sicherzugehen, dass auch der Verkäufer bezahlt, sollten Sie im Vertrag vorsehen, dass Sie seinen Anteil vom Kaufpreis abziehen und auf ein Sperrkonto überweisen können.

Achtung beim Kauf ab Plan

Beim sogenannten Kauf ab Plan können Sie nicht den fertigen Neubau besichtigen, sondern haben nur die Pläne des Generalunternehmers vor sich, der die Siedlung erst bauen will. Entschliessen Sie sich zum Kauf einer Wohnung oder eines Hauses ab Plan, schliessen Sie meist auch gerade noch einen Werkvertrag mit dem Generalunternehmer (GU) ab, der die Siedlung erstellt. Diese vertrackte Konstellation erfordert viel Vorsicht.

Der GU wird von Ihnen die Unterzeichnung eines Reservationsvertrags und eine Anzahlung verlangen, da er ja Geld für den Bau braucht und Sicherheiten, um von der Bank einen Baukredit zu erhalten. Solche Reservationsverträge sind rechtlich wertlos, wenn sie nicht öffentlich beurkundet wurden. Sie können jederzeit vom Vertrag zurücktreten – der Generalunternehmer aber auch. Sie haben also keine Gewähr, dass Ihr Haus, Ihre Wohnung je gebaut wird.

Achmed M. ...

... hat bei der Firma S. einen Reservationsvertrag für eine 5-Zimmer-Wohnung unterschrieben, die im Herbst 2008 bezugsbereit sein und 770 000 Franken kosten soll. Eine Anzahlung von 50 000 Franken hat er bei der Unterschrift geleistet. Ende 2007 geht die Firma Konkurs. Herr M. gibt seine Forderung im Konkursverfahren ein, erhält aber nur noch einen Verlustschein, da Angestellte, Architekten und Handwerker ihre Forderungen vorgängig befriedigen können. Achmed M. ärgert sich, dass er das Geld nicht auf ein Sperrkonto überwiesen hat, das nicht zur Konkursmasse gehört hätte.

> Vorsicht mit Anzahlungen. Angezahltes Geld sehen Sie möglicherweise nie wieder. Überweisen Sie eine Anzahlung immer nur auf ein Sperrkonto.

So schützen Sie sich vor bösen Überraschungen

> **Lassen Sie den GU-Vertrag unbedingt überprüfen** – zum Beispiel von einem professionellen Bauherrenberater, einem erfahrenen Architekten oder einer Baujuristin.

> **Prüfen Sie die Seriosität des Generalunternehmers** vor Vertragsabschluss: Beschaffen Sie sich einen Betreibungsregisterauszug des GU. Bitten Sie die Bank, die Ihnen den Hypothekarkredit gewährt, seine Bonität zu prüfen. Lassen Sie sich vom GU Referenzen geben, prüfen Sie diese und verlangen Sie, dass der GU Ihnen eine Bank- oder Versicherungsgarantie vorweist, die eventuelle Bauhandwerkerpfandrechte ablöst (siehe Seite 117).

> **Zahlen Sie in Raten** nach Baufortschritt. Eine erste Rate überweisen Sie, wenn der Keller fertig ist; die nächste, wenn der Rohbau steht; die letzte, wenn auch der Innenausbau erledigt ist. Beauftragen Sie Ihre Hypothekarbank, ein Baukonto zu führen und die Zahlungen direkt zu leisten.

> **Deponieren Sie 15 Prozent des Kaufpreises** auf einem Sperrkonto, das erst ausbezahlt wird, wenn der Bau termingerecht und ohne Mängel fertiggestellt ist. Die Auszahlung sollte frühestens drei Monate nach Beendigung des Baus vorgenommen werden, da bis dann noch Bauhandwerkerpfandrechte eingetragen werden können.

CHECKLISTE: KERNPUNKTE EINES KAUFVERTRAGS

Überprüfen Sie im Kaufvertrag für Ihre Liegenschaft vor allem folgende Punkte:

☐ Stimmt der Name des Verkäufers mit dem Eigentümer gemäss Grundbuchauszug überein?

☐ Stimmen Adresse, Katasternummer, Gebäudeversicherungsnummer, Grundstückfläche der Liegenschaft mit den Angaben im Grundbuchauszug überein?

☐ Entspricht der Kaufpreis den Abmachungen?

☐ Wer bezahlt die Grundstückgewinnsteuer und wie wird dies sichergestellt?

☐ Wer bezahlt den Notar und die Gebühren des Grundbuchamts?

☐ Wer bezahlt die Handänderungssteuern und wie wird dies sichergestellt?

☐ Wie sind die Zahlungsmodalitäten?

☐ Ist der Zeitpunkt für den Übergang von Nutzen und Gefahr festgelegt?

☐ Wann ist der Termin für die Übertragung des Eigentums?

☐ Welche Dienstbarkeiten belasten das Grundstück (unbedingt mit Grundbuchauszug vergleichen!)?

☐ Ausstiegsklauseln: Was passiert, wenn eine der Parteien den Vertrag nicht einhält (zum Beispiel Konventionalstrafe)?

Besondere Vertragspunkte beim Kauf ab Plan

Beim Kauf ab Plan ist häufig ein zweiter Vertrag Bestandteil des Kaufs: der Vertrag mit dem Generalunternehmer, der die Baute erstellen wird. Beachten Sie deshalb auch folgende Punkte:

☐ Erklären Sie unbedingt den detaillierten Baubeschrieb zum Vertragsbestandteil.

☐ Detaillierte Pläne im Massstab 1:50 – für besondere Räume wie Bad und Küche im Massstab 1:20 – müssen unbedingt Bestandteil des Vertrags sein.

☐ Sind Erschliessungsgebühren für Strom-, Wasser- oder Gasleitungen im Preis inbegriffen?

- ☐ Ist genau geregelt, bis wann welche Änderungen noch möglich sind und welche Tarife bei Änderungswünschen gelten?
- ☐ Bestehen Sie auf einem verbindlichen Terminplan (Baubeginn, Vollendung Rohbau, Einzugstermin). Und auf einer Regelung für den Fall, dass der Einzugstermin nicht eingehalten wird (zum Beispiel, dass Sie vom Vertrag zurücktreten können, wenn sich der Bau massgeblich verzögert).
- ☐ Achten Sie unbedingt darauf, dass die SIA-Norm 118 für anwendbar erklärt wird. Das gibt Ihnen mehr Rechte bei Baumängeln (siehe Seite 118).
- ☐ Sehen Sie vertraglich eine Bauabnahme vor.
- ☐ Akzeptieren Sie keine Klauseln, in denen Sie auf das Geltendmachen von Mängeln verzichten (Beispiel: «Mit dem Bezug des Hauses gilt das Objekt als rügelos abgenommen.»).
- ☐ Akzeptieren Sie keine Klausel, welche die Garantie auf die Leistungen der Handwerker an Sie abtritt.

Besonderheiten beim Kauf eines Altbaus

- ☐ Häufig findet sich eine Klausel, dass der Verkäufer für Mängel nicht haftet (Beispiel: «Gekauft wie besichtigt.»). Das ist bei Altbauten üblich.
- ☐ Ist der Zustand der Liegenschaft bei der Übergabe festgelegt (gereinigt und entrümpelt)?
- ☐ Verpflichtet sich der Verkäufer, Sanierungskosten für später entdeckte Altlasten zu übernehmen?
- ☐ Wie werden Versicherungen, zum Beispiel die Gebäudeversicherung, weitergeführt? (Hinweis: Alle nicht obligatorischen Versicherungen erlöschen sofort mit dem Eigentumsübergang.)
- ☐ Werden bestehende Verträge (zum Beispiel Cablecom-Anschluss) übernommen oder gekündigt?

4. Recht und Eigenheim

Altbauten: charmant, aber ...

Altbauten haben den Vorteil, dass man sie anschauen kann, bevor man sie kauft. Doch da liegt auch das Trügerische: Schätzt man den Zustand der Heizung, der elektrischen Anlagen oder des Daches richtig ein? Entdeckt man alle Altlasten? Oder warten nach dem Kauf böse Überraschungen?

Deshalb sollten Sie einen Altbau, der Ihren Wünschen entspricht, vor dem Unterschreiben des Kaufvertrags von einem Architekten oder einer Liegenschaftenschätzerin begutachten lassen. Diese verlangen für solche Beurteilungen einen Stundenlohn von 80 bis 200 Franken. Die Fachleute können abschätzen, wie gut der Zustand der Liegenschaft ist, welcher Sanierungsbedarf besteht, welche An- und Ausbauten möglich sind und ob allenfalls Altlasten wie Asbestfasern oder Formaldehyd vorhanden sind. Denken Sie daran, dass Sie beim Umbau möglicherweise durch Denkmalschutzgesetze massiv eingeschränkt werden können.

Versuchen Sie, im Kaufvertrag eine Klausel einzufügen, wonach später gefundene Altlasten auf Kosten des Verkäufers saniert werden.

4.4 Umbauen und Renovieren

Am häufigsten werden in der Schweiz nicht neue Gebäude gebaut, sondern alte umgebaut oder renoviert. Ob beim Sanieren eines Altbaus oder als Bauherrin eines Neubaus, Sie werden mit Architekten und Handwerkern zu tun bekommen.

Handelt es sich bei Ihrer Renovation um mehr als einen neu verlegten Teppich oder eine neue Einbauküche, lohnt es sich, eine Architektin beizuziehen. Sie weiss nämlich, welche Arbeiten sinnvollerweise verbunden werden und wie Sie das Beste aus Ihrem Heim herausholen. Es ist zum Beispiel nicht zweckmässig, den Dachstock auszubauen, wenn zwei Jahre später das Dach neu gemacht werden muss.

Der Architekt, ein wichtiger Partner

Architekten arbeiten nach Aufwand und verrechnen einen Stundenlohn zwischen 80 und 200 Franken. Der Mittelwert liegt bei etwa 120 Franken. Sie richten sich nach den Honorarempfehlungen der Koordination der Bau- und Liegenschaftenorgane des Bundes KBOB (zu finden unter www.bbl.admin.ch)

DER ARCHITEKTENVERTRAG

Nehmen Sie unbedingt den Mustervertrag des SIA als Basis. Ergänzen Sie ihn mit der Bestimmung, dass 15 Prozent des Honorars auf ein Sperrkonto eingezahlt werden und dass die Architektin diese Summe erst erhält, wenn alle Garantiearbeiten abgeschlossen sind. Folgende Punkte gehören in jeden Vertrag mit einer Architektin:

> Detaillierter Projektbeschrieb
> Honorar
> Zahlungsmodalitäten (zum Beispiel Ratenzahlung nach Baufortschritt)
> Terminplan
> Projektorganisation: Wer erstellt wann welchen Teil?
> Wie ist bei Konflikten vorzugehen?

4. Recht und Eigenheim

oder des Vereins der Schweizerischen Ingenieure und Architekten SIA (www.sia.ch). Für grössere Aufträge lohnt es sich, eine Pauschale abzumachen.

Wählen Sie die Vertrauensperson für Ihr Bauvorhaben sorgfältig aus. Dabei zählen nicht nur Referenzen und fachliche Erfahrung, auch die Chemie zwischen Ihnen und der Architektin muss stimmen. Fragen Sie Bekannte, die gebaut haben, nach dem Architekten und den Erfahrungen mit ihm. Erkundigen Sie sich bei der örtlichen Sektion des SIA nach Spezialisten, beispielsweise für Um- und Anbauten. Lassen Sie sich vor dem Entscheid für eine Architektin eine provisorische Honorarofferte für die Planung und Ausführung Ihres Projekts geben – bei einem grösseren Projekt auch von mehreren Fachleuten.

Grenzen eines Umbaus

Bestehende Bauten können nicht beliebig umgebaut werden. Verschiedene Gesetze setzen der Veränderung eines Hauses oder einer Wohnung Grenzen:

Fragen Sie frühzeitig beim Bauamt Ihrer Gemeinde nach, wie weit Sie bei einem Umbau gehen dürfen und ob eine Baubewilligung nötig ist.

> **Baugesetz von Kanton und Gemeinde:** Dort sind zum Beispiel Bauabstände festgelegt.
> **Örtlicher Zonenplan:** Dort sind zum Beispiel Ausnützungsziffern festgelegt. Das heisst, es ist umschrieben, wie hoch eine Baute in einer bestimmten Zone werden darf, ob ein Estrich ausgebaut werden kann, welche Nutzung erlaubt ist und Ähnliches.
> **Denkmalschutzgesetz** des Kantons und Pläne sowie Vorschriften der Gemeinde

 **FRAGEBOX**

Wir wollen in unserer Eigentumswohnung die Küche von Grund auf renovieren: neue Herdplatten, neuer Kühlschrank, neue Küchenschränke. Wir überlegen uns auch, die Wand zum Gang zu öffnen. Brauchen wir dafür eine Baubewilligung?

Für die neue Kücheneinrichtung allein brauchen Sie keine Baubewilligung. Da können Sie sich ganz auf die Faustregel verlassen, dass es keine Bewilligung braucht, wenn man bestehende Räume nur erneuert und die Nutzung nicht ändert. Reissen Sie aber eine Wand nieder, ist in der Regel eine Baubewilligung nötig. Erkundigen Sie sich zu den Details auf dem Bauamt Ihrer Wohngemeinde.

Probleme beim Bau

Wenn Sie bauen, wird es immer Probleme geben. Diese können Sie aber besser meistern, wenn Sie minimal vorgesorgt haben.

Zweimal zahlen, nein danke

Wenn Sie mit einem Generalunternehmer bauen, müssen Sie sich dagegen absichern, dass Sie zweimal für dieselben Arbeiten zahlen. Geht der GU nämlich Konkurs oder ist zahlungsunfähig, hat aber die Handwerker noch nicht bezahlt, können diese ein Bauhandwerkerpfandrecht zulasten Ihres Grundstücks eintragen lassen. Wollen Sie eine Verwertung der Liegenschaft vermeiden, müssen Sie die Handwerkerrechnung direkt zahlen - obwohl diese im Preis des GU bereits enthalten war.

Es ist schwierig, sich völlig gegen dieses Risiko abzusichern. Prüfen Sie den Generalunternehmer auf Herz und Nieren, bevor Sie mit ihm einen Vertrag abschliessen, und verlangen Sie eine Bank- oder Versicherungsgarantie (siehe Seite 111). Damit verpflichtet sich eine Bank oder ein Versicherer, für die Forderungen geradezustehen.

Verspätungen vermeiden

Gegen Terminverzögerungen können Sie zumindest ein Signal setzen, indem Sie im Vertrag Konventionalstrafen vorsehen für den Fall, dass Sie das Objekt nicht rechtzeitig beziehen können. Auch eine Rücktrittsklausel macht Sinn für den Fall, dass sich der Bau massgeblich verzögert.

Die Bauabnahme

Ist Ihr Umbau oder Ihre neu erstellte Wohnung fertig, kommt der wichtigste Moment: die Bauabnahme. Wie bei einem Mietantritt listen Sie da in einem Protokoll sämtliche Mängel auf, die Sie finden (siehe Seite 66). Doch bei einem Bau lohnt es sich, dieses Protokoll nicht allein zu erstellen, sondern zusammen mit der Architektin oder dem Bauleiter. Falls Sie Probleme befürchten, ziehen Sie einen unabhängigen Bauherrenberater bei.

Listen Sie nicht nur die Mängel auf, sondern auch, wer diese bis wann zu beheben hat. Seien Sie pingelig und nehmen Sie auch Mängel auf die Liste, die die Architektin vielleicht als unerheblich taxiert.

ÜBERSICHT: GARANTIEFRISTEN

> Garantie für normale Mängel am Haus: 5 Jahre
> Garantie für arglistig verschwiegene Mängel: 10 Jahre
> Normale Rügefrist für offensichtliche Mängel: sofort nach Entdeckung
> Rügefrist nach SIA-Norm 118: 2 Jahre, danach noch 3 Jahre lang sofort nach Entdeckung

4. Recht und Eigenheim

Die Bauabnahme ist so wichtig, weil mit diesem Moment die fünfjährige Garantiefrist zu laufen beginnt. Der Generalunternehmer oder die Architektin ist während dieser Zeit verpflichtet, auf eigene Rechnung Mängel zu beheben – sofern Sie diese beweisen können und sie sofort nach Entdeckung gemeldet haben. Wenn Sie sichtbare Mängel bei der Bauabnahme nicht rügen, muss der Unternehmer diese auch nicht kostenlos beheben (mehr zu Ihren Mängelrechten lesen Sie auf Seite 120).

Versteckte Mängel
Mängel, die Sie erst später bemerken – zum Beispiel wenn Sie die Heizkörper im Winter erstmals in Betrieb nehmen –, müssen Sie sofort nach Entdeckung rügen. Fünf Jahre nach der Bauabnahme ist es aber auf jeden Fall zu spät für eine Mängelrüge. Dann ist die Garantie abgelaufen.

Mehr Zeit mit der SIA-Norm 118
Falls Sie so clever waren, im Vertrag die SIA-Norm 118 für anwendbar zu erklären, haben Sie länger Zeit: Dann können Sie auch offensichtliche Mängel bis zu zwei Jahre nach Bauabnahme noch rügen. Während dieser zwei Jahre müssen Sie auch nicht beweisen, dass ein Mangel vorliegt. Im Gegenteil: Der Unternehmer muss beweisen, dass kein Mangel vorliegt.

> **CHECKLISTE: DIE WICHTIGSTEN PUNKTE IM WERKVERTRAG**
>
> ☐ Lassen Sie eine detaillierte Offerte mit fest abgemachtem Preis erstellen und erklären Sie diese zum Vertragsbestandteil.
>
> ☐ Vereinbaren Sie unbedingt, dass die SIA-Norm 118 zur Anwendung kommt.
>
> ☐ Legen Sie Stundenansätze fest für Arbeiten, die über die Offerte hinausgehen (Regiearbeit).
>
> ☐ Verlangen Sie, dass der Handwerker Ihnen seine Haftpflichtversicherung angibt.

Der Werkvertrag mit den Handwerkern

Ob Sie nun selbst Handwerker beauftragen oder ob dies ein Architekt für Sie tut, als Bauherrin werden Sie immer wieder Werkverträge unterzeichnen. Grundsätzlich schuldet Ihnen der Handwerker dann einen «Erfolg» – eben das Werk, das Sie sich wünschen, sei es nun eine gestrichene Wand, einen Wintergarten oder einen Hausanbau. Und Sie müssen ihn für das abgelieferte Werk entschädigen. Ob Ihre Verträge das Wichtigste richtig regeln, können Sie anhand der oben stehenden Checkliste beurteilen.

Wichtig: der Kostenvoranschlag

Vanja T. ...

... hat die Böden der Waschküche und aller andern Kellerräume neu streichen lassen. Der Maler offerierte für 1800 Franken inklusive Mehrwertsteuer. Als die Arbeit fertig ist, flattert Frau T. eine Rechnung über 2300 Franken ins Haus. Der Maler meint, es sei halt teurer geworden, weil er zusätzlich noch den Untergrund habe ausebnen müssen. Vanja T. zahlt nur 1980 Franken. Ist das korrekt?

Um die Entschädigung für Handwerkerleistungen kommt es immer wieder zu Konflikten. Grundsätzlich kann der Handwerker nach Aufwand abrechnen. Haben Sie nicht abgemacht, was das Ganze kosten darf, müssen Sie die volle Arbeit und alle Aufwendungen des Handwerkers entschädigen. Sie stellen ihm also geradezu einen Blankocheck aus.

Es lohnt sich deshalb, vor grösseren Reparaturen oder Renovationen mehrere Offerten einzuholen und diese zu vergleichen. Verlangen Sie dann vom Anbieter, den Sie auswählen, einen schriftlichen Kostenvoranschlag. Je nachdem, ob das eine fixe oder ungefähre Preisangabe ist, sind Ihre Rechte anders:

> **Bei einer fixen Preisangabe** müssen Sie keinen höheren Preis akzeptieren als den offerierten – auch wenn der Handwerker am Schluss sagt, die Arbeit sei aufwändiger gewesen als angenommen.

> **Beim ungefähren Kostenvoranschlag** – und das ist die Regel, weil auch der Handwerker die Arbeit und den Aufwand nur schätzen kann – gilt zwar an sich die gleiche Regelung, wie wenn Sie nichts abgemacht hätten. Doch massiv höhere Kosten als in der Offerte angegeben darf der Handwerker nicht verrechnen – nach allgemein anerkannter Faustregel höchstens zehn Prozent mehr. Und merkt der Handwerker während der Arbeit, dass die Kosten einiges höher werden, muss er Sie darüber informieren. Vanja T. im Beispiel hat also korrekt gehandelt.

Wird ein ungefährer Kostenvoranschlag massiv überschritten, überweisen Sie vorerst nur den offerierten Preis plus zehn Prozent. Über den Rest müssen Sie verhandeln und eine Kompromisslösung suchen. Häufig einigt man sich darauf, diese Mehrkosten hälftig zu teilen.

4. Recht und Eigenheim

Der Arbeitsrapport – ein guter Anhaltspunkt

Verlangen Sie von Handwerkern vor allem auch bei kleineren Reparaturen nach Abschluss der Arbeit einen Arbeitsrapport, in dem festgehalten ist, wie lange gearbeitet wurde. Wenn Sie mit den Angaben nicht einverstanden sind, können Sie sich weigern, den Rapport zu unterschreiben, oder einen Vorbehalt anbringen. Wird später in der Rechnung statt 35 Minuten eine Stunde Arbeit verrechnet, können Sie gestützt auf den Arbeitsrapport eine tiefere Rechnung verlangen.

Wenn Sie Offerten einholen, sollten Sie auch Auskunft darüber verlangen, wie die Wegkosten berechnet werden.

Wenn Handwerker pfuschen

Die Schubladen der neuen Küchenkombination klemmen, beim Einsetzen der Fenster wurde das Parkett beschädigt ... Wenn Handwerker pfuschen, liegt ein sogenannter Werkmangel vor. Sie haben Anspruch darauf, dass der Handwerker die Sache gratis in Ordnung bringt, oder Sie können eine Preisminderung verlangen.

Rasch reagieren

Entscheidend ist, dass Sie das Werk des Handwerkers rasch prüfen, wenn es fertig ist. Entdecken Sie Mängel, müssen Sie diese sofort rügen – am besten mit eingeschriebenem Brief. Warten Sie mit der Mängelrüge zu, verlieren Sie unter Umständen Ihre Ansprüche.

Versteckte Mängel, die erst später zu Tage treten, müssen Sie ebenfalls sofort nach Entdeckung melden. Mängel, die Sie nach mehr als fünf Jahren entdecken, können Sie nicht mehr geltend machen, weil dann die Garantiefrist abgelaufen ist (siehe Seite 117).

In der Regel wird der Handwerker rechtzeitig gerügte Mängel kostenlos beheben (unentgeltliche Nachbesserung). Ausnahmsweise wird man sich auch auf einen Preisnachlass einigen, wenn der Aufwand für die Reparatur zu gross wäre. Ist das Werk völlig unbrauchbar, haben Sie sogar das Recht, die

Behalten Sie bei umfangreicheren Handwerkerarbeiten 10 bis 15 Prozent des Honorars zurück, bis die Arbeit einwandfrei ausgeführt ist. So erhöhen Sie den Druck auf den Handwerker, allfällige Mängel auch wirklich zu beheben. Das dürfen Sie – auch ohne ausdrückliche vertragliche Abmachung.

Annahme zu verweigern und rückwirkend den Vertrag aufzuheben (Wandlung). Das heisst also: Geld und Material zurück. Das kommt aber nur sehr selten infrage.

Selber aktiv werden

Wenn ein Handwerker auf Ihre Rüge und Ihre Fristansetzungen nicht reagiert, Sie immer wieder vertröstet oder die Verantwortung ablehnt, können Sie ihm eine letzte Frist setzen und Ersatzvornahme androhen. Tut er dann immer noch nichts, können Sie den Mangel von einer andern Firma beheben lassen – auf Kosten des säumigen Handwerkers. Es ist jedoch nicht immer ganz einfach, die Kosten einzutreiben.

Mehr zum Umgang mit Handwerkern und zur sorgfältigen Planung von Renovationsarbeiten finden Sie im Beobachter-Ratgeber «Umbauen, Renovieren, Erweitern. Machen Sie das Beste aus Ihrem Eigenheim» (www.beobachter.ch/buchshop).

4. Recht und Eigenheim

4.5 Das Haus wieder verkaufen

Wollen Sie Ihr Haus oder Ihre Wohnung nach einigen Jahren verkaufen, stehen Sie plötzlich auf der andern Seite und müssen sich nach einem Käufer umtun, Hypothekarkredite auflösen und als Verkäufer einen Kaufvertrag abschliessen.

Es lohnt sich, einen solchen Verkauf gut vorzubereiten. So sollten Sie allfällige Festhypotheken frühzeitig in variable umwandeln. Denn für die vorzeitige Kündigung einer Festhypothek zahlen Sie hohe Strafgebühren.

Und wie viel soll Ihre Liegenschaft kosten? Wichtig ist, dass Sie einen realistischen Preis festlegen. Auch wenn Sie Ihren rankenumsponnenen Altbau noch so charmant finden, ein Käufer wird Ihnen nur den Marktpreis zahlen.

Selber verkaufen

Manchmal genügt es, ein Schild an den Strassenrand zu stellen – «zu verkaufen» und Ihre Natel-Nummer –, in der lokalen Zeitung eine Anzeige zu schalten, alle Bekannten zu informieren, und schon sind Sie Ihr Objekt los. Die Mehrheit der Liegenschaften wird nämlich von Leuten gekauft, die in einem Umkreis von 10 bis 15 Kilometern wohnen. Allerdings müssen Sie mit den Liegenschaftenpreisen an Ihrem Ort so vertraut sein, dass Sie kompetent Preisverhandlungen führen können.

Bringt dieser Weg keinen Erfolg, lohnt es sich, gut zu überlegen, ob Sie nicht doch einen Makler verpflichten wollen. Denn wenn Sie Verkaufsdokumentationen zusammenstellen, Inserate in Zeitungen und auf Internet-Plattformen platzieren und zahlreiche Telefonate führen müssen, steigt der Aufwand für den Hausverkauf beträchtlich.

Einen Makler beauftragen

Übergeben Sie den Hausverkauf einem Makler und vermittelt er Ihnen einen Käu-

Bestimmen Sie den aktuellen Wert Ihrer Liegenschaft im Internet unter www.iazi.ch mit der hedonistischen Methode (siehe Seite 105).

fer, ist ein Honorar von zwei bis drei Prozent des Verkaufspreises üblich. Finden Sie selbst einen Käufer, zahlen Sie ein im Vertrag abgemachtes Ausfallhonorar (meist ein halbes Prozent des Verkaufspreises).

Holen Sie bei verschiedenen lokalen Maklern Offerten für die Übernahme des Verkaufsmandats ein, lassen Sie sich Referenzen geben und überprüfen Sie diese gut. Auch eine kleine Internetrecherche – zum Beispiel unter www.beobachter.ch – kann Ihnen zeigen, ob ein Makler schon für negative Schlagzeilen gesorgt hat.

Seriöse Makler sind Mitglied beim Branchenverband SVIT (Schweizerischer Verband der Immobilienwirtschaft) oder gehören zu einem schweizweit tätigen Maklernetzwerk wie Era, Remax oder Alacasa. Vorsicht bei andern Maklern.

So arbeiten Sie gut mit Maklern zusammen

Prüfen Sie die verschiedenen Offerten: Zu welchem Richtpreis ist die Maklerin bereit, das Objekt anzubieten? Welche Provision verlangt sie? Welche weiteren vertraglichen Konditionen offeriert sie?

Schliessen Sie nur Vermittlungsmaklerverträge ab. Das heisst Verträge, bei denen die Provision an die Maklerin erst und nur geschuldet ist, wenn ein Verkauf mit dem vermittelten Interessenten auch wirklich zustande kommt. Schliessen Sie sogenannte Nachweismäkelei aus. Akzeptieren Sie also keine Verträge, die vorsehen, dass die Provision schon dann geschuldet ist, wenn die Maklerin einen solventen Kaufinteressenten bloss vermittelt hat.

Verwenden Sie wenn immer möglich den Mustervertrag im Anhang oder jenen des SVIT. Zum Teil werden Verträge angeboten, die sehr zuungunsten der Verkäufer formuliert sind und zu grossen juristischen Problemen führen können.

Wenn Sie nicht unter Zeitdruck stehen, lohnt es sich, die Sache langsam anzugehen. Nehmen Sie zuerst eine einzige Maklerin unter Vertrag, schliessen Sie aber keinen Exklusivvertrag, sondern behalten Sie sich das Recht vor, mit weiteren Maklern zusammenzuarbeiten.

Wenn Sie nach zwei bis drei Monaten feststellen, dass sich der Verkauf harzig anlässt, nehmen Sie noch einen zweiten oder dritten Makler unter Vertrag. Aber aufgepasst: Die meisten Maklerverträge enthalten eine Klausel, wonach rund ein halbes Prozent der Verkaufssumme auch dann geschuldet ist, wenn Sie selbst oder ein Dritter das Haus während der Vertragslaufzeit verkaufen.

4. Recht und Eigenheim

Wenn es auch jeweils nur wenige Tausend Franken sind – je mehr Makler Sie unter Vertrag nehmen, desto mehr müssen Sie vom Verkaufspreis abgeben.

Dulden Sie keine Vermittlungsaktivitäten eines Maklers, ohne dass ein schriftlicher Vertrag geschlossen wurde. Das Dulden allein kann nämlich bereits als Vertragsschluss angesehen werden. Auch daraus können grosse juristische Probleme entstehen.

Die Haftung beim Verkauf

Als Verkäufer sind Sie verpflichtet, auf Mängel an Ihrem Objekt hinzuweisen, die Sie kennen. Kann der Käufer nämlich beweisen, dass Sie ihm die Mängel arglistig verschwiegen haben, können Sie schadenersatzpflichtig werden.

Für die Mängel einer gebrauchten Liegenschaft übernimmt der Verkäufer aber in der Regel keinerlei Garantie. Darauf sollten Sie einen Interessenten aufmerksam machen und dafür sorgen, dass im Verkaufsvertrag alle Garantieleistungen wegbedungen werden. Sie können auch die Klausel «gekauft wie besichtigt» verwenden.

CHECKLISTE: MAKLERVERTRAG

☐ Honorar: 2 bis 3 Prozent des Verkaufspreises

☐ Budget für Inserate

☐ Gewünschter Verkaufspreis

☐ Provision ist erst geschuldet, wenn ein Kaufvertrag gültig verurkundet wurde.

☐ Laufzeit: Üblich sind sechs Monate. Vereinbaren Sie keine stillschweigende Verlängerung.

☐ Halten Sie fest, ob nur ein Makler oder auch andere das Objekt anbieten.

☐ Legen Sie fest, was der Makler erhält, wenn die Liegenschaft am Ende der Vertragslaufzeit nicht verkauft ist. Akzeptieren Sie für diesen Fall nur eine reine Spesenentschädigung und keine Aufwandsentschädigung.

☐ Legen Sie fest, was der Makler erhält, wenn Sie die Liegenschaft selbst verkaufen können.

4.6 Besonderheiten beim Stockwerkeigentum

Sagt die Bekannte, sie habe eine Eigentumswohnung, meint sie juristisch ausgedrückt, dass sie eine Stockwerkeigentümerin ist. Beim Stockwerkeigentum kauft man zusammen mit andern eine Liegenschaft, wird so Miteigentümer von Boden und Haus und erhält das Sonderrecht an einer Wohnung.

Dieses Sonderrecht ist vergleichbar mit Eigentum. Man kann die Wohnung verkaufen, verpfänden und in gewissen Grenzen auch frei nutzen und verändern.

Diese gewissen Grenzen habens in sich: Neben dem Sonderrecht an der Wohnung gibt es nämlich noch das Miteigentum an den gemeinschaftlichen Teilen der Liegenschaft, zum Beispiel am Treppenhaus, am Dach, an der Fassade oder am Garten. Über diese gemeinschaftlichen Teile können nur alle Stockwerkeigentümer gemeinsam bestimmen. Je nach Art des Geschäfts braucht es dafür ein absolutes oder qualifiziertes Mehr oder gar Einstimmigkeit. Und das zeigt bereits die Besonderheit des Stockwerkeigentums: Man wird nicht nur «Eigentümer» einer Wohnung, sondern auch Zwangsmitglied einer Hausgemeinschaft, genannt Stockwerkeigentümergemeinschaft.

Der Einfluss der Gemeinschaft

Diese Gemeinschaft hat einen recht grossen Einfluss auf Ihren Alltag. Sie kann sogar die Nutzung der Wohnung einschränken und zum Beispiel vorsehen, dass man im Wohnhaus keine beruflichen Tätigkeiten ausüben darf, die Immissionen verursachen, oder dass man keine Tiere halten darf, die Lärm verursachen und Gerüche verbreiten (Hühner oder grössere Reptilien, nicht aber Hamster oder Fische).

Auch sonst müssen Sie – ähnlich wie in einer Mietwohnung – auf die Mitbewohnerinnen und Mitbewohner Rücksicht nehmen. Und wenn Sie Ihre Wohnung umbauen, dürfen Sie keine gemeinschaftlichen Teile verändern, ohne die Zustimmung der Stockwerkeigentümergemeinschaft eingeholt zu haben.

Igor V. ...
... will an der Aussenwand seines Balkons eine Satellitenschüssel montieren, weil ihm seine Kabelnetzbetreiberin mit schlechtem Service, Leistungsabbau und hohen Gebühren auf die Nerven geht. Weil der Aussenbereich der Balkone zu den zwingend gemeinschaftlichen Teilen einer Liegenschaft gehört, kann Igor V. dies nicht ohne die Zustimmung der andern Stockwerkeigentümer tun.

Gleiches gilt für Rollläden, Jalousien und Sonnenstoren oder eine Wintergartenverglasung. Nur der Balkonboden und die Innenwände bis zur Brüstungshöhe können im sogenannten Sondernutzungsrecht oder ausschliesslichen Nutzungsrecht stehen.

Sonderrecht und gemeinschaftliche Teile

Über ihre Wohnung dürfen Sie (ziemlich) frei verfügen, bei den gemeinschaftlichen Teilen können Sie nur gemeinsam mit den Stockwerkeigentümern handeln – darum ist es entscheidend zu wissen, was gemeinschaftlich ist und was Ihnen gehört. Dazu müssen Sie ins Gesetz, in den Begründungsakt der Stockwerkeigentümergemeinschaft, ins Reglement und in allfällige spätere, öffentlich beurkundete Abänderungen schauen. Das Gesetz erklärt zwingend als gemeinschaftlich:

> **den Boden:** also auch Autoabstellplätze im Freien, den Garten, einen offenen Innenhof oder Kinderspielplatz
> **alle elementaren Gebäudeteile:** Fundament, tragende Mauern, Stützmauern, Dach
> **alle Teile, welche die äussere Gestalt** und das Aussehen des Gebäudes bestimmen: Aussenputz, Fenstersims, Aussenteil der Balkone usw.
> **gemeinsame Anlagen und Einrichtungen:** Eingangstür, Treppenhaus, Lift, Waschküche

Daneben können beliebige Teile des Hauses von der Gemeinschaft für gemeinschaftlich erklärt werden, zum Beispiel die Hauswartswohnung oder ein Bastelzimmer. Das kann schon bei der Begründung der Stockwerkeigentümergemeinschaft geschehen oder auch später, braucht dann aber eine öffentliche Beurkundung.

Die Wertquote und der Anteil an den gemeinschaftlichen Kosten

Als Stockwerkeigentümerin sind Sie Eigentümerin eines Anteils an der ganzen Liegenschaft. Dieser Anteil wird als Wertquote bezeichnet und in Promille ausgedrückt, zum Beispiel 211/1000. Die Wertquote hat nicht nur mit der Anzahl Quadratmeter Ihrer Wohnung zu tun, sondern auch mit der Lage, der Höhe und der Besonnung.

> ## ◯ FRAGEBOX
>
> **Seit meinem Einzug vor fünf Jahren durfte ich einen Teil des Innenhofs als Sitzplatz nutzen. Jetzt ist ein neuer Nachbar eingezogen, der sich daran stört. Er meint, der Innenhof sei ein gemeinschaftlicher Teil und ich dürfe mich da mit Tisch und Sonnenschirm gar nicht installieren. Was stimmt?**
>
> Der Innenhof einer Liegenschaft gehört zwingend zu den gemeinschaftlichen Teilen, doch kann ein einzelner Stockwerkeigentümer das Recht haben, diesen oder einen Teil davon ausschliesslich zu benutzen. Ein solches ausschliessliches Benutzungsrecht muss aber durch den Begründungsakt, das Reglement oder durch einen Beschluss der Gemeinschaft eingeräumt worden sein. Ein blosses Dulden – und dauere es auch jahrelang – genügt nicht. Ihr Nachbar hat also Recht. Versuchen Sie aber, eine Mehrheit der Stockwerkeigentümer davon zu überzeugen, dass man Ihnen dieses Recht im Reglement einräumt. Legen Sie auch gleich fest, dass man es nur mit Ihrer Zustimmung wieder auflösen oder abändern kann.

Die Wertquote wird von einer Fachperson bestimmt und im Begründungsakt festgelegt, kann aber unter Umständen von der Stockwerkeigentümergemeinschaft abgeändert werden, wenn alle Betroffenen zustimmen. Sie ist von entscheidender Bedeutung, da die gemeinschaftlichen Kosten (Unterhalt, Renovation) nach Wertquoten aufgeteilt werden, falls im Reglement nichts anderes festgelegt wurde. Zudem erfordern gewisse Beschlüsse der Stockwerkeigentümergemeinschaft neben einem Mehr an Köpfen auch ein Mehr an Wertquoten.

Der Erneuerungsfonds

Zwar ist der Erneuerungsfonds nicht gesetzlich vorgeschrieben, doch viele Stockwerkeigentümergemeinschaften sehen im Reglement eine solche finanzielle Reserve vor. Damit ist sichergestellt, dass grössere Unterhaltsarbeiten – zum Beispiel eine Dachreparatur – nicht verzögert werden, weil einzelne Parteien zu wenig Geld haben, um ihren Anteil zu zahlen. Wichtig ist, dass das Vermögen im Erneuerungsfonds tatsächlich für die kostspieligen Sanierungsarbeiten reserviert bleibt und nicht für laufenden Unterhalt – etwa den Ersatz der gemeinsamen Waschmaschine – verwendet wird.

Wer wie viel in den Erneuerungsfonds einzahlt und wie hoch dieser sein soll, ist meist im Reglement festgehalten. Wenn nicht, muss die Stockwerkeigentümerversammlung darüber bestimmen. Häufig wird auch der Erneuerungsfonds nach Wertquoten geäufnet.

4. Recht und Eigenheim

Einmal eingezahlt, gehört das Geld im Erneuerungsfonds nicht mehr den einzelnen Stockwerkeigentümern, sondern der Gemeinschaft. Wenn Sie Ihre Wohnung verkaufen, können Sie sich «Ihren» Anteil am Erneuerungsfonds nicht auszahlen lassen. Sie verkaufen ihn sozusagen mit. Halten Sie im Kaufvertrag fest, wie hoch der Anteil am Erneuerungsfonds ist und wie er abgegolten wird.

Eignen Sie sich für Stockwerkeigentum?

Da haben Sie sich eine Eigentumswohnung gekauft, um endlich Herr und Meister in Ihren vier Wänden zu sein. Und jetzt müssen Sie trotzdem den Lärm der Nachbarskinder und den exotischen Kochduft im Treppenhaus erdulden.
Stockwerkeigentümer sollte nur werden, wer in einer Gemeinschaft wohnen und sich minimal anpassen kann. Denn nicht nur müssen Sie sich auf Dauer mit Ihren Nachbarn vertragen, sondern Sie müssen zusammen mit ihnen auch die grundsätzlichen Entscheide über die Liegenschaft fällen. Anders als ein Mieter müssen Sie zudem Ihre eigene Wohnung verwalten, Reparaturen vornehmen und die Arbeiten der Handwerker beaufsichtigen. Welche Vorteile bringt denn das Stockwerkeigentum gegenüber der Miete überhaupt?
Hauptvorteile des Stockwerkeigentums sind die Sicherheit – Sie können nur aus der Wohnung geworfen werden, wenn Sie sich den andern Eigentümern gegenüber arg daneben benehmen –, die mitunter lukrative Vermögensanlage und je nach Kanton und Finanzierungsart steuerliche Vorteile. Zudem ist das Angebot an geräumigen Wohnungen (ab fünf Zimmern) grösser bei Kauf als bei Miete.

Lernen Sie vor dem Kauf, wenn immer möglich, die andern Stockwerkeigentümer kennen, bei einer bereits bestehenden Gemeinschaft auch die Verwaltung. Sie werden entscheidend sein für Ihr Lebensgefühl in Ihrer Wohnung.

Die Regeln fürs Zusammenleben

Als Stockwerkeigentümer besitzen Sie nicht nur eine Wohnung, sondern sind Miteigentümer einer ganzen Liegenschaft samt Umschwung und Zwangsmitglied der Stockwerkeigentümergemeinschaft. Daraus entstehen Rechte und Pflichten. Diese sind im Gesetz (Art. 712a bis 712t ZGB und Art. 647 bis 651 OR), im Reglement und in der Hausordnung umschrieben.

Stellen Sie sicher, dass Sie ein aktuelles Exemplar vom Reglement und von der Hausordnung haben, samt den Anhängen mit Nachträgen. Lassen Sie sich zudem die Protokolle der Stockwerkeigentümerversammlungen geben. Was da beschlossen wurde, gilt auch für Sie. All diese Dokumente erhalten Sie entweder vom Verkäufer oder bei der Verwaltung der Stockwerkeigentümergemeinschaft.

Als Stockwerkeigentümer können Sie grundsätzlich über die Verwaltung der Liegenschaft und über bauliche Massnahmen mitbestimmen, zum Beispiel,

> **ob ein Verwalter** beauftragt wird und wer das ist.
> **ob ein Teil** des Grundstücks verkauft wird.
> **ob neue Balkone** angebaut werden, eine Autoeinstellhalle erstellt oder die Heizung saniert wird.
> **ob ein Gärtner** angestellt wird.

WICHTIGE PUNKTE IM KAUFVERTRAG FÜR STOCKWERKEIGENTUM

Zusätzlich zu den Punkten, die bei jedem Vertrag über einen Hauskauf wichtig sind (siehe Seite 112), sollten Sie bei Stockwerkeigentum auf Folgendes achten:

> Sind die Teile, die Ihnen zu Sonderrecht zustehen, im Begründungsakt oder in einem öffentlich beurkundeten Entscheid tatsächlich zu Sonderrecht ausgeschieden?
> Sind die Teile, an denen Sie gemäss Kaufvertrag ein ausschliessliches Nutzungsrecht erhalten sollen (zum Beispiel Gartensitzplatz), im Begründungsakt oder Reglement tatsächlich als solche definiert und lauten sie auf Ihren Namen bzw. Ihre Wohneinheit?
> Kann Ihnen dieses ausschliessliche Nutzungsrecht laut Reglement nur mit Ihrer Zustimmung entzogen oder verändert werden?
> Hat der Verkäufer all seine Zahlungen an die Stockwerkeigentümergemeinschaft geleistet (Anteil an die laufenden Kosten und den Erneuerungsfonds)? Wenn nicht, laufen Sie Gefahr, dass zu Ihren Lasten ein Pfandrecht eingetragen wird.
> Den Anteil am Erneuerungsfonds lassen Sie mit Vorteil separat ausweisen und nicht im Kaufpreis einschliessen. So sparen Sie Handänderungs- und Grundstückgewinnsteuern.

4. Recht und Eigenheim

Diese Geschäfte sind jeweils Thema der Stockwerkeigentümerversammlung, die mindestens einmal jährlich stattfinden muss. Je nach Geschäft braucht es ein absolutes oder ein qualifiziertes Mehr oder sogar Einstimmigkeit unter den Stockwerkeigentümern (sogenannte Entscheidquoren).

Doch häufig kaufen Sie sich in eine bestehende Stockwerkeigentümergemeinschaft ein, die in ihrem Reglement den Grossteil

---

WICHTIGE GESCHÄFTE UND QUOREN IM ÜBERBLICK

Ist in Ihrem Reglement nichts anderes festgehalten, gelten folgende Quoren für folgende Geschäfte:

Einstimmigkeit
> Verkauf eines Teils des Grundstücks
> Begründung, Änderung und Aufhebung des Vorkaufsrechts der Stockwerkeigentümer
> Luxuriöse bauliche Massnahmen, wenn alle sich daran beteiligen sollen
> Begründung von gemeinschaftlichen Teilen
> Änderung der Sonderrechtsbereiche
> Abänderung der gesetzlichen Quoren für Verwaltungshandlungen und bauliche Massnahmen

Qualifiziertes Mehr (nach Köpfen und nach Wertquoten)
> Erlass und Änderung des Reglements
> Nützliche bauliche Massnahmen – also bauliche Veränderungen, die zwar nicht notwendig sind, aber allen Stockwerkeigentümern dienen und zu einer Wertsteigerung führen
> Luxuriöse bauliche Massnahmen, wenn diejenigen, die nicht einverstanden sind, ausgekauft werden
> Wichtigere Verwaltungshandlungen – zum Beispiel, dass ein Hauswart oder ein Gärtner dauernd engagiert werden soll

Absolutes Mehr (nur nach Köpfen)
> Alle andern baulichen Massnahmen
> Notwendige Verwaltungshandlungen
> Wahl eines Verwalters
> Erlass einer Hausordnung

der Kompetenzen an eine Verwaltung (ein Treuhandbüro oder eine Liegenschaftenverwaltung) abgetreten hat. So machen Stockwerkeigentümer von den Rechten, die ihnen eigentlich zustehen, oft zu wenig Gebrauch und lassen sich von vorgegebenen Reglementen bestimmen.

Wie läuft eine Stockwerkeigentümerversammlung ab? Welche Aufgaben hat der Verwalter? Wer bestimmt über einen Ausbau des Hauses? Diese und alle weiteren Fragen zum Leben im Stockwerkeigentum beantwortet der Beobachter-Ratgeber «Stockwerkeigentum. Kaufen, finanzieren, leben in der Gemeinschaft» (www.beobachter.ch/buchshop).

Die eigene Wohnung umbauen

Wollen Sie Ihre Eigentumswohnung umbauen, müssen Sie genau darauf achten, woran Sie ein Sonderrecht haben und was zu den gemeinschaftlichen Teilen gehört. Ohne die Einwilligung der Gemeinschaft dürfen Sie weder neue Fensterrahmen oder Dachfenster einsetzen noch die Sonnenstoren austauschen oder den Treppenabsatz vor Ihrer Wohnung umbauen. Achtung: Auch die tragenden Wände innerhalb Ihrer Wohnung oder die Leitungen, die dem ganzen Haus dienen, gehören zu den gemeinschaftlichen Teilen.

Es lohnt sich, frühzeitig mit der Verwaltung Kontakt aufzunehmen. Ist mit Lärm zu rechnen, sollten Sie auch die andern Stockwerkeigentümer im Voraus informieren.

Besonderheiten beim Verkauf

Auch beim Verkauf einer Eigentumswohnung sind Sie unter Umständen nicht völlig frei. Im Begründungsakt oder später mit schriftlicher Vereinbarung kann ein Vorkaufsrecht der andern Stockwerkeigentümer oder sogar ein Einspracherecht vorgesehen sein.

Links, Adressen, rechtliche Grundlagen

Beratung

Beobachter-Beratungszentrum
Das Wissen und der Rat der Fachleute stehen Abonnenten des Beobachters im Internet und am Telefon kostenlos zur Verfügung:
> HelpOnline: Rund um die Uhr im Internet unter www.beobachter.ch/helponline, Rubrik: Wohnen (Stockwerkeigentum)
> Telefon: Montag bis Freitag von 9 bis 13 Uhr, Fachbereich Wohnen 043 444 54 02

www.hausundco.ch
Realisation und Begleitung von gemeinschaftlichen Wohnprojekten

www.hausverein.ch
Hausverein Schweiz
Zentralsekretariat
Postfach
3001 Bern
Tel. 031 311 50 55
Der Verband der sozialen und umweltbewussten Haus- und Wohnungseigentümer

www.shev.ch
Hauseigentümerverband Schweiz
Postfach
8032 Zürich
Tel. 044 254 90 20
Informationen zu Wohneigentum, Hypothekenvergleich

www.sia.ch
Schweizerischer Ingenieur- und Architektenverein SIA
Tödistrasse 47
8027 Zürich
Tel. 044 283 15 15
Der Berufsverband der Architekten und Ingenieure; bietet Muster für Architektenverträge an

www.stockwerk.ch
Schweizerischer Verein
für Stockwerkeigentum STWE
c/o Romang & Partner
Holbeinstrasse 20
8008 Zürich
Tel. 044 265 60 60

www.svit.ch
Schweizerischer Verband der Immobilienwirtschaft SVIT
Giessereistrasse 18
8005 Zürich
Tel. 044 434 78 88
Muster für Maklerverträge; kann behilflich sein bei der Suche nach einem Makler

Finanzierung und Bewertung

www.comparis.ch
Erster Überblick über das Angebot an Hypotheken

www.iazi.ch
Website des Informations- und Ausbildungszentrums für Immobilien; Online-Bewertung Ihrer Liegenschaft oder Wohnung (Kosten: Fr. 290.– bis Fr. 344.– je nach Zahlungsart)

www.immobilienschaetzer.ch
Schweizerischer Immobilienschätzerverband
Poststrasse 23
9001 St. Gallen
Tel. 071 223 19 19

Rechtliche Grundlagen

Grundeigentum: Art. 655 bis 712
Zivilgesetzbuch (ZGB, SR 210)

Miteigentum: Art. 646 bis 651a
Zivilgesetzbuch (ZGB, SR 210)

Stockwerkeigentum: Art. 712a bis 712t
Zivilgesetzbuch (ZGB, SR 210)

Grunddienstbarkeiten: Art. 730 bis 781
Zivilgesetzbuch (ZGB, SR 210)

Grundstückkauf: Art. 216 bis 221
Obligationenrecht (OR, SR 220)

Werkvertrag: Art. 363 bis 379
Obligationenrecht (OR, SR 220)

Auftrag: Art. 394 bis 406
Obligationenrecht (OR, SR 220)

Maklervertrag: Art. 412 bis 418
Obligationenrecht (OR, SR 220)

Darlehensvertrag: Art. 312 bis 318
Obligationenrecht (OR, SR 220)

Pfandrecht: Art. 793 bis 883
Zivilgesetzbuch (ZGB, SR 210)

Muster im Anhang

Maklervertrag (Muster 9, Seite 317)

5. Familien- und Erbrecht

Ziehen Sie mit dem Partner zusammen, heiraten Sie ihn oder kommt ein Kind zur Welt, hat das nicht nur Auswirkungen auf Ihr Leben, sondern es verändert auch Ihre Rechte und Pflichten. Auf die vielen Fragen rund um Familie, Kind und Kegel gibt dieses Kapitel Antwort.

5.1 Konkubinat, Heirat oder eingetragene Partnerschaft?	**137**
Rechtliche Konsequenzen des Konkubinats	137
Vor- und Nachteile des Konkubinats	138
Der Konkubinatsvertrag hilft Nachteile beseitigen	139
Wann ist heiraten rechtlich sinnvoll?	140
Die rechtlichen Folgen der Heirat	142
Die eingetragene Partnerschaft	143
Fragen, die alle schriftlich regeln sollten	143
5.2 Kleine und grosse Kinder	**145**
Wie wird man Vater?	145
Vater und Mutter durch Adoption	146
Krankenkasse für Mutter und Kind	147
Sinnvolle weitere Versicherungen	148
Staatliche Beiträge an die Kinderkosten	148
Der Unterhalt für das Kind	150
Vom Taschengeld und andern Vermögensfragen	151
Schulfragen	152
Wann können Kinder selber Verträge abschliessen?	154
Wer haftet, wenn Kinder Schaden anrichten?	154
5.3 Von Krisen und vom Auseinandergehen	**156**
Ärger wegen des Geldes	157
Notbremse Eheschutzgericht	157
Trennung: Was müssen wir regeln?	158
Gesetzliche Gründe für eine Scheidung	159
Was ist bei einer Scheidung zu regeln?	160
Das gemeinsame Sorgerecht für die Kinder	162

5. Familien- und Erbrecht

Das Besuchsrecht — 163
Alimente einfordern — 165

5.4 Fragen zu älteren Familienmitgliedern — **166**
Ein Beistand für den betagten Vater — 166
Die kranke Mutter zu Hause pflegen — 167
Die Pflegekosten der Oma mittragen? — 168

5.5 Von Testamenten, Erbverträgen und Pflichtteilen — **169**
So verfassen Sie Ihr Testament korrekt — 170
Für komplexere Verhältnisse: der Erbvertrag — 170
Den Ehepartner optimal begünstigen — 171
Die Konkubinatspartnerin optimal begünstigen — 172
Ein Testament anfechten — 173
Erbvorbezug für ein Kind? — 173
Mietwohnung und Rechnungen des Verstorbenen — 174
Was Sie über die Erbteilung wissen müssen — 174

Links, Adressen, rechtliche Grundlagen — **176**

5.1 Konkubinat, Heirat oder eingetragene Partnerschaft?

Sie haben sich entschieden, es mit Ihrem Partner zu versuchen. Aber so richtig sicher sind Sie nicht, ob es mit diesem Mann klappen wird. Eine Ehe auf Probe scheint das Richtige. Sie ziehen zusammen. Und damit sind Sie Konkubine geworden, Ihr Partner Konkumbent.

Das Konkubinat entsteht im Unterschied zur Ehe oder zur eingetragenen Partnerschaft nicht durch einen formellen Akt, sondern allein durch die tatsächlichen Verhältnisse. Rechtliche Wirkungen hat das Zusammenleben jedoch erst nach einer bestimmten Dauer, wenn es zum sogenannten gefestigten Konkubinat geworden ist. Die Juristen definieren das gefestigte Konkubinat als «auf Dauer angelegte Wohn-, Wirtschafts- und Geschlechtsgemeinschaft». Es müssen aber nicht alle drei Faktoren erfüllt sein. So kann ein Konkubinat zum Beispiel auch bestehen, wenn ein Paar keine sexuelle Beziehung hat. Laut Bundesgericht liegt auch dann ein gefestigtes Konkubinat vor, sofern der Partner und die Partnerin während mindestens zwei Jahren in einer festen Zweierbeziehung leben, sich gegenseitig die Treue halten und sich umfassenden Beistand leisten.

Rechtliche Konsequenzen des Konkubinats

Was hat es für rechtliche Konsequenzen, wenn Sie Ihre Möbel in die Wohnung Ihrer Partnerin zügeln? Abgesehen von mietrechtlichen Fragen (siehe Seite 63) hat das Zusammenziehen für Sie keine juristischen Folgen, denn das Konkubinat ist im Gesetz nicht geregelt. Gerade das kann zum Problem werden, wenn Sie lange im Konkubinat leben, ein gemeinsames Geschäft führen

HIER BRAUCHEN SIE HILFE

> Wenn Sie einen Ehevertrag abschliessen wollen.
> Wenn Sie eine gerichtliche Trennung wollen.
> Wenn Sie sich scheiden lassen wollen.
> Wenn Sie in komplexeren Fällen einen Konkubinatsvertrag oder ein Testament ausarbeiten.

5. Familien- und Erbrecht

> **DAS KÖNNEN SIE SELBST ANPACKEN**
>
> - In einfachen Fällen einen Konkubinatsvertrag aufsetzen.
> - Einen Darlehensvertrag aufsetzen und ein Inventar erstellen.
> - Eine Ehe schliessen.
> - Bei der Heirat als Mann den Namen der Frau annehmen.
> - Als homosexuelles Paar Ihre Partnerschaft eintragen lassen.
> - Ein Kind anerkennen.
> - Sich bei der Schulbehörde gegen einen Lehrer beschweren.
> - Ans Eheschutzgericht gelangen.
> - Eine aussergerichtliche Trennung regeln.
> - In einfachen Fällen eine Scheidungskonvention ausarbeiten.
> - Die Bevorschussung der Kinderalimente beantragen.
> - In einfachen Fällen ein Testament abfassen.

sind Konfektionsanzüge für eine Beziehung, das Konkubinat das selbst genähte Kleid.

Vor- und Nachteile des Konkubinats

Wer im Konkubinat lebt, fährt steuertechnisch und auch in anderer finanzieller Hinsicht oft besser, ist aber weniger gut abgesichert. Auf diesen einfachen Nenner lässt sich der Unterschied zwischen Konkubinat einerseits und Ehe oder eingetragener Partnerschaft andererseits bringen.

So wählt das Konkubinat heute, wer eine grundsätzliche Abneigung gegen gesetzlich geregelte Institutionen für seine Beziehung hat, wer Steuern sparen oder die Unterhaltsbeiträge eines Exmanns nicht verlieren will. Oder wer unverheiratet höhere AHV-Leistungen erhält. Die Ehe oder die eingetragene Partnerschaft hingegen wählt, wer sich vor allem für den Tod des Partners bzw. der Partnerin, fürs Rentenalter oder bei einer Trennung optimal absichern will (siehe Übersicht auf Seite 141).

Elsa R. ist 64, ...

... Hermann B. 66 Jahre alt, als die beiden sich 2003 anlässlich eines Kurses «Italienisch für Anfänger» kennenlernen. Ein Jahr später ziehen sie zusammen. 2007 prüfen sie, ob sie heiraten sollen. Neben erbrechtlichen Fragen schauen sie die AHV genauer an. Beide haben Anspruch

oder wenn gemeinsame Kinder zur Welt kommen. Während bei der Ehe und der eingetragenen Partnerschaft sofort eine Reihe von Bestimmungen gilt, welche die Partner absichern, fehlt im Konkubinat dieser Fallschirm. Abgesichert sind Sie erst, wenn Sie selbst die einzelnen Fragen vertraglich regeln. Ehe und eingetragene Partnerschaft

auf die Maximalrente von 2210 Franken. Leben Elsa R. und Hermann B. im Konkubinat, zahlt die AHV 4420 Franken pro Monat. Als Ehepaar würden sie nur 3315 Franken erhalten (1,5 mal 2210 Franken). Doch Elsa R. findet eine Hochzeit romantisch, deshalb heiraten die beiden trotzdem.

FRAGEBOX

Ich habe vor fünf Jahren zusammen mit meinem Lebenspartner ein neues Auto gekauft. Ich zahlte 15 000 Franken, er 5000 Franken. Darf ich jetzt bei der Trennung das Auto behalten?

Nein. Können Sie sich nicht einigen, müssen Sie das Auto verkaufen und die Anteile nach Abzug des Verlustes zurückzahlen. Haben Sie vertraglich nichts anderes geregelt, wird das Konkubinat für den Autokauf als einfache Gesellschaft angesehen, weil zwei Leute ihre Mittel für einen gemeinsamen Zweck einsetzten. Wird eine solche Gesellschaft liquidiert, müssen Verlust und Gewinn nach Köpfen geteilt werden. Für Sie und Ihren Partner heisst das: Hat das Auto heute beispielsweise noch einen Wert von rund 10 000 Franken, beträgt der Verlust 10 000 Franken. Den müssen Sie und Ihr Partner zu gleichen Teilen tragen, also zu je 5000 Franken. Sie erhalten 10 000 Franken, Ihr Partner nichts.

Nachteil für Väter?

Werden Kinder geboren, kann das Konkubinat ein Nachteil sein, muss es aber nicht: Väter können zusammen mit der Mutter die gemeinsame elterliche Sorge für ihre Kinder beantragen (siehe Seite 146). Die Vormundschaftsbehörden bewilligen dies in der Regel, wenn der Vater das Kind anerkannt und mit der Mutter eine Vereinbarung abgeschlossen hat, die regelt, wer das Kind wie oft betreut und wer wie viel an seinen Unterhalt zahlt (Unterhaltsvertrag). Gegen den Willen der Mutter aber kann der Vater die gemeinsame elterliche Sorge nicht erhalten.

Kinderalimente sind immer geschuldet, egal ob der Vater mit der Mutter verheiratet ist oder nicht.

Der Konkubinatsvertrag hilft Nachteile beseitigen

Konkubinatspartner schulden sich nach einer Trennung nichts – keine Unterhaltsbeiträge, keinen gegenseitigen Anteil am Vermögen, an Einkommen, AHV- oder Pensionskassenguthaben. Das kann ungerecht sein, wenn die Partner unterschiedlich viel verdienten oder wenn sie zu unterschiedlichen Teilen den Haushalt gemacht und die Kinder betreut haben. Diese Nachteile lassen sich durch einen Konkubinatsvertrag mehrheitlich beheben.

5. Familien- und Erbrecht

Für einfache Verhältnisse können Sie Ihren Vertrag selbst aufsetzen (Muster im Anhang). Darin legen Sie zum Beispiel fest,

> **Wie entschädigen wir** Mehrarbeit im Haushalt und bei der Kinderbetreuung?
> **Wie teilen wir** die Haushaltskosten?
> **Wie hoch sind** die monatlichen Unterhaltsbeiträge, welche die finanzkräftigere Seite nach einer Trennung der wirtschaftlich schwächeren zahlt?
> **Wie teilen wir** Vermögen und wie gelten wir Einbussen bei AHV- und Pensionskasse ab?
> **Wer bleibt** bei einer Trennung in der gemeinsamen Wohnung und welche Kündigungsfristen gelten?
> **Was gehört** wem (Inventarliste)?

Vorlagen auch für komplexere Verhältnisse finden Sie im Beobachter-Ratgeber «Zusammen leben, zusammen wohnen. Was Paare ohne Trauschein wissen müssen» (www.beobachter.ch/buchshop). Arbeitet ein Partner im Geschäft des andern mit oder bestehen sonst grössere finanzielle Abhängigkeiten, lohnt sich zudem eine rechtliche Beratung.

Viele Nachteile des Konkubinats beim Tod des Partners und im Pensionsalter lassen sich auch durch einen Vertrag nicht oder nur ungenügend beheben, denn hier gelten zwingende gesetzliche Regelungen.

Wann ist heiraten rechtlich sinnvoll?

Ob man heiratet – bzw. als homosexuelles Paar seine Partnerschaft eintragen lässt –, ist vor allem eine emotionale Entscheidung. Aus rechtlicher Sicht lässt sich dazu so viel sagen:

Heiraten ist empfehlenswert, wenn Kinder auf die Welt kommen und eine Seite mehr Haushalts- und Betreuungsarbeit leistet als die andere. Wer auf die Ehe verzichtet, sollte bei dieser Rollenteilung auf jeden Fall einen Konkubinatsvertrag abschliessen. Die Hilfe einer Familien- oder Rechtsberatungsstelle empfiehlt sich immer dann, wenn komplexe finanzielle Abhängigkeiten bestehen.

Heiraten lohnt sich auch im Alter, da das Risiko höher ist, dass ein Partner stirbt. Dann stellt die Ehe sicher, dass der andere zum Erben wird und Hinterlassenenleistungen der Sozialversicherungen erhält.

ÜBERSICHT: DREI VORTEILE UND SIEBEN NACHTEILE

Vorteile des Konkubinats

> **Steuern sparen:** Doppelverdiener im Konkubinat zahlen unter Umständen weniger Steuern, weil sie getrennt veranlagt und dadurch in der Progression tiefer eingestuft werden.
> **Alimente behalten:** Trotz Konkubinat erhalten Sie weiterhin Ihre Alimente aus früherer Ehe. Doch wenn ein Gericht auf Klage des Exmanns Ihre neue Beziehung als eheähnlich einstuft – die Gefahr besteht nach einigen Jahren Zusammenleben, wenn Sie mit dem neuen Partner Kinder oder ein Haus haben –, verlieren Sie die Unterhaltsbeiträge. Die Alimente für Kinder aus der früheren Ehe sind davon nicht betroffen.
> **Höhere AHV-Leistungen:** Verheiratete erhalten zusammen nur das Eineinhalbfache der AHV-Rente (maximal 3315 Franken); Konkubinatspartner erhalten jeder die volle Rente (je bis 2210 Franken). Beziehen Sie Witwenrente, verlieren Sie diese bei einer neuen Heirat.

Nachteile des Konkubinats

> **Keine Unterhaltsbeiträge:** Trennt sich ein Konkubinatspaar, schulden Partner und Partnerin einander keinerlei Unterhaltsbeiträge. Selbst dann nicht, wenn die Frau jahrelang für den Partner den Haushalt besorgt und die Kinder betreut hat.
> **Keine Teilung des Einkommens:** Frau und Mann arbeiten auch während der Partnerschaft nur in die eigene Kasse. Das ist immer dann ein Problem, wenn eine Seite ihre Erwerbstätigkeit zugunsten der Partnerschaft reduziert oder ganz aufgibt.
> **Schlechte AHV- und BVG-Leistungen bei Trennung und Tod:** Trennen sich Konkubinatspartner, haben sie gegenseitig keinen Anspruch auf Ausgleich der Guthaben bei Pensionskasse und AHV. Bei klassischer Rollenteilung hat die Frau so viel tiefere AHV- und BVG-Leistungen. Auch haben Konkubinatspartner bei vielen Pensionskassen nur einen beschränkten Anspruch auf Hinterlassenenleistungen beim Tod des Partners.
> **Keine gesetzliche Erbenstellung:** Beim Tod des Partners erbt die Lebensgefährtin von Gesetzes wegen nichts. Auch im Testament kann sie nur beschränkt begünstigt werden, weil der Pflichtteil von Nachkommen oder Eltern respektiert werden muss. Die Ehefrau dagegen gehört zu den gesetzlichen Erben.
> **Hohe Erbschaftssteuern:** Stirbt Ihr Partner, Ihre Partnerin, müssen Sie in vielen Kantonen hohe Erbschaftssteuern (bis 40 Prozent) zahlen.
> **Keine Witwen- oder Witwerrente:** Konkubinatspartner erhalten weder von der AHV noch von der Unfallversicherung eine Witwen- bzw. Witwerrente.

Die rechtlichen Folgen der Heirat

Wenn Sie heiraten, hat das sofort einen ganzen Rattenschwanz von rechtlichen Folgen:

> **Der Name ändert**
> Als Frau erhalten Sie in der Regel den Familiennamen des Mannes. Sie können Ihren ledigen Namen voranstellen, wenn Sie dies dem Zivilstandsbeamten vor dem Jawort mitteilen. Stellen Sie vor dem Eheschluss ein Gesuch an die Regierung des Wohnsitzkantons, kann der Mann auch den Namen der Frau annehmen (und wenn er möchte, seinen ledigen voranstellen). Solche Gesuche werden in der Regel bewilligt.

> **Gemeinsame Steuern**
> Die Einkommen von Frau und Mann werden zusammengezählt. In vielen Kantonen und ab 2008 auch beim Bund gibt es besondere Steuerabzüge für verheiratete Paare.

Bewahren Sie die letzten Kontoauszüge vor der Heirat auf und lassen Sie das Geld auf einem separaten Konto. So ist klar, welches Vermögen Sie schon vor der Ehe hatten. Dieses Vermögen müssen Sie im Trennungsfall nicht teilen.

> **Gespartes Einkommen wird geteilt**
> Wird die Ehe aufgelöst, erhalten Sie die Hälfte des Einkommens, das Sie und Ihre Partnerin, Ihr Partner während der Ehe erwirtschaftet haben (Güterstand der Errungenschaftsbeteiligung). Vermögen, das Sie vor der Ehe hatten, gehört weiterhin nur Ihnen. Wollen Sie sicherstellen, dass Sie auch die Ersparnisse aus der Zeit der Ehe selber behalten können, müssen Sie in einem Ehevertrag Gütertrennung vereinbaren. Ein solcher Ehevertrag muss öffentlich beurkundet werden. Konsultieren Sie einen Anwalt oder eine Notarin.

> **Auskunftspflicht**
> Eheleute müssen sich gegenseitig über Einkommen, Schulden und Vermögen Auskunft geben.

> **Kinder**
> Kommt ein Kind zur Welt, gilt der Ehemann der Mutter automatisch so lange als Vater, bis das Gegenteil bewiesen ist. Auch haben die Eltern das gemeinsame Sorgerecht für das Kind, ohne dass dafür ein besonderer Vertrag nötig wäre.

> **Familienwohnung**
> Ab Heirat können Sie den Mietvertrag für Ihre Familienwohnung nur noch mit dem Einverständnis Ihres Partners, Ihrer Partnerin kündigen. Das gilt auch, wenn Sie den Mietvertrag allein unterschrieben haben. Auch wenn Sie zusammen in einem Eigenheim leben,

das Ihnen allein gehört, können Sie das Haus ohne die Zustimmung Ihrer Partnerin nicht verkaufen.

> **Beistand und Unterstützung**
Eheleute schulden sich gegenseitig Beistand und Unterstützung. Sind Sie verheiratet, müssen Sie Ihrem Mann, Ihrer Frau wenn nötig finanziell unter die Arme greifen.

> **Der Staat redet mit**
Jede Seite kann bei Problemen an das Eheschutzgericht gelangen. Auflösen lässt sich eine Ehe nur durch Scheidung. Dafür muss einer von drei Scheidungsgründen vorliegen, wie sie im Gesetz umschrieben sind (mehr dazu auf Seite 159).

Die eingetragene Partnerschaft

Homosexuelle Paare, die ihrem Zusammenleben einen formellen Rahmen geben wollen, können ihre Partnerschaft beim Zivilstandsamt eintragen lassen. Die rechtlichen Voraussetzungen und Wirkungen sind weitgehend die gleichen wie bei der Ehe. So ist die eingetragene Partnerin neben den Eltern und Nachkommen gesetzliche Erbin und erhält zwingend einen Anteil der Erbschaft ihrer Lebensgefährtin (Pflichtteilsschutz). Stirbt ein Partner, gibt es für den andern eine AHV-Witwerrente. Eingetragene Partner müssen sich beistehen, ihre Einkommen werden steuerrechtlich zusammengezählt, und bei der Trennung müssen die Pensionskassenguthaben ausgeglichen werden.

Doch es gibt auch wesentliche Unterschiede zum Eherecht:

> **Eingetragene Paare** dürfen keine Kinder adoptieren, auch nicht das Kind des andern (Stiefkindadoption). Verboten sind auch die fortpflanzungsmedizinischen Verfahren.

> **Wenn die Partner** keine andere Vereinbarung treffen, gilt für sie Gütertrennung. Das heisst, jeder wirtschaftet in seine eigene Kasse. Eheleute hingegen teilen bei der Scheidung ihre Einkommen (Errungenschaftsbeteiligung), wenn sie nichts anderes abgemacht haben.

> **Will sich eine Partnerin** gegen den Willen der andern trennen, muss sie nur ein Jahr getrennt leben, um dies gerichtlich durchzusetzen. Ein scheidungswilliger Ehegatte muss zwei Jahre warten.

> **Partner behalten** auch nach der Eintragung ihre bisherigen Namen und Bürgerrechte.

> **Bei der Eintragung** der Partnerschaft geben sich die Partnerinnen kein Jawort vor Zeugen, sondern lassen ihren Willen bloss protokollieren und beurkunden.

Fragen, die alle schriftlich regeln sollten

Gregor Z. ...

... hat einen teuren Laptop gekauft, doch braucht ihn vor allem seine Konkubinatspartnerin Mara L., die eine Ausbildung als Webpublisherin macht. Nach drei

5. Familien- und Erbrecht

Jahren trennen sich die beiden. Nun behauptet Mara, sie hätten den Laptop gemeinsam gekauft. Und weil Gregor keine Quittung mehr hat, muss er sich schliesslich mit der Hälfte des gegenwärtigen Werts des Laptops begnügen.

Vertrauen ist gut, Vertrag ist besser. Bei grösseren Vermögenswerten lohnt es sich, in einem Inventar festzuhalten, wem diese gehören. Denn im Zweifelsfall gilt Miteigentum, und dann müssen Sie unter Umständen hälftig teilen, was eigentlich Ihnen gehört. Eine schriftliche Abmachung lohnt sich vor allem in vier Fällen.

Eigentum festhalten

Erstellen Sie beim Zusammenziehen ein Inventar des Mobiliars und aktualisieren Sie es regelmässig. Damit ist klar, was Ihnen und was Ihrem Partner gehört. Das hilft auch bei einem allfälligen Streit mit den Erben des Partners.

Darlehen immer schriftlich

Wenn Sie Ihrer Partnerin ein Darlehen geben oder für sie Schulden begleichen, halten Sie das Geld-Ausleihen schriftlich fest. Sinnvoll ist es auch, eine Rückzahlungsfrist zu notieren und abzumachen, ob und wie viel Zins geschuldet ist (siehe auch Seite 225 und Muster im Anhang).

Mitarbeit im Geschäft der Partnerin

Helfen Sie Ihrer Partnerin dabei, ein Geschäft aufzubauen, sollten Sie eine schriftliche Abmachung treffen, wie diese Arbeit abgegolten wird. Regeln Sie auch, in welcher Form Sie am Mehrwert beteiligt sind, falls das Geschäft einmal gross Kasse macht.

Patientenverfügung

Liegt Ihr Partner im Spital und schwebt in Lebensgefahr, können Sie nicht über lebensverlängernde Massnahmen oder Organentnahmen entscheiden – auch dann nicht, wenn Sie verheiratet sind. Die Ärztin trifft die Entscheidungen. Trägt Ihr Partner eine Patientenverfügung auf sich, kann das darin Festgehaltene die Entscheide mitbestimmen. In seiner Patientenverfügung kann Ihr Partner Ihnen auch mehr Entscheidungsbefugnisse einräumen oder Sie gar ausdrücklich zur passiven Sterbehilfe ermächtigen.

Muster für Patientenverfügungen finden Sie im Beobachter-Ratgeber «So regeln Sie die letzten Dinge. Ratgeber für den Todesfall» (www.beobachter.ch/buchshop) oder bei der Schweizerischen Patientenorganisation (SPO, Adresse siehe Seite 177).

5.2 Kleine und grosse Kinder

Kündigt sich in Ihrer Partnerschaft Nachwuchs an, verändert sich vieles, nicht nur der Bauchumfang der Mutter. Ganz neue Fragen tauchen auf. Gehen Sie das Abenteuer Familie mit Musse an und lassen Sie sich auf keinen Fall die Vorfreude auf Ihr Kind verderben.

Wie will die Familie wohnen? Wollen Sie und Ihre Partnerin heiraten oder im Konkubinat bleiben? Welche Rollenteilung wollen Sie als Eltern vornehmen? Welche Leistungen aus der Mutterschaftsversicherung stehen der Mutter zu? Welche zusätzlichen Versicherungen sind nötig? Antworten auf diese und andere Fragen finden Sie auf den folgenden Seiten.

Wie wird man Vater?

Sind Sie verheiratet, wenn das Kind zur Welt kommt, ist alles klar: Als Ehemann gelten Sie automatisch als Vater des in der Ehe geborenen Kindes. Sie haben auch automatisch die gemeinsame elterliche Sorge mit der Mutter, also das Recht und die Pflicht, das Kind zu betreuen, es zu erziehen, das

 FRAGEBOX

Mein neunjähriger Sohn trägt den Namen meines Exmanns, der aber gar nicht sein leiblicher Vater ist. Jetzt leben mein Sohn und ich mit dem richtigen Vater zusammen. Hat ein Gesuch um Namensänderung meines Sohnes eine Chance?

Kaum. Die Voraussetzungen für Namensänderungen werden von den Gerichten sehr streng gehandhabt. So hatte das Bundesgericht im Jahr 2004 genau einen solchen Fall zu beurteilen und kam zum Schluss, dass dem Kind keine ernsthaften sozialen Nachteile dadurch entstehen, dass es nicht den Namen seines leiblichen Vaters führt.
Auch wenn Sie nach der Scheidung wieder ihren ledigen Namen annehmen, hilft dies nicht viel. Im genannten Fall trugen Vater, Mutter und Kind verschiedene Namen, und auch darin sahen die höchsten Schweizer Richter keinen Grund für eine Namensänderung. Die Tatsache allein, dass Sie in einem stabilen Konkubinat leben, genügt schon gar nicht. Hier hilft nur heiraten.

Kindesvermögen zu verwalten und das Kind gegenüber Dritten zu vertreten. Gemeinsam mit Ihrer Ehefrau müssen Sie für den Unterhalt des Sohnes oder der Tochter aufkommen. Das Kind erhält den Familiennamen, den Sie bei der Heirat gewählt haben.

Das Kind anerkennen

Sind Sie nicht verheiratet, müssen Sie auf dem Zivilstandsamt eine Kindesanerkennung unterschreiben, um rechtlich Vater Ihrer Tochter oder Ihres Sohnes zu werden. Vereinbaren Sie dafür einen Termin und fragen Sie, welche Dokumente Sie mitbringen müssen.

Mit der Anerkennung erhalten Sie ein Besuchsrecht und müssen Unterhalt zahlen. Die gemeinsame elterliche Sorge haben Sie damit noch nicht. Und das Kind trägt den Familiennamen der Mutter.

Die Vormundschaftsbehörde verlangt jeweils einen schriftlichen Unterhaltsvertrag. Das ist von Vorteil für die Mutter. Sollte es später zu Schwierigkeiten mit der Alimentenzahlung kommen, hat sie mit einem solchen Papier in der Hand Anspruch auf Inkassohilfe und Alimentenbevorschussung (siehe Seite 165).

Gemeinsame elterliche Sorge für Konkubinatsväter

Leben Sie im Konkubinat und wollen gemeinsam mit der Mutter die elterliche Sorge für Ihr Kind haben, müssen Sie es zuerst anerkennen. Als Zweites brauchen Sie das Einverständnis der Mutter, denn bei unverheirateten Eltern liegt das Sorgerecht vorerst automatisch bei ihr. Als Drittes müssen Sie der Vormundschaftsbehörde zusammen mit der Mutter einen Unterhaltsvertrag vorlegen, in dem Sie Ihre jeweiligen Anteile an der Betreuung des Kindes und an den Unterhaltskosten festlegen. Die Vormundschaftsbehörde entscheidet dann darüber, ob die gemeinsame elterliche Sorge bewilligt wird.

Viele Vormundschaftsbehörden akzeptieren nur Unterhaltsverträge, die gemeinsam mit der Behörde ausgearbeitet wurden. Informieren Sie sich.

Vater und Mutter durch Adoption

Wer keine eigenen Kinder bekommen will oder kann, hat die Möglichkeit, ein Kind zu adoptieren. Das kann man als verheiratetes Paar, aber auch als Einzelperson. Und das sind die Bedingungen:

> **Sind Sie verheiratet,** können Sie nur gemeinsam mit Ihrem Mann oder Ihrer Frau adoptieren. Sie müssen mindestens fünf Jahre verheiratet oder beide mindestens 35 Jahre alt sein. Zudem müssen Sie mindestens 16 Jahre älter sein als das Kind.
> **Konkubinatspaare** können nicht gemeinsam adoptieren.
> **Unverheiratete Einzelpersonen** müssen mindestens 35 Jahre alt und mindestens 16 Jahre älter sein als das Kind.
> **Die leiblichen Eltern** des Kindes müssen der Adoption zustimmen.

Eine Adoption braucht einen langen Atem. Sie kann sich über Monate, wenn nicht sogar Jahre hinwegziehen.

Adoptieren Sie nur über eine anerkannte Vermittlungsstelle (Adressen siehe Seite 176). Sonst unterstützen Sie möglicherweise Kinderhändler und riskieren, dass die Adoption in der Schweiz nicht anerkannt wird.

Ein adoptiertes Kind ist rechtlich leiblichen Kindern völlig gleich gestellt. Es erhält also Namen und Bürgerrecht seiner Adoptiveltern, hat ein Recht auf Unterhalt, eine gesetzliche Erbenstellung und einen Pflichtteilsschutz (siehe Seite 169). Gegenüber seiner Herkunftsfamilie verliert das Kind mit der Adoption sämtliche Rechte; bestehen bleibt aber das Eheverbot unter nahen Blutsverwandten.

Krankenkasse für Mutter und Kind

Die obligatorische Grundversicherung übernimmt fast alle Kosten von Schwangerschaft und Geburt. Sie müssen weder einen Selbstbehalt bezahlen, noch kann die Franchise in Abzug gebracht werden. Die Krankenkasse bezahlt – ausserhalb der Franchise! – sieben Kontrollkonsultationen und die Kosten der Geburt. Inbegriffen sind auch zwei Ultraschallkontrollen. Bei sogenannten Risikoschwangerschaften übernimmt die Grundversicherung zudem zusätzliche Untersuchungen wie Chorionbiopsie oder Fruchtwasserpunktion, die dazu dienen, das erhöhte Risiko von Missbildungen beim Kind abzuklären.

Als Risikoschwangere gelten alle Frauen ab 35 sowie jüngere Frauen, deren Schwangerschaft gemäss separater Tests als riskant eingestuft wird.

Das Kind rechtzeitig versichern

Spätestens drei Monate nach der Geburt müssen Sie Ihr Kind für die Grundversicherung bei der Krankenkasse anmelden. Das können Sie genauso gut schon vor der Geburt tun und dabei auch eine Zusatzversicherung abschliessen (zum Beispiel für eine teure Spezialbehandlung im Ausland). Viele Kassen stellen im Voraus Bestätigungen aus, dass sie Ihr Kind versichern werden.

Die Spital- und Pflegekosten für das Neugeborene übernimmt die Krankenkasse der Mutter. Aufgepasst, wenn Sie privat versichert sind: Nicht alle Kassen zahlen auch die private Unterbringung des Babys. Damit Sie nach der Geburt nicht von zusätzlichen Kosten überrascht werden, klären Sie frühzeitig ab, wie Ihre Kasse das handhabt.

Sinnvolle weitere Versicherungen

Eine private Invalidenversicherung fürs Kind ist wenig sinnvoll, denn das Risiko einer Invalidität vor dem 20. Altersjahr ist gering. So bezogen im Jahr 2005 nur gerade 1,2 Prozent der 20-Jährigen eine IV-Rente. Wer trotzdem eine Invalidenversicherung abschliessen will, sollte darauf achten, dass nicht nur Invalidität durch Unfall, sondern vor allem auch durch Krankheit gedeckt ist. Für Sie als Eltern kann dagegen eine zusätzliche private Invalidenversicherung zweckmässig sein – vor allem wenn die Mutter oder der Vater zu Hause bleibt und die Kinderbetreuung übernimmt. Sind beide Eltern berufstätig, sind sie in der Regel über den Arbeitgeber gegen Invalidität durch Krankheit oder Unfall versichert.

Die meisten Haftpflicht- und Hausratversicherungen schliessen Leistungen für Kinder im gemeinsamen Haushalt mit ein. Denken Sie aber daran, das Deckungskapital wenn nötig zu erhöhen.

Die Geburt eines Kindes ist ein guter Moment für eine kostenlose Gesamtberatung bei einem Versicherer. Lassen Sie sich dabei aber nichts Unnötiges aufschwatzen.

Staatliche Beiträge an die Kinderkosten

Bereits für den Monat der Geburt Ihres Kindes haben Sie Anspruch auf Kinderzulagen – verlangen Sie sie von Ihrem Arbeitgeber. Er muss sie zusätzlich zum Lohn zahlen, kann sie aber von der kantonalen Sozialversicherungsanstalt zurückfordern. Die Kinderzulagen sind von Kanton zu Kanton verschieden hoch. Das neue gesamtschweizerische Gesetz, das höchstwahrscheinlich am 1. Januar 2009 in Kraft tritt, legt aber ein Minimum fest: 200 Franken für Kinder bis 16 Jahre bzw. 250 Franken für Jugendliche in Ausbildung bis 25 Jahre.

> Anspruch auf Kinderzulagen haben alle angestellt Erwerbstätigen, auch Teilzeitler. Einzelne Kantone kennen zudem Kinderzulagen für Selbständigerwerbende und/oder Nichterwerbstätige. Was in Ihrem Kanton gilt, erfahren Sie bei der kantonalen Ausgleichskasse.

Prämienverbilligung

Wenn Sie Mutter werden, lohnt es sich zu prüfen, ob Sie nicht Anspruch auf eine Verbilligung der Krankenkassenprämie haben. Denn häufig ist die Geburt des Kindes mit Einkommensverlust verbunden. Als unverheiratete Mutter haben Sie mit der Geburt neu Anspruch auf Prämienverbilligung, wie wenn Sie alleinerziehend wären. Erkundigen Sie sich bei Ihrer Wohngemeinde.

Anneliese H. ...

... wird am 15. Oktober 2007 Mutter. Sie lebt mit dem Vater ihrer Tochter im Konkubinat. Im Juni 2008 stellt sie ein Gesuch um Prämienverbilligung für das Jahr 2008. Ihr Gesuch wird gutgeheissen, da sie seit der Geburt des Kindes neu unter die Kategorie «alleinerziehend» fällt und mehr als 30 Prozent weniger verdient als im Jahr 2005. Im Kanton Zürich basiert die Prämienverbilligung nämlich auf der Steuererklärung, die drei Jahre zurückliegt.

> Wie man zu Prämienverbilligung kommt, ist kantonal geregelt. In einzelnen Kantonen werden Anspruchsberechtigte automatisch ermittelt, in andern müssen sie einen Antrag stellen. Am besten werden Sie selber aktiv.

Kinderabzüge in der Steuererklärung

Alle Kantone und auch der Bund gewähren für Kinder besondere Steuerabzüge. Die Beträge reichen von 3000 bis 10 500 Franken. Die Abzüge sind so lange erlaubt, bis das Kind 18-jährig ist, für Jugendliche in Ausbildung auch darüber hinaus – vorausgesetzt, der Sohn oder die Tochter verdient nicht selbst genug für den Lebensunterhalt. Informieren Sie sich in der Wegleitung zur Steuererklärung oder bei der Steuerverwaltung Ihrer Wohngemeinde.

5. Familien- und Erbrecht

Krippenkosten

In vielen Gemeinden gibt es Krippen, die vom Staat unterstützt werden. Sie haben aber keinen Anspruch auf einen subventionierten Platz. Wer einen kriegt, hat Glück.

Die Höhe des staatlichen Beitrags hängt ab vom steuerbaren Einkommen und Vermögen der Eltern. Je mehr Einkommen und Vermögen Sie haben, desto höher die Kosten, die Sie selber tragen müssen. Ein nicht subventionierter Krippenplatz kommt auf 100 bis 120 Franken pro Tag. Wollen Sie Ihr Kind zwei Tage pro Woche betreuen lassen, kostet dies pro Monat also zwischen 840 und 1000 Franken, wenn Sie keinen subventionierten Platz ergattern können.

Krippenbeiträge belasten eine Familie oft stärker als die eigentlichen Steuern. Immerhin können sie unter dem Titel Fremdbetreuungskosten bis zu einem Pauschalbetrag in der Steuererklärung abgezogen werden.

Der Unterhalt für das Kind

Eltern kommen für den Unterhalt ihrer Kinder auf – mit Geldzahlungen und mit Betreuung. Leben die Eltern zusammen, sprechen sie sich selber ab, wie sie die Leistungen untereinander aufteilen. Geht die Partnerschaft auseinander, muss der Elternteil, der nicht mit den Kindern zusammenlebt, Unterhaltsbeiträge bezahlen – unabhängig davon, ob die Eltern verheiratet sind oder nicht.

FRAGEBOX

Unser Sohn Dimitri hat auf seinem Sparkonto 20 000 Franken, die er vom Grossvater geschenkt erhalten hat. Jetzt braucht Dimitri unbedingt eine Zahnkorrektur, die aber unsere finanziellen Mittel überschreitet. Dürfen wir dafür dieses Vermögen verwenden?

Nein, nicht ohne Erlaubnis der Vormundschaftsbehörde. Solange Dimitri unmündig ist, verwalten Sie zwar sein Vermögen. Sie können aber lediglich die Erträge daraus – also die Zinsen – für seinen Unterhalt und seine Ausbildung verwenden; das Vermögen selbst dürfen Sie nur mit Erlaubnis der Vormundschaftsbehörde angreifen.

Wie lange müssen Eltern zahlen?

Mindestens bis Ihr Kind 18 Jahre alt ist, müssen Sie für Essen, Kleider, Wohnung und so weiter aufkommen. Es ist aber zulässig, einen Beitrag an Kost und Logis zu verlangen, wenn Ihr Kind bereits einen Lehrlingslohn erhält. Hat der Sohn oder die Tochter mit 18 noch keine angemessene Ausbildung abgeschlossen, müssen Sie länger Unterhalt zahlen. «Angemessen» ist eine Erstausbildung, die es den Jugendlichen erlaubt, einen Beruf zu ergreifen, der ihren

Neigungen und Fähigkeiten entspricht. Eine Matura zum Beispiel gilt nicht als Erstausbildung. Da hat Ihre Tochter weiterhin Anspruch auf Unterhalt bis zum Abschluss des Studiums oder einer Berufsausbildung.

Wenn Ihr Familienbudget zu knapp ist, um ein Studium zu finanzieren, können Sie verlangen, dass Ihre Tochter mit einem Nebenjob etwas dazuverdient. Informieren Sie sich bei den kantonalen Stipendienberatungsstellen über Stipendien, Darlehen oder Ausbildungskredite (Adressen unter www.ch.ch → Stipendien).

Vom Taschengeld und andern Vermögensfragen

Auch Kinder können vermögend sein – sei es, dass der Götti auf ein Sparkonto grosszügig Beträge eingezahlt hat, sei es, dass das Kind geerbt hat. Letzteres ist zum Beispiel in Konkubinatsfamilien häufig, denn die Kinder sind gegenüber dem überlebenden Konkubinatspartner erbrechtlich besser gestellt (siehe Seite 172).
Dieses Kindesvermögen ist für die Eltern tabu. Einzig auf die Zinserträge können die Eltern greifen – und auch das nur für den Unterhalt des Kindes und seine Ausbildung.

Wie viel Taschengeld ist sinnvoll?

Das Gesetz schreibt den Eltern nicht vor, den Kindern regelmässig Taschengeld auszuzahlen. Doch damit die Kinder den Umgang mit Geld erlernen können, ist es sinnvoll, ihnen ab Schuleintritt einen bestimmten Betrag zu überlassen. Im Rahmen des Taschengelds können Kinder auch gültig Rechtsgeschäfte abschliessen. Der Erstklässler beispielsweise kann für seinen Franken pro Woche am Kiosk ohne Einwilligung der Eltern Schleckzeug kaufen.

RICHTLINIEN FÜRS TASCHENGELD	
1. Schuljahr	Fr. 1.– pro Woche
2. Schuljahr	Fr. 2.– pro Woche
3. Schuljahr	Fr. 3.– pro Woche
4. Schuljahr	Fr. 4.– pro Woche
5. und 6. Schuljahr	Fr. 25.– bis Fr. 30.– pro Monat
7. und 8. Schuljahr	Fr. 30.– bis Fr. 40.– pro Monat
9. und 10. Schuljahr	Fr. 40.– bis Fr. 50.– pro Monat
ab 11. Schuljahr	Fr. 50.– bis Fr. 80.– pro Monat

5. Familien- und Erbrecht

Haben Sie sich mit Ihren Kindern auf einen Betrag geeinigt, müssen bestimmte Regeln eingehalten werden: Das Geld wird regelmässig und unaufgefordert ausgezahlt – und es wird klar definiert, wofür der Betrag reichen muss. Zum Beispiel zahlen Sie pro Monat zehn Franken an die Handykosten, nicht aber für Kinoeintritte.

Schulfragen

Welche Familie kennt das nicht: Bei jedem Mittagessen schimpft der Fünftklässler über den unmöglichen Lehrer. Der Rest der Familie mags nicht mehr hören. Die Schule nimmt einen grossen Teil der Zeit der Kinder in Anspruch und hat Auswirkungen weit in den Familienalltag hinein.

Mitreden bei der Klasseneinteilung?
Freie Schulwahl gibts im Rahmen der Volksschule nicht. Es ist Sache der Schulbehörden, die Kinder in die Schulhäuser und Klassen einzuteilen. Mit einem Gesuch können Sie die Einteilung allenfalls beeinflussen. Stellen Sie es frühzeitig und begründen Sie Ihren Wunsch – beispielsweise mit dem Schulweg, einem privaten Mittagstisch, dem älteren Bruder im gleichen Schulhaus.

Ärger mit der Lehrerin
Haben Sie das Gefühl, die Lehrerin behandle Ihr Kind nicht korrekt, suchen Sie am besten zuerst das direkte Gespräch. Beziehen Sie sich dabei möglichst auf konkrete Beispiele und seien Sie auch offen für die Erklärungen und Gründe der Lehrerin. Werden Sie nicht ausfällig, denn unter einem Streit mit der Lehrerin wird vor allem Ihr Kind leiden. Versuchen Sie, gemeinsam konstruktive Lösungen zu finden.

Kommen Sie zur Überzeugung, dass die Lehrerin Ihrem Kind nicht gut tut, können Sie bei der Schulbehörde ein Gesuch um Klassen- oder Schulumteilung stellen. Das ist meist erst auf Beginn eines neuen Schuljahrs möglich.

Zwar haben Sie von Gesetzes wegen keinen Anspruch auf eine Umteilung, doch kann die Schulbehörde auch nicht alle Argumente in den Wind schlagen. Wenn die Bedenken der Eltern als realistisch eingeschätzt werden, kann ein Wechsel in ein anderes Schulhaus oder zu einem andern Lehrer gerechtfertigt sein.

Ist der Entscheid der Schulbehörde negativ, können Sie ihn zwar an die nächsthöhere Instanz weiterziehen (Schulinspektorat, Erziehungsdirektion), doch sind solche Beschwerden meist aussichtslos.

Strafaufgaben, Nachsitzen, Ohrfeigen und Co.
Ein Lehrer darf nur Disziplinarmassnahmen verhängen, wenn das kantonale Schulgesetz oder die Schulverordnung sie vorsehen. Solche Massnahmen dürfen zudem nur ausgesprochen werden, wenn das Kind ein Ver-

schulden trifft, und sie dürfen sich nur auf den Schulbetrieb beziehen. Die Strafe darf sich also grundsätzlich nicht auf das Verhalten ausserhalb der Schule erstrecken.

> **FRAGEBOX**
>
> **Mein neunjähriger Sohn wurde vom Lehrer geohrfeigt, weil er ihm Fluchwörter an den Kopf geworfen hat. Ist das zulässig?**
>
> **Nein.** Körperstrafen sind verfassungswidrig. Sie können gegen einen Lehrer, der geohrfeigt hat oder sonst wie tätlich wurde, Strafanzeige wegen Tätlichkeit oder sogar Körperverletzung einreichen. Melden Sie den Vorfall auf jeden Fall der vorgesetzten Schulbehörde. Sie ist verpflichtet, Disziplinarmassnahmen gegen die Lehrperson zu prüfen.

Das Kind ausserhalb der Ferien aus der Schule nehmen

Untersteht Ihr Kind der Schulpflicht, muss es den Unterricht besuchen. Dies gilt in einigen Kantonen wie etwa Zürich nicht nur für die Schule, sondern bereits für den Kindergarten. Nehmen Sie Ihr Kind, zum Beispiel vor den Ferien, einfach aus der Klasse, können Sie von den Schulbehörden verwarnt und im Wiederholungsfall je nach Kanton gebüsst werden. Die Höhe der Busse beträgt zwischen 20 und 3000 Franken.

Für besondere Gelegenheiten – zum Beispiel die Hochzeit der grossen Schwester in den USA – lohnt sich ein Gesuch an die Schulpflege um Bewilligung einer Absenz. Einzelne Gemeinden gewähren für solche Fälle eine bestimmte Anzahl «Jokertage» pro Jahr.

So wehren Sie sich gegen Entscheide der Schulbehörden

Sie sind nicht einverstanden mit einer Strafe Ihres Kindes, mit einem Prüfungsentscheid, einer Schulnote oder einer Schuleinteilung? Suchen Sie zuerst das Gespräch mit dem Lehrer. Führt das nicht weiter, wenden Sie sich an die Schulleitung (sofern im Schulhaus vorhanden), an die Schulpflege, allenfalls auch an den schulpsychologischen Dienst. Eine einvernehmliche Lösung ist für Ihr Kind immer besser als eine erkämpfte.

> **Die Fristen sind kurz. Suchen Sie deshalb rasch das Gespräch mit Lehrer, Schulleitung und Schulpflege.**

Falls Sie nicht weiterkommen, können Sie gegen eine Verfügung der Schule oder der Schulpflege Beschwerde bei der vorgesetzten Behörde einreichen (Schulinspektorat, Erziehungsdirektion usw.). Diese «Beschwerde» heisst je nach Kanton Rekurs oder Einsprache und muss – wiederum je

5. Familien- und Erbrecht

nach Kanton – innert 10 bis 20 Tagen seit der Anordnung eingereicht werden. Die konkrete Frist in Ihrem Fall und die Bezeichnung der zuständigen Stelle finden Sie auf der Verfügung unter dem Titel «Rechtsmittelbelehrung».

Noch mehr Fragen? In den beiden Beobachter-Ratgebern «Mein Kind kommt in die Schule. Was Eltern zum Schulstart wissen müssen» und «Gut begleitet durch die Schulzeit. Wegweiser für Eltern» finden Sie viele praktische Ratschläge für die Schulzeit Ihrer Kinder.

Wann können Kinder selber Verträge abschliessen?

Ihr 16-jähriger Sohn hat auf Rechnung ein Velo für 2000 Franken gekauft, ohne Sie zu fragen. Da Ihr Sohn das Geld nicht hat, will der Velohändler die Summe von Ihnen. Zu Recht winken Sie ab, denn der Kaufvertrag ist gar nicht gültig. Unter 18 Jahren darf man grundsätzlich ohne Einwilligung der Eltern keine Rechtsgeschäfte abschliessen. Ausnahmen gelten nur, wenn die Kinder urteilsfähig sind und die Verträge den Rahmen ihres eigenen Verdienstes oder Taschengelds nicht sprengen. Zwar kann Ihr Sohn mit 16 Jahren die Folgen eines solchen Vertrags abschätzen und auch entsprechend handeln, ist also urteilsfähig. Doch weil er noch ins Gymnasium geht, hat er keinen eigenen Verdienst und das Taschengeld reicht für eine solche Anschaffung nicht aus. Damit sind die Voraussetzungen für die Ausnahme nicht gegeben und der Vertrag ist ungültig. Das Velo muss aber natürlich auch zurück in den Zweiradshop.

Ab welchem Alter Kinder als urteilsfähig gelten, definiert das Gesetz nicht. Das kommt stets auf die konkreten Umstände an. Das Kind muss die Folgen seines Handelns abschätzen und auch entsprechend handeln können.

Wer haftet, wenn Kinder Schaden anrichten?

Das hängt davon ab, ob das Kind schon selber die Folgen seiner Handlung beurteilen und sich entsprechend verhalten kann. Ist das der Fall, haftet es selbst. Wenn nicht, haften Sie als Eltern – ausser Sie können nachweisen, dass Sie das Kind sorgfältig beaufsichtigt, angeleitet und gewarnt haben.

Die Erstklässlerin Arianne ...

... und ihre Freundinnen werfen auf dem Weg zur Schule mit Murmeln auf ein Schaufenster. Die Scheibe springt an einigen Stellen. Für den Schaden haften die Mädchen nicht, weil sie noch nicht wissen können, welche Folgen ihr Spiel mit den Glaskugeln haben kann. Die Eltern haften nicht, weil Murmeln in diesem Alter ein übliches Spielzeug sind und Kinder auf dem Schulweg nicht beaufsichtigt werden müssen. Der Ladenbesitzer muss für die Reparatur selbst aufkommen.

Spielen Kinder aber beispielsweise mit einem Pfeilbogen, müssen die Eltern sie richtig anleiten und beaufsichtigen, weil das Gefahrenpotenzial viel höher ist. Trifft Ihr Sohn seinen Kameraden dabei so unglücklich, dass dieser erblindet, haften Sie als Eltern, wenn Sie ihm den Pfeilbogen kommentarlos zum Spiel überlassen haben.

Besitzen Sie eine Familien-Privathaftpflichtversicherung, können Sie den Schaden dort anmelden, wenn Sie oder Ihr Kind haftbar sind.

5. Familien- und Erbrecht

5.3 Von Krisen und vom Auseinandergehen

Rund die Hälfte aller Ehen wird wieder geschieden. Am häufigsten gehen Paare in den ersten fünf Ehejahren auseinander. Für alle, vor allem aber für die Kinder kann dies ein traumatisches Ereignis sein.

Damit Krisen nicht zwingend mit einer Scheidung enden, ist es wichtig, dass Sie frühzeitig professionelle Hilfe holen. Je nach Problem kann dies eine Eheberatungsstelle sein, ein Schuldenberater, eine Suchtberatungsstelle, eine Paartherapeutin oder ein Psychiater. Zögern Sie nicht, Kontakt aufzunehmen.

Müssen Sie sich eingestehen, dass die Krise auf diesem Weg nicht zu lösen ist, lohnt sich vor einer Scheidung, einer Auflösung der eingetragenen Partnerschaft oder des Konkubinats eine Phase der Trennung. Zum einen können beide Seiten nochmals in Ruhe überlegen, ob die Partnerschaft wirklich in die Brüche gehen muss. Zum andern hat man Zeit, die wichtigsten Fragen zu regeln. Für verheiratete Paare und eingetragene Partnerinnen kann eine zu schnelle Scheidung unter Umständen sogar zum Verlust von Ansprüchen führen. So muss man zum Beispiel zehn Jahre verheiratet gewesen sein, um als kinderlose Frau über 45 eine AHV-Witwenrente zu erhalten.

Ehe- und Familienberatungsstellen können bei Konflikten vermitteln. Sie können aber keine für die Eheleute verbindlichen Entscheide treffen. Ihre Hauptaufgabe besteht darin, das Gespräch wieder in Gang zu bringen, zu beraten und Lösungsvorschläge zu unterbreiten. Gemäss Fachleuten ist es wichtig, dass Paare sich bei Konflikten möglichst früh professionelle Hilfe holen. Fragen Sie vor dem ersten Treffen nach der Art und Häufigkeit der Beratungen und nach den mutmasslichen Kosten.

Ärger wegen des Geldes

Viele Eheprobleme entzünden sich am Geld. Zündstoff liefert häufig das Haushaltsgeld oder der Umstand, dass der Hausmann sich weigert, ein Haushaltsbuch zu führen oder dass der ganze Einkommensüberschuss für kostspielige Hobbys des erwerbstätigen Ehegatten draufgeht. Deshalb gilt: Treffen Sie klare Abmachungen zu den Haushaltskosten oder zum Taschengeld.

Auch das Gesetz hat zum Thema Geld etwas zu sagen: Besteht in einer Ehe traditionelle Rollenteilung, bei der die Frau nicht berufstätig ist, sondern die ganze Haushaltsarbeit macht und der Mann allein das Erwerbseinkommen heimbringt, hat die haushaltführende Partnerin Anspruch auf einen Betrag zur freien Verfügung. Damit kann sie ihre persönlichen Wünsche erfüllen, ohne Rechenschaft ablegen zu müssen. Hat ein Ehepaar wenig Geld zur Verfügung, sollten Mann und Frau gleich viel Taschengeld erhalten. Es ist also nicht so, dass der erwerbstätige Teil Anspruch auf mehr hat.

Zudem haben beide Eheleute eine Auskunftspflicht und müssen sich auf Verlangen hin gegenseitig über Einkommen, Vermögen und Schulden informieren.

Bei Schwierigkeiten rund ums Geld lohnt es sich, eine Budgetberatungsstelle zu konsultieren (Adressen siehe Seite 244).

Falls Sie auch mithilfe einer Beratungsstelle keine Lösung finden, können Sie - gemeinsam oder einzeln - das Eheschutzgericht an Ihrem Wohnsitz einschalten. Auch wenn eine Seite das Geld verschleudert oder verschwinden lassen will, ist dies die richtige Anlaufstelle. Das Eheschutzgericht kann zum Beispiel verbindlich festlegen, wer wie viel an die Kosten des gemeinsamen Haushalts zahlen muss oder wie viel Taschengeld jedem Ehegatten zusteht. Es kann auch Sicherungsmassnahmen verfügen, zum Beispiel eine Grundbuchsperre.

Notbremse Eheschutzgericht

Nicht nur bei Geldfragen, auch bei allen andern Problemen, die Eheleute nicht alleine lösen können, kann jede Seite jederzeit das Eheschutzgericht einschalten. Wenden Sie sich an das für Ihren Wohnort zuständige Bezirks-, Amts- oder Kreisgericht. Die Adresse erfahren Sie auf der Gemeindekanzlei.

Der Ablauf des Verfahrens hängt von der kantonalen Zivilprozessordnung ab. Der Beizug eines Anwalts ist freiwillig, lohnt sich aber, wenn die Ehesituation sehr verfahren ist und der Eheschutz nur als Vorspiel zur Scheidung erscheint.

Die Eheschutzrichterin wird zunächst versuchen, unter den Eheleuten zu vermitteln und wenn immer möglich eine einvernehmliche Lösung zu finden. Erst wenn die Vermittlung zu keiner Lösung führt, Ermahnungen nichts nützen und ein Ehegatte es will, trifft die Richterin die im Gesetz vorgesehenen Massnahmen. Dazu gehören zum Beispiel das Festlegen von Unterhaltsbeiträgen, der Entzug der Vertretungsbefugnis oder eine Kontosperre.

Die meisten Gerichte sind im Internet präsent mit Informationen zum Verfahren, Merkblättern und Formularen.

Trennung: Was müssen wir regeln?

Sie sind zusammen zur Überzeugung gekommen, dass Sie zumindest für eine Weile getrennte Wege gehen wollen. Eine solche Trennung können Sie ohne Gericht regeln. Halten Sie die Abmachungen zu folgenden zentralen Fragen schriftlich fest:

> Beginn der Trennung
> Wie lange soll die Trennung dauern?
> Wer bleibt in der Wohnung?
> Bei wem wohnen die Kinder?
> Wie häufig darf der andere Elternteil die Kinder sehen?
> Wie hoch sind die Unterhaltsbeiträge für die Kinder und für die Ehepartnerin?

Ihre private Abmachung hat Konsequenzen: Sie kann zum Beispiel bei einer späteren gerichtlichen Regelung als Massstab herangezogen werden. Dann brauchen Sie gute Argumente, um eine andere, höhere Forderung zu begründen. Rein private Abmachungen über die Obhut der Kinder und ein Besuchsrecht lassen sich aber gegen den Willen des Partners nicht durchsetzen. Dazu braucht es eine Genehmigung der Vereinbarung durch das Eheschutzgericht

Überlegen Sie genau, was Sie abmachen, denn das Provisorium kann später, wenn es um die Scheidung geht, schnell zur definitiven Regelung werden. Wenn das Scheidungsgericht etwa sieht, dass die Mutter während der Trennung mit einer bestimmten Summe ausgekommen ist, wird der Betrag nicht ohne Grund erhöht. Mehr zur fairen Regelung einer Trennung erfahren Sie im Beobachter-Ratgeber «Trennung – von der Krise zur Lösung. Kinder, Rechtliches, Finanzen» (www.beobachter.ch/buchshop).

Absichern beim Eheschutzgericht

Falls Sie sich über zentrale Fragen nicht einig werden oder Angst haben, dass Ihr Partner die Kinderalimente oder Ihre eigenen

Unterhaltsbeiträge nicht zahlen kann oder will, sollten Sie ans Eheschutzgericht gelangen – wenn Sie im Konkubinat leben, an die Vormundschaftsbehörde. Die Richter können dann die Aufhebung des gemeinsamen Haushalts verfügen und die Unterhalts- und Kinderfragen verbindlich klären.

Denken Sie daran, dass Sie aufgrund einer privaten Vereinbarung keine Alimentenbevorschussung erhalten (siehe Seite 165). Dazu braucht es einen behördlich genehmigten Unterhaltsvertrag oder eine gerichtliche Genehmigung Ihrer Unterhaltsvereinbarung.

Gesetzliche Gründe für eine Scheidung

Am einfachsten lässt sich eine Ehe – oder eine eingetragene Partnerschaft – auflösen, wenn beide Seiten es wollen. Dann verfassen Sie, allenfalls mithilfe einer Anwältin, gemeinsam eine Vereinbarung (auch Konvention genannt) und gehen damit vor Gericht. Das ist die sogenannte Scheidung auf gemeinsames Begehren, bei eingetragenen Paaren die gerichtliche Auflösung auf gemeinsames Begehren.

Wenn sich Ihr Ehepartner gegen die Scheidung wehrt, müssen Sie zuerst zwei Jahre getrennt leben, bevor Sie eine Scheidungsklage einreichen können. Eine gerichtliche Trennung ist nicht nötig, kann sich aber in dieser Situation lohnen. Wenden Sie sich ans Eheschutzgericht.

In Ausnahmefällen kann ein Scheidungsgericht eine Ehe vor Ablauf dieser zweijährigen Trennungsfrist gegen den Willen eines Ehepartners scheiden. Das ist möglich, wenn Ihnen nicht zugemutet werden kann, zwei Jahre lang weiter verheiratet zu sein – zum Beispiel, wenn Ihr Ehepartner Sie körperlich angegriffen hat.

Eine eingetragene Partnerschaft kann schon nach einem Jahr Trennung auch gegen den Willen eines Partners aufgelöst werden.

Mein Ehemann und ich leben seit Kurzem getrennt. Mit ein Grund für die Trennung ist sein lockerer Umgang mit Geld. Hafte ich für Schulden, die er während der Trennung macht?

Nein. Während einer Trennung haften Sie nur für Ihre eigenen Schulden. Generell haften Eheleute nur gemeinsam, wenn sie zusammenleben – und auch dann nur für die sogenannten laufenden Bedürfnisse. Das sind die Kosten für den Haushalt, die laufenden Mietkosten, Krankenversicherungsprämien sowie Ausgaben für die Ausbildung und Erziehung der Kinder.
Für alle andern Schulden haftet jede Seite allein – ausser Sie unterzeichnen einen Vertrag gemeinsam.

5. Familien- und Erbrecht

Was ist bei einer Scheidung zu regeln?

Sind sich Mann und Frau über die Scheidung einig, müssen immer noch die Folgen geregelt werden. Meist gibt das Streit, denn jetzt geht es ums Geld und um die Kinder. Versuchen Sie unbedingt – wenn nötig mithilfe eines Mediators oder einer Anwältin –, diese Fragen einvernehmlich zu lösen.

Gemeinsam eine Lösung finden

Bei der Suche nach fairen Lösungen kann eine Familienmediation weiterhelfen. Eine solche Mediation ist weder Beratung noch (Ehe-)Therapie. Sie kommt nur dann infrage, wenn beiden Eheleuten klar ist, dass ihre Wege sich trennen.

In der Mediation versuchen Frau und Mann gemeinsam und mithilfe einer ausgebildeten Fachperson, eben eines Mediators, eine faire und rechtsverbindliche Lösung zu finden – für alle Scheidungsfragen oder nur für einen Teil davon, beispielsweise nur für das Sorge- und Besuchsrecht. Wichtig ist, dass beide Seiten die Einsicht mitbringen, dass es bei einer Scheidung letztlich weder Sieger noch Besiegte gibt, sondern dass alle Beteiligten gewinnen, wenn es gelingt, Lösungen zu erarbeiten, die alle akzeptieren können.

Einig über die Scheidungsfolgen

Sind Sie sich über die Scheidungsfolgen einig, arbeiten Sie gemeinsam eine Konvention aus und schicken diese zusammen mit ei-

---

SELTEN, DIE ZIVILGERICHTLICHE TRENNUNG

Neben der Scheidung ist auch eine zivilgerichtliche Trennung möglich. Sie kommt aber heute kaum mehr vor, weil sie vor allem für Leute gedacht ist, die aus ethischen Gründen nicht geschieden sein wollen. Voraussetzungen und Verfahren sind dieselben wie bei der Scheidung. Die rechtlichen Folgen hingegen sind anders: Zwar werden die Güter getrennt, doch bleiben die eheliche Unterhaltspflicht und das gegenseitige Erbrecht bestehen, ebenso alle Ansprüche gegenüber den Sozialversicherungen. Das heisst zum Beispiel:

> Stirbt ein getrennter Ehegatte, ist die hinterbliebene Frau gesetzliche Erbin und erhält zwingend einen Teil des Nachlasses (Pflichtteilsschutz).
> Die getrennte Ehegattin hat weiterhin ein Recht auf eine AHV-Witwenrente, wenn ihr Mann stirbt.
> Die Pensionskassenguthaben werden bei einer zivilgerichtlichen Trennung nicht ausgeglichen.

nem kurzen Gesuch um Scheidung an das Gericht am Wohnsitz von einem von Ihnen beiden. Ein vorgängiges Verfahren vor dem Friedensrichter ist nicht nötig.

Danach erhalten sie einen Gerichtstermin, bei dem Sie und Ihr Gatte, Ihre Gattin getrennt und gemeinsam angehört werden. Gelangt das Gericht bei dieser Anhörung zur Überzeugung, dass beide Seiten die Scheidung wollen und die Konvention auf reiflicher Überlegung beruht, setzt es Ihnen eine zweimonatige Bedenkfrist an.

Nach Ablauf dieser Frist müssen Sie beide dem Gericht den Scheidungswillen und die Konvention nochmals schriftlich bestätigen. Tun Sie dies, spricht das Gericht die Scheidung aus.

Zurzeit wird diskutiert, ob die zweimonatige Bedenkfrist vor der Bestätigung der Konvention abgeschafft werden soll.

Ein solches einvernehmliches Scheidungsverfahren dauert zwischen vier und sechs Monate und kostet zwischen 1000 und 3000 Franken, zuzüglich Schreib- und Zustellgebühren sowie allfälliger Anwaltskosten.

Nicht oder nur teilweise einig

Können Sie und Ihr Partner, Ihre Partnerin sich über die Scheidungsfolgen nicht oder nur teilweise einigen, haben Sie trotzdem

---

CHECKLISTE: DAS GEHÖRT IN EINE SCHEIDUNGSKONVENTION

- ☐ Wer erhält die elterliche Sorge über die unmündigen Kinder?
- ☐ Wie soll das Besuchsrecht geregelt werden?
- ☐ Wer muss wie viel an den Kinderunterhalt leisten? Und wie lange?
- ☐ Falls Sie das gemeinsame Sorgerecht beantragen: Wer betreut wann und wie häufig die Kinder? Wie werden die Unterhaltskosten für sie aufgeteilt?
- ☐ Wer bekommt wie viel vom ehelichen Vermögen (güterrechtliche Auseinandersetzung)?
- ☐ Wie werden die Pensionskassenguthaben ausgeglichen, die Frau und Mann während der Ehe angespart haben?
- ☐ Welche Unterhaltsbeiträge erhält die Exehefrau bzw. der Exehemann? Wie lange werden sie gezahlt?
- ☐ Wer kann in der Wohnung bleiben? Wie wird der Hausrat aufgeteilt?
- ☐ Wer trägt die Verfahrenskosten zu welchen Teilen?

die Möglichkeit einer Scheidung auf gemeinsames Begehren. Sie reichen dem Gericht zusammen mit Ihrem Gesuch um Scheidung eine Teilkonvention – oder auch gar keine – ein. Dann entscheidet das Gericht über die offenen Punkte.

Die Konvention ist verbindlich

Nachdem das Urteil rechtskräftig geworden ist, kann die Konvention nur noch in Bezug auf die vermögensrechtlichen Folgen angefochten werden. Und auch das nur in bestimmten Situationen:

> **Wenn Sie sich beim Abschluss** in einem wesentlichen Irrtum befunden haben, getäuscht oder bedroht wurden.
> **Wenn sich Ihre finanziellen Verhältnisse** oder diejenigen des Partners wesentlich und unvorhergesehen ändern, kann unter Umständen die Anpassung des Urteils verlangt werden.

Kann kein angemessener Unterhaltsbeitrag für Sie festgelegt werden, weil Ihr Partner nicht genug Mittel hat, halten Sie dies in der Konvention fest. Dann können Sie innert fünf Jahren eine Anpassung verlangen, falls sich die finanzielle Situation Ihres Partners verbessert hat.

Wie eine faire Regelung der Scheidungsfolgen aussieht, hängt sehr von den familiären und finanziellen Verhältnissen in jedem einzelnen Fall ab. Ausführliche Informationen vor allem auch zu den finanziellen Fragen finden Sie im Beobachter-Ratgeber «Scheidung. Alles, was Sie wissen müssen» (www.beobachter.ch/buchshop). Im Folgenden einige Überlegungen zu den Fragen rund um die Kinder.

Das gemeinsame Sorgerecht für die Kinder

Haben Sie mit Ihrer Partnerin Kinder und wollen scheiden, müssen Sie sich entscheiden, ob ein Elternteil allein das Sorgerecht für die Kinder haben soll oder ob Sie beide die elterliche Sorge weiterhin gemeinsam ausüben wollen. Nur wenn sich beide Eltern einig sind, ist das gemeinsame Sorgerecht nach der Scheidung möglich.

Dafür müssen Sie dem Scheidungsgericht eine Vereinbarung vorlegen, in der Sie festgelegt haben, wer die Kinder wann und wie häufig betreut und wie Sie die Unterhaltskosten untereinander aufteilen. Es wird nicht verlangt, dass Sie die Kinderbetreuung hälftig teilen. Wichtig ist aber, dass beide Eltern ein Stück alltägliche Erziehungsarbeit übernehmen. Das Gericht wird Ihre Vereinbarung prüfen und die Kinder dazu anhören. Es darf das gemeinsame Sorgerecht nur erlauben, wenn dies im Interesse der Kinder liegt.

Einigen Sie sich auf eine Person oder Institution, an die Sie sich wenden wollen, wenn Sie einmal einen Konflikt nicht selbst lösen können, und halten Sie dies in Ihrer Vereinbarung fest.

Das Besuchsrecht

Wird das Sorgerecht einem Elternteil allein zugeteilt, hat der andere ein Besuchsrecht oder umfassender ausgedrückt: einen Anspruch auf persönlichen Verkehr. Dazu gehört auch:

> **das Recht,** mit dem Kind zu telefonieren, ihm Briefe zu schreiben und Geschenke zu machen.
> **das Recht,** über wichtige Entscheidungen im Leben des Kindes – zum Beispiel bei gesundheitlichen Eingriffen, in Schulfragen oder bei der Berufswahl – informiert und angehört zu werden.
> **das Recht,** bei Ärzten, in der Schule oder am Lehrort selbständig Auskünfte über das Kind einzuholen.

ÜBLICHE BESUCHSRECHTE

Bis zu vier Jahren
Sinnvoll sind kürzere, aber häufige Besuche, da kleine Kinder noch stark in der Gegenwart leben. Entscheidend ist der regelmässige Kontakt.

Vorschulalter
Üblich sind Besuche an jedem zweiten Sonntag.

Schulpflichtige Kinder
Häufig wird ein Besuchsrecht jedes zweite Wochenende, allenfalls bereits ab Freitagabend, vereinbart. Dazu kommen Besuche über Pfingsten, Neujahr, Ostern oder Weihnachten sowie ein Ferienbesuchsrecht von mindestens zwei bis vier Wochen pro Jahr.

Ab 14 Jahren
Bei Jugendlichen wird auf eine feste Regelung meist verzichtet. Spontane Abmachungen, die auch dem Willen des Sohnes oder der Tochter entsprechen, sind dann besser.

Haben Sie das Besuchsrecht müssen Sie Ihr Kind abholen und wieder zurückbringen, wenn es noch nicht alleine reisen kann.

Probleme nach der Scheidung

Das Besuchsrecht ist häufig der noch verbleibende Zankapfel, wenn nach der Scheidung Vorwürfe und unbewältigte Gefühle

5. Familien- und Erbrecht

zurückbleiben. Doch wenn Sie Ihre persönlichen Probleme auf dem Buckel Ihrer Kinder austragen, leiden diese am meisten – obwohl sie nichts für die Probleme können. Versuchen Sie also, wenn immer möglich Ihre Konflikte mit dem Expartner auf anderem Weg zu bewältigen. Hier die rechtlichen Grundsätze zum Besuchsrecht:

> **Wenn das Kind sich weigert,** zum Vater zu gehen, muss die Mutter versuchen, es dazu zu motivieren. Für jedes Kind ist die Beziehung zu seinem Vater wichtig.
> **Auch wenn der Vater seine Kinder zu Besuch hat** oder mit ihnen in den Ferien ist, muss er die vollen Alimente bezahlen.
> **Bezahlt der Vater die Alimente nicht,** darf die Mutter das Besuchsrecht deswegen nicht einschränken oder verunmöglichen. Das eine hat mit dem andern nichts zu tun. Verhindert eine Mutter trotz eines amtlichen Befehls das Besuchsrecht, kann sie wegen Ungehorsam gegen eine amtliche Verfügung bestraft werden.
> **Bei wiederholten und massiven Problemen** können Sie oder Ihre Exfrau bei der Vormundschaftsbehörde beantragen, dass ein Erziehungsbeistand ernannt wird, der hilft, die Konflikte zu lösen.

Besuche nachholen?

Fällt ein Besuchstag aus, kann er nur nachgeholt werden, wenn der Grund dafür beim sorgeberechtigte Elternteil liegt. Zum Beispiel, wenn er das Kind am Besuchswochenende an ein Familientreffen mitnimmt. Ist das Kind krank oder können Sie als Elternteil mit Besuchsrecht den Termin nicht einhalten, können Sie nicht auf dem Nachholen bestehen. So viel zur rechtlichen Situation. Selbstverständlich dürfen Sie von Fall zu Fall eine grosszügigere Lösung suchen.

 FRAGEBOX

Meine Tochter Alma will nicht ins Besuchswochenende zum Vater. Muss ich sie zwingen?

Nein, zwingen müssen Sie sie nicht. Doch sind Sie und Ihr Exmann verpflichtet, alles Zumutbare vorzukehren, damit das Besuchsrecht stattfinden kann. Der Kontakt mit dem Vater ist für Ihre Tochter wichtig. Weigert sie sich trotzdem beharrlich, ist es in der heutigen Zeit nicht mehr denkbar, das Besuchsrecht gewaltsam zu erzwingen. Vielleicht findet Alma durch Gespräche mit Ihnen mit der Zeit zu einer positiveren Einstellung zu ihrem Vater.

Alimente einfordern

Wenn Ihr Expartner die Alimente für die Kinder oder für Sie selbst nicht zahlt, können Sie ihn betreiben. Dazu genügt eine private schriftliche Abmachung über die Alimente und ein Betreibungsbegehren beim Betreibungsamt.

Noch einfacher gehts, wenn die Alimente in einem amtlich genehmigten Unterhaltsvertrag, bei einer gerichtlichen Trennung oder bei der Scheidung vom Gericht festgesetzt wurden. Dann können Sie in einem Gesuch die Gemeinde um Inkassohilfe bitten. Die amtlichen Stellen schreiben Mahnbriefe, leiten Betreibungen ein und sind erfahrungsgemäss oft erfolgreicher als eine Mutter, die mit dem Expartner herumstreitet.

Gleichzeitig können Sie auch beantragen, dass die Gemeinde Ihnen zumindest die Unterhaltsbeiträge für die Kinder vorschiesst. Wie sie das Geld von Ihrem Expartner wieder eintreibt, ist dann Sache der Gemeinde. Eine solche Bevorschussung wird aber nur geleistet, wenn Ihr Einkommen tief ist. Die Limite ist von Gemeinde zu Gemeinde unterschiedlich definiert; fragen Sie an Ihrem Wohnort nach.

Bevorschusste Alimente müssen Sie – im Gegensatz zur Sozialhilfe – nicht zurückzahlen, auch wenn die Gemeinde keinen Rappen eintreiben kann oder wenn Sie selbst später eine grössere Erbschaft machen.

Stellen Sie das Gesuch um Alimentenbevorschussung sofort. Viele Gemeinden bevorschussen nur Alimente, die ab Gesuchseingang fällig werden.

5.4 Fragen zu älteren Familienmitgliedern

Wenn Ihre Eltern älter werden, tauchen neue Fragen auf. Braucht der Vater oder die Mutter Hilfe? Es gilt, die Balance einzuhalten zwischen Unterstützung und respektloser Einmischung. Und die eigenen Kräfte nicht zu überschätzen.

Sie stellen fest, dass Ihre Mutter, Rechnungen lange liegen lässt, mitunter bis zur Betreibung nicht bezahlt, und merken im Gespräch, dass sie ganz froh wäre, wenn jemand anders die Gelddinge regeln würde. Dann kann Ihnen Ihre Mutter eine Vollmacht erteilen. Damit erhalten Sie die Befugnis, stellvertretend die Rechtsgeschäfte Ihrer Mutter zu erledigen. Diese Vollmacht kann Ihre Mutter jederzeit widerrufen oder abändern. Damit die Vollmacht rechtskräftig ist, muss Ihre Mutter aber urteilsfähig sein, wenn sie sie schreibt.

Ein Beistand für den betagten Vater

Mitunter können ältere Menschen ihren Verpflichtungen nicht mehr nachkommen, weil sie körperlich oder geistig eingeschränkt sind. Trotzdem wollen sie sich nicht auf eine Vollmacht einlassen. Ist dies zum Beispiel bei Ihrem Vater der Fall, können Sie bei der Vormundschaftsbehörde an seinem Wohnort eine Beistandschaft beantragen.

Ein solcher Beistand kann unterschiedliche Befugnisse haben je nachdem, ob er vor allem die finanziellen oder auch allgemeine Angelegenheiten erledigen soll. Ihr Vater und Sie haben das Recht, eine Person als Beistand vorzuschlagen. Doch die Vormundschaftsbehörde kann sich auch für jemand andern entscheiden, wenn die von Ihnen vorgeschlagene Person wegen Interessenkonflikten nicht infrage kommt. Oft ist es tatsächlich nicht die beste Lösung, wenn Sie als Kind Beistand Ihrer Mutter oder Ihres Vaters werden, weil damit Spannungen innerhalb der Familie entstehen können.

FRAGEBOX

Mein Vater ist 82 und fährt immer noch Auto. Manchmal macht mir das Angst. Was kann ich tun, damit er nicht mehr Auto fährt?

Angehörige können ihren betagten Verwandten das Autofahren nicht verbieten. Wer über 70 ist, muss sich alle zwei Jahre vom Arzt die Fahrtüchtigkeit bescheinigen lassen. Damit haben Sie eine gewisse Garantie, aber Gefälligkeitsatteste gerade von befreundeten Hausärzten können natürlich nie ausgeschlossen werden. Sprechen Sie offen mit Ihrem Vater über Ihre Befürchtungen und weigern Sie sich, mit ihm mitzufahren. Seien Sie sich auch bewusst, dass der Verzicht aufs Auto bei vielen älteren Leuten grosse Ängste auslöst, weil sie damit ein entscheidendes Stück Autonomie verlieren. Reden Sie auch darüber und bieten Sie Ihre Hilfe an für Transporte, Einkäufe und Ausflüge. Zudem sollten Sie versuchen, Ihren Vater für eine Fahrberatung zu gewinnen, wie sie in vielen Kantonen angeboten wird.

Die kranke Mutter zu Hause pflegen

Wenn ältere Menschen Unterstützung und Pflege brauchen, wird es nach wie vor als Selbstverständlichkeit betrachtet, dass die Kinder – sprich: die Töchter – diese Aufgabe übernehmen. Oft rutscht man in die Rolle der Pflegenden hinein, ohne irgendwelche Abmachungen zu treffen. Und die andern Familienmitglieder schweigen, weil das für sie die bequemste Lösung ist.

Wenn Sie vor die Frage gestellt sind, ob Sie die Betreuung Ihrer Eltern übernehmen wollen, sollten Sie sorgfältig abwägen, was für und was gegen diese Lösung spricht. Machen Sie sich Gedanken über Ihre Kräfte und finanziellen Möglichkeiten, die Bedürfnisse Ihrer eigenen Familie, Ihre Zukunftspläne, Ihre Zu- oder Abneigung gegenüber dem pflegebedürftigen Elternteil. Nicht immer ist es die beste Lösung, wenn die Betreuung eines betagten Menschen von einem seiner Kinder übernommen wird.

Bei Pro Senectute können Sie einen umfassenden Betreuungsvertrag beziehen (www.pro-senectute.ch). Mehr Informationen zur Betreuung pflegebedürftiger Angehöriger finden Sie im Beobachter-Ratgeber «Ein Pflegefall in der Familie. Organisation, Entlastung, Hilfe» (www.beobachter.ch/buchshop).

Wenn Sie sich entscheiden, Ihre Mutter bei sich zu Hause zu betreuen, sollten Sie einen Pflegevertrag abschliessen. Regeln Sie darin vor allem folgende Punkte:

5. Familien- und Erbrecht

> **Welches Zimmer** steht der Mutter zur Verfügung? Welche Räume neben Küche und Bad kann sie mitbenützen?

> **Welche Pflegeleistungen** erbringen Sie?

> **Welche Entschädigung** erhalten Sie für Ihre Arbeit? Was zahlt Ihre Mutter an die Miete?

> **Wie viele Wochen Ferien** haben Sie pro Jahr und wer springt dann ein?

Die Pflegekosten der Oma mittragen?

In direkter Verwandtschaftslinie – also als Kind oder Enkel einer bedürftigen Person – können Sie von der Gemeinde zur Kasse gebeten werden. Das nennt sich Verwandtenunterstützungspflicht und ist im Zivilgesetzbuch (Art. 328) geregelt. Die Sozialhilfebehörden machen von diesem Artikel je nach Kanton unterschiedlich, aber immer häufiger Gebrauch.

Voraussetzung für die Unterstützungspflicht ist aber, dass die Zahlungen zumutbar sind, dass Sie ein gutes Einkommen und Vermögen haben. Die Voraussetzungen und die Höhe der Zahlungen bestimmen sich nach den Richtlinien der Schweizerischen Konferenz für Sozialhilfe (www.skos.ch). Wie die Verwandtenunterstützung berechnet wird, lesen Sie auf Seite 283.

Wenn Sie aufgefordert werden, Verwandte zu unterstützten, gehen Sie mit Vorteil zum Rechtsberater. Es gibt viele Beispiele von überrissenen Forderungen der Gemeinden. Von vornherein nicht zur Unterstützung verpflichtet sind Geschwister, Onkel und Cousinen.

Kinder müssen nicht nur für ihre Eltern aufkommen, sondern viel häufiger umgekehrt: Eltern für ihre bei der Arbeitslosenkasse ausgesteuerten oder drogenabhängigen Kinder.

Die 86-jährige Emma D. ...

... hat Alzheimer und lebt im Pflegeheim. Ihr Mann Max ist erst 80, noch rüstig, aber ohne Vermögen. Die einzige noch lebende Verwandte ist Enkelin Julie. Julie ist 30 und arbeitet als Finanzanalystin auf einer Bank. Das Sozialamt fordert von ihr 400 Franken pro Monat an die Pflegekosten der Grossmutter. Diese Massnahme ist zulässig, denn Nachkommen in direkter Linie haben eine gesetzliche Unterstützungspflicht.

5.5 Von Testamenten, Erbverträgen und Pflichtteilen

Stirbt ein Mensch und hinterlässt er ein Vermögen, stellt sich die Frage, wem Geld und Güter des Verstorbenen gehören sollen. Diese Frage regeln Testamente und das Erbrecht.

Liegt kein Testament vor, bestimmt das Gesetz alleine, wem das Vermögen zukommt. An erster Stelle erben der überlebende Ehegatte oder die eingetragene Partnerin sowie die Kinder der verstorbenen Person. Sind keine Kinder da, erbt in zweiter Linie der elterliche Stamm – allenfalls zusammen mit dem Ehegatten oder der eingetragenen Partnerin. An die Stelle bereits verstorbener Eltern treten deren Nachkommen, also die Geschwister.

Grundsätzlich können Sie aber selber entscheiden, wem Ihr Vermögen nach Ihrem Tod gehören soll. Dazu müssen Sie nur ein gültiges Testament niederschreiben. In Ihrer Verfügungsfreiheit sind Sie durch das Gesetz eingeschränkt. Denn Kinder, Ehegatte, eingetragene Partnerin und Eltern haben einen geschützten Anspruch auf einen bestimmten Teil Ihres Vermögens. Diesen sogenannten Pflichtteil können Sie ihnen auch durch ein Testament nicht nehmen. Die Berechnung der Pflichtteile ist etwas kompliziert. Ein Beispiel soll es zeigen.

DIE WICHTIGSTEN PFLICHTTEILE IM ÜBERBLICK

Kinder allein	3/4 des Nachlasses
Ehegatte allein	1/2 des Nachlasses
Ehegatte und Kinder	Ehegatte 1/4, Kinder 3/8 des Nachlasses
Ehegatte und Eltern	Ehegatte 3/8, Eltern 1/8 des Nachlasses

Klaus M. ...

... stirbt und vermacht sein ganzes Vermögen seiner Freundin. Das finden die Eltern ungerecht. Sie fordern beim Gericht ihren Pflichtteil. Für die Eltern beträgt er die Hälfte des Nachlasses, da Klaus M. ledig und kinderlos war. Sie müssen aber innert eines Jahres seit der Testamentseröffnung beim Gericht eine

Herabsetzungsklage einreichen, sonst gilt das Testament und die Lebenspartnerin erbt alles.

So verfassen Sie Ihr Testament korrekt

Sie können sich jederzeit im einsamen Kämmerchen hinsetzen und ein Testament schreiben. So können Sie zum Beispiel Ihre Partnerin absichern. Es gilt, einige wenige Formalitäten zu beachten:

> **Das Testament** muss eigenhändig geschrieben, datiert und von Ihnen unterschrieben sein. Ansonsten ist es ungültig und kann angefochten werden.
> **Sie und Ihre Partnerin** dürfen nicht gemeinsam ein Testament verfassen. Sie müssen unabhängig voneinander je ein eigenes aufsetzen (Mustertestament im Anhang).

Wenn Sie die Pflichtteile nicht berücksichtigen und zum Beispiel Ihre Lebenspartnerin als «Alleinerbin» einsetzen, ist ein solches Testament trotzdem gültig. Aber die Pflichtteilsberechtigten können sich mit einer Herabsetzungsklage innert eines Jahres wehren. Tun sie dies, wird das Testament so weit angepasst, dass die Pflichtteile eingehalten sind. Klagen die Pflichtteilsberechtigten nicht, gelten die Anordnungen des Testaments definitiv und das gesamte Vermögen geht an die Lebenspartnerin.

Ein klares Testament ist der beste Schutz gegen Erbenstreit. Wie Sie Ihren letzten Willen fair und unmissverständlich formulieren, lesen Sie im Beobachter-Ratgeber «Testament, Erbschaft» (www.beobachter.ch/buchshop).

Für komplexere Verhältnisse: der Erbvertrag

Gewisse erbrechtliche Anordnungen lassen sich besser in einem gegenseitigen Vertrag als in einer einseitigen Verfügung – eben dem Testament – regeln. Dafür ist der Erbvertrag das ideale Mittel. Es gibt den Erbzuwendungsvertrag, in dem bestimmt wird, dass eine bestimmte Person das Erbe erhalten soll; und es gibt den Erbverzichtsvertrag, in dem ein potenzieller Erbe auf seinen Anteil verzichtet. Beide Vertragsformen müssen öffentlich beurkundet werden, damit sie gültig sind. Aufheben lassen sie sich aber mit einfacher Schriftlichkeit, das heisst, die neue Regelung muss niedergeschrieben und unterschrieben sein, braucht aber keine Beurkundung.

Im Unterschied zum Testament kann ein Erbvertrag nicht einseitig, sondern nur im Einverständnis mit allen Vertragsparteien abgeändert oder aufgehoben werden. Auch Erbverträge müssen die Pflichtteile respektieren, sonst können die Berechtigten Herabsetzungsklagen durchsetzen.

Probleme bei der Erbteilung im Voraus lösen

Erbverträge werden vor allem eingesetzt, um voraussehbare Probleme bei der Erbteilung zu lösen. Zum Beispiel wenn ein ausserehelichen Kind nicht mit den ehelichen gleichgestellt sein soll. Dann kann man es zu Lebzeiten mit einer Summe abfinden, wenn es auf sein Erbe verzichtet. Erbverzichtsverträge ermöglichen auch eine gewisse Gerechtigkeit in Patchworkfamilien, wie das folgende Beispiel zeigt.

Margrit L. und Nico V. ...

... heiraten. Nico V. hat eine Tochter aus erster Ehe, Margrit L. zwei Söhne. Zudem besitzen beide ein Haus. Sie überlegen, wie der Erbgang ablaufen würde, wenn zum Beispiel Nico zuerst verstirbt. Nach gesetzlichem Erbrecht erhielte seine Tochter nur die Hälfte des väterlichen Hauses, die andere Hälfte ginge an die Stiefmutter. Bei deren Tod aber wäre die Tochter nicht mehr am Erbe beteiligt. Die ungerechte Konsequenz: Die Söhne von Margrit L. würden zum Haus ihrer Mutter auch noch die Hälfte des Hauses von Nico V. erben. Um dies zu verhindern, schliessen alle Beteiligten zusammen einen Erbvertrag ab und vereinbaren, dass das Nachlassvermögen nach seiner Herkunft den blutsverwandten Erben zufällt.

Auch Unternehmensnachfolgen werden häufig mit Erbverträgen geregelt. Je nach Familienkonstellation und Ziel braucht es ganz unterschiedliche Lösungen. Lassen Sie sich bei der Ausarbeitung von einer Anwältin beraten.

Den Ehepartner optimal begünstigen

Wenn Sie Ihren Ehepartner für den Fall Ihres Todes möglichst gut stellen wollen, haben Sie verschiedene Möglichkeiten, die sich auch kombinieren lassen. Je nach Konstellation macht die eine oder andere Variante mehr Sinn. Entscheidend ist, ob Sie gemeinsame Kinder, keine Kinder oder nicht gemeinsame Kinder haben.

> Sie können einen Ehevertrag schliessen, der die ganze Errungenschaft, das heisst alles Vermögen, das Sie während der Ehe gemeinsam erwirtschaftet haben, beim Tod einer Seite der überlebenden zuweist. Diese Regelung ist aber nur gegenüber gemeinsamen Kindern

zulässig. Nicht gemeinsame Kinder können ihre Pflichtteile trotzdem geltend machen.

> **Sie können in einem Testament** Ihre Kinder auf den Pflichtteil setzen und dem überlebenden Ehegatten die verfügbare Quote zuwenden. Neben Nachkommen sind dies ⅝ des Vermögens.
> **Sie können in einem Erbvertrag,** den auch Ihre Nachkommen mit unterzeichnen, den überlebenden Ehegatten als Universalerben einsetzen.
> **Sie können in einem Testament oder Erbvertrag** dem überlebenden Ehegatten die Nutzniessung am Vermögen zuweisen. Die Vermögenssubstanz verbleibt bei den andern Erben.

Lassen Sie sich von einer spezialisierten Anwältin beraten, um die richtige Lösung zu finden.

Die Konkubinatspartnerin optimal begünstigen

Die Konkubinatspartnerin ist beim Tod ihres Lebensgefährten schlecht geschützt. Sie hat nämlich keinen automatischen Erbanspruch, geschweige denn einen geschützten Anteil am Vermögen (Pflichtteil). Um Ihre Partnerin, Ihren Partner zu begünstigen, braucht es also ein Testament oder einen Erbvertrag. Dabei müssen Sie jedoch die Pflichtteile Ihrer Kinder, Eltern und eines allfälligen Noch-Ehegatten berücksichtigen.

Anna F. ...

... will ihrem Konkubinatspartner per Testament so viel wie möglich vermachen. Die beiden haben gemeinsame Kinder. Deshalb kann Frau F. ihrem Partner bloss einen Viertel ihres Nachlasses zuwenden. Die Kinder haben einen geschützten Anspruch auf drei Viertel des Vermögens.

In einem Erbvertrag können pflichtteilsgeschützte Erben ganz oder teilweise auf ihre Pflichtteile verzichten. Einen Erbvertrag abschliessen können aber nur Volljährige. Mit Kindern unter 18 ist dies deshalb kein gangbarer Weg.

Was Sie auch vorkehren, denken Sie daran, dass Konkubinatspartner hohe Erbschaftssteuern zahlen müssen. Je nach Kanton können diese bis zu 40 Prozent des Vermögens ausmachen.

Wollen Sie Ihren Konkubinatspartner gut absichern, empfiehlt es sich, ihn als Willensvollstrecker einzusetzen, weil er nur so rasch Zugriff auf das Vermögen hat.

Auch mit dem Pensionskassenguthaben, dem Vermögen in der Säule 3a und einer Lebensversicherung lässt sich eine Konkubinatspartnerin absichern. Fragen Sie bei Ihrer Pensionskasse und bei Ihrer Säule 3a nach.

Ein Testament anfechten

Sie sind der Meinung, dass Ihre Mutter nicht urteilsfähig war, als sie sechs Wochen vor dem Tod den behandelnden Arzt als Alleinerben und Willensvollstrecker einsetzte? Dann müssen Sie beim Zivilgericht Ungültigkeitsklage erheben. Dies müssen Sie innert eines Jahres seit Kenntnis des Testaments und des Ungültigkeitsgrunds tun. Unterdessen gibt es vermehrt Urteile von Gerichten, die solche Erbschleichereien ahnden. Entscheidend ist, wie kurz vor dem Tod eine Testamentsänderung vorgenommen wurde. Wichtig kann auch das Schriftbild sein, weil man daraus allenfalls auf eine Urteilsunfähigkeit der Mutter schliessen kann.

Der Zürcher Rechtsanwalt Walter S. ...

... kümmerte sich intensiv um eine reiche Basler Witwe. Die Witwe verdankte den Einsatz mit Goldbarren und teuren Bildern. Wenige Monate vor ihrem Tod setzte die Witwe den Anwalt als Alleinerben und Willensvollstrecker ein. Als sie verstarb, stellte der Anwalt seinen Aufwand zulasten der Erbmasse mit einem Stundenansatz von 700 Franken in Rechnung. Darauf reichte ein deutscher Adliger, der in früheren Testamenten als Erbe eingesetzt gewesen war, eine Ungültigkeitsklage ein. Das Bundesgericht erklärte das Testament für gültig, Rechtsanwalt S. aber für erbunwürdig, weil er sich unrechtmässig habe bereichern wollen. Noch nicht entschieden ist die knifflige Frage, wer nun das Erbe erhält.

Erbvorbezug für ein Kind?

Hat man Geld, braucht mans nicht. Braucht mans, hat man es nicht. Dieses Paradox versuchen immer mehr Eltern zu durchbrechen, indem Sie der Tochter oder dem Sohn einen Erbvorbezug gewähren. So können diese zum Beispiel ein Eigenheim erwerben, wenn sie noch kleine Kinder haben.

Ein solcher Erbvorbezug ist als einfache Schenkung jederzeit möglich. Sterben aber Vater oder Mutter, muss man sich die vorbezogene Summe bei der Erbteilung anrechnen lassen. Das Gesetz geht nämlich davon aus, dass die Eltern alle Kinder in gleichem Masse lieben und begünstigen wollen.

Die Eltern können natürlich festhalten - am besten schriftlich -, dass der Erbvorbezug nicht ausgeglichen werden muss. Das geht aber nur, so weit die Pflichtteile der andern Geschwister gewahrt sind. Unabhängig davon, wie Sie das in Ihrer Familie handhaben wollen: Es lohnt sich, bei einer Zuwendung schriftlich festzuhalten, ob und in welchem Umfang eine Ausgleichungspflicht besteht (Muster im Anhang).

Informieren Sie die andern Geschwister über solche Erbvorbezüge. Damit vermeiden Sie Misstrauen und Konflikte. Spätestens wenn es zum Erbfall kommt, besteht sowieso eine Auskunftspflicht.

Mietwohnung und Rechnungen des Verstorbenen

Stirbt der Erblasser, läuft der Mietvertrag trotzdem weiter und auch Rechnungen fallen noch an. Nehmen Sie eine Erbschaft an, übernehmen Sie damit sämtliche Rechte und Pflichten des Erblassers, werden also auch automatisch Schuldner dieser Forderungen und müssen sie bezahlen.

Die Wohnung des Verstorbenen können Sie auf den nächsten gesetzlichen Kündigungstermin kündigen, auch wenn im Vertrag längere Kündigungsfristen vorgesehen sind. Tun Sie das aber nur mit sämtlichen Erben gemeinsam. Ist im Testament ein Willensvollstrecker genannt, hat nur er ein Kündigungsrecht.

Befürchten Sie, nur Schulden zu erben? Dann müssen Sie aktiv werden und das Erbe ausschlagen. Die Frist dafür beträgt nur drei Monate. Und aufgepasst: Selbst die kleinste Einmischung in Nachlassangelegenheiten wird als Annahme des Erbes interpretiert.

Was Sie über die Erbteilung wissen müssen

Stirbt eine Erblasserin, an deren Nachlass Sie beteiligt sind, heisst das noch lange nicht, dass Sie sofort die Erbschaft erhalten. Sind mehrere Erben da, entsteht zuerst eine Erbengemeinschaft, und es kann lange dauern, bis der einzelne seinen Erbanteil erhält. Zwar kann jeder Erbe grundsätzlich jederzeit die Erbteilung verlangen, doch beginnt dann häufig ein langwieriger Prozess.

Die Erbengemeinschaft wird aufgelöst und das Erbe nach den Grundsätzen verteilt, die die Erblasserin im Testament vorgesehen hat. Die Erblasserin kann beispielsweise bestimmte Gegenstände bestimmten Erben zuweisen (Teilungsvorschriften) oder auch Grundsätze über die Wertberechnung aufstellen. Einzige Schranke ist der Pflichtteil der übrigen Erben.

Fehlen solche Anordnungen im Testament, stellt das Gesetz gewisse Grundsätze auf. So sagt es klipp und klar, dass alle Erben bei der Teilung den gleichen Anspruch auf die Gegenstände der Erbschaft haben. Doch wie ist das bei einem wertvollen Bild; das lässt sich ja kaum zerschneiden? Können sich die Erben nicht einigen, wer welche Sachen erhält, weist die zuständige kantonale Behörde auf Verlangen eines Erben die Gegenstände zu. Diese Behörde kann aber nur Vorschläge unterbreiten. Gehen einzelne Erben auch auf diese Vorschläge nicht ein, braucht es eine Erbteilungsklage. Denn nur ein Gericht kann eine verbindliche Verteilung erzwingen.

Streitpunkt ist häufig, welcher Erbe sich welche Erbvorbezüge anrechnen lassen muss. Das lässt sich vermeiden, wenn bereits zu Lebzeiten des Erblassers über Erbvorbezüge Transparenz geschaffen wurde (siehe Seite 173).

Erbteilungsprozesse sind äusserst mühsam, zeitraubend und kostenintensiv. Versuchen Sie sie also nach Möglichkeit zu vermeiden.

Links, Adressen und Buchtipps

Allgemeine Beratung zum Familienrecht

Beobachter-Beratungszentrum
Das Wissen und der Rat der Fachleute stehen Abonnenten des Beobachters im Internet und am Telefon kostenlos zur Verfügung:
> HelpOnline: Rund um die Uhr im Internet unter www.beobachter.ch/helponline, Rubriken: Familie, Sozialfragen (Schule und Elternhaus)
> Telefon: Montag bis Freitag von 9 bis 13 Uhr, Fachbereich Familie 043 444 54 04

Adoption

www.adoption.ch
Schweizerische Fachstelle für Adoption
Hofwiesenstrasse 3
8042 Zürich
Tel. 044 360 80 90
Umfassende Informationen zur Adoption

www.adoption.admin.ch
Bundesamt für Justiz
Dienst für internationalen Kinderschutz
Bundesrain 20
3003 Bern
Tel. 031 323 88 64
Liste der anerkannten Vermittlungsstellen für internationale Adoptionen

Eheprobleme, Trennung, Scheidung

Viele erstinstanzliche Gerichte bieten Rechtsberatung an, ohne zum Einzelfall Stellung zu nehmen. Adressen im Telefonbuch unter Bezirksgericht, Kreisgericht oder Zivilgericht (die Bezeichnungen variieren).

Ehe- und Familienberatungsstellen
Adressen im Telefonbuch

www.frauenzentralen.ch
Rechtsberatung in:
> Bern: Tel. 031 311 72 01
> Chur: Tel. 081 284 80 75
> Liestal: Tel. 061 921 60 20
> Luzern: Tel. 041 211 00 30, Beratungsnummer: 0900 566 000 (Fr. 1.49/Min.)
> Schaffhausen: Tel. 052 625 22 48
> Weinfelden: Tel. 071 626 58 48
> Winterthur: Tel. 052 212 15 20
> Zug: Tel. 041 725 26 20
> Zürich: Tel. 044 206 30 20

Die Adressen weiterer Beratungsstellen finden Sie auf der Website.

www.infomediation.ch
Der Schweizerische Dachverband Mediation bietet auf seiner Website weiterführende Informationen und vermittelt Fachpersonen.

www.mediation-svm.ch
Website des Schweizerischen Vereins für Mediation mit weiterführenden Informationen und den Adressen von Fachpersonen in Ihrer Region

www.paarberatung.ch
Online-Paarberater

www.v-e-f.ch
Verband für systemische Paar- und Familientherapie/-beratung
Vermittelt Paarberater

www.vorsorgeausgleich.ch
Mit Online-Berechnungsprogramm, wie die BVG-Leistungen bei Scheidung geteilt werden

Konkubinat

www.konkubinat.ch
Diese Website eines Anwaltsbüros bietet gute Informationen und Muster von Konkubinatsverträgen zum Herunterladen.

www.spo.ch
Schweizerischen Patienten- und Versichertenorganisation
Postfach
8023 Zürich
Tel. 044 252 54 22
Hotline: 0900 56 70 47 (Fr. 2.13/Min.)
Patientenverfügungen

Rechtliche Grundlagen

Ehe: Art. 90 bis 251 des Zivilgesetzbuchs (ZGB, SR 210)

Konkubinat:
> einfache Gesellschaft: Art. 530 bis 551 Obligationenrecht (OR, SR 220)
> Stellvertretung: Art. 32 bis 40 Obligationenrecht (OR, SR 220)

Eingetragene Partnerschaft: Bundesgesetz über die eingetragene Partnerschaft gleichgeschlechtlicher Paare (PartG, SR 211.231)

Kinder: Art. 252 bis 327 Zivilgesetzbuch (ZGB, SR 210)

Erben: Art. 457 bis 640 Zivilgesetzbuch (ZGB, SR 210)

Muster im Anhang

Konkubinatsvertrag (Muster 10, Seite 319)

Vereinbarung Erbvorbezug (Muster 11, Seite 321)

Testament (Muster 12, Seite 321)

6. Recht am Arbeitsplatz

Arbeiten Sie voll, verbringen Sie den Grossteil Ihres wachen Lebens am Arbeitsplatz. Grund genug, sich um Ihre Rechte gegenüber dem Arbeitgeber zu kümmern. Wie lange bekommen Sie Lohn, wenn Sie krank sind? Darf der Arbeitgeber Ihre privaten E-Mails lesen? Wann ist eine Kündigung ungültig?

6.1 Wissen, was im Arbeitsalltag gilt	**180**
Gesetz, Vertrag, Gesamtarbeitsvertrag	181
Fragen rund um die Stellensuche	181
Was ist ein guter Arbeitsvertrag?	182
Wenn Sie krank werden	182
Wie lange wird bei Krankheit der Lohn bezahlt?	182
Schwangerschaft, Geburt und Familienpflichten	186
Ferien und Freitage	188
Den Lohnausweis verstehen	190
Wann müssen Überstunden bezahlt werden?	190
Wer haftet für Schäden am Arbeitsplatz?	191
Gleicher Lohn für gleiche Arbeit?	192
Unbezahlter Urlaub	193
Mobbing und andere Schikanen	195
Die Arbeitgeberin zahlt den Lohn nicht	197
6.2 Kündigen und gekündigt werden	**198**
Die Kündigungsfristen	198
Nicht alle Kündigungen sind gültig	199
Wann ist eine Kündigung missbräuchlich?	200
Richtig reagieren bei einer fristlosen Kündigung	201
Die grosse Abrechnung	202
Das Arbeitszeugnis, ein wichtiges Papier	203
Vor Arbeitsgericht	203
6.3 Spezielle Arbeitsverhältnisse	**205**
Teilzeitangestellte, Aushilfen, Stundenlöhner	205
Welche Rechte haben Lehrlinge?	207
Als Selbständigerwerbende arbeiten	208
Links, Adressen, rechtliche Grundlagen	**209**

6. Recht am Arbeitsplatz

6.1 Wissen, was im Arbeitsalltag gilt

Wer Bescheid weiss über seine Rechte und Pflichten gegenüber der Arbeitgeberin, hat die besseren Karten. Beispielsweise, wenn man eine bezahlte Weiterbildung möchte oder um die Entschädigung der Überstunden streitet.

Doch die schlechte Nachricht gleich vorneweg: Wenns hart auf hart geht, sind Sie Ihrer Arbeitgeberin rechtlich ziemlich ausgeliefert. Der Grund: Das Schweizer Arbeitsrecht schützt nicht vor Kündigungen. Entlässt Sie Ihre Arbeitgeberin, können Sie sich nur wehren, wenn die Kündigung missbräuchlich ist – und auch dann sind Ihre Rechte minim: Arbeitnehmer müssen nach gängiger Gerichtspraxis nur mit rund zwei Monatslöhnen entschädigt werden. Ein Tropfen auf den heissen Stein. Trotzdem lohnt es sich, seine Rechte am Arbeitsplatz zu kennen, denn das gibt Selbstvertrauen bei der Jobsuche, beim Lohngespräch und in den Detailfragen des Arbeitsalltags.

DAS KÖNNEN SIE SELBST ANPACKEN

> Den Arbeitsvertrag überprüfen.
> Die Sozialabzüge auf dem Lohnausweis kontrollieren.
> Buch führen über Überstunden und allenfalls eine Entschädigung verlangen.
> Den Job kündigen.
> Ein ungünstiges Arbeitszeugnis berichtigen lassen.
> Massnahmen gegen Mobbing verlangen.

HIER BRAUCHEN SIE HILFE

> Wenn Ihnen fristlos gekündigt wird.
> Wenn Sie eine Kündigung als missbräuchlich anfechten wollen.
> Wenn Sie am Arbeitsplatz sexuell belästigt werden.
> Wenn Sie wegen Mobbing gegen den Mobber oder den Arbeitgeber vorgehen wollen.
> Wenn komplexe arbeitsrechtliche Fragen auftauchen (zum Beispiel Konkurs des Arbeitgebers).

Gesetz, Vertrag, Gesamtarbeitsvertrag

Bei einem Problem mit dem Arbeitgeber empfiehlt sich als Erstes der Blick in den Arbeitsvertrag. Darum sollten Sie Ihren Arbeitsvertrag immer schriftlich abschliessen, obwohl er an sich auch mündlich gültig ist. Ist in Ihrem Vertrag eine Frage nicht geregelt, schauen Sie ins Gesetz. Dann gilt, was dort steht. Für Arbeitsfragen sind zwei Gesetze zentral:

> **Arbeitsvertragsrecht** im Obligationenrecht (Art. 319 bis 362 OR)
> **Arbeitsgesetz** für Bestimmungen zu Gesundheit, Höchstarbeitszeiten sowie Sicherheit am Arbeitsplatz

Ein Blick in diese Gesetze lohnt sich noch aus einem andern Grund: Es gibt dort einige Bestimmungen, die man im einzelnen Arbeitsvertrag nicht ändern darf (sogenanntes zwingendes Recht, zum Beispiel Art. 361 und 362 OR). Wenn ein Vertrag eine solche Bestimmung zuungunsten der Arbeitnehmerin abändert, ist er in diesem Punkt ungültig.

Kaspar R. ...

... ist Automechaniker und hat nach langer Jobsuche wieder eine Stelle gefunden. Er unterzeichnet den Arbeitsvertrag, ohne ihn gross durchzulesen. Nach einem halben Jahr bezieht er im August alle vier Ferienwochen, die er pro Jahr zur Verfügung hat. Doch Anfang September erhält er nur für drei der vier Ferienwochen Lohn. Der Arbeitgeber verweist auf den Vertrag. Dort steht, dass Herr R. zwar Anrecht hat auf vier Ferienwochen pro Jahr, dass aber nur drei davon bezahlt sind. Das muss sich Kaspar R. nicht bieten lassen. Er kann bis fünf Jahre nach den Ferien den Lohn für die eine unbezahlte Woche nachfordern, denn das Gesetz verlangt zwingend vier bezahlte Ferienwochen für jeden Arbeitnehmer.

Im Arbeitsrecht gibt es ein weiteres Schriftstück, das man kennen muss, wenn man all seine Rechte als Arbeitnehmerin in Erfahrung bringen will: den Gesamtarbeitsvertrag (GAV). Das ist ein Vertrag, den die Gewerkschaften mit den Arbeitgebern einer ganzen Branche abschliessen. Fragen Sie bei der Gewerkschaft nach, ob es für Ihren Beruf oder Ihre Branche einen solchen Gesamtarbeitsvertrag gibt. Die darin festgehaltenen Regelungen gelten dann auch für Sie. Zum Beispiel wenn sich die Arbeitgeber darin verpflichten, eine Krankentaggeldversicherung für ihre Angestellten abzuschliessen oder einen 13. Monatslohn zu zahlen.

Fragen rund um die Stellensuche

Genug der Grundlagen – jetzt gehts auf Stellensuche. Das braucht Zeit, manchmal auch Arbeitszeit. Und da gilt: Wenn Sie oder der Arbeitgeber gekündigt haben, müssen Sie

6. Recht am Arbeitsplatz

für die Stellensuche frei bekommen, und diese Zeit muss, wenn Sie im Monatslohn angestellt sind, wie normale Arbeitszeit vergütet werden.

Worüber muss man im Bewerbungsgespräch Auskunft geben?

Dass im Vorstellungsgespräch durchaus unzulässige Fragen auftauchen können, zeigt das folgende Beispiel:

Erfolg für Bettina B., ...

... sie wird zum Bewerbungsgespräch eingeladen. Jetzt sitzt sie in ihren besten Kleidern dem möglichen Arbeitgeber gegenüber. Nach einigen Fragen zu den Qualifikationen und zur Motivation für die Stelle als Product-Managerin räuspert sich dieser und fragt: «Haben Sie Heiratspläne?» Bettina B. ist erstaunt, und das zu Recht. Die Frage ist unzulässig, sie darf deshalb bei der Antwort lügen.

Der Arbeitgeber darf grundsätzlich nur Fragen stellen, die mit der beruflichen Tätigkeit in einem direkten Zusammenhang stehen. So darf er nach Strafen wegen Vermögensdelikten fragen, wenn er eine Buchhalterin einstellt. Oder er darf fragen, ob Sie ansteckende Leiden haben, wenn Sie sich für einen Job als Krankenpfleger bewerben. Klar unzulässig ist es, wenn er danach fragt, welcher Partei oder Religion Sie angehören, ob Sie bald heiraten wollen, welche Hobbys,

FRAGEBOX

Ich bin HIV-positiv und bewerbe mich für eine Stelle als Banker. Muss ich wahrheitsgetreu antworten, falls ich beim Bewerbungsgespräch gefragt werde, ob ich eine vorbestehende Krankheit habe?

Nein. Wenn Sie HIV-positiv sind, müssen Sie das weder von sich aus erwähnen, noch müssen Sie wahrheitsgemäss auf eine entsprechende Frage antworten. Sie dürfen lügen. Der Grund: Der Status «HIV-positiv» beeinträchtigt die Arbeitsfähigkeit nicht, und derartige Fragen sind Eingriffe in die Intimsphäre. Lügen dürfen Sie auch, wenn Sie trotz Ausbruch der Krankheit Aids dank Ihrer Medikamente voll arbeitsfähig sind. Hingegen müssen Sie einen potenziellen Arbeitgeber von sich aus informieren, wenn nach Ausbruch der Krankheit Ihre Arbeitsfähigkeit infrage gestellt ist. Sie müssen dann aber nicht sagen, dass Sie Aids haben, sondern nur, dass Sie wegen einer Krankheit in der Arbeitsfähigkeit eingeschränkt sind.

welche sexuelle Veranlagung oder wie viel Vermögen Sie haben. Das geht den Arbeitgeber schlicht nichts an; Sie dürfen lügen.

Muss ich sagen, dass ich schwanger bin?

Nein. Das müssen Sie beim Bewerbungsgespräch weder von sich aus sagen, noch müssen Sie auf eine entsprechende Frage eine korrekte Antwort geben. Der Grund: Nur das schützt Frauen vor Diskriminierung auf dem Arbeitsmarkt. Es gibt allerdings Ausnahmen: Wenn eine schwangere Frau sich zum Beispiel als Ballettlehrerin bewirbt, wo die körperliche Fitness entscheidend ist, muss sie wahrheitsgemäss Auskunft geben.

Was ist ein guter Arbeitsvertrag?

Alle Hürden sind genommen: Sie haben den Job. Per Post ist der Arbeitsvertrag gekommen. Im Doppel, vom Arbeitgeber schon unterschrieben, mit der Bitte um Unterschrift und Rücksendung. Im Kasten auf Seite 184 finden Sie eine Checkliste. Gehen Sie sie durch, um einschätzen zu können, ob Sie einen fortschrittlichen Arbeitsvertrag vor sich haben.

Wenn Sie krank werden

Ab wann Sie bei einer Krankheit ein Arztzeugnis einreichen müssen, ist meist im Personalreglement der Firma geregelt. Üblich ist, dass Arbeitgeber ab dem dritten Krankheitstag ein Arztzeugnis verlangen.

Äussern muss sich das Zeugnis vor allem zu Dauer, Art und Umfang der Arbeitsunfähigkeit; die Diagnose geht den Arbeitgeber hingegen nichts an.

Muss ich zum Vertrauensarzt?

Falls der Arbeitgeber Zweifel hat, ob das Arztzeugnis Ihrer Hausärztin korrekt ist, kann er Sie zu einem Vertrauensarzt des Betriebs schicken. Das ist meist im Personalreglement so vorgesehen. Ob Sie auch zum Vertrauensarzt geschickt werden können, wenn eine solche Bestimmung im Reglement und in Ihrem Vertrag fehlt, ist unter Juristen umstritten.

Auf jeden Fall aber muss der Arbeitgeber diese Untersuchung bezahlen. Der Vertrauensarzt ist im Übrigen ans Arztgeheimnis gebunden und darf deshalb keine Details zu Ihrer Krankheit an den Arbeitgeber weitergeben. Er muss nur abklären, ob das Arztzeugnis Ihrer Hausärztin korrekt ist oder nicht – ob Sie arbeitsfähig sind oder nicht.

Wie lange wird bei Krankheit der Lohn bezahlt?

Dazu sagt das Gesetz sehr wenig, nämlich nur so viel: Wer schon mehr als drei Monate beim gleichen Arbeitgeber gearbeitet hat, erhält im ersten Dienstjahr drei Wochen lang weiter den Lohn gezahlt. Das Gesetz hält auch fest, dass je länger man beim gleichen Arbeitgeber angestellt ist, desto länger die Zeit sein muss, während der man den Lohn noch bekommt, wenn man krank ist.

6. Recht am Arbeitsplatz

CHECKLISTE: WIE FORTSCHRITTLICH IST IHR ARBEITSVERTRAG?

Prüfen Sie vor der Unterschrift unter einen neuen Arbeitsvertrag folgende Punkte:

☐ **Verständlichkeit:** Verstehen Sie alle Vertragspunkte? Klären Sie Unklarheiten unbedingt vor der Unterschrift.

☐ **Entschädigung für Überstunden:** Im Gesetz steht, dass Überstunden mit einem Zuschlag von 25 Prozent oder durch Freizeit gleicher Dauer entschädigt werden. In Ihrem Arbeitsvertrag kann das aber anders geregelt sein. Das ist zulässig. Im Vertrag kann sogar stehen, dass Überstunden nicht entschädigt werden und nicht einmal kompensiert werden können.

☐ **Monats- oder Stundenlohn:** Bei Teilzeitarbeit sollten Sie wenn immer möglich einen Monatslohn und eine feste Arbeitszeit vereinbaren. Wer im Stundenlohn angestellt ist, hat Nachteile (siehe Seite 205).

☐ **Mehr Ferien:** Obligatorisch sind bloss vier Wochen bezahlte Ferien, für Lehrlinge unter 20 fünf Wochen. Eine fortschrittliche Regelung sieht auch für über 20-Jährige fünf Wochen vor.

☐ **Lohn bei Krankheit:** Fortschrittliche Arbeitgeber schliessen für ihre Angestellten eine Krankentaggeldversicherung ab und übernehmen mehr als die Hälfte der Prämien.

☐ **Mutterschaftsversicherung:** Fortschrittliche Arbeitgeber leisten mehr als das gesetzliche Minimum (siehe Seite 187).

☐ **Pensionskasse:** Fortschrittliche Arbeitgeber zahlen mehr als die Hälfte des Pensionskassenbeitrags. Zudem lohnt sich ein Blick ins Pensionskassenreglement: Bei guten Kassen liegt der Zins für überobligatorische Beiträge nicht unter dem gesetzlichen Mindestzins und der Umwandlungssatz nicht unter dem gesetzlichen Umwandlungssatz (mehr zur Pensionskasse finden Sie im Kapitel «Die Altersleistungen» ab Seite 268).

☐ **Bezahlte Weiterbildung:** In fortschrittlichen Firmen haben die Angestellten einen Anspruch auf bezahlte Weiterbildung von mindestens einer Woche pro Jahr.

In welchem Dienstjahr man wie viele bezahlte Krankheitstage zugut hat, bestimmt sich nach der sogenannten Berner, Basler oder Zürcher Skala (siehe Tabelle).

An diese Zeit muss man sich jedoch nicht nur Krankheitstage anrechnen lassen, sondern zum Beispiel auch jene Tage, die man braucht, um ein krankes Kind zu pflegen. Immerhin stehen Ihnen mit Beginn jedes neuen Anstellungsjahrs wieder neue bezahlte Krankheitstage zur Verfügung.

Marius E. ...

... arbeitet seit elf Monaten bei der Zürcher Firma Effektiv im Büro. Dann wird er krank und kann erst acht Wochen später die Arbeit wieder aufnehmen. Eine Krankentaggeldversicherung hat das Unternehmen nicht. Es zahlt Herrn E. den Lohn für drei Wochen, dann nichts mehr. Marius E. reklamiert erfolgreich. Einen Monat nach Beginn seiner Krankheit hat nämlich sein zweites Anstellungsjahr begonnen. Damit hat er gemäss Zürcher Skala Anrecht auf zusätzliche acht Wochen bezahlte Krankheit im zweiten Anstellungsjahr. Die Firma Effektiv zahlt deshalb für die vier Wochen, die Marius E. im zweiten Anstellungsjahr krank ist, den Lohn nach. Nur eine Krankheitswoche bleibt unbezahlt.

Fortschrittliche Arbeitgeberinnen haben für ihre Arbeitnehmer Krankentaggeldversicherungen abgeschlossen. In der Regel

LOHNFORTZAHLUNG BEI KRANKHEIT

Dienstdauer	Lohnzahlung
Basler Skala	
1. Jahr	3 Wochen
2. und 3. Jahr	2 Monate
4. bis 10. Jahr	3 Monate
11. bis 15. Jahr	4 Monate
16. bis 20. Jahr	5 Monate
Über 20 Jahre	6 Monate
Berner Skala	
1. Jahr	3 Wochen
2. Jahr	1 Monat
3. und 4. Jahr	2 Monate
5. bis 9. Jahr	3 Monate
10. bis 14. Jahr	4 Monate
15. bis 19. Jahr	5 Monate
20. bis 24. Jahr	6 Monate
25. bis 29. Jahr	7 Monate
Zürcher Skala	
1. Jahr	3 Wochen
2. Jahr	8 Wochen
3. Jahr	9 Wochen
4. Jahr	10 Wochen
(usw. – pro Jahr eine Woche mehr)	

zahlt eine solche Versicherung 80 Prozent des Lohnes während 720 Tagen. Die Prämien für diese Versicherung muss die Arbeitgeberin mindestens zur Hälfte zahlen. Ob Sie den Schutz einer solchen Taggeldversicherung haben, sehen Sie in Ihrem Arbeitsvertrag oder im Gesamtarbeitsvertrag (GAV) Ihrer Branche.

Klären Sie unbedingt ab, ob Ihre Arbeitgeberin eine Krankentaggeldversicherung für Sie abgeschlossen hat. Ist das nicht der Fall, können empfindliche Einkommenslücken entstehen. Versichern Sie sich in diesem Fall privat (siehe Seite 229).

Schwangerschaft, Geburt und Familienpflichten

Das Arbeitsgesetz und die Verordnungen dazu enthalten zahlreiche Schutzbestimmungen für werdende Mütter und auch für die Zeit nach der Geburt. Schwangere dürfen zum Beispiel keine Überstundenarbeit leisten und ab acht Wochen vor der Geburt auch keine Nacht- und Sonntagsarbeit mehr. Ausserdem haben sie Anspruch auf Arbeitsbedingungen, die ihre Gesundheit und diejenige des Kindes nicht beeinträchtigen.

Mein Arzt hat mir im September Llegen verordnet, weil ich schon im siebten Monat Geburtswehen hatte. Jetzt will mir mein Arbeitgeber, bei dem ich seit zehn Monaten arbeite, nur noch eine Woche lang den Lohn zahlen, weil ich bereits im Februar zwei Wochen krank gewesen sei. Ist das korrekt?

Ja, das ist korrekt. Auch wenn Sie wegen Schwangerschaftskomplikationen der Arbeit fernbleiben müssen, wird dies wie Krankheit behandelt. Offenbar hat Ihr Arbeitgeber für Sie keine Krankentaggeldversicherung abgeschlossen. Dann muss er den Lohn einer kranken Arbeitnehmerin im ersten Dienstjahr nur drei Wochen lang zahlen. Da sie bereits im Februar zwei Wochen bezogen haben, besteht nur noch Anspruch auf eine Woche Lohn.

Eine kostenlose Broschüre über den Schutz bei Mutterschaft finden Sie im Internet unter www.arbeitsbedingungen.ch (→ Publikationen und Formulare → Broschüren → Mutterschaft – Schutz der Arbeitnehmerin).

Wenn Sie bei der Arbeit häufig schwer heben müssen oder Erschütterungen ausgesetzt sind, können Sie verlangen, dass Ihnen der Arbeitgeber eine gleichwertige Ersatzarbeit zuweist. Und wenn Ihr Kind da ist und Sie es stillen, muss Ihnen der Arbeitgeber die nötige Zeit dafür freigeben.

Können Schwangere vor der Geburt frei nehmen?

Das Gesetz gibt Ihnen keinen Anspruch auf Urlaub vor der Geburt, «nur» weil Sie schwanger sind. Sie können aber der Arbeit fernbleiben, wenn dies wegen der Schwangerschaft nötig ist. Zum Beispiel, wenn Sie liegen müssen, damit es nicht zu einer Frühgeburt kommt. Solche Absenzen von der Arbeit werden rechtlich wie eine Krankheit behandelt. Auch den Lohn erhalten Sie weiter, wie wenn Sie krank wären, also abhängig von der Anzahl Dienstjahre (siehe Seite 183). Geht es um längere Absenzen, sollten Sie ein Arztzeugnis beibringen.

Wenn Sie Glück haben, enthält Ihr Arbeitsvertrag oder ein Gesamtarbeitsvertrag eine grosszügigere Lösung. Viele Firmen schliessen Krankentaggeldversicherungen ab, die auch Arbeitsunfähigkeit während der Schwangerschaft abdecken.

Sie können jederzeit die Arbeit niederlegen, wenn dies Ihre Gesundheit oder diejenige des Kindes erfordert.

Wie lange dauert der bezahlte Mutterschaftsurlaub?

Frauen, die in den neun Monaten vor der Niederkunft bei der AHV versichert waren und in dieser Zeit mindestens fünf Monate lang gearbeitet haben, erhalten von Gesetzes wegen während 14 Wochen nach der Geburt 80 Prozent des bisherigen Lohnes. Das Taggeld beträgt aber höchstens 172 Franken, das heisst, es werden höchstens 5160 Franken im Monat ausbezahlt. Diesen Lohnersatz müssen die Mütter bei der Ausgleichskasse beantragen, bei der sie zuletzt gemeldet waren.

Fortschrittliche Arbeitgeber zahlen mehr Lohn oder für eine längere Zeit nach der Geburt eines Kindes. Schauen Sie in Ihrem Arbeitsvertrag oder Personalreglement nach, ob spezielle Regelungen gelten.

Möchten Sie länger mit Ihrem Baby zu Hause bleiben, können Sie unbezahlten Mutterschaftsurlaub beantragen. Treffen Sie aber die nötigen Absicherungen (siehe Seite 193).

Freie Tage für die Pflege des kranken Kindes?

Wenn Ihr Kind krank wird, können Sie - gegen Vorlage eines ärztlichen Zeugnisses - problemlos bis zu drei Tage frei nehmen, um es zu pflegen. Dasselbe gilt, wenn Sie Angehörige oder andere nahe stehende Personen pflegen müssen. Sie haben auch Anspruch auf den Lohn während dieser Zeit. Aber: Sie müssen sich diese Tage von der Anzahl bezahlter Krankheitstage abbuchen lassen, die Sie pro Jahr für sich beziehen können (siehe Seite 183).

In Ausnahmefällen können Sie auch mehr Tage frei nehmen. Aber dann müssen Sie nachweisen, dass es Ihnen nicht möglich ist, für die Pflege des Kindes eine externe Hilfe zu organisieren.

**In 15 Kantonen bietet das Schweizerische Rote Kreuz für solche Engpässe einen Kinderhütedienst an (www.redcross.ch
→ Entlastung/Soziale Dienste
→ Kinderbetreuung zu Hause).**

Ferien und Freitage

Ferien sind Erholung. Richtig, aber erst, wenn man am Strand sitzt. Ferien können auch zum Stress werden – vor allem, wenn man um die begehrten Sommerwochen mit dem Chef oder andern Arbeitnehmern feilschen muss.

Grundsätzlich bestimmt nämlich der Chef, wann seine Angestellten in die Ferien können. Dabei muss er gemäss Gesetz «auf die Wünsche des Arbeitnehmers soweit Rücksicht nehmen, als dies mit den Interessen des Betriebes (...) vereinbar ist» (Art. 329c OR). Nur, was heisst das genau?

Dass der Arbeitgeber einer Arbeitnehmerin jedes Jahr den Zeitpunkt für alle vier Wochen Ferien diktiert, ist zum Beispiel kaum zu begründen. Üblich ist, dass die Angestellten ihre Ferien rund drei Monate im Voraus

 FRAGEBOX

Ich konnte erst am vierten Tag nach meinen Skiferien wieder zur Arbeit, weil ich im Lötschental blockiert war. Mehrere Lawinen hatten die Verbindungsstrasse nach Goppenstein unterbrochen. Jetzt sagt der Personaldienst, die verpassten drei Tage würden mir von den Ferien abgezogen. Muss ich das akzeptieren?

Ja. Sind Sie der Arbeit ferngeblieben, weil die Strasse unterbrochen war, haben Sie keinen Anspruch auf Lohn, auch wenn Sie kein Verschulden trifft. Sie müssen also drei Ferientage opfern oder sich einen Lohnabzug gefallen lassen. Das Gesetz sagt nämlich, dass der Arbeitgeber nur dann Lohn zahlen muss, wenn der Arbeitnehmer der Arbeit ferngeblieben ist aus Gründen, die in seiner Person liegen (also Krankheit, Arztbesuch, Zügeln und Ähnliches).

eingeben und der Arbeitgeber sich entweder einverstanden erklärt oder mit ihnen einen andern Zeitpunkt aushandelt. Sind die Ferien einmal festgelegt, muss man eine Verschiebung nur im Notfall tolerieren. Annullierungskosten von Flug oder Pauschalarrangements gehen dann zulasten des Arbeitgebers.

Generell ist aber Vorsicht geboten: Selbst wenn Sie Ihre Ferien fristgerecht gemeldet haben und der Chef zum dritten Mal verlangt, dass Sie sie verschieben, dürfen Sie nicht eigenmächtig abreisen. Das könnte ein Kündigungsgrund sein. Und auch wenn Sie vom Arbeitsgericht dann vier Monatslöhne Entschädigung wegen missbräuchlicher Kündigung zugesprochen erhalten, nützt Ihnen das wenig. Den Job sind Sie los.

Deshalb: Protestieren Sie schriftlich gegen eine unzumutbare Ferienzuweisung, aber bieten Sie Ihre Arbeitskraft für die strittige Zeit unbedingt an. Und überlegen Sie sich, ob Sie nicht freiwillig den Arbeitgeber wechseln sollten, falls von Ihnen über Jahre eine unzumutbare Flexibilität verlangt wird.

> Ferien sind Erholungszeit. Sie dürfen also während der Ferien nicht für Dritte gegen Lohn arbeiten, wenn dadurch berechtigte Interessen des Arbeitgebers verletzt werden (Konkurrenzierung, mangelnde Erholung).

Geld statt Ferien?

Die Regel: Ferien dürfen während der Dauer des Arbeitsverhältnisses nicht mit Geld oder andern Entschädigungen abgegolten werden. Denn Ferien dienen der Erholung. Nur wenn Sie oder der Arbeitgeber bereits gekündigt haben und es bis zum Ablauf der Kündigungsfrist nicht mehr möglich ist, alle Ferien einzuziehen, dürfen diese Tage in Geld umgerechnet werden. Eine Ausnahme gilt, wenn Sie im Stundenlohn angestellt sind und unregelmässig arbeiten (siehe Seite 205).

Ferien können zudem nicht verfallen. Wenn Sie nicht alle Ferientage während eines Kalenderjahrs bezogen haben, stehen Ihnen diese immer noch zu. Und dies, bis Sie den Job aufgeben. Denn obwohl der Ferienanspruch an sich nach fünf Jahren verjährt, tritt dies fast nie ein: Bei jedem Ferienbezug werden immer die ältesten Ansprüche zuerst getilgt. Übrigens ist es Sache des Arbeitgebers zu belegen, wie viele Ferientage Sie im Kalenderjahr bezogen haben.

Darf ich während der Arbeitszeit zur Ärztin oder an eine Beerdigung?

Ja, Sie dürfen, und der Arbeitgeber muss für diese Zeit auch Lohn zahlen. Solche Freitage müssen Sie sich nicht vom Konto der unverschuldeten Absenzen (wie zum Beispiel Krankheit) abbuchen lassen, Sie haben sie zusätzlich zugut.

Nicht allgemein geregelt ist aber, wie viele Tage Sie für die einzelnen Ereignisse frei bekommen. Das steht entweder im Personalreglement, in Ihrem Einzelarbeitsvertrag oder im Gesamtarbeitsvertrag. Üblich ist folgende Regelung:

> für die eigene Heirat: 2 bis 3 Freitage
> für die Geburt eines Kindes: 1 Tag (für den Vater)
> beim Tod eines Angehörigen: 1 bis 3 Tage je nach Verwandtschaftsgrad
> für die Züglete: in der Regel 1 Tag

Den Lohnausweis verstehen

Jeden Monat muss Ihnen der Arbeitgeber einen Lohnausweis ausstellen, auf dem Ihr Bruttolohn und die Lohnabzüge festgehalten sind. Dazu ist er von Gesetzes wegen verpflichtet. Dort steht, wie viel er für AHV- und Pensionskassenbeiträge, die Unfallversicherung und eine allfällige Krankentaggeldversicherung vom Lohn abzieht. Die abgezogenen AHV- und Pensionskassenbeiträge muss der Arbeitgeber zusammen mit seinem in der Regel gleich grossen Anteil an eine AHV-Ausgleichskasse bzw. die Pensionskasse überweisen und Ihrem individuellen Konto gutschreiben lassen.

Hat ein Arbeitgeber Ihre Beträge nicht an die zuständigen Stellen weitergeleitet, werden die AHV-Behörden und Pensionskassenverwalter aktiv, um das Geld einzutreiben. Falls es beim Arbeitgeber nicht mehr geholt werden kann, werden Ihnen die Summen zumindest bei der AHV trotzdem gutgeschrieben, wenn Sie anhand der Lohnausweise belegen können, dass Ihnen die Beträge vom Lohn abgezogen wurden. Deshalb ist es wichtig, die Lohnausweise so lange aufzubewahren, bis man sicher ist, dass alle Beträge wirklich korrekt überwiesen sind (mehr dazu auf Seite 269).

Wann müssen Überstunden bezahlt werden?

Wenn Sie diese Frage klären wollen, nehmen Sie zuerst Ihren Arbeitsvertrag hervor. Es kann durchaus sein, dass darin steht, Überstunden würden nicht entschädigt. Das ist zulässig. Wenn nichts drin steht, gilt das Gesetz, denn mündliche Abmachungen sind in dieser Frage nicht bindend.

Wenn also nichts anderes schriftlich abgemacht ist, muss die Arbeitgeberin Überstunden entschädigen, und zwar mit einem Zuschlag von 25 Prozent. Sie darf Überstunden zudem nur dann in Freizeit umwandeln, wenn Sie einverstanden sind. Aber auch da kann Ihr Vertrag etwas anderes festlegen.

Melden Sie allfällige Überstunden unbedingt per Ende Monat der Arbeitgeberin! (siehe Beispiel Seite 39).

CHECKLISTE: DIE LOHNABZÜGE

In der Regel werden vom Lohn folgende Sozialversicherungsbeiträge abgezogen:

☐ **AHV/IV/EO:** 5,05% vom gesamten Lohn
Das sind die Arbeitnehmerbeiträge für die AHV, die Invalidenversicherung und die Erwerbsersatzordnung, aus der der Lohnersatz während des Militärdienstes und der Mutterschaftsurlaub entschädigt werden. Der Arbeitgeber zahlt einen gleich hohen Beitrag.

☐ **ALV:** 1% des AHV-pflichtigen Lohnes (bis maximal 106 800 Franken, ab 1. Januar 2008 126 000 Franken)
Das ist der Arbeitnehmerbeitrag an die Arbeitslosenversicherung, der Arbeitgeber zahlt gleich viel.

☐ **UVG:** je nach Berufsgattung 1,42% bis 2% für Nichtbetriebsunfall (NBU), obligatorisch für Löhne bis 106 800 Franken (ab 1. Januar 2008 126 000 Franken)
Die Prämie für Betriebsunfall zahlt der Arbeitgeber, die Prämie für Nichtbetriebsunfall wird Arbeitnehmern abgezogen, die mindestens acht Wochenstunden angestellt sind.

☐ **BVG:** durchschnittlich rund 7%; unterschiedlich je nach Alter und Vorsorgeplan
Dies sind die Arbeitnehmerbeiträge für die berufliche Vorsorge, also die Pensionskasse. Für Löhne zwischen 19 890 und 79 560 Franken sind diese Abzüge obligatorisch. Der Arbeitgeber zahlt mindestens gleich viel, kann aber auch mehr übernehmen.

☐ **Krankentaggeldversicherung:** fakultativ
Die Prämie muss mindestens zur Hälfte vom Arbeitgeber getragen werden.

Wer haftet für Schäden am Arbeitsplatz?

Ein Chauffeur hat sein Auto schlecht gewartet und einen Totalschaden verursacht; ein Monteur hat in einem Schuppen auf dem Baugelände teures Material aufbewahrt, das gestohlen wurde; eine Angestellte hat den Geschäftsschlüssel verloren und der Arbeitgeber will jetzt auf ihre Kosten ein neues Schliesssystem einbauen. In all diesen Fällen musste ein Gericht beurteilen, ob der Arbeitnehmer für die Schäden am Arbeitsplatz oder -gerät aufkommen muss.

Und die Antwort war zweimal Ja und einmal Jein: Der Chauffeur und der Monteur mussten für die Schäden voll aufkommen, weil die Gerichte von einem grobfahrlässigen Verhalten ausgingen; die Angestellte, die den Geschäftsschlüssel verloren hatte, musste hingegen vom Schaden von 6000 Franken bloss 500 Franken übernehmen. Die Arbeitgeberin hätte vorausschauend dafür sorgen müssen, dass ein Schlüsselverlust nicht zu derart hohen Kosten führen kann.

Entscheidend dafür, ob Sie für Schäden im Geschäft haften, sind verschiedene Faktoren. Unter anderem diese:

> **Ihr Verschulden**

   Bei leichter oder mittlerer Fahrlässigkeit besteht keine oder eine eingeschränkte Haftung, bei grober Fahrlässigkeit oder Absicht volle Haftung. Das Bundesgericht definiert Grobfahrlässigkeit als ein Verhalten, das elementare Vorsichtspflichten missachtet, die sich unter den gegebenen Umständen jedem vernünftigen Menschen aufdrängen müssen.

> **Mitverschulden des Arbeitgebers**

   Der Arbeitgeber muss für Schäden weitgehend selbst aufkommen, wenn er für eine schwierige Aufgabe unerfahrene, schlecht angeleitete Mitarbeiter einsetzt.

> **Lohnhöhe**

   Wer viel verdient, muss mehr Schadenersatz zahlen, als wer wenig verdient.

Gleicher Lohn für gleiche Arbeit?

In der Schweiz gilt grundsätzlich Vertragsfreiheit. Deshalb ist es völlig zulässig, dass man möglicherweise einen tieferen Lohn erhält, obwohl man die gleiche Arbeit macht wie der besser bezahlte Kollege. Man hat dann halt bei der Anstellung einfach einen schlechteren Vertrag ausgehandelt.

Diese Vertragsfreiheit hat aber eine Grenze: Wenn eine Frau einen tieferen Lohn erhält als ein Mann, der die gleiche Arbeit macht, kann sie dagegen Klage einreichen (das Umgekehrte gilt natürlich auch). Denn dann handelt es sich um Lohndiskriminierung, weil nur wegen des Geschlechts, des Zivilstands oder der familiären Situation für die gleiche Arbeit kein unterschiedlicher Lohn gezahlt werden darf. Der Anspruch auf gleichen Lohn bei gleicher Arbeit stützt sich auf die Bundesverfassung (Art. 8 BV) und das Gleichstellungsgesetz.

Der Teufel steckt aber im Detail: Was ist gleiche oder gleichartige Arbeit? Dazu gibt es eine detaillierte Gerichtspraxis, die Ihnen eine Beratungsstelle erklären kann. Am besten informieren Sie sich bei der Schlichtungsstelle gegen Diskriminierung im Erwerbsleben im Kanton, wo Sie arbeiten.

Raffaela H. ...

... arbeitet seit 20 Jahren als Verkäuferin im gleichen Laden. Weil das Geschäft gut läuft, wird vergrössert. Ein zusätzlicher

Verkäufer wird eingestellt, der dieselbe Arbeit macht wie Frau H., aber 600 Franken mehr Lohn erhält. Der Geschäftsleiter begründet den höheren Lohn damit, dass der junge Mann als möglicher zukünftiger Filialleiter eingestellt worden sei und eine bessere Ausbildung habe. Raffaela H. dringt mit einer Lohnklage durch, weil eine zukünftige höhere Funktion im Betrieb, die nicht schriftlich vereinbart ist und keine besonderen Tätigkeiten mit sich bringt, kein Grund für eine höhere Entlöhnung ist. Und die bessere Ausbildung muss nicht nur belegt werden können, sondern auch einen direkten Einfluss auf die Tätigkeit im Betrieb haben. Erst dann rechtfertigt sich eine Lohndifferenz.

Unbezahlter Urlaub

Sie wollen nach fünf Jahren mal eine Pause von Ihrem Job, eine Reise machen oder eine Weiterbildung anpacken. Oder Sie wollen nach der Geburt Ihres Kindes schlicht mehr Zeit für die Familie. Dann ist die gute Lösung ein unbezahlter Urlaub, die schlechtere die Kündigung.

Bei einer Kündigung sind Sie zwar freier, doch ist ungewiss, wo Sie wieder eine Stelle finden werden. Und bei Arbeitslosigkeit müssen Sie unter Umständen mit Einstelltagen rechnen, weil Sie gekündigt haben und weil Sie sich während der Auszeit nicht um Stellen bemühten (siehe Seite 278).

Bei einem unbezahlten Urlaub wissen Sie, dass Sie nach Ablauf der vereinbarten Zeit, wieder bei Ihrer Arbeitgeberin arbeiten können. Einen gesetzlichen Anspruch auf unbezahlten Urlaub haben Sie aber nicht (Ausnahme: Arbeitnehmer unter 30 Jahren für Jugendarbeit und Ähnliches, Art. 329e OR). Manchmal sehen Gesamtarbeitsverträge oder Arbeitsreglemente nach einer bestimmten Anzahl Dienstjahre eine solche Auszeit vor. Ansonsten sind Sie auf den Goodwill Ihrer Chefin angewiesen.

Bevor Sie aber in Urlaub fahren, müssen Sie mit der Arbeitgeberin eine klare Abmachung treffen und diese unbedingt schriftlich festhalten. Zudem müssen Sie Ihre Versicherungssituation klären (siehe Checkliste auf der nächsten Seite).

Und das ist Ihre rechtliche Situation während des unbezahlten Urlaubs:

> **Arbeitsvertragliche Pflichten:** Der unbezahlte Urlaub setzt den Arbeitsvertrag vorübergehend ausser Kraft. Arbeitgeberin und Arbeitnehmer sind von ihren Pflichten entbunden.

Haben Sie gekündigt und dauert die Auszeit länger als zwölf Monate, verlieren Sie sämtliche Ansprüche auf Arbeitslosengeld. Ausnahmen gibt es nur für den Besuch einer Weiterbildung und für Arbeit im Ausland.

6. Recht am Arbeitsplatz

CHECKLISTE: DAS MÜSSEN SIE VOR DEM URLAUB KLÄREN

☐ **Vereinbarung mit dem Arbeitgeber**
In Ihrer Vereinbarung mit dem Arbeitgeber sollten folgende Punkte geregelt sein:
> Dauer der Auszeit
> genauer Arbeitsbeginn danach
> Garantie der bisherigen Stellung im Betrieb
> Sozialleistungen (zahlt der Arbeitgeber weiter?)
> Kündigungsausschluss während der Auszeit

☐ **AHV/IV**
Bei einem Urlaub unter zwölf Monaten entstehen in der Regel keine Beitragslücken. Dauert die Auszeit länger als ein Jahr, müssen Sie unbedingt den Minimalbeitrag von 445 Franken bei der kantonalen Ausgleichskasse einzahlen (Stand 2007). Sonst wird Ihre AHV-Rente empfindlich gekürzt.

☐ **Pensionskasse**
Der Schutz bei Invalidität und Tod besteht für einen Monat nach Beginn des unbezahlten Urlaubs (Nachdeckung); danach ist man für diese Risiken nicht mehr versichert. Informieren Sie sich direkt bei Ihrer Pensionskasse über die Möglichkeiten, die Versicherung während der Auszeit weiterzuführen.

☐ **Unfallversicherung**
Auch hier gibt es eine Nachdeckung bis 30 Tage nach dem letzten Arbeitstag. Schliessen Sie unbedingt eine Abredeversicherung beim Versicherer Ihres Arbeitgebers ab. Für monatlich 25 Franken können Sie so den Versicherungsschutz für maximal 180 weitere Tage verlängern. Die Abredeversicherung muss spätestens 30 Tage nach Beginn des unbezahlten Urlaubs abgeschlossen werden.

☐ **Krankentaggeldversicherung**
Diese wird wichtig, wenn Sie während des unbezahlten Urlaubs krank werden und über den vereinbarten Termin der Wiederaufnahme der Arbeit krank bleiben. Je nach Versicherung sind die Leistungen bei unbezahltem Urlaub unterschiedlich geregelt. Informieren Sie sich!

> **Kündigungsrecht:** Arbeitnehmer und Arbeitgeberin können während des unbezahlten Urlaubs kündigen (falls dies nicht ausdrücklich anders vereinbart wurde). Die Kündigungsfrist beginnt aber erst mit der Wiederaufnahme der Arbeit zu laufen.
> **Ferienanspruch:** Sind Sie länger als einen Monat abwesend, wird Ihr Ferienanspruch gekürzt.
> **13. Monatslohn:** Dieser wird pro rata temporis gekürzt.

Mobbing und andere Schikanen

Der Chef schreit Sie an, weil Sie in der Offerte für einen Kunden ein falsches Datum eingesetzt haben. Sie finden das die Höhe und erzählen zu Hause Ihrer Partnerin, Sie würden gemobbt. Dann haben Sie das Wort «Mobbing» falsch verstanden. Es ist heute als Modewort auch sehr schnell zur Hand, wenn über Konflikte am Arbeitsplatz geredet wird. Nicht jeder Rüffel und nicht jeder Konflikt ist Mobbing.

In der psychologischen und juristischen Fachliteratur gilt eine Person als gemobbt, wenn sie feindselige Handlungen mindestens einmal in der Woche und seit mindestens einem halben Jahr erlebt. Es geht also weniger um das einzelne Ereignis – das kann auch von geringfügiger Bedeutung sein –, sondern um die Gesamtheit und Dauer solcher Handlungen. Mobbing geht ebenso häufig von Vorgesetzen wie von Kolleginnen und Kollegen aus.

Im Beobachter-Ratgeber «Mobbing – was tun? So wehren Sie sich am Arbeitsplatz» finden Sie Hilfe für die Früherkennung und viele Tipps für den Umgang mit der belastenden Situation (www.beobachter.ch/buchshop).

Mobbing, nicht mit mir!

Wer am Arbeitsplatz gut integriert ist, wird weniger Opfer von Mobbing. Pflegen Sie deshalb den Teamgeist, indem Sie aktiv den Kontakt zu Mitarbeitern suchen – nicht nur zu jenen, die Ihnen sympathisch sind. Gehen Sie auch mal mit einer Kollegin in die Mittagspause, die Ihnen auf Anhieb vielleicht nicht so liegt. Sie muss ja nicht gleich Ihre Freundin werden. Und so wehren Sie sich gegen Mobbing:

> **Beachten Sie frühe Warnsignale** wie spitze Bemerkungen, ein allgemein frostiges Verhalten Ihnen gegenüber oder das Vorenthalten von Informationen. Sprechen Sie die Missstände direkt an, ohne nächtelang darüber zu grübeln, weshalb man sich Ihnen gegenüber so verhält. Vielleicht ist ja alles nur ein Missverständnis oder ein Irrtum.
> **Fühlen Sie sich gemobbt,** machen Sie frühzeitig den Mobbing-Test, den Sie auf den Websites der Mobbing-Beratungs-

stellen finden (Adressen siehe Seite 209). Nehmen Sie Kontakt auf mit einer Mobbing-Beratungsstelle, Ihrer Hausärztin oder einem Psychologen. Sie können Ihnen helfen, klarer zu sehen.

> **Verdichten sich die Anzeichen** von Mobbing, führen Sie unbedingt ein Tagebuch über die Ereignisse mit Ort, Datum, Zeit. Sammeln Sie alle schriftlichen Belege, die das Mobbing dokumentieren könnten.

> **Sprechen Sie zuerst mit den Leuten,** von denen Sie sich schikaniert fühlen. Hört das Mobbing nicht auf, fordern Sie vom Chef, dass er etwas dagegen unternimmt. Dazu ist er nämlich von Gesetzes wegen verpflichtet.

> **Unternimmt Ihr Chef nichts,** fordern Sie ihn schriftlich mit eingeschriebenem Brief dazu auf. Bleiben Sie aber auch in schriftlichen Auseinandersetzungen immer sachlich und korrekt.

Ein solcher Brief kann wichtig werden, wenn Sie nach einer Kündigung, Schadenersatz verlangen wollen, weil Ihr Arbeitgeber seine Pflichten nicht wahrgenommen hat.

Konsultieren Sie unbedingt eine auf Arbeitsrecht spezialisierte Anwältin, bevor Sie rechtliche Schritte einleiten.

Allzu grosse Hoffnungen sollten Sie sich aber nicht machen. Zwar haben die Gerichte in den letzen Jahren Mobbing-Opfern vermehrt Schadenersatz und Genugtuung zugestanden. Doch der Weg dazu ist lang und das Prozessrisiko hoch.

Darf der Arbeitgeber meinen E-Mail-Verkehr überwachen?

Der Arbeitgeber darf privaten E-Mail-Verkehr und das Surfen im Internet verbieten oder beschränken (zum Beispiel auf die Mittagszeit). Was erlaubt und was verboten ist, sollte in einem Nutzungsreglement festgehalten sein. Sinnvoll ist auch ein Überwachungsreglement, in dem steht, wie kontrolliert wird, ob das Nutzungsreglement eingehalten wird.

Ihre privaten E-Mails darf der Arbeitgeber auf keinen Fall lesen, auch wenn privates Mailen am Arbeitsplatz verboten ist. Wenn bei einer Stichprobe der Verdacht entsteht, dass Sie gegen ein Verbot, private E-Mails zu versenden, verstossen haben, dann muss dies aufgrund der Adressierung der Mails festgestellt werden. Ist dies nicht möglich, muss der Arbeitgeber Sie direkt fragen, ob eine bestimmte E-Mail privat ist. Liest der Chef Ihre privaten Mails, können Sie beim Arbeitsgericht wegen Persönlichkeitsverletzung gegen ihn klagen. Auch strafrechtlich können Sie ihn belangen wegen Verletzung der Privatsphäre oder wegen unbefugtem Beschaffen von Personendaten.

Die Arbeitgeberin zahlt den Lohn nicht

Wird der Lohn nicht pünktlich bezahlt, sollten Sie nicht lange zuwarten. Mahnen Sie die Arbeitgeberin schriftlich und eingeschrieben. Setzen Sie ihr eine kurze Frist. Kann die Arbeitgeberin nicht zahlen, verlangen Sie, dass sie für den aktuellen und zukünftigen Lohn Sicherheit leistet (Bankgarantie, Wertschriftendepot). Sie selbst haben zwar das Recht, so lange mit der Arbeit auszusetzen, wie die Arbeitgeberin mit fälligen Lohnzahlungen im Rückstand ist. Aber es ist sinnvoll, Ihre Arbeitsleistung trotzdem anzubieten. Bei offensichtlicher Zahlungsunfähigkeit der Arbeitgeberin dürfen Sie das Arbeitsverhältnis fristlos auflösen.

Wenn der Arbeitgeber Konkurs geht

Fällt der Arbeitgeber in Konkurs, sollten Sie sich innert 60 Tagen seit der Publikation der Konkurseröffnung bei der kantonalen Arbeitslosenkasse melden. Die sogenannte Insolvenzentschädigung der Arbeitslosenversicherung vergütet offene Lohnforderungen aus den letzten vier Monate vor Konkurseröffnung. Zudem müssen Sie Ihre offenen Lohn- und andern Forderungen bei der Konkursverwaltung anmelden. Lohnforderungen werden privilegiert behandelt. Es springt also manchmal noch was raus.

Für offene Löhne können Sie die Arbeitgeberin betreiben. Lohnforderungen verjähren erst nach fünf Jahren.

Noch mehr rechtliche Fragen zum Arbeitsalltag? Im Beobachter-Ratgeber «Arbeitsrecht. Vom Vertrag bis zur Kündigung» finden Sie die Antworten darauf (www.beobachter.ch/buchshop)

6.2 Kündigen und gekündigt werden

Im Schweizer Arbeitsvertragsrecht gilt Kündigungsfreiheit. Beide Seiten können das Arbeitsverhältnis jederzeit auflösen – vorausgesetzt, sie halten die geltende Kündigungsfrist ein.

Einen triftigen Grund für die Kündigung braucht es nicht. Und das Gesetz stellt auch keine besonderen Anforderungen an die Form. Auch mündliche Kündigungen sind also gültig. Aus Beweisgründen ist es aber ratsam, die Kündigung als eingeschriebenen Brief zu schicken (Muster im Anhang).

Die Kündigungsfristen

Während der Probezeit kann ein Arbeitsvertrag von Ihnen oder vom Arbeitgeber jederzeit gekündigt werden, und zwar mit einer Frist von sieben Tagen. Wenn im Vertrag nichts anderes steht, dauert die Probezeit einen Monat. Vertraglich kann sie auf maximal drei Monate verlängert werden. Nach der Probezeit gelten die Kündigungsfristen, die in Ihrem Arbeitsvertrag oder im Gesamtarbeitsvertrag festgehalten sind. Steht da nichts, gelten die gesetzlichen Fristen:

> **Im ersten Dienstjahr** kann mit einer Frist von einem Monat auf Ende eines Monats gekündigt werden.
> **Vom zweiten bis zum neunten Dienstjahr** gilt eine Kündigungsfrist von zwei Monaten.
> **Ab dem zehnten Dienstjahr** dauert die Kündigungsfrist drei Monate.

Diese Fristen gelten natürlich nicht nur, wenn Sie kündigen, sondern auch, wenn es der Arbeitgeber tut.

Die Kündigung muss spätestens am letzten Tag eines Monats beim Arbeitgeber eingetroffen sein, damit die Kündigungsfrist am Ersten des folgenden Monats beginnen kann. Es ist also nicht der Poststempel massgebend!

Sonja F. …

… schickt die Kündigung mit Poststempel vom 30. März eingeschrieben an ihren Arbeitgeber. Dieser nimmt den Brief am

31. März nicht entgegen. Ab dem 1. April liegt der Brief beim Postamt zum Abholen bereit. Sonja F. ist der Meinung, sie habe gültig auf Ende Mai gekündigt, da sie eine zweimonatige Kündigungsfrist hat. Der Arbeitgeber aber sagt, er habe den Brief erst am 1. April abholen können. Die Frist sei verpasst und Sonja F. müsse bis Ende Juni arbeiten.

Der Arbeitgeber hat Recht. Ein eingeschriebener Brief gilt, wenn er nicht entgegengenommen wird, erst dann als zugegangen, wenn ihn der Arbeitgeber auf der Post abholen kann.

Muss eine Kündigung begründet werden?

Wenn der Arbeitgeber Ihnen die Kündigung mitteilt, ist er nicht verpflichtet, diese zu begründen. Erst wenn Sie es verlangen, muss er Gründe nennen. Vor allem, wenn Sie den Verdacht haben, dass es sich um eine missbräuchliche Kündigung handeln könnte (siehe Seite 200), sollten Sie dies tun. Einen Musterbrief finden Sie im Anhang.

Nicht alle Kündigungen sind gültig

Ungültig sind Kündigungen, wenn die Arbeitgeberin sie während der gesetzlichen Sperrfristen ausspricht – eine solche Kündigung hat keine rechtliche Wirkung. Die Arbeitgeberin muss sie später wiederholen. Solche Sperrfristen gibt es für Militär, Krankheit und Schwangerschaft:

> **Ungültig ist eine Kündigung** der Arbeitgeberin, wenn Sie im Militär, Zivilschutz oder Rotkreuzdienst sind. Dauert der Einsatz länger als elf Tage, haben Sie auch vier Wochen vor und nach dem Dienst Kündigungsschutz.
> **Ungültig ist eine Kündigung** der Arbeitgeberin, wenn Sie krank sind. Dieser Schutz gilt im ersten Dienstjahr während 30 Krankheitstagen, ab dem zweiten bis und mit fünften Dienstjahr während 90, ab dem sechsten Dienstjahr während 180 Tagen.
> **Ungültig ist eine Kündigung** der Arbeitgeberin während der Schwangerschaft und in den ersten 16 Wochen nach der Geburt.

Achtung: Diese Sperrfristen gelten nicht während der Probezeit und auch nicht bei fristloser Kündigung (siehe Seite 201). Sie gelten zudem nur für Kündigungen der Arbeitgeberin. Wenn Sie selbst kündigen, kann sich Ihre Arbeitgeberin nicht darauf berufen – und auch Sie können es sich nachträglich nicht mehr anders überlegen.

Macht die Arbeitgeberin Druck, damit Sie von sich aus kündigen, behalten Sie die Nerven. Sie können nicht zur Kündigung gezwungen werden.

6. Recht am Arbeitsplatz

Erhalten Sie in einer Sperrfrist die Kündigung, müssen Sie unverzüglich mit eingeschriebenem Brief dagegen protestieren und sich auf die Kündigungsschutzbestimmungen berufen. Stillschweigen kann als Annahme der Kündigung interpretiert werden.

Wann ist eine Kündigung missbräuchlich?

Wenn der Arbeitgeber den blauen Brief schickt, ist dies immer unangenehm, manchmal sogar gemein, aber noch lange nicht missbräuchlich. Missbräuchlich ist eine Kündigung nur dann, wenn der Arbeitgeber aus Motiven kündigt, die das Gesetz in Artikel 336 des Obligationenrechts auflistet: wegen der Hautfarbe, des Geschlechts oder der politischen Gesinnung eines Arbeitnehmers. Ebenfalls missbräuchlich ist es, wenn der Arbeitgeber Sie mit der Kündigung dafür bestrafen will, dass Sie Ihre Rechte geltend gemacht haben.

Trotzdem ist der Schutz gegen missbräuchliche Kündigungen dürftig: Zum einen müssen Sie beweisen, dass der Arbeitgeber aus einem der genannten unzulässigen Motive gekündigt hat. Zum andern gibt es bei missbräuchlicher Kündigung zwar Geld, nicht aber den Job zurück. Und auch Geld gibt es nicht viel: Laut Gesetz können maximal sechs Monatslöhne zugesprochen werden, nach gängiger Praxis sind es in der Regel rund zwei Monatslöhne.

Die diskriminierende Kündigung

Erleichterungen gibt es für Frauen, die sich gegen eine geschlechterdiskriminierende Kündigung wehren: Sie müssen nur glaub-

FRAGEBOX

Mein Chef hat mir auf Ende Oktober 2007 gekündigt. Nun wurde ich im September schwanger. Ist die Kündigung gültig?

Ja, die Kündigung ist gültig, aber nicht auf Ende Oktober, sondern erst auf 16 Wochen nach der Geburt Ihres Kindes. Bis dahin erhalten Sie den Lohn und müssen Ihrerseits zur Arbeit erscheinen (ausser Sie werden wegen der Schwangerschaft krank geschrieben). Das gilt nicht nur bei Schwangerschaft, sondern auch bei Militärdienst und Krankheit. Fällt eines dieser Ereignisse in die Kündigungsfrist, verlängert sich diese um die Dauer der Sperrfrist. Nicht alle Arbeitgeber sind sich dessen bewusst. Machen Sie deshalb Ihren Arbeitgeber mit eingeschriebenem Brief auf die rechtliche Situation aufmerksam und bieten Sie Ihre Arbeit an.

haft machen, nicht aber beweisen, dass das Motiv diskriminierend ist. Zudem kann das Gericht anordnen, dass die Frau für die Dauer des Prozesses provisorisch wieder angestellt wird.

Wollen Sie sich gegen eine missbräuchliche Kündigung wehren, sollten Sie möglichst rasch zu einer spezialisierten Anwältin. Beschwerden müssen vor Ablauf der Kündigungsfrist erhoben werden.

Richtig reagieren bei einer fristlosen Kündigung

Fristlos ist eine Kündigung, wenn der Arbeitgeber Sie von einem Tag auf den andern auf die Strasse stellt und keinen Lohn mehr zahlt. Das kann er auch tun, wenn Sie krank sind oder schwanger oder im Militär. Die Sperrfristen gelten bei fristlosen Kündigungen nicht. Weil solche Entlassungen massive Eingriffe sind, müssen aber wichtige Gründe dafür vorliegen, zum Beispiel:

> **Sie haben einen schweren Vertrauensbruch** begangen (zum Beispiel Geschäftsgeheimnisse verraten oder Gelder veruntreut).
> **Sie haben sich wiederholt und beharrlich geweigert,** Ihre Arbeit zu machen.
> **Sie haben bei der Bewerbung** Fähigkeiten vorgegaukelt, über die Sie nicht verfügen und die für die Arbeit wesentlich sind.

Kein Grund für eine fristlose Kündigung ist es, wenn jemand seine Arbeit nicht bewältigt oder viele Fehler macht.

Wollen Sie sich gegen eine ungerechtfertigte fristlose Kündigung wehren, müssen Sie sofort mit eingeschriebenem Brief dagegen protestieren und eine Begründung verlangen.

Stellt das Arbeitsgericht fest, dass die fristlose Entlassung ungerechtfertigt war, erhalten Sie den Job trotzdem nicht zurück, sondern es gibt eine Entschädigung von maximal sechs Monatslöhnen und den Lohn während der Kündigungsfrist.

Von heute auf morgen die Arbeit niederlegen

Auch Sie können dem Arbeitgeber unter Umständen fristlos kündigen. Ein wichtiger Grund liegt zum Beispiel vor, wenn der Arbeitgeber zahlungsunfähig ist, Sie tätlich angegriffen oder unsittlich belästigt hat. Bei sexueller Belästigung können Sie zudem Genugtuung und Schadenersatz verlangen. Konsultieren Sie dafür eine Anwältin.

Freistellung und fristlose Entlassung sind nicht dasselbe

Bei der fristlosen Entlassung endet der Vertrag per sofort: Sie müssen nicht mehr zur Arbeit; der Arbeitgeber zahlt keinen Lohn mehr.

Anders bei der Freistellung nach einer Kündigung: Sie erhalten den Lohn (inklusive Anteil 13. Monatslohn usw.) noch bis zum Ende der Kündigungsfrist, müssen aber nicht mehr zur Arbeit. Der Arbeitgeber verzichtet einseitig auf Ihre Arbeitsleistung. Der Arbeitgeber kann die Freistellung auch gegen Ihren Willen anordnen, einen Anspruch darauf haben Sie aber nicht – auch nicht, wenn das Klima während der Kündigungsfrist miserabel ist.

Während der Freistellung können Sie eine neue Stelle antreten, erhalten aber nicht den doppelten Lohn. Der alte Arbeitgeber kann die Lohnzahlung einstellen, wenn Sie wieder angestellt sind.

Ferien, die Sie noch zugut haben, müssen Sie während der Freistellung beziehen, wenn dies zumutbar ist und wenn die Freistellungsdauer das Ferienguthaben deutlich übersteigt. Müssen Sie jedoch eine Stelle suchen, ist ein Ferienbezug unter Umständen nicht zumutbar.

Besteht keine vertragliche Abmachung, dass Überstundenguthaben mit Freizeit abgegolten werden, können Sie auf einer Auszahlung – inklusive 25 Prozent Zuschlag – beharren.

Die grosse Abrechnung

Wenn Sie einen Job verlassen, können Sie verschiedene Leistungen einfordern:

> Sie haben Anspruch auf den normalen Lohn bis zum Ende der Kündigungsfrist.
> Sie können eine Abgeltung der Ferien verlangen, die Sie bis Ende der Kündigungsfrist noch nicht bezogen haben.
> Allfällige Überstundenguthaben werden fällig.
> Lohnrückbehalte oder Kautionen muss der Arbeitgeber jetzt zurückzahlen.
> Das Pensionskassenguthaben muss an die neue Kasse oder auf ein Sperrkonto ausbezahlt werden.

Der Arbeitgeber will von Ihnen natürlich Arbeitsgeräte, Arbeitskleider oder ein Firmenfahrzeug zurück, die er Ihnen zur Verfügung gestellt hat. Wenn er Ihnen eine Weiterbildung finanziert hat, kann es sein, dass er jetzt einen Teil der Kosten zurückfordert. Das darf er aber nur, wenn es im Voraus ausdrücklich so abgemacht wurde. Der genaue Betrag und der Zeitraum einer Rückzahlungspflicht müssen ebenfalls im Voraus vereinbart worden sein.

Marina A. ...

... kündigt ihre Stelle fristgerecht auf Ende September. Sie hat sämtliche vier Wochen Ferien bereits im April bezogen.

Deshalb will der Arbeitgeber, dass sie für die eine Ferienwoche, die sie vorbezogen hat, den Lohn zurückzahlt. Das darf er verlangen: Wer Ferien bezieht, die er noch nicht erarbeitet hat, muss im Fall einer vorzeitigen Vertragsauflösung mit einer Rückerstattung des Ferienlohns rechnen.

Hat Ihr Arbeitgeber Konkurs gemacht, haben Sie als Arbeitnehmerin all Ihre Ansprüche trotzdem. Geben Sie Ihre Forderungen im Konkursverfahren ein. Sie werden dort bevorzugt behandelt.

Das Arbeitszeugnis, ein wichtiges Papier

Sie haben jederzeit Anspruch auf ein Arbeitszeugnis. Nicht nur nach der Kündigung, auch bereits während des Arbeitsverhältnisses können Sie Ihre Leistung in einem Zwischenzeugnis qualifizieren lassen. Achten Sie darauf, dass das Arbeitszeugnis vollständig ist. Es sollte enthalten:

> Angaben zur Anstellungsdauer
> eine detaillierte Beschreibung der Aufgaben, die Positionsbezeichnung und die Stellung in der Hierarchie
> Angaben zu Beförderungen und Versetzungen (inklusive Datum)
> eine Beurteilung der Leistung
> eine Beurteilung des Verhaltens gegenüber den Mitarbeiterinnen und Mitarbeitern, den Vorgesetzten und eventuell Kunden

Üblich sind auch zusammenfassende Beurteilungen am Schluss des Zeugnisses. Fehlt eine Angabe, kann dies eine Wertung des Arbeitgebers beinhalten.

Sind Sie mit dem Arbeitszeugnis nicht zufrieden oder haben Sie den Verdacht, es könnte nachteilig formuliert sein, suchen Sie Rat, zum Beispiel bei der Beratungsstelle Ihrer Gewerkschaft. Anschliessend lohnt es sich, zuerst mit dem Arbeitgeber zu reden. Gerade bei Chefs, die in Personalsachen wenig bewandert sind, ist eine ungünstige Formulierung oft weniger böse Absicht als vielmehr Ungeschicklichkeit.

Kommt es hart auf hart, können Sie Ihr Zeugnis auch vom Arbeitsgericht beurteilen und gegebenenfalls berichtigen lassen.

Vor Arbeitsgericht

Arbeitnehmern soll es nicht schwer fallen, gegen den Arbeitgeber zu klagen. Deshalb arbeiten die Arbeitsgerichte kostenlos, wenn Sie eine Forderung bis maximal 30 000 Franken einklagen.

Das heisst aber nur, dass keine Gerichtskosten anfallen – und das auch nur vor kantonalen Gerichten. Das Bundesgericht erhebt eine Gebühr zwischen 200 und 1000 Franken. Verlieren Sie den Prozess, müssen Sie zudem unter Umständen eine Entschädigung für den Anwalt des Arbeitgebers zahlen (Parteientschädigung, siehe Seite 38). Für Mitglieder von Gewerkschaften sind diese Kosten in der Regel durch eine Rechtsschutzversicherung abgedeckt.

Typische Streitigkeiten drehen sich etwa um Lohn, der nicht bezahlt wurde, um Kündigungen, die missbräuchlich waren, um die Entschädigung von Überstunden oder um ungünstige Arbeitszeugnisse.

Daniel G. ...

... wurden 45 korrekt gemeldete Überstunden nicht ausbezahlt. Die Arbeitgeberin meint, er könne diese Zeit ja kompensieren. Doch im Arbeitsvertrag von Herrn G. gibt es keine entsprechende Klausel. Deshalb gelangt er ans Arbeitsgericht und fordert 3937 Franken Entschädigung (45 Stunden à 70 Franken plus 25 Prozent Zuschlag). Die Arbeitgeberin will keinen Rappen zahlen. Als ihr der Richter die Rechtslage erklärt, ist sie bereit, die Überstunden zu entschädigen, nicht aber den Zuschlag. Basil G. zögert, doch weil ihm der Richter erklärt, wie lange ein Verfahren bis vor Bundesgericht dauern könnte, stimmt er zu. Seine Klage wird durch Vergleich erledigt. Eine Woche später will Basil G. den Vergleich anfechten. Keine Chance, sagt das Gericht, ein gerichtlicher Vergleich kann nicht angefochten werden.

So läufts vor Arbeitsgericht

Arbeitsrechtliche Streitigkeiten sind zivilrechtliche Streitigkeiten (zu den Verfahrensgrundsätzen siehe Seite 46). Bis zu einem Streitwert von 30 000 Franken werden sie aber in einem besonderen vereinfachten Verfahren durchgeführt. Um Arbeitnehmern das gerichtliche Durchsetzen ihrer Ansprüche zu erleichtern, können Klagen meist relativ einfach und formlos eingereicht werden. Viele Gerichte haben sogar Formulare, die Sie lediglich ausfüllen müssen.

Eine Besonderheit des Arbeitsgerichtsprozesses ist der sogenannte Untersuchungsgrundsatz. Das bedeutet, dass die Richterin von sich aus abklären muss, wie sich etwas tatsächlich zugetragen hat (Sachverhaltsabklärung).

Suchen Sie unbedingt Rat bei Ihrer Gewerkschaft, einer Rechtsberatungsstelle oder einem spezialisierten Anwalt, bevor Sie vor Arbeitsgericht gehen.

6.3 Spezielle Arbeitsverhältnisse

Teilzeitarbeit und Jobsharing liegen im Trend. Für Teilzeiterwerbstätige, Aushilfen und Stundenlöhner gelten grundsätzlich dieselben arbeitsvertraglichen Regeln. Doch stellen sich einige besondere Rechtsfragen.

Auch Lehrlinge unterstehen dem Arbeitsvertragsrecht. Zusätzlich gelten für Lehrlingsverträge aber noch besondere Bestimmungen, die sicherstellen sollen, dass die jungen Berufsleute eine gute fachliche Ausbildung erhalten.

Teilzeitangestellte, Aushilfen, Stundenlöhner

Teilzeitangestellte haben die gleichen Rechte wie Vollbeschäftigte (siehe unten stehenden Kasten) – und zwar unabhängig davon,

---

ÜBERSICHT: IHRE RECHTE ALS TEILZEITANGESTELLTE

> Auch Teilzeitangestellte haben Anspruch auf mindestens vier Wochen bezahlte Ferien. Diese dürfen als gesondert ausgewiesene Ferienentschädigung mit dem Salär abgegolten werden (8,33 Prozent).
> Sie haben Anspruch auf bezahlte Krankheitstage (siehe Seite 183).
> Auch als Teilzeitler haben Sie Anspruch auf die bezahlten Feiertage, die in Ihrem Kanton gelten, sofern diese auf einen Ihrer regelmässigen Arbeitstage fallen. Wenn Sie an einem Feiertag sowieso nicht arbeiten, können Sie ihn aber nicht nachträglich als freien Tag einziehen.
> Müssen Sie während der Arbeitszeit zum Arzt, muss diese Zeit bezahlt werden.
> Überstunden müssen entschädigt werden, und zwar mit einem Zuschlag von 25 Prozent – ausser im Vertrag stehe etwas anderes. Überstunden macht eine Teilzeitangestellte, wenn sie mehr Stunden pro Woche arbeitet als im Vertrag vereinbart.
> Eine Unfallversicherung für Berufsunfälle muss der Arbeitgeber auch für Teilzeitler abschliessen. Falls Sie mindestens acht Stunden wöchentlich beim gleichen Arbeitgeber arbeiten, sind auch Nichtberufsunfälle versichert.

6. Recht am Arbeitsplatz

ob sie tage- oder stundenweise arbeiten und ob der Einsatz regelmässig oder nach variierendem Stundenplan erfolgt.

Wichtig: Haben Sie nur einen mündlichen Arbeitsvertrag, sollten Sie spätestens nach einem Monat von Ihrem Arbeitgeber eine schriftliche Bestätigung des Arbeitsverhältnisses verlangen. Darauf haben Sie von Gesetzes wegen Anspruch (Art. 330b OR). Diese Bestätigung muss folgende Punkte aufführen: die Namen der Vertragsparteien, das Datum des Beginns des Arbeitsverhältnisses, die Funktion des Arbeitnehmers, den Lohn und allfällige Zuschläge sowie die Arbeitszeit.

Die sogenannten Aushilfen

Schlechter gestellt sind Aushilfen, Arbeitnehmer also, die nur für einen bestimmten Einsatz angestellt sind, der maximal drei Monate dauert. Ihnen wird bei Krankheit kein Lohn gezahlt. Immerhin haben auch Aushilfen Anspruch auf bezahlte Ferien. Diese werden aber häufig als Teil des Lohnes ausbezahlt; in diesem Fall müssen sie auf der Lohnabrechnung gesondert ausgewiesen werden.

Wenn Sie länger als drei Monate beim gleichen Arbeitgeber arbeiten, haben Sie automatisch die Rechte von Teilzeitangestellten, auch wenn Sie nur wenige Stunden pro Wo-

---

 FRAGEBOX

Meine langjährige Putzfrau ist seit zwei Monaten krank. Jetzt will sie trotzdem ihren Lohn für diese Zeit. Muss ich den bezahlen?

Ja. Sie sind Arbeitgeber Ihrer Putzfrau. Deshalb müssen Sie für Ihre Haushaltshilfe nicht nur eine Unfallversicherung abschliessen, sondern ihr auch den Lohn weiterzahlen, wenn sie krank wird. Je nach Dauer der Anstellung während drei Wochen (im ersten Dienstjahr) oder bis zu sechs Monate (bei mehr als 20 Dienstjahren). Viele Kantone sehen in sogenannten Normalarbeitsverträgen sogar vor, dass man für Hausangestellte eine Krankentaggeldversicherung abschliessen muss, die 80 Prozent des Lohnes während 720 Tagen gewährleistet. Und dass Sie persönlich haften, wenn Sie keine solche Versicherung abgeschlossen haben. Dem können Sie nur entgehen, wenn Sie vertraglich mit der Putzfrau vereinbart haben, dass die Bestimmungen des Normalarbeitsvertrags nicht anwendbar sind.

Übrigens: Sie müssen auch AHV-Beiträge für die Putzfrau zahlen, wenn diese bei Ihnen mehr als 2000 Franken pro Jahr verdient.

che tätig sind. Teilzeitlerin ist also zum Beispiel auch die Kellnerin, die seit zwei Jahren jeden Sonntag in einem Ausflugslokal Bratwürste und Bier serviert. Lassen Sie sich nicht irreführen, wenn Sie der Arbeitgeber fälschlicherweise trotzdem als Aushilfe bezeichnet.

Kerim O. ...

... arbeitet seit einem halben Jahr jeden Samstag von morgens um sechs bis mittags um zwölf am Gemüsestand eines Bauern auf dem Markt in Murten. Er ist im Stundenlohn angestellt. Im Winter ist er zwei Wochen krank und kann nicht arbeiten. Nun will er für die beiden Samstage trotzdem seinen Lohn. Darauf hat Kerim O. Anspruch, denn auch wenn er im Stundenlohn entschädigt ist, hat er bereits mehr als drei Monate für den gleichen Arbeitgeber gearbeitet. Anders wäre es, wenn Herr O. bloss für zwei Wochen am Marktstand ausgeholfen hätte; dann würden nur die effektiv gearbeiteten Stunden entschädigt.

Bestehen Sie bei einem Teilzeitjob darauf, dass eine feste Arbeitszeit pro Woche und ein Monatslohn abgemacht werden. Dann muss der Arbeitgeber zahlen, auch wenn einmal zu wenig Arbeit da ist.

Welche Rechte haben Lehrlinge?

Neben den in diesem Kapitel beschriebenen allgemeinen Regeln gelten für Lehrlinge zusätzliche Bestimmungen. So müssen Lehrlingsverträge schriftlich abgefasst sein und sollten die Dauer der Lehre, den Lohn, die Dauer der Probezeit, die Arbeitszeit und die Anzahl Ferienwochen genau regeln. Bis zum 20. Altersjahr haben Lehrlinge zwingend fünf Wochen bezahlte Ferien pro Jahr. Zur Höhe des Lehrlingslohns geben die Berufsverbände Richtlinien heraus.

Die Zeit, die Sie in der Berufsschule verbringen, gilt als Arbeitszeit. Auch den Besuch der Berufsmittelschule darf Ihnen der Lehrmeister nicht verbieten, und auch für diese Zeit muss er Ihnen den Lohn zahlen. Er darf aber Nebenjobs – zum Beispiel die Arbeit als DJ – untersagen, wenn dadurch die Leistung im Hauptjob nachlässt.

Lehrlingsverträge können nur aus gravierenden Gründen einseitig gekündigt werden – zum Beispiel, wenn der Lehrling stiehlt,

Lehrverhältnisse werden vom Staat beaufsichtigt. Je nach Kanton nennen sich die zuständigen Stellen Berufsinspektorat, Ausbildungsberatung oder Lehrlingskommission. Diese können angerufen werden, wenn es in der Lehre Probleme gibt.

6. Recht am Arbeitsplatz

Eine gute «Schtifti» ist wichtig für den Einstieg ins Berufsleben. Alles, was angehende Lehrlinge und ihre Eltern dazu wissen müssen, finden sie im Beobachter-Ratgeber «So klappts mit der Lehre. Lehrstellensuche, Rechte am Arbeitsplatz» (www.beobachter.ch/buchshop).

wenn der Lehrmeister tätlich geworden ist oder wenn sich der Lehrling für die Stelle bzw. der Lehrmeister als Ausbildner ganz und gar nicht eignet. Ansonsten können Lehrlingsverträge nur einvernehmlich aufgelöst werden.

Als Selbständigerwerbende arbeiten

Sind Sie selbständigerwerbend, schliessen Sie für Ihre Arbeitsleistung Aufträge und Werkverträge ab.

Bei einem **Auftrag** gliedern Sie sich nicht eigentlich in einen Betrieb ein. Sie erledigen nur eine begrenzte Arbeit und werden in der Regel nach Aufwand entschädigt. Ein Auftragsverhältnis können Sie oder der Auftraggeber jederzeit kündigen. Geschieht dies aber zur Unzeit, wird der Kündigende schadenersatzpflichtig. Ein Anwalt zum Beispiel kündigt das Auftragsverhältnis mit seiner Mandantin zur Unzeit, wenn er dies kurz vor Ablauf einer Rechtsmittelfrist tut und die Mandantin keine Chance mehr hat, rechtzeitig einen andern Rechtsbeistand zu finden.

Beim **Werkvertrag** schulden Sie dem Werkvertraggeber einen bestimmten Erfolg und erhalten dafür einen bestimmten Preis. Sollen Sie zum Beispiel als Schreiner für einen Kunden einen Schrank nach Mass herstellen, schliessen Sie einen Werkvertrag ab (siehe auch Seite 118). Sie schulden dann einen Erfolg – dass nämlich der Schrank auch wirklich in die Mauernische passt.

Wer sein eigener Chef ist, muss vieles, was für Angestellte automatisch funktioniert, selber regeln, zum Beispiel beim Versicherungsschutz (siehe Seite 252). Wenn Sie sich mit dem Gedanken tragen, Ihr eigenes Unternehmen zu gründen, finden Sie alle nötigen Informationen im Beobachter-Ratgeber «Ich mache mich selbständig. Von der Geschäftsidee zur erfolgreichen Firmengründung» (www.beobachter.ch/buchshop).

Links, Adressen, rechtliche Grundlagen

Beratung

Beobachter-Beratungszentrum
Das Wissen und der Rat der Fachleute stehen Abonnenten des Beobachters im Internet und am Telefon kostenlos zur Verfügung:
> HelpOnline: Rund um die Uhr im Internet unter www.beobachter.ch/helponline, Rubrik: Arbeit
> Telefon: Montag bis Freitag von 9 bis 13 Uhr, Fachbereich Arbeit 043 444 54 01

Die meisten Gewerkschaften und Berufsverbände bieten Rechtsberatung an. Eine Liste der Rechtsberatungsstellen des Schweizerischen Gewerkschaftsbunds findet sich unter www.sgb.ch (→ Der SGB → Rechtsauskunft).

Viele erstinstanzliche Gerichte bieten Rechtsberatung an, ohne zum Einzelfall Stellung zu nehmen. Adressen im Telefonbuch unter Arbeitsgericht, Bezirksgericht oder Zivilgericht (die Bezeichnungen variieren).

Lohnfragen, Diskriminierung

www.lohngleichheit.ch
Anleitung, wie Sie Lohnungleichheiten erkennen können

www.lohn-sgb.ch
Hier können Sie abklären, ob Sie als Frau für die gleiche Tätigkeit weniger verdienen als ein Mann.

www.sks-coc.ch
Schweizerische Konferenz der Schlichtungsstellen nach Gleichstellungsgesetz
Liste der kantonalen Schlichtungsstellen unter dem Stichwort «Mitglieder»

Mobbing

Gesellschaft gegen psychosozialen Stress und Mobbing GpSM Schweiz
Postfach 180
8907 Wettswil
Tel. 043 466 07 70

www.help-ggg.ch
help, Beratungsstelle der GGG bei psychischen Belastungen am Arbeitsplatz
Steinenring 52
4051 Basel
Tel. 061 272 17 17

www.mobbing-beratungsstelle.ch
Mobbing Beratungsstelle Zürich
Josefstrasse 79
8005 Zürich
Tel. 044 450 10 16

Rechtliche Grundlagen

Art. 319 bis 362 Obligationenrecht (OR, SR 220)

Arbeitsgesetz (ArG, SR 822.11)

Gleichstellungsgesetz (GlG, SR 151.1)

Gesamtarbeitsvertrag Ihrer Branche

Allfälliges Betriebsreglement

Ihr Arbeitsvertrag

Muster im Anhang

Kündigung des Arbeitsvertrags (Muster 13, Seite 322)

Begründung für eine Kündigung des Arbeitgebers einfordern (Muster 14, Seite 322)

Protestbrief gegen eine missbräuchliche Kündigung (Muster 15, Seite 323)

7. Recht für Konsumenten

Geht es um Geld, geht es fast immer auch um Recht:
Sie haben einen Föhn gekauft, der nicht funktioniert,
wollen ein geleastes Auto wieder loswerden oder
eine Reise annullieren? Welche Rechte Sie bei solchen
Geschäften haben, erfahren Sie in diesem Kapitel.

7.1	**Kauf, Leasing und Kredit**	**213**
	Verträge sind zu halten	213
	Das verflixte Kleingedruckte	214
	Haustürgeschäft: Rücktritt möglich	215
	Unbestellte Zusendung: getrost in den Papierkorb	216
	Ein Fall für die Garantie	216
	Kaufen per Internet: Das müssen Sie beachten	217
	Kleinkredite und die Regeln dafür	218
	Lohnt sich ein Leasingvertrag?	219
7.2	**Geld und Gewinn**	**221**
	So erkennen Sie Betrüger	221
	Sicherheit beim Online-Banking	223
	Hände weg von Kettenbriefen und Schenkkreisen	225
	Die Fallstricke bei einem Darlehen	225
	Verjährung von Forderungen	227
7.3	**Haftung und Versicherungen**	**228**
	Wie Autofahrer, Hundehalter und Hauseigentümerinnen haften	228
	Welche Versicherungen sind wirklich nötig?	229
	Richtig vorgehen im Schadenfall	230
	Die Auto-, Hausrat- oder Haftpflichtversicherung wechseln	231
7.4	**Wenn einer eine Reise tut**	**232**
	Pauschalreise: Ihre Rechte	232
	Wenn Ihre Reise keine Pauschalreise ist	233
	Time-Sharing lohnt sich nicht	234

7. Recht für Konsumenten

7.5 Telefon, Internet, Handy — **235**
- Was tun gegen Spam? — 235
- Gewappnet gegen Internetschwindler — 235
- Was gilt bei Internetauktionen? — 236
- Daten überprüfen und löschen lassen — 237
- Unerwünschte Werbung und Telefonmarketing — 237

7.6 Betreibung und Konkurs — **239**
- Sich gegen eine Betreibung wehren — 239
- Den Eintrag im Betreibungsregister löschen lassen — 240
- Wenn Sie das Geld tatsächlich schuldig sind — 240
- Wenn Sie selber der Gläubiger sind — 241

Links, Adressen, rechtliche Grundlagen — **244**

7.1 Kauf, Leasing und Kredit

In diesem Kapitel geht es um den grossen Haifischteich. Denn bei Geld, Kauf und Versicherungen gilt wie in kaum einem andern Rechtsgebiet das Recht des Stärkeren.

Auch beim Vertragsschluss gibt es Stärkere und Schwächere. Haben Sie Ja gesagt zu einem Autokauf, dann müssen Sie zahlen, selbst wenn Sie sich deshalb in Schulden stürzen: Verträge muss man einhalten. Die Krankenkasse kündigt Ihnen die Zusatzversicherung, weil Sie viele Leistungen in Anspruch genommen haben? Das ist rechtens, da schützt Sie kein Gesetz. Darin liegt der Unterschied zum Miet-, Arbeits- oder Sozialversicherungsrecht, welche die schwächere Vertragspartei mit vielen Bestimmungen schützen.

Verträge sind zu halten

Tanken Sie an der Selbstbedienungszapfsäule, sagen Sie der Kellnerin, dass Sie einen Kaffee Creme möchten, oder unterschreiben Sie einen Versicherungsvertrag – jedes Mal haben Sie einen Vertrag geschlossen. Verträge können nämlich nur schon

---

⚠ DAS KÖNNEN SIE SELBST ANPACKEN

> Das Kleingedruckte vor Vertragsschluss prüfen und ändern oder ergänzen.
> Von einem Haustürgeschäft innert sieben Tagen zurücktreten.
> Garantierechte nach einem Kauf einfordern.
> Innert sieben Tagen nach Abschluss von einem Leasingvertrag zurücktreten.
> Betrüger erkennen.
> Illegale Schenkkreise meiden.
> Einen Darlehensvertrag aufsetzen.
> Einen Schaden richtig bei der Versicherung melden.
> Preisminderung bei mangelhafter Pauschalreise einfordern.
> Die Löschung Ihrer Daten aus einer Datensammlung verlangen.
> Gegen einen Zahlungsbefehl Rechtsvorschlag erheben.
> Einen möglichen Vertragspartner auf Zahlungsfähigkeit checken.

> **HIER BRAUCHEN SIE HILFE**
>
> > Bei einem Rechtsstreit um einen Leasingvertrag
> > Wenn Sie einen grösseren Schaden von einer Haftpflichtversicherung einfordern wollen.

durch ein bestimmtes Verhalten (Tanken an der Zapfsäule), mündlich («Kaffee Creme bitte!») oder schriftlich geschlossen werden. Jedes Mal haben sie die gleiche Wirkung: Sie binden die Vertragsparteien, räumen Rechte ein und auferlegen Pflichten. So haben Sie bei obigen Beispielen das Recht, Benzin zu beziehen, einen Kaffee zu erhalten oder einen gewissen Versicherungsschutz in Anspruch zu nehmen – und die Pflicht, dafür Geld zu bezahlen.

Auflösen kann man Verträge meist nur unter Einhaltung einer bestimmten Kündigungsfrist oder gar nicht mehr. Man kann es sich also manchmal nicht mehr anders überlegen, beispielsweise beim Kauf: Gekauft ist (meistens) gekauft.

Amélie S. ...

... hat sich in der Modeboutique Elster für 129 Franken einen rosa Pullover gekauft. Doch zu Hause reagieren Ehemann und Kinder eher schlecht auf die spätpubertäre Farbwahl. Auch Amélie S. zweifelt vor dem Schlafzimmerspiegel, ob sie den Pullover je tragen wird. So geht sie am nächsten Tag zurück in die Boutique und möchte das Kleidungsstück eintauschen. Doch das akzeptiert die Boutiquebesitzerin nicht, die froh war, einen Ladenhüter loszuwerden. Und das Recht steht auf ihrer Seite. Sie muss den Pullover nicht zurücknehmen, weil es bei einem Kauf kein Rücktrittsrecht gibt.

Das verflixte Kleingedruckte

Doch was genau steht im Vertrag? Was gilt wirklich? Oft kann man das nicht so einfach bestimmen wie beim simplen Pulloverkauf. Häufig verstecken sich die entscheidenden Details eines Vertrags im Kleingedruckten. Beim Fitnessabonnement etwa steht im Kleingedruckten, dass sich der Vertrag nach einem Jahr automatisch verlängert, wenn er nicht drei Monate vor Ablauf gekündigt wird. In den Garantiebestimmungen zum Hi-Fi-Gerät ist festgelegt, dass Sie kein Recht auf Umtausch haben, sondern nur auf Reparatur. Oder die Garantie wird ganz ausgeschlossen.

Man kann es nicht oft genug wiederholen – im Kleingedruckten steht in der Regel das Entscheidende. Darum sollten Sie es lesen, auch wenns anstrengend ist. Wenn Sie Zeit sparen wollen, konzentrieren Sie sich auf die Abschnitte «Haftung», «Garantie/Mängel/Gewährleistung» und «Kündigung/Kündigungsfristen». Wenn Sie einen Vertrag mit allgemeinen Vertragsbestimmungen unterschreiben, akzeptieren Sie auch das Kleingedruckte – und das kann Ihre Rechte stark einschränken.

Zum Schutz der Konsumentinnen hat das Bundesgericht zwei Schranken entwickelt: Unklare Bestimmungen werden zugunsten der Konsumentin ausgelegt. Und ungewöhnliche Bestimmungen sind ungültig. Ungewöhnlich ist eine Bestimmung dann, wenn ein Durchschnittsbürger nicht damit rechnen muss, dass eine Frage so geregelt wird, wie es das Kleingedruckte tut. Diese Schranken haben aber bisher kaum Wirkung gezeigt, da die Konsumentinnen nicht das Geld haben, sich gegen unklare oder ungewöhnliche Bestimmungen vor Gericht zu wehren.

Als ungewöhnlich gilt zum Beispiel eine Vereinbarung, die vorsieht, dass das Gericht am Wohnsitz des Klägers für ein Verfahren zuständig ist. In der Schweiz gilt nämlich seit eh und je in der Regel das Gericht am Wohnsitz des Beklagten als zuständig. Deshalb werden Gerichtsstandsvereinbarungen in AGBs meist fett gedruckt: Damit kann der Vertragspartner sicherstellen, dass diese ungewöhnliche Abmachung zur Kenntnis genommen wurde. Konsequenz: Die Klausel gilt, auch wenn sie ungewöhnlich ist.

Haustürgeschäft: Rücktritt möglich

Es klingelt an der Tür. Da steht ein freundlicher Mann mit einem Koffer voller Kosmetika. Sie wollen nichts, doch der Mann bleibt hartnäckig und hat Ihnen nach einer halben Stunde Seifen und Salben im Wert von 150 Franken verkauft. Bald danach haben Sie wieder einen klaren Kopf: Das Zeugs brauchen Sie gar nicht, Sie sind auch so schön genug. Aber der Vertrag ist zu halten – oder nicht?

Nein. In diesem Fall ausnahmsweise nicht. Der Gesetzgeber hat für bestimmte Situationen, in denen sich Käufer leicht zu Sachen überreden lassen, die sie eigentlich gar nicht wollen, ein Rücktrittsrecht vorgesehen. So auch beim Haustürkauf (Art. 40a bis 40f OR). Sie können also die Seifen und Salben innert sieben Tagen zurückschicken mit einem (eingeschriebenen) Brief, in dem Sie erklären, dass Sie den Vertrag widerrufen. Eine Begründung brauchts nicht.

Die rechtlichen Voraussetzungen für einen Widerruf sind:

Das Kleingedruckte ist verhandelbar. Streichen oder ändern Sie in Absprache mit dem Vertragspartner Bestimmungen, die Sie nicht akzeptieren. Lassen Sie den Vertragspartner am Rand neben Ihren Änderungen unterschreiben. Macht er nicht mit, gehen Sie zur Konkurrenz.

- > **Die Kaufsache** oder Dienstleistung dient dem persönlichen Gebrauch.
- > **Der Betrag** übersteigt 100 Franken.
- > **Sie haben den Vertrag zu Hause,** am Arbeitsplatz, in der Öffentlichkeit oder bei einer Werbeveranstaltung unterschrieben.
- > **Sie haben die Vertragsverhandlung** nicht ausdrücklich gewünscht, beispielsweise den Staubsaugerverkäufer nicht zu einer Demonstration eingeladen.

Bei Käufen an Messen und bei Versicherungsverträgen haben Sie kein Rücktrittsrecht!

Unbestellte Zusendung: getrost in den Papierkorb

Wenn Ihnen eine Firma unbestellte Waren zuschickt, müssen Sie diese nicht bezahlen. Sie dürfen die Sachen behalten, wegwerfen oder sogar gebrauchen. Dazu gibt Ihnen das Gesetz das Recht (Art. 6a OR). Ausnahme von dieser Regel: Wurde Ihnen die Sache klar irrtümlich zugeschickt, müssen Sie den Absender informieren.

Sind Sie nicht mehr sicher, ob Sie etwas bestellt haben, oder erhalten Sie Mahnungen für die zugeschickte Sache, ist es ratsam, bei der Firma nachzufragen. Verlangen Sie eine Kopie der Bestellung. Prüfen Sie, ob da wirklich Ihre Unterschrift unter dem Vertrag steht. Die Firma muss nämlich beweisen, dass eine Bestellung vorliegt.

Ein Fall für die Garantie

Haben Sie etwas gekauft, das bald darauf den Geist aufgibt oder sonst einen Mangel aufweist, müssen Sie dies dem Verkäufer sofort mitteilen, sonst verlieren Sie alle Garantieansprüche. Die Juristen nennen das eine Mängelrüge.

Häufig können Sie eine mangelhafte Sache aber nicht zurückgeben oder gegen eine neue eintauschen. Der Verkäufer wird das Gerät zur Reparatur einschicken, und oft haben Sie nicht einmal einen Anspruch auf ein Ersatzgerät, bis die Reparatur gemacht ist. So steht es im Kleingedruckten vieler Anbieter. Dieses Kleingedruckte müssen Sie vor dem Kauf nicht einfach akzeptieren. Sie können in Absprache mit dem Händler handschriftlich Abänderungen anbringen. Zum Beispiel «Recht auf Reparatur» streichen und stattdessen «Garantie gemäss Obligationenrecht» vermerken.

Im Fachhandel fahren Sie in Garantiefällen manchmal besser: Manche Läden tauschen Geräte unkompliziert aus, wenn sie kurz nach dem Kauf nicht mehr funktionieren.

Garantie wird aber immer nur dann gewährt, wenn der Mangel auf einen Material- oder Fabrikationsfehler zurückzuführen ist.

FRAGEBOX

Ich habe vor rund sechs Monaten ein neues Handy gekauft. Es hat aber kaum je funktioniert und war bereits dreimal in Reparatur. Muss ich eine vierte Reparatur akzeptieren?

Nein. Im Gesetz steht darüber zwar nichts, doch tauschen die meisten Elektronikgeschäfte ein mangelhaftes Gerät nach zwei Reparaturen um. Beim Kauf von Neuwagen geht der TCS davon aus, dass höchstens drei Reparaturen zumutbar sind. Versuchen Sie, mit dieser verbreiteten Praxis bei Ihrem Geschäft Druck zu machen. Aber aufgepasst: Achten Sie auf die Garantiefrist! Droht diese abzulaufen, akzeptieren Sie eine (weitere) Reparatur nur, wenn die Garantie verlängert wird. Leiten Sie allenfalls eine Betreibung gegen den Anbieter ein, um den Fristenlauf zu unterbrechen.

Wenn Sie die Ware unsachgemäss behandeln – etwa fallen lassen –, wird sie weder umgetauscht noch gratis repariert.

Gesetzliche Regelung

Ist keine Garantie abgemacht, gilt die gesetzliche Regelung gemäss Obligationenrecht. Sie haben drei Möglichkeiten: Sie können die Sache zurückgeben (eine sogenannte Wandlung vornehmen), Sie können Ersatz oder – bei einem geringfügigen Mangel – eine Preisminderung verlangen. Das gilt aber nur innert eines Jahres seit dem Kauf, wenn Sie die Mängel dem Verkäufer sofort mitteilen. Einen Anspruch auf Reparatur kennt das Gesetz nicht.

Fragen Sie den Verkäufer vor einem grösseren Kauf, welche Garantieleistungen gewährt werden: Umtausch oder nur Reparatur? Haben Sie Anspruch auf ein Leihgerät während der Reparatur? Versuchen Sie, die Ihnen genehme Lösung auszuhandeln, und halten Sie diese schriftlich fest.

Kaufen per Internet: Das müssen Sie beachten

Kaufen Sie etwas im Internet, müssen Sie sich verschiedener Risiken bewusst sein. Ihre Angaben können in falsche Hände gelangen. Sie geraten an Schwindler, die nur Ihre Kreditkartennummer wollen. Oder die Ware wird nie geliefert, obwohl Sie den Preis im Voraus bezahlt haben. Deshalb lohnt es sich, Vorsichtsmassnahmen zu treffen. Eine Zusammenstellung finden Sie im Kasten auf der nächsten Seite.

7. Recht für Konsumenten

CHECKLISTE: SHOPPING IM INTERNET

Vertragspartner

Benützen Sie nur seriöse Online-Shops, die transparent über ihre Identität informieren. Ein vertrauenswürdiger Online-Shop macht folgende Angaben:

☐ Firmenbezeichnung, Postadresse mit Telefon- und Faxnummer
☐ Lieferbedingungen
☐ Sicherheit der Datenübertragung (Verschlüsselungstechnik)
☐ Angaben über die weitere Verwendung von Kundendaten

Richtig bestellen

☐ Lesen Sie die allgemeinen Vertragsbestimmung durch: Sie sollten übersichtlich und gut auffindbar sein. Prüfen Sie die Garantiebestimmungen.
☐ Geben Sie nicht mehr persönliche Daten an als unbedingt nötig. Überprüfen Sie bei einer Bestellung Ihre Angaben vor dem Absenden. Drucken Sie die Bestellbestätigung aus.
☐ Prüfen Sie die Ware bei Erhalt sofort auf Mängel und reklamieren Sie wenn nötig umgehend.

Haben Sie per Kreditkarte bezahlt, aber die Ware nicht erhalten, können Sie den Kauf innert 30 Tagen nach Erhalt der Kreditkartenrechnung stornieren. Sie müssen aber beweisen, dass die Ware nicht geliefert wurde und dass Sie erfolglos reklamiert haben.

Kleinkredite und die Regeln dafür

Das teure Auto, die trendige Wohnung, die neuen Möbel – und zwar sofort. Das ist heute allzu oft der Wunsch gerade auch junger Konsumenten. Dazu wird ein Konsumkredit aufgenommen – und schon steckt man in der Schuldenfalle, weil die monatlichen Zinsen hoch sind und man sie bei einem unerwarteten Rückgang des Einkommens wegen Arbeitslosigkeit oder nach einer Scheidung plötzlich nicht mehr zahlen kann.

Passen Sie also auf: Das schnell geliehene Geld ist teuer. Die Zinsen betragen bis zu 15 Prozent! Und die gesetzlichen Regeln für Konsumkredite geben den Kreditgebern lediglich gewisse Leitplanken:

> **Formvorschriften**
  Der Vertrag über einen Kleinkredit muss schriftlich geschlossen werden und zwingend gewisse Punkte regeln (unter anderem effektiver Jahreszins, Höhe und Fälligkeit der Raten, Widerrufsrecht; Art. 9 KKG).

> **Kreditfähigkeitsprüfung**
  Das Kreditinstitut muss die Kreditfähigkeit der Kreditnehmerin überprüfen. Dabei darf nur das Einkommen, nicht aber das Vermögen berücksichtigt werden.

> **Beschränkte Laufzeit**
  Einen Kleinkredit darf nur erhalten, wer diesen innert 36 Monaten zurückzahlen kann, ohne dass er unters Existenzminimum rutscht.

> **Höchstzins**
  Für den Kleinkredit dürfen maximal 15 Prozent Zins verlangt werden.

> **Widerrufsrecht**
  Während sieben Tagen nach Aushändigung des Vertrags – also nicht nach Erhalt des Geldes! – kann man vom Vertrag zurücktreten.

Kreditgeber, die gegen diese Vorschriften verstossen, verlieren Zinsen und Kosten. Der Vertrag ist nichtig. Man kann bereits geleistete Zinsen zurückfordern, muss aber den Kredit in monatlichen Raten zurückzahlen. Ausnahme: Wenn das Kreditinstitut die Kreditfähigkeitsprüfung gar nicht oder ganz schlecht durchgeführt hat, verliert es auch den Kredit.

Lohnt sich ein Leasingvertrag?

Finanziell nicht. Wenn Sie ein Auto leasen, werden Sie nicht Eigentümer des Wagens, Sie erhalten nur ein Nutzungsrecht. Sie müssen Leasingraten zahlen, aber nicht nur das: Sie müssen auch für Unterhalt, Steuern und Versicherungen wie ein Eigentümer aufkommen und haben trotzdem keinen Anspruch auf Übernahme des Autos nach Ablauf des Vertrags. Das Auto bleibt im Eigentum der Leasinggesellschaft, die es von der Garage gekauft hat.

Leasing verführt dazu, ein (kostspieliges) Auto zu fahren, obwohl man das Geld dazu gar nicht hat. Und das kommt deutlich teurer, als wenn man das Auto bar gekauft hätte, weil die Summe der Leasingraten einiges höher ist als der Barkaufpreis.

Schliessen Sie einen Leasingvertrag nur ab, wenn Sie sich die Raten plus die Autoversicherung (Vollkasko!) plus den Unterhalt (Reparaturen, Service) auch auf längere Zeit leisten können.

7. Recht für Konsumenten

Aus Leasingverträgen können Sie meist erst nach mehreren Jahren aussteigen. Wollen Sie vorzeitig aussteigen, können Sie den Leasingvertrag zwar kündigen. Doch die Raten werden rückwirkend erhöht. Deshalb können sich die meisten Leasingnehmer einen Ausstieg erst recht nicht leisten, sondern laufen Gefahr, in die Schuldenfalle zu tappen.

Siebentägiges Widerrufsrecht

Die meisten Leasingverträge fallen auch unter das Konsumkreditgesetz. Dann muss der Leasingvertrag schriftlich geschlossen werden, zwingend gewisse Punkte abdecken (zum Beispiel den effektiven Jahreszins) und der Gesamtzins, den Sie auf dem Barpreis zahlen, darf nicht höher sein als 15 Prozent. Zudem muss die Leasinggesellschaft vor dem Vertragsschluss prüfen, wie kreditfähig Sie sind. Sie müssen einen detaillierten Fragebogen über Ihre persönliche und finanzielle Situation ausfüllen, bevor Sie ein Auto leasen können. Anzugeben sind Zivilstand, Anzahl Kinder, Höhe allfälliger Alimente, Mietzinsen, Arbeitgeber, Einkommen und Vermögen und mehr.

Den Leasingvertrag können Sie innert sieben Tagen nach Abschluss ohne Angabe von Gründen schriftlich widerrufen (Musterbrief im Anhang). Achtung: Die siebentägige Frist beginnt nicht erst, wenn Sie das Auto erhalten, sondern bereits, wenn Sie den unterzeichneten Vertrag in Händen haben.

Wurde der Leasingvertrag vor dem 1. Januar 2003 abgeschlossen, gilt das alte Recht. Dann können Sie den Vertrag unter Umständen ohne nachträgliche Erhöhung der Raten vorzeitig kündigen. Lassen Sie sich aber unbedingt rechtlich beraten, wenn Sie aus einem Leasingvertrag vorzeitig aussteigen wollen.

Haben Sie die siebentägige Widerrufsfrist verstreichen lassen, können Sie den Vertrag nur auflösen, wenn Sie bereit sind, nachträglich für die einzelnen Raten mehr zu zahlen. Ein vorzeitiger Ausstieg ist nur dann nicht mit zusätzlichen Kosten verbunden, wenn eine Leasinggesellschaft gegen eine gesetzliche Bestimmung – zum Beispiel die Kreditfähigkeitsprüfung – verstossen hat.

Wollen Sie ein Auto leasen und legt Ihnen die Garage einen «Kaufvertrag» oder eine «Bestellung» oder einen Vertrag mit sonst einer Bezeichnung zum Unterschreiben vor, notieren Sie darauf unbedingt «Finanzierung durch Leasing».

7.2 Geld und Gewinn

Sie haben gewonnen! Tatsächlich – oder kriechen Sie nicht doch einem Betrüger auf den Leim? Von diesen und andern Fragen rund um Ihr Geld handeln die folgenden Seiten.

Da verkündet ein Brief, man habe Traumferien im Wert von 2000 Franken gewonnen. Herzliche Gratulation – Sie müssen nur noch eine Heizdecke im Wert von 150 Franken bestellen. Das ist Humbug. Sie werden die Heizdecke bezahlen und die Traumferien nie geschenkt erhalten. Denn solche Gewinnversprechen dienen bloss dazu, Leute zu Bestellungen zu verleiten. Firmen, die so vorgehen, können wegen unlauteren Wettbewerbs oder Verstosses gegen das Lotteriegesetz zwar gebüsst werden, doch der versprochene Gewinn lässt sich praktisch nicht einklagen.

So erkennen Sie Betrüger

Mit tausend Tricks versuchen heute Nepper, Schlepper und Bauernfänger, den Leuten das Geld aus der Tasche zu ziehen. Eine gesunde Prise Misstrauen schützt zuverlässig vor einem finanziellen Verlust. Grundregel: Je exotischer ein Angebot, desto mehr Skepsis ist angesagt.

Schreiner Ernst R. ...

... liest in der Zeitung, die Firma Woodsolutions Inc. suche qualifizierte Fachleute für Arbeiten in den Philippinen. Er meldet sich bei der angegebenen Kontaktnummer. Ein deutscher Agent erklärt ihm das Vorgehen: Ernst R. werde in Manila günstig wohnen können und rund 4000 Franken netto verdienen. Er müsse nur noch 1250 Franken für das Flugticket überweisen, dann sei alles geritzt. Der Schreiner erhält einen Arbeits- und einen Mietvertrag, überprüft die angegebene Internetadresse und erkundigt sich sogar vor Ort, ob die Firma und die Wohnadresse existieren. Alles vorhanden. Ernst R. überweist das Geld, hört aber nie mehr etwas von der Firma. Und als er sich telefonisch erkundigt, weiss Woodsolutions Inc. nichts von Stellenangebot und Agent.

CHECKLISTE: NEUN ANZEICHEN FÜR LUG UND TRUG

☐ **Gewinnversprechen**
Sie dienen meist als Lockvogel, sind rechtlich problematisch und können nicht eingefordert werden. Werfen Sie sie in den Papierkorb.

☐ **Unrealistische Renditeversprechen**
Kapitalrenditen über sechs Prozent sind derzeit unrealistisch. Hände weg von solchen Angeboten.

☐ **Zeitdruck**
Werden Sie misstrauisch, wenn ein Anbieter Sie unter Druck setzt.

☐ **Undurchsichtige Zahlungswege**
Betrüger wünschen Zahlungen häufig auf ein Konto, das nicht ihnen gehört, sondern auf den Namen eines Dritten lautet. Zudem liegt es oft auf den Bahamas oder an einem andern exotischen Finanzplatz, wo Sie die Angaben nicht überprüfen können.

☐ **Abenteuerliche Geschichten**
Sobald jemand Ihnen eine abenteuerliche Geschichte auftischt und danach Geld verlangt, lassen Sie am besten die Hände davon.

☐ **Vorleistungen**
Betrüger verlangen immer eine Vorleistung. Gehen Sie nicht darauf ein.

☐ **Falsche Referenzen**
Lassen Sie sich Referenzen geben und überprüfen Sie diese, bevor Sie jemandem für ein grösseres Geschäft Geld anvertrauen – sei es ein Generalunternehmer oder ein Finanzberater.

☐ **Nicht in den Branchenverbänden**
Prüfen Sie nach, ob ein Anbieter Mitglied im Berufsverband seiner Branche ist. Ist dies nicht der Fall, lassen Sie die Hände vom Geschäft mit ihm.

☐ **Nicht überprüfbare Angaben**
Sind Referenzen, Zahlungswege oder sonstige Angaben nicht überprüfbar, misstrauen Sie dem Geschäft.

Und hier ein paar Betrügertricks, mit denen die Fachleute beim Beobachter-Beratungszentrum immer wieder konfrontiert sind.

> **Nigeria-Connection**
> Per E-Mail oder Fax wird eine hohe Kommission versprochen für einen Geldtransfer von Nigeria in die Schweiz. Dafür müsse man aber vorerst eine Summe überweisen, damit der Geldtransfer ausgelöst werden könne. Generell gilt: Alle Mails oder Faxe mit einem Nigeria-Bezug, die hohe Gewinne versprechen, dafür aber zuerst Zahlungen wollen, gehören in den Papierkorb.

> **Online-Dating**
> Nach zwei, drei Mails hat die Afrikanerin auf der Kontaktplattform (scheinbar) Vertrauen zu Ihnen gefasst. Sie sei vermögend, sei aber im Bürgerkrieg zur Vollwaise geworden. Nun wolle sie ihr Vermögen ausser Landes schaffen und es Ihnen anvertrauen. Doch zuerst müssen Sie ihr Geld für eine Reise in die Schweiz überweisen. Tun Sie das, werden Sie nie mehr etwas von der Afrikanerin hören (mehr Hilfe gegen Internet-Gaunereien auf Seite 235).

> **Phishing-Mails**
> Da werden Sie per Mail aufgefordert, Ihren PIN-Code, die Log-in-Daten oder ähnlich heikle Informationen anzugeben. Die Mail gleicht täuschend den Mails von Postfinance oder einer Bank, ist aber gefälscht. Mit den Angaben können die Betrüger illegale Bezüge von Ihren Konten tätigen. Geben Sie solche Daten nie per Mail preis. Braucht Ihre Bank Angaben von Ihnen, wird sie diese sicher nicht auf dem Mail-Weg anfordern.

> **Abzocke per Telefon**
> Um einen Preis abholen zu können, den Sie gewonnen haben, müssen Sie auf eine teure 0900-Nummer anrufen und werden dort Dutzende von Minuten hingehalten. Preis gibts keinen, doch das Telefon kostet Sie 20, 30 oder gar 50 Franken!

Sicherheit beim Online-Banking

Online-Banking ist bequem: Zahlungen können von zu Hause aus getätigt werden und man hat rund um die Uhr Überblick über die Konten. Doch die neuen Möglichkeiten bergen Gefahren. Unbefugte können auf die Konten Zugriff erhalten, wenn Sie nicht sorgfältig mit Ihren Passwörtern umgehen und den Virenschutz Ihres Computers nicht auf dem neuesten Stand halten.

Die typischen Tricks: In einer E-Mail werden Sie aufgefordert, Ihren Online-Zugang zur Bank zu aktualisieren – doch der Link leitet nicht auf die Website der Bank, sondern auf die täuschend echt wirkende Seite der Betrüger. Oder: Eine E-Mail enthält einen Trojaner, das heisst ein Programm, das Ihren Computer nach Passwörtern durchsucht und diese an Betrüger weiterleitet.

7. Recht für Konsumenten

ZEHN TIPPS FÜR SICHERES ONLINE-BANKING

1. Installieren Sie ein aktuelles Antivirenprogramm und sorgen Sie für ein regelmässiges Update. Am sichersten ist das automatische Updaten beim Softwarehersteller über das Internet.

2. Löschen Sie verdächtige Mails (unbekannter Absender, Werbung) sofort. Öffnen Sie keine Attachments mit der Endung «.exe». Bitten Sie Ihre Korrespondenzpartner, die Beilage notfalls per Fax zu schicken.

3. Führen Sie regelmässig Voll-Scans mit Ihrem Virenschutzprogramm durch.

4. Beim Vertragsabschluss erhalten Sie von Ihrer Bank ein Passwort. Ändern Sie dieses sofort.

5. Verwenden Sie für Ihr selbst gewähltes Passwort keine persönlichen Telefonnummern, Geburtsdaten und dergleichen, sondern eine willkürliche, aber gut merkbare Kombination von Ziffern und Buchstaben. Ändern Sie es häufig.

6. Löschen Sie den Cache-Ordner – das ist der Ordner mit vorübergehend auf der Festplatte gespeicherten Internetseiten, die Sie besucht haben – sofort nach jeder Sitzung im Online-Banking.

7. Wechseln Sie während der Verbindung mit Ihrer Online-Bank nicht auf andere Internetseiten.

8. Beenden Sie die Verbindung immer mit einem vollständigen Log-out. Also nicht einfach den Browser schliessen oder eine andere Internetseite anwählen.

9. Haben Sie den Verdacht, dass ein Virusangriff stattgefunden hat, zögern Sie nicht, Ihren Zugriff zum Online-Banking sofort zu sperren. Das geht ganz einfach: Tippen Sie dreimal absichtlich ein falsches Passwort oder eine falsche Streichnummer ein.

10. Achten Sie während der Online-Verbindung mit Ihrer Bank darauf, dass die Datenübertragung wirklich verschlüsselt erfolgt. Sie erkennen dies am geschlossenen Bügelschloss-Symbol in Ihrem Browser. Ist der Bügel nicht geschlossen, brechen Sie die Verbindung sofort ab.

Für Schäden aus solchen Betrügereien lehnen die Banken in der Regel jede Haftung ab. Die genaue Regelung Ihrer Bank finden Sie im Kleingedruckten der Kontoeröffnungsbestätigung.

Hände weg von Kettenbriefen und Schenkkreisen

Die kleine Naomi ist behindert, lebt in bescheidensten Verhältnissen und würde sich so über viele schöne Ansichtskarten freuen. Sie sollen ihr die Freude machen und dann die Nachricht an zehn Bekannte weiterleiten. Was als Kettenbrief sattsam bekannt ist, funktioniert heute auch auf elektronischem Weg. Dadurch vermehren sich Briefe und Mails lawinenartig und belasten sowohl die Post wie auch Mailserver stark. Es ist daher nicht sinnvoll, an solchen Aktionen mitzumachen. Sind Kettenbriefe mit Geldversprechen verbunden, sind sie sogar illegal – genau wie Schenkkreise.

Schenkkreise funktionieren nach dem Muster verbotener Schneeballsysteme: Für Einsätze von 10 000 Franken wird Ihnen in Aussicht gestellt, dereinst von «Geschenken» in der Höhe von 80 000, 100 000 oder noch mehr Franken zu profitieren. Doch das System geht nicht auf: Über kurz oder lang bleiben immer Geschädigte zurück, denn bereits für Runde 18 müsste über eine Million neue Mitspieler gefunden werden.

Illegal ist bei Schenkkreisen gemäss Bundesgericht nicht die Zahlung des Geldes, sondern das Anwerben neuer Teilnehmer. Da das aber bei allen Schenkkreisen zum Prinzip gehört, läuft man sofort Gefahr, sich strafbar zu machen. Deshalb: Hände weg!

Die Fallstricke bei einem Darlehen

Darlehen erhält man nicht nur von der Bank. Häufig werden sie auch unter Bekannten oder Verwandten gewährt. Doch das hat seine Tücken. Weil man Bekannten und Verwandten ja vertraut, hält man nichts Schriftliches fest. Verändert sich dann aber die Beziehung, werden aus Freunden Feinde, aus Eheleuten Geschiedene oder aus lieben Kindern geschäftstüchtige Jungunternehmer, kann das zu unangenehmen Überraschungen führen. Die Empfänger wollen nichts mehr von einem Darlehen wissen – das Geld sei doch geschenkt! Und Sie müssen beweisen, dass das Geld als Darlehen und nicht als Schenkung gedacht war.

Deshalb lohnt es sich immer, bei Darlehen einen schriftlichen Vertrag aufzusetzen – im Doppel, beide mit Originalunterschriften – oder zumindest eine Schuldanerkennung unterschreiben zu lassen (Muster im Anhang). Lassen Sie sich die Zahlung separat quittieren.

Die folgenden Punkte sollten in Ihrem Darlehensvertrag geregelt sein:

> **Namen und Adressen** von Darlehensgeber und Darlehensnehmer
> **Höhe des Darlehens** in Zahlen und Worten
> **Grund des Darlehens**

- > Laufzeit
- > **Zinssatz und Fälligkeit** der Zinsen
- > **Klare Modalitäten der Rückzahlung:** Haben die Parteien nämlich keinen bestimmten Termin für die Rückzahlung abgemacht, hat die Darlehensgeberin das Recht, das Darlehen jederzeit zu kündigen und zu verlangen, dass der gesamte Betrag samt fälligen Zinsen innert sechs Wochen zurückgezahlt wird.
- > **Kündigungsfristen,** besonders auch für den Fall, dass Rück- oder Zinszahlungen nicht pünktlich erfolgen

Achtung Verjährungsfrist

Darlehen verjähren zehn Jahre nach Fälligkeit. Diese Frist wird aber mit jeder Zins- oder Abzahlung sowie durch Betreibung unterbrochen. Danach beginnt die Verjährungsfrist neu zu laufen. Vor allem bei Darlehen ohne Zins und Abzahlung sollten Sie die Verjährungsfrist also im Auge behalten. Handeln Sie rechtzeitig vor Ablauf: Fordern Sie zum Beispiel die Rückzahlung und betreiben Sie wenn nötig den Darlehensnehmer.

> **Vereinbaren Sie bei langer Laufzeit jährliche oder halbjährliche Rückzahlungsraten. So merken Sie es rechtzeitig, wenn der Schuldner in finanzielle Schwierigkeiten geraten ist.**

ÜBERSICHT: VERJÄHRUNGSFRISTEN

10 Jahre

- > Wo das Gesetz nichts Besonderes vorsieht, gilt die ordentliche Verjährungsfrist von zehn Jahren. So zum Beispiel bei Darlehen oder bei unbefristeten Gutscheinen.

5 Jahre

- > Lohnansprüche
- > Ferienansprüche
- > Periodische Leistungen wie Mietzinsen, Telefonrechnungen oder Zeitungsabos
- > Rechnungen für Warenlieferungen an Privathaushalte
- > Handwerkerrechnungen
- > Alimente
- > Honorarforderungen von Anwältinnen, Steuerberatern oder Ärztinnen

2 Jahre

- > Leistungsansprüche gegenüber Privatversicherungen (zum Beispiel gegenüber der Zusatzversicherung der Krankenkasse, der Haftpflichtversicherung, der Hausratversicherung)

1 Jahr

- > Allgemeine Schadenersatzansprüche
- > Mängel bei Kaufsachen, Reparaturen, Pauschalreisen

Verjährung von Forderungen

Ist eine Forderung verjährt, können Sie sie nicht mehr gerichtlich durchsetzen - selbst wenn Sie hieb- und stichfeste Beweise dafür haben. Sie sind auf den Goodwill des Schuldners angewiesen. Darum ist es wichtig, die Verjährungsfristen zu kennen und im Auge zu behalten.

Wenn die Verjährung droht

Die gesetzlichen Verjährungsfristen sind zwingend, das heisst, man kann sie auch durch Vertrag weder verkürzen noch verlängern. Man kann die Verjährung aber unterbrechen. Dann fängt die Frist wieder von vorn an zu laufen - eine zweijährige läuft also wieder für zwei Jahre, eine fünfjährige für fünf Jahre usw.

Eine gewöhnliche Mahnung genügt allerdings nicht für einen solchen Verjährungsunterbruch. Es braucht eine Betreibung, eine Klage oder einen amtlichen Sühneversuch.

Auch die Schuldnerin kann die Verjährung unterbrechen - zum Beispiel durch Schuldanerkennung. Als stillschweigende Schuldanerkennung gilt es, wenn die Schuldnerin Zinsen zahlt oder wenn sie mehr Zeit für die Zahlung verlangt (Stundung).

7.3 Haftung und Versicherungen

Klirr! Der Golfball fliegt über die Driving Range hinaus und landet in der Frontscheibe eines am Strassenrand parkierten Autos. Wer muss für den Schaden aufkommen?

Die Frage, wer für einen Schaden zahlen muss, steht im Zentrum des Haftpflichtrechts. Das ist ein kompliziertes Rechtsgebiet, bei dem sich der Gang zur Rechtsberatung oder zur spezialisierten Anwältin lohnt, bei grösseren Summen gar unbedingt nötig ist.

Grundsätzlich muss der Eigentümer einen Schaden selber tragen. Kann er beweisen, dass eine andere Person den Schaden fahrlässig oder vorsätzlich verursacht hat, haftet diese Person. Ausnahmsweise haftet jemand selbst dann, wenn er am Schaden gar nicht schuld ist.

Wie Autofahrer, Hundehalter und Hauseigentümerinnen haften

Es gibt Fälle, in denen das Verschulden nur eine beschränkte oder gar keine Rolle spielt. Zum Beispiel beim Autofahren. Autofahrer haften immer mit – egal, ob sie an einem Unfall schuld sind oder nicht, ob sie sich vorsichtig verhalten haben oder nicht. Diese Haftung entsteht laut Gesetz allein schon durch die Tatsache, dass man etwas so Gefährliches wie ein Auto in Betrieb setzt. Dies nennen die Juristen die Betriebsgefahr.

Ähnlich eine Hauseigentümerin. Sie haftet für Schäden, die durch ihr Haus und Grundstück entstehen. Kann sie aber belegen, dass sie ihre Liegenschaft korrekt unterhalten und alle Sorgfaltspflichten erfüllt hat, kann sie sich von der Haftung befreien.

Gleich verhält es sich für Hundehalter: Sie haften für Schäden, die ihr Hund verursacht – ausser sie können belegen, dass sie den Hund beaufsichtigt haben, wie es sich gehört.

Um sich gegen grosse Schadenersatzzahlungen abzusichern, schliesst man für alle diese Situationen mit Vorteil eine Haftpflichtversicherung ab. Die Motorfahrzeughaftpflicht für Autofahrer ist sogar obligatorisch.

Auch Hersteller und Importeure haften für fehlerhafte Produkte im Rahmen der Produktehaftpflicht unabhängig von einem Verschulden. Entscheidend ist, dass ein Fehler des Produkts zum Schaden geführt hat – und nicht etwa mangelhafte Wartung oder ein unsorgfältiger Gebrauch. Gemäss einem neuen Bundesgerichtsurteil zu einem explodierenden Kaffeekrug muss die Konsumentin nicht nachweisen, dass ein Fehler des Produkts zum Schaden geführt hat, sondern nur, dass sie korrekt und gemäss den Sicherheitsbestimmungen des Herstellers damit umgegangen ist.

Die 25-jährige Susanne M. ...

... ist auf einer eisigen Fläche auf einem privaten Quartiersträsschen ausgerutscht und hat sich einen komplizierten Oberschenkelbruch zugezogen. Weil es sich um eine Privatstrasse handelt, kann sie den Eigentümer auf Schadenersatz verklagen. Denn Privatwege müssen im Winter von Schnee und Eis befreit werden, sonst haftet der Eigentümer. Ebenso müssen Dächer von Schnee befreit werden oder gegen Schneerutsch gesichert sein.

Welche Versicherungen sind wirklich nötig?

Gegen viele Gefahren müssen Sie sich versichern, weil die Versicherungen obligatorisch sind. Das gilt für normale Spital- und Arztkosten (Krankenkasse), für den Grundbedarf im Alter (AHV, BVG), für Invalidität (IV), für den Lohnausfall nach einer Geburt, für Schäden, die Sie als Autofahrer verursachen, als Arbeitnehmer auch für Unfall und Arbeitslosigkeit (siehe Seite 249). Das ist sozusagen das «Must» an Versicherungen.

Sind Sie Studentin oder im unbezahlten Urlaub, arbeitslos oder selbständigerwerbend, müssen Sie Ihren Versicherungsschutz von Grund auf klären (siehe Seite 252).

Zu den wichtigen Versicherungen, die man zusätzlich abschliessen sollte, gehören die **Privathaftpflichtversicherung** (siehe oben) und die **Hausratversicherung** – sie sind nicht obligatorisch, aber sinnvoll.

Nicht obligatorisch, aber empfehlenswert ist eine **Krankentaggeldversicherung** – für Selbständigerwerbende sowieso, aber auch für viele Angestellte: Sind Sie längere Zeit krank und können nicht arbeiten, muss der Arbeitgeber nur während weniger Wochen den Lohn weiter zahlen (siehe Seite 183). Lesen Sie in Ihrem Arbeitsvertrag nach, ob Ihr Arbeitgeber eine Kollektiv-Krankentaggeldversicherung abgeschlossen hat. Wenn nicht, tun Sie dies auf privater Basis.

Als **Hauseigentümer** schliessen Sie sinnvollerweise neben der obligatorischen Elementarschaden- und Feuerversicherung, eine Gebäudewasser-, eine Gebäudeglas- und eine Gebäudehaftpflichtversicherung ab.

7. Recht für Konsumenten

 FRAGEBOX

Ich habe bei meiner Haftpflichtversicherung darauf geachtet, dass auch Schäden gedeckt sind, die ich mit fremden Fahrzeugen verursache. Den Selbstbehalt habe ich auf 500 Franken festgelegt. Nun weigert sich der Versicherer einen Blechschaden von 2300 Franken zu übernehmen, den ich mit einem Mobility-Fahrzeug verursachte. Ist das korrekt?

Ja, das ist leider korrekt. Die Fremdlenkerzusätze von Haftpflichtversicherungen decken Schäden mit Mietwagen oder Fahrzeugen einer Fahrzeuggemeinschaft nicht. Wollen Sie dort den Versicherungsschutz verbessern, müssen Sie bei der Fahrzeuggemeinschaft oder der Autovermietung selbst eine Reduktion des Selbstbehalts vorsehen. Um bei Fremdlenkerzusätzen keine Überraschungen zu erleben, klären Sie die konkreten Fragen direkt mit Ihrem Versicherer und lassen Sie sich allfällige Deckungszusagen schriftlich bestätigen (zum Beispiel, ob gelegentliches Fahren mit dem Auto von Freunden oder mit dem Auto von im gleichen Haushalt wohnhaften Personen gedeckt sind).

Weitere mögliche Versicherungen, die je nach Lebenssituation und Sicherheitsbedürfnis sinnvoll sein können, sind: eine Rechtsschutzversicherung (siehe Seite 41), eine Zusatzversicherung bei der Krankenkasse, eine Vorsorgeversicherung der Säule 3a, eine Lebensversicherung sowie eine Teil-oder Vollkasko-Autoversicherung.

Schliessen Sie nur Versicherungsverträge mit kurzer Laufzeit (ein Jahr) oder mit jährlicher Kündigungsmöglichkeit ab.

Füllen Sie beim Abschluss einer Versicherung das Antragsformulars unbedingt wahrheitsgemäss aus – selbst wenn ein Versicherungsberater das Gegenteil geraten hat! Sonst können im Schadenfall Leistungen gekürzt oder ganz abgesprochen werden

Richtig vorgehen im Schadenfall

Haben Sie einen Schaden erlitten, müssen Sie den Versicherer sofort informieren. Melden Sie den Schaden zu spät an, können die Leistungen gekürzt oder ganz verweigert werden.
Nehmen Sie die allgemeinen Versicherungsbedingungen hervor und lesen Sie da nach, welche weiteren Pflichten Sie im Schaden-

fall haben. Bei Haftpflichtversicherungen zum Beispiel ist es verboten, die Haftung anzuerkennen oder sogar zu bezahlen, ohne vorher die Zustimmung des Versicherers eingeholt zu haben. Bei Unfällen mit Motorfahrzeugen muss man ein Unfallprotokoll ausfüllen und sollte im Zweifelsfall die Polizei rufen (siehe auch Seite 297).

Verlangen Sie unbedingt eine schriftliche Begründung, wenn der Versicherer Ihre Ansprüche ablehnt. Lassen Sie sich nicht mündlich abwimmeln.

Die Auto-, Hausrat- oder Haftpflichtversicherung wechseln

Wollen Sie den Versicherer wechseln, müssen Sie die alte Police kündigen und eine neue abschliessen. Das müssen Sie so koordinieren, dass keine Versicherungslücke entsteht. Es gibt drei Möglichkeiten, eine Privatversicherung zu kündigen.

Ablauf des Vertrags
Endet die Laufzeit des Vertrags, läuft er nicht einfach aus, sondern Sie müssen ihn mit einer dreimonatigen Frist auf das Ende der Laufzeit kündigen – am besten mit eingeschriebenem Brief. Läuft Ihre Police beispielsweise am 30. November 2007 aus, muss das Kündigungsschreiben spätestens am 31. August beim Versicherer eingetroffen sein. Es ist also nicht der Poststempel massgebend! Schicken Sie den Brief genügend früh ab, damit er wirklich fristgerecht zugeht. Ohne Kündigung verlängert sich der Vertrag trotz Ablauf stillschweigend um ein Jahr.

Prämienerhöhung
Zweitens ist eine Kündigung möglich, wenn die Prämie steigt. Der Versicherer muss Sie über eine Prämienerhöhung spätestens 30 Tage vor Inkrafttreten der Erhöhung informieren. Sie als Versicherter können Ihre Kündigung bis zum letzten Tag dieser Monatsfrist absenden.

Bevor Sie kündigen, holen Sie aber mit Vorteil bereits Offerten anderer Versicherer ein und prüfen diese. Stellen Sie sicher, dass die angebotenen Leistungen ungefähr gleich sind, sonst können Sie die Prämien nicht wirklich vergleichen. Sie können die neue Versicherung im Voraus auf das Datum hin abschliessen, zu dem die alte Police aufgelöst wird.

Schadenfall
Eine Kündigung ist auch im Schadenfall möglich, wenn die Versicherung Leistungen erbringt. Der Versicherer hat in der Regel dieses Kündigungsrecht ebenfalls; kulante Gesellschaften verzichten aber darauf. Die genaue Regelung finden Sie in den allgemeinen Versicherungsbedingungen.

7.4 Wenn einer eine Reise tut

**Ferien, die schönsten Wochen im Jahr. Doch wer nicht aufpasst, kann sich danach monatelang ärgern.
Die wichtigste Regel für Reisende lautet: Wenn immer möglich die Ferien geniessen. Es lohnt sich nicht, sich wegen kleiner Mängel die Freude verderben zu lassen.**

Wenn Sie im Reisebüro um die Ecke Ihre Ferienreise buchen, ist das in den meisten Fällen eine sogenannten Pauschalreise und fällt damit unter das Pauschalreisegesetz. Dieses stärkt Ihre Stellung gegenüber dem Reiseanbieter und schützt Sie vor schlechter Vertragserfüllung.

Pauschalreise: Ihre Rechte

Das Pauschalreisegesetz macht den Reiseveranstalter oder -vermittler haftbar für die versprochenen Leistungen. Nur: Welche Leistungen wurden genau versprochen? Das beurteilt sich nach dem Beschrieb in Katalog und Prospekt. Heisst es im Prospekt, das Hotel habe Meersicht, darf nicht gerade ein Wohnblock die Sicht versperren, direkt am Meer liegen muss die Unterkunft aber nicht. Am besten fragen Sie vor dem Buchen nach, was mit den Beschreibungen genau gemeint ist. Wenn Sie besonderen Wert auf etwas legen – ruhige Lage, sicherer Spielplatz für Kinder –, lassen Sie sich dies schriftlich bestätigen. So werden diese Punkte zum Vertragsinhalt und Sie können eine Preisreduktion fordern, wenn die Wünsche nicht erfüllt wurden.

Prüfen Sie zudem, ob Ihr Reiseveranstalter einem Garantiefonds angeschlossen ist, der die Kunden bei Zahlungsunfähigkeit oder Konkurs absichert. Dazu ist er nämlich von Gesetzes wegen verpflichtet. Und fragen Sie nach, ob das nötige Geld auch wirklich einbezahlt wurde.

So wehren Sie sich

Entspricht die Ferienrealität nicht den Versprechungen im Prospekt, müssen Sie die Reiseleitung vor Ort oder den Veranstalter in der Schweiz sofort orientieren und ihm Zeit geben, Abhilfe zu schaffen – je nach

Dokumentieren Sie die Mängel mit Fotos und sichern Sie sich Zeugen für die Missstände.

FRAGEBOX

Wir freuten uns auf zwei Wochen Ferien in Griechenland. Zwei Tage vor Abflug teilte uns das Reisebüro mit, dass die Reise 500 Franken mehr kostet. Müssen wir das akzeptieren?

Nein, eine Preiserhöhung muss Ihnen spätestens drei Wochen vor der Abreise mitgeteilt werden, sonst ist sie ungültig. Zudem können die vereinbarten Reisepreise gemäss Pauschalreisegesetz nur unter gewissen Bedingungen geändert werden. Im Vertrag müssen Preiserhöhungen vorbehalten sein und es ist genau anzugeben, wie sich der neue Preis berechnet. Zulässig sind nur drei Gründe: ein Anstieg der Beförderungskosten (zum Beispiel Benzinpreise), die Zunahme der Ausgaben für bestimmte Leistungen wie etwa Landegebühren und die Änderung des für die Reise geltenden Wechselkurses. Sie müssen also keinen Aufpreis zahlen.

Dauer der Reise ein bis zwei Tage. Weisen Sie zudem darauf hin, dass Sie selber für Abhilfe sorgen werden, wenn Ihnen keine Lösung angeboten wird. Bewahren Sie die Quittungen für Mehrauslagen auf.

Ansprüche auf Preisminderung müssen Sie sofort nach der Rückkehr gegenüber dem Veranstalter geltend machen. Zum Teil sehen diese in ihren allgemeinen Reisebedingungen längere Reklamationsfristen vor. Preisnachlässe gibt es aber nur für erhebliche Mängel. Eine finanzielle Abgeltung für Ärger und Stress ist in der Schweiz praktisch nicht durchsetzbar.

Wenn Ihre Reise keine Pauschalreise ist

Nicht jede Reise, die Sie buchen, ist eine Pauschalreise. Dafür braucht es zumindest zwei touristische Dienstleistungen, die im Angebot kombiniert werden – zum Beispiel Transport und Hotel oder Transport und Konzert. Die Reise muss zudem mindestens 24 Stunden dauern oder eine Übernachtung einschliessen.

Buchen Sie die einzelnen Teile Ihrer Reise bei verschiedenen Anbietern oder suchen Sie sich eine Ferienwohnung per Internet, profitieren Sie nicht vom Schutz des Pauschalreisegesetzes. Zudem müssen Sie an verschiedene Fragen denken, die Ihnen sonst das Reisebüro abnimmt.

Wenn Sie sich mit dem Reiseveranstalter nicht einigen können, wenden Sie sich am besten an den Ombudsmann der Schweizer Reisebranche (Adresse siehe Seite 244). Er berät kostenlos.

Ein paar Vorsichtsmassnahmen helfen Ihnen, grösseren Frust zu verhindern:

> **Bestehen Sie** immer auf einer Reservationsbestätigung und nehmen Sie diese mit, damit Sie vor Ort etwas in der Hand haben.
> **Überprüfen Sie,** ob Punkte, die Ihnen wichtig sind, in der Buchungsbestätigung auch vorkommen. Wenn nicht, reklamieren Sie umgehend und machen klar, dass Ihre Buchung nur gilt, wenn diese Punkte erfüllt sind.
> **Lesen Sie vor dem Buchen** die allgemeinen Geschäftsbedingungen. Fallen zusätzliche Gebühren an? Wird die Buchung schriftlich bestätigt?
> **Haben Sie eine Ferienwohnung gebucht,** achten Sie darauf, dass Sie Adresse und Telefon des Vermieters sowie die Telefonnummer eines Ansprechpartners vor Ort erhalten. Vorsicht bei Vermietern ohne Telefon und bei Postfachadressen.
> **Denken Sie auch** an Annullationskostenversicherung, Einreisebestimmungen (Visum, Impfungen) und den Transport vom Flughafen zur Unterkunft.

Zahlen Sie mit Kreditkarte, ist oft automatisch die ganze Familie gegen Reise- und Flugunfälle versichert.

Time-Sharing lohnt sich nicht

Time-Sharing ist ein Verlustgeschäft. Für 10 000 bis 50 000 Franken erhalten Sie das Recht, eine Wohnung in einer Ferienanlage – zum Beispiel in Spanien oder Österreich – während einer bestimmten Zeit im Jahr – zum Beispiel in Woche 21 und 22 – zu bewohnen. Die Verträge sind meist erst nach 10, 20 oder gar 45 Jahren kündbar.

Mit dem stolzen Preis sind noch lange nicht alle Kosten abgedeckt: Jährlich zahlen Sie zusätzlich Unterhalts- und Verwaltungskosten von 500 und mehr Franken. Auch die Reise, die Verpflegung und weitere Ausgaben vor Ort berappen Sie selbst.

Und vor allem: Sie sind über Jahrzehnte an eine Feriendestination gebunden, denn entgegen den vollmundigen Versprechungen der Anbieter lassen sich die Wohnungen kaum tauschen, geschweige denn die Time-Sharing-Anteile verkaufen. Dafür gibt es schlicht keinen Markt. Time-Sharing-Anteile sind denn auch keine Kapitalanlage.

«Feriengutscheine» von Time-Sharing-Firmen gehören in den Papierkorb. Die versuchen nur, Sie in ihre Verkaufsräume zu locken, wo Sie von gewieften Verkäufern so lange bearbeitet werden, bis Sie unterschreiben.

7.5 Telefon, Internet, Handy

Handy, Internet und E-Mail erleichtern nicht nur die Kommunikation, sie geben auch Betrügern und aufsässigen Verkäufern neue Möglichkeiten. Hier einige Tipps, wie Sie sich schützen können.

Ein gesundes Misstrauen beim Nutzen der neuen Kommunikationsmittel ist durchaus angebracht. Prüfen Sie als Erstes, wie teuer eine Minute bei der Hotline oder beim Hausaufgabenservice ist. Auch Ihre Kinder müssen wissen, dass Klingeltöne, Games und andere hübsche Gags fürs Handy nicht gratis sind. Genauso wenig wie Partnersuch-SMS, Erotikangebote, Chatforen und dergleichen.

Was tun gegen Spam?

Spamming ist zwar strafbar. Doch das hilft den Konsumentinnen und Konsumenten wenig, weil die Verursacher meist aus dem Ausland agieren und deshalb kaum gefasst werden können. Wer sich gegen Spam schützen will, muss vor allem mit seiner E-Mail-Adresse vorsichtig umgehen. Ist sie einmal im Internet vorhanden – zum Beispiel als Eintrag in einem Gästebuch, einem Forum oder als Kontaktadresse eines Vereins –, gibt es kein Halten mehr: Sogenannte Harvester oder Suchprogramme suchen das ganze Internet nach E-Mail-Adressen ab und beliefern diese mit Spams. Also: Nie eine E-Mail-Adresse im Internet angeben oder nur eine öffentliche Mailbox verwenden, die am besten über den Webbrowser bedient wird. Zudem lohnt es sich, Spam den Providern zu melden, damit diese ihre Filter anpassen können.

Löschen Sie verdächtige Mails ungesehen von Ihrem Computer. Und vor allem: Öffnen Sie keine Anhänge, die nicht von Personen stammen, denen Sie vertrauen. Darin können sich Viren verbergen.

Gewappnet gegen Internetschwindler

Da flattert plötzlich eine Rechnung für ein Abo des Internetdiensts hausaufgaben.com ins Haus. Doch auch Ihr Sohnemann erinnert sich nicht, je ein solches Abo abgeschlossen zu haben.
Kein Wunder: Immer wieder versuchen dubiose Internetanbieter, mit vermeintlichen

7. Recht für Konsumenten

Gratisangeboten zu kostenpflichtigen Aboabschlüssen zu verlocken. Das zeigt sich aber erst im Kleingedruckten, gut versteckt zuunterst auf der Website. Mit einem Mausklick schliesst der ahnungslose Surfer so einen langfristigen, teuren Abonnementsvertrag ab.

Gehäuft kommt dieses Vorgehen in folgenden Bereichen im Internet vor: Lebensprognosen, IQ-Tests, Alkoholprobleme, SMS-Gratisversand, Gewinnspiele, Songtexte, Hausaufgabenhilfe, Bastelhilfe, Sternzeichen, richtiges Flirten, Filmstars, Witze, Kunst, p2p-Download.

Lassen Sie sich nicht einschüchtern

Die Internetschwindler üben mithilfe von Inkassobüros und Rechtsanwälten enormen Druck aus, um das Geld einzutreiben. Doch ruhig Blut: Bezahlen Sie solche Rechnungen nicht, sondern erklären Sie dem Anbieter sofort nach Entdeckung des Irrtums mit eingeschriebenem Brief, dass seine Website täuschend und der Vertrag deshalb nicht gültig abgeschlossen worden sei.

Was gilt bei Internetauktionen?

Auktionen im Internet via Ebay oder Ricardo sind beliebt. In der Regel läuft diese Form von Handel unter Privaten auch problemlos ab. Damit Sie bei einem Kauf nicht auf die Nase fallen, lohnt es sich aber, gewisse Vorsichtsmassnahmen zu treffen.

> **Überprüfen Sie den Anbieter.** Ist das Produkt vollständig beschrieben? Mit guten Fotos dokumentiert? Sind die Referenzen im Bewertungsprofil des Verkäufers überwiegend positiv?
> **Vergleichen Sie die Preise.** Klären Sie ab, was der Artikel regulär kosten würde. Rechnen Sie Versandkosten und allfällige Einfuhrzölle dazu.
> **Bieten Sie grundsätzlich zurückhaltend.** Eine Transaktion auf Ricardo oder Ebay ist ein verbindlicher Kaufvertrag.
> **Fixieren Sie einen persönlichen Höchstbetrag** – vor dem Kauf. Sonst laufen Sie Gefahr, sich vom Bietfieber mitreissen zu lassen.
> **Zahlen Sie teure Produkte nie im Voraus.** Vereinbaren Sie «Ware gegen Geld» oder wickeln Sie die Bezahlung über den Treuhandservice von Ebay oder Ricardo ab. Dann wird das Geld bis zur Lieferung zurückgehalten.
> **Verlangen Sie Kaufbeleg und Garantie.** Wer gestohlene Ware kauft, macht sich strafbar. Er verliert Geld und Erworbenes.
> **Bewerten Sie den Verkäufer.** Hat er schnell reagiert und gute Ware geliefert? Die Bewertung ist ein gutes Instrument, schwarze Schafe abzuschrecken. Aber Achtung: Mit einer schlechten Bewertung zu drohen ist Nötigung und deshalb illegal.

Daten überprüfen und löschen lassen

Wenn Sie nicht aufpassen, geben Sie im Lauf eines Jahres Dutzende Mal Ihre Adresse bekannt. Da muss es Sie nicht verwundern, wenn Ihr Briefkasten von adressierter Werbung überquillt und Sie mit Werbemails belästigt werden. Wenn Sie nicht wollen, dass Ihre Daten an zahllosen Orten gesammelt und bearbeitet werden, können Sie folgende Massnahmen ergreifen:

> **Wo immer Sie etwas ausfüllen** – auch im Internet: Notieren Sie grundsätzlich nur die nötigsten Angaben und lehnen Sie es ab, Daten bekannt zu geben, die nichts zur Sache tun (zum Beispiel Geburtsdatum im Versandhandel, Berufsangabe auf dem Hotelmeldeschein).
> **Vermerken Sie überall,** wo Sie Ihre Adresse hinterlassen: «Weitergabe an Dritte nicht gestattet.» Gerade im Internet lässt sich das allerdings nicht immer durchhalten.
> **Gestützt auf Artikel 8 des Datenschutzgesetzes** (DSG) können Sie von jedermann Auskunft verlangen, ob eine Datensammlung unterhalten wird, in der Sie gespeichert sind, und was darin über Sie vermerkt ist. Machen Sie dies schriftlich und legen Sie eine Kopie von ID oder Pass bei.
> **Sie können verlangen,** dass Ihre Daten vernichtet und nicht an Dritte weitergegeben werden (Art. 15 DSG und Art. 28 ZGB). Oft hilft bereits ein eingeschriebener Brief. Machen Sie klar, dass die Firma mit einer Klage rechnen muss, wenn sie Ihrem Wunsch nicht nachkommt.

Unerwünschte Werbung und Telefonmarketing

Gegen die Überfüllung Ihres Briefkastens wehren Sie sich am besten mit den folgenden drei Mitteln:

> **«Stopp Werbung»:** Dieser Kleber am Briefkasten hält wenigstens unadressierte Werbung fern.
> **Eintrag in Robinsonliste:** Wollen Sie keine adressierten Werbesendungen, verlangen Sie beim Schweizerischen Direktmarketing-Verband, dass Ihre Adresse in diese Sperrliste eingetragen wird (www.dmverband.ch → Robinsonliste).
> **Erkundigen Sie sich bei Ihrer Gemeinde,** ob diese mit Ihrer Adresse handelt. Dort können Sie Ihre Daten auch gleich sperren lassen, wenn Sie keine Weitergabe wünschen.

Erneuern Sie nach einem Umzug Ihre Werbesperren mit Ihrer aktuellen Adresse.

7. Recht für Konsumenten

Erhalten Sie trotzdem weiterhin unerwünschte Werbesendungen, streichen Sie Ihre Adresse durch, notieren: «Refusé – bitte meine Adresse aus der Kartei streichen», und werfen die Sendung unfrankiert in den nächsten Briefkasten.

Hilfe gegen Telefonmarketing

Wenn Sie von telefonischen Werbeanrufen (Telefonmarketing) verschont sein wollen, können Sie bei Swisscom Directories einen Eintrag im Telefonbuch verlangen: im Internet unter www.directories.ch (→ Eintrag ändern) oder telefonisch unter der Nummer 0848 86 80 86. Mit einem Stern wird dann im Telefonverzeichnis darauf hingewiesen, dass Sie keine Werbeanrufe wünschen. Dadurch sind Sie zwar nicht völlig gegen Telefonmarketing geschützt, aber bei allfälligen Anrufen können Sie auf den Stern hinweisen und das Gespräch mit knappen Worten beenden.

7.6 Betreibung und Konkurs

> Der Pöstler oder Betreibungsbeamte klingelt und händigt Ihnen einen Zahlungsbefehl aus. 1453 Franken plus Verzugszinsen sollen Sie ans Reisebüro Trawell zahlen. Nie gehört, den Namen!

Keine Panik: In der Schweiz kann jeder grundlos gegen jeden die Betreibung einleiten, ohne dass vorher in einem Gerichtsverfahren verbindlich festgestellt wurde, dass die Forderung berechtigt ist. Es heisst also gar nichts, wenn Sie vom Betreibungsamt einen Zahlungsbefehl erhalten. Doch jetzt müssen Sie aktiv werden.

Sich gegen eine Betreibung wehren

Nach Erhalt des Zahlungsbefehls, haben Sie zehn Tage Zeit, den sogenannten Rechtsvorschlag zu erheben. Das ist schnell getan: Am besten schreiben Sie: «Ich erhebe Rechtsvorschlag», auf den Zahlungsbefehl, unterschreiben und schicken das Papier eingeschrieben zurück ans Betreibungsamt. Die Frist ist eingehalten, wenn Sie den Brief innerhalb der zehn Tage der Post übergeben haben (Poststempel gilt als Beweis). Damit liegt der Ball wieder beim Reisebüro Trawell. Es muss jetzt beim Richter begründen, weshalb es Geld von Ihnen will.

Verzugsschaden, nur selten geschuldet

Professionelle Inkassobüros, die für andere Geld eintreiben, drohen unter dem Titel «Verzugsschaden» oft mit enormen Honorarforderungen und hohen Spesen, wenn Sie nicht sofort zahlen.

Bleiben Sie cool. Verzugsschaden ist nur geschuldet, wenn das schon vorher vertraglich vereinbart wurde. Zudem ist es gemäss Gesetz nicht zulässig, dass das Inkassobüro seinen eigenen Aufwand auf Sie überwälzt. Falls dies trotzdem geschieht, können Sie einen Teil-Rechtsvorschlag erheben, der sich einzig gegen die überwälzten Spesen richtet.

Vom Verzugsschaden zu unterscheiden ist der Verzugszins. Dieser ist nach Ablauf der Zahlungsfrist oder nach der ersten Mahnung geschuldet und beträgt – wenn nichts anderes abgemacht wurde – fünf Prozent.

Den Eintrag im Betreibungsregister löschen lassen

Haben Sie gegen eine Betreibung Rechtsvorschlag erhoben, wird diese trotzdem weiter im Betreibungsregisterauszug aufgeführt, einfach mit dem Vermerk «Rechtsvorschlag erhoben». Erst nach drei Jahren wird der Eintrag in einem summarischen Betreibungsregisterauszug nicht mehr aufgeführt, nach fünf Jahren dann gar nicht mehr. Doch bis dahin wird auch eine ungerechtfertigte Betreibung ausgewiesen.

Das ist ärgerlich, weil Vermieterinnen, Geschäftspartner, Konsumkreditunternehmen, Kreditkartenfirmen oder Versandhäuser häufig einen Betreibungsregisterauszug verlangen, um die Zahlungsfähigkeit eines Mieters oder einer Kundin zu überprüfen. Einträge im Betreibungsregister können also dazu führen, dass Sie die Wohnung, die Kreditkarte oder bestellte Ware nicht erhalten – obwohl die Betreibung unbegründet war und Sie Rechtsvorschlag erhoben haben.

Ungerechtfertigte Einträge im Betreibungsregister sind nicht so einfach loszuwerden.

> **Als Erstes** kann man versuchen, den Gläubiger zu überzeugen, dass er seine Betreibung zurückzieht.
> **Gelingt dies nicht,** wirds mühsam: Dann bleibt nur die sogenannte negative Feststellungsklage beim Zivilgericht am Wohnort des Gläubigers. Darin fordern Sie das Gericht auf festzustellen, dass die in Betreibung gesetzte Forderung nicht existiert und deshalb in einem Registerauszug nicht mehr aufgeführt werden darf. Dabei tragen Sie aber das volle Kostenrisiko eines Zivilprozesses und müssen ein bis zwei Jahre warten, bis das Urteil vorliegt. In dieser Zeit wird der Eintrag in den Auszügen weiter aufgeführt.

> **Eine andere Möglichkeit** – wenig erprobt, dafür aber kostenlos – ist die Aufsichtsbeschwerde. Es gibt Entscheide, in denen Betreibungsämter von den Aufsichtsbehörden angewiesen wurden, offensichtlich unbegründete und böswillige Betreibungen in einem Auszug nicht mehr aufzuführen.

So oder so, ein mühsamer Weg. Oft gibt es nur eins: warten oder zügeln. In einem Betreibungsregisterauszug werden nämlich nur jene Betreibungen ausgewiesen, die am aktuellen Wohnort angehoben wurden.

Wenn Sie das Geld tatsächlich schuldig sind

Stecken Sie nicht einfach den Kopf in den Sand, wenn Sie eine Rechnung nicht (sofort) zahlen können. Suchen Sie den Kontakt mit dem Gläubiger, legen Sie Ihre finanzielle Situation offen und unterbreiten Sie einen Vorschlag, wie Sie den Betrag in Raten zurückzahlen werden. Lügen lohnt sich nicht. Offenheit hingegen überzeugt die meisten Gläubiger, denn diese befürchten ja, ihr Geld möglicherweise gar nie zu sehen oder eine langwierige Betreibung in Gang setzen zu müssen.

Wenn Sie eine Stundung erreichen wollen, sollten Sie eine Teilzahlung oder eine Sicherheit beibringen, ansonsten wird der Gläubiger kaum auf das Angebot einsteigen.

Seien Sie sich bewusst: Eine Teilzahlung, ein Abzahlungsplan oder ein Stundungsbegehren, in dem Sie den ausstehenden Betrag aufführen, ist immer auch eine Schuldanerkennung.

Was darf gepfändet werden?

Werden Sie betrieben und der Rechtsvorschlag nützt nichts, weil der Gläubiger erfolgreich Rechtsöffnung verlangen kann (siehe nächste Seite), wird sich der Betreibungsbeamte bei Ihnen melden, um Gegenstände für die Zwangsverwertung zu beschlagnahmen. Sie dürfen und müssen dabei anwesend sein.

Achten Sie darauf, dass der Betreibungsbeamte nur so viele Gegenstände beschlagnahmt, wie für die Begleichung der Schuld (einschliesslich Verzugszins und Betreibungskosten) nötig sind. Das Betreibungsamt beschlagnahmt in erster Linie Bargeld, Bankguthaben, Wertpapiere oder Ihr Einkommen. Dann bewegliche Gegenstände, für die es einen sicheren Markt gibt – zuletzt Liegenschaften.

Eine ganze Reihe von Gegenständen dürfen nicht gepfändet werden:

> **Gegenstände für den täglichen Gebrauch** von Schuldner und Familie: Kleider, Möbel, Haushaltsgeräte
> **Gegenstände für die Ausübung des Berufs:** Auto eines Ein-Mann-Taxi-Unternehmens, Computer einer freien Journalistin
> **Leistungen der Sozialhilfe,** der AHV und IV sowie die Ergänzungsleistungen

Der Lohn kann nur so weit gepfändet werden, wie Sie ihn nicht für eine minimale Existenz für sich und Ihre Familie brauchen (betreibungsrechtliches Existenzminimum).

Wenn Sie selber der Gläubiger sind

Wenn ein Schuldner seine Rechnungen nicht bezahlt, können Sie ihn grundsätzlich sofort betreiben. Entgegen einer verbreiteten Meinung müssen Sie nicht zuerst dreimal mahnen. Aber sinnvoll ist die direkte Betreibung nicht. Denn Ihre Rechnung kann

7. Recht für Konsumenten

CHECKLISTE: DER SCHULDNERCHECK

Wollen Sie einen möglichen Geschäftspartner auf seine Zahlungsfähigkeit prüfen, lohnen sich folgende Anfragen:

☐ **Handelsregister**
Im Handelsamtsblatt (www.shab.ch) und beim Handelsregister des Kantons, in dem das Unternehmen seinen Sitz hat (Verzeichnis unter www.zefix.ch), erfahren Sie, welche Rechtsform die Firma Ihres Geschäftspartners hat, wie sie gegründet wurde und ob sie allenfalls schon Konkurs ist. Tipp: Wurde ein Unternehmen mit einer Sacheinlage und nicht mit einer Geldzahlung gegründet, sollten Sie misstrauisch sein. Schon ein altes Pult und ein gebrauchter Computer können als Sacheinlage gelten.

☐ **Betreibungsregister**
Am Wohnort des Geschäftspartners und am Sitz der Firma erhalten Sie Auskunft über Betreibungen, wenn Sie Ihr Interesse glaubhaft machen können. Dazu reicht beispielsweise eine Offertanfrage. Ein Betreibungsregistereintrag bedeutet aber noch nicht, dass die Forderung zu Recht besteht. Zudem sind allfällige frühere Betreibungen an einem andern Wohnort des Geschäftspartners oder einem andern Sitz der Firma nicht aufgeführt.

☐ **Auskünfte von Branchenverbänden**
Schwarze Schafe sind in ihrer Branche häufig bekannt, deshalb lohnt sich eine Nachfrage. Ein Verzeichnis der Branchenverbände finden Sie unter www.verbaende.ch.

☐ **Wirtschaftsauskunfteien**
Teledata, Creditreform, Dun & Bradstreet bieten Bonitätsprüfungen an, sind aber teuer.

---

ja auch schlicht untergegangen sein. Deshalb schicken Sie am besten zuerst eine Mahnung und setzen dem Schuldner darin eine Zahlungsfrist an. Erfahrungsgemäss lohnt sich aber nur die eine Mahnung. Zahlt der Schuldner danach nicht, können Sie zur Betreibung schreiten.

Erhebt der Schuldner gegen den Zahlungsbefehl des Betreibungsamts Rechtsvorschlag, müssen Sie vor Gericht **Rechtsöffnung** verlangen. Das können Sie mit bestimmten Urkunden: zum Beispiel mit einem Gerichtsurteil, einer schriftlichen Schuldanerkennung des Schuldners, einem Vertrag.

Zahlt der Schuldner dann immer noch nicht, stellen Sie beim Betreibungsamt das Fortsetzungsbegehren. Das Betreibungsamt wird Privatpersonen, die nicht im Handelsregister eingetragen sind, auf Pfändung betreiben. Dabei werden einzelne Gegenstände des Schuldners oder sein Lohn verwertet, um Ihre Forderung zu decken. Reicht das pfändbare Vermögen dafür nicht aus, erhalten Sie für den ungedeckten Betrag einen Verlustschein.

Der Schuldner geht Konkurs

Ist der Schuldner im Handelsregister eingetragen, wird gegen ihn das Konkursverfahren eingeleitet. Dies aber nur, wenn Sie bereit sind, den verlangten Kostenvorschuss zu zahlen. Sämtliche Aktiven und Passiven werden von der Konkursverwaltung gesichtet und verwertet. Haben Sie nicht selbst den Konkurs beantragt, müssen Sie spätestens in diesem Zeitpunkt Ihre Forderung anmelden.

Die Forderungen werden in Klassen eingeteilt und nach einer strengen Reihenfolge aus der Konkursmasse beglichen. Zuerst werden Pfandgläubiger aus dem Erlös der Pfandsache bezahlt. In die zweite Klasse eingeteilt sind zum Beispiel die Löhne von Arbeitnehmern des Schuldners, Alimentenforderungen, AHV-Beiträge und Krankenkassenprämien. Alle nicht privilegierten Forderungen kommen in die dritte Klasse und werden zuletzt aus dem noch vorhandenen Vermögen anteilmässig beglichen. Für Gläubiger der dritten Klasse bleibt oft nichts mehr übrig.

Vorsorgen ist besser als betreiben. Prüfen Sie einen Geschäftspartner gründlich, bevor Sie Ihre Leistung erbringen.

Links, Adressen, rechtliche Grundlagen

Allgemeine Beratung und Information

Beobachter-Beratungszentrum
Das Wissen und der Rat der Fachleute stehen Abonnenten des Beobachters im Internet und am Telefon kostenlos zur Verfügung:
> HelpOnline: Rund um die Uhr im Internet unter www.beobachter.ch/helponline, Rubriken: Konsum, Geld, Versicherungen
> Telefon: Montag bis Freitag von 9 bis 13 Uhr, Fachbereich Konsum 043 444 54 03, Fachbereich Geld 043 444 54 07

www.konsum.ch
Beratungsstelle Konsumentenforum Zürich
Grossmannstrasse 29
8049 Zürich
Telefonische Beratung durch regionale Sektionen, Öffnungszeiten auf der Homepage:
> Zürich: 044 251 57 70
> Bern: 031 961 69 86
> Ostschweiz: 071 223 32 71

www.konsum.admin.ch
Eidgenössisches Büro für Konsumentenfragen
Effingerstrasse 27
3003 Bern
Hotline 031 322 20 00

www.konsumentenschutz.ch
Stiftung für Konsumentenschutz
Monbijoustrasse 61
3000 Bern 23
Tel. 0900 90 04 40 (Fr. 2.10/Min.)
Beratung: Di und Do 10 bis 16 Uhr

Betreibung, Konkurs

www.betreibung-konkurs.ch
Website der Schweizer Betreibungs- und Konkursämter mit Muster eines Betreibungsbegehrens, Gebührenangaben und (Web-)Adressen der kantonalen Betreibungsämter

Reisen

www.ombudsman-touristik.ch
Ombudsman der Schweizer Reisebranche
Postfach
4601 Olten
Tel. 062 212 66 60
Mo bis Mi 10 bis 16 Uhr

Schulden- und Budgetberatungsstellen

www.budgetberatung.ch
Arbeitsgemeinschaft Schweizerischer Budgetberatungsstellen (ASB)
Hashubelweg 7
5014 Gretzenbach
Tel. 062 849 42 45
Erhebungsblätter und Budgetbeispiele

www.schuldenhotline.ch (→ Links)
Gute Übersicht über die Schuldenberatungsstellen in den Kantonen

Versicherungen

www.assistiftung.ch
ASSI, Stiftung zum Schutz der Versicherten
Postfach 129
6034 Inwil
Tel. 041 448 46 34
Keine Beratung, aber gut aufbereitete Informationen für Versicherte

www.comparis.ch
Kommerzielle Website für Preisvergleiche auch von Krankenkassen, Hausrat-, Rechtsschutz-, Haftpflicht-, Risikoversicherungen usw. Es werden nicht alle Gesellschaften berücksichtigt. Die Versicherer zahlen comparis für jeden vermittelten Kunden.

www.versicherungsombudsman.ch
Ombudsstelle der Privatversicherung
und der Suva
Postfach
8022 Zürich
Tel. 044 211 30 90

Rechtliche Grundlagen

Garantie: Art. 197 bis 210 Obligationenrecht (OR, SR 220)

Haustürgeschäft: Art. 40a bis 40f Obligationenrecht (OR, SR 220)

Leasingvertrag: Art.11, 17 bis 21, 26 Konsumkreditgesetz (KKG, SR 221.21.1)

Schenkkreise, Gewinnversprechen: besonders Art. 38 bis 52 Bundesgesetz betreffend die Lotterien und gewerbsmässigen Wetten (LG, SR 935.51)

Haftung:
> Allgemein: Art. 41 bis 54 Obligationenrecht (OR, SR 220)
> Tierhalterhaftung: Art. 56, 57 Obligationenrecht (OR, SR 220)
> Werkeigentümerhaftung: Art. 58 Obligationenrecht (OR, SR 220)
> Motorfahrzeughaftpflicht: Art. 58 bis 62 Strassenverkehrsgesetz (SVG, SR 741.01)

Versicherungsverträge: Versicherungsvertragsgesetz (VVG, SR 221.229.1)

Pauschalreisen: Bundesgesetz über die Pauschalreisen (PRG, SR 944.3)

Spam, Dialer: Art. 24e der Verordnung über Adressierungselemente im Fernmeldewesen (AEFV, SR 784.104)

Datenschutz: Bundesgesetz über den Datenschutz (DSG, SR 235.1)

Betreibung und Konkurs: Schuldbetreibungs- und Konkursgesetz (SchKG, SR 281.1), besonders Art. 27 Abs. 3 SchKG

Muster im Anhang

Widerruf eines Haustürgeschäfts (Muster 16, Seite 323)

Widerruf eines Leasingvertrags innert sieben Tagen (Muster 17, Seite 324)

Darlehensvertrag (Muster 18, Seite 324)

Schuldanerkennung (Muster 19, Seite 325)

8. Sozialversicherungen und Sozialhilfe

Der Staat lässt seine Bürgerinnen und Bürger nicht im Stich, wenn sie invalid, arbeitslos, arm oder einfach alt werden. Materiell ist dafür gesorgt, dass kaum jemand Not leiden muss. Doch welche Versicherungen zahlen bei einer Invalidität? Was erhalten Hinterbliebene? Wann hat man Anspruch auf Sozialhilfe?

8.1 Das System der Sozialversicherungen	**249**
Der Unterschied zwischen Sozial- und Privatversicherungen	250
Wer ist wie versichert?	251
8.2 Gut geschützt bei Unfall	**253**
Unfall oder Krankheit – der entscheidende Unterschied	253
Sie hatten einen kleinen Unfall	255
Arbeitsunfähig nach einem Unfall	256
Wenn eine Invalidität zurückbleibt	257
Wie hoch sind die Invalidenrenten?	258
8.3 Die Leistungen bei Krankheit	**261**
Die Krankenkasse wechseln	261
Mit der Krankenkasse streiten	263
Arbeitsunfähig wegen einer Krankheit	265
Die Krankheit führt zur Invalidität	266
Ergänzungsleistungen beantragen	267
8.4 Die Altersvorsorge	**268**
Wie hoch können Altersrenten werden?	268
AHV: lückenlose Beiträge sind wichtig	269
Den Pensionskassenausweis verstehen	271
Säule 3a: wertvolle Ergänzung	271
Wenn die Pensionierung naht	274

8. Sozialversicherungen und Sozialhilfe

8.5 Arbeitslos – wie weiter? — **276**
    Was zahlt die Arbeitslosenversicherung? — 276
    Mit diesen Stellen haben Sie zu tun — 277
    Das richtige Verhalten nach der Kündigung — 277
    Achtung Versicherungsschutz — 278
    Einstelltage und wie man sich dagegen wehrt — 278

8.6 Wenn alle Stricke reissen: Sozialhilfe — **280**
    Alle Ansprüche prüfen und sich beraten lassen — 280
    Was ist Sozialhilfe? — 281
    So kommen Sie zu den Leistungen — 282
    Müssen Sozialhilfegelder zurückgezahlt werden? — 282
    Verwandtenunterstützung: Wer muss wann zahlen? — 283

Links, Adressen, rechtliche Grundlagen — **285**

8.1 Das System der Sozialversicherungen

Sozialversicherungen sichern in der Schweiz die wichtigsten Risiken des Lebens ab: Krankheit, Unfall, Invalidität, Tod, Alter und Arbeitslosigkeit. Reichen die Leistungen nicht aus, zahlt der Staat neben IV oder AHV Ergänzungsleistungen. Hat man darauf keinen Anspruch, kommt die Sozialhilfe zum Tragen.

Dieses Netz soll dafür sorgen, dass alle in der Schweiz wohnenden Menschen genügend materielle Mittel haben, um zu überleben. Das tönt klar und einfach. Geht man aber in die konkreten und entscheidenden Details, wirds wirr und unübersichtlich. Verschiedene Risiken sind nämlich in mehreren Gesetzen geregelt, weil das System über Jahrzehnte gewachsen ist und nur beschränkt koordiniert wurde. Wer zum Beispiel invalid wird, hat unter Umständen Anspruch auf Leistungen der Unfallversicherung, der Invalidenversicherung und der Pensionskasse. Ein Beispiel soll das etwas klarer machen.

 HIER BRAUCHEN SIE HILFE

> Immer, wenn Sie Zweifel haben. Sozialversicherungsrecht ist eine komplexe Angelegenheit, bei falschem Vorgehen kann grosser Schaden entstehen.
> Sobald eine Versicherung Rückfragen stellt – zum Beispiel zum Unfall, zur Kausalität, zu vorbestehenden Krankheiten – oder gar eine eigene medizinische Begutachtung anordnet.
> Für Einsprachen oder bei gerichtlichen Auseinandersetzungen mit Sozialversicherungen.

Der 24-jährige Elektroinstallateur Alex L. ...

... ist nach einem Autounfall querschnittgelähmt. Die Unfallversicherung kommt für die Heilungskosten (Arzt, Spital, Rehabilitation) auf und zahlt ein Taggeld für den Lohnausfall. Eineinhalb Jahre nach dem Unfall kommt die IV zum Schluss, dass Alex L. zumindest Teilzeit in einem Bürojob arbeiten kann, und spricht ihm eine halbe Invalidenrente zu, rückwirkend auf ein Jahr nach dem Unfall. Bauliche Anpassungen und Hilfsmittel hat die IV bereits finanziert. Als klar ist, dass Herr L. lebenslang gelähmt sein wird, zahlt die Unfallversicherung eine Integritätsentschädigung und ebenfalls eine Invalidenrente. Auch die Pensionskasse, die den Rentenentscheid der IV akzeptiert hat, müsste grundsätzlich eine Rente ausrichten. Da Alex L. aber bereits mit den Renten von IV und Unfallversicherung auf 90 Prozent des mutmasslich entgangenen Verdienstes kommt, erhält er von der Pensionskasse nichts mehr.

DAS KÖNNEN SIE SELBST ANPACKEN

> Die Krankenkasse wechseln.
> Ihren Versicherungsschutz grob checken.
> In einfachen Fällen einen Unfall erkennen.
> Einen Unfall richtig melden.
> Sich richtig bei der IV anmelden.
> Berechnen, ob Sie Anspruch auf Ergänzungsleistungen hätten.
> Kontrollieren, ob Ihr Arbeitgeber die AHV-Beiträge korrekt eingezahlt hat.
> Den Pensionskassenausweis verstehen.
> Bei Arbeitslosigkeit die Versicherungen checken.
> Sich bei der Sozialhilfe anmelden.

Der Unterschied zwischen Sozial- und Privatversicherungen

Wer in der Schweiz wohnt oder arbeitet, erhält eine AHV-Rente, wenn er das Rentenalter erreicht und regelmässig Beiträge einbezahlt hat. Auch wenn jemand jährlich eine Million verdiente, erhält er bloss doppelt so viel wie ein Versicherter, der immer das Minimum in die AHV einzahlte.

Dies zeigt exemplarisch den sozialen Charakter der AHV: Die Beiträge sind obligatorisch, die Leistungen sind gesetzlich festgelegt und nur zum Teil von der Höhe der Beitragszahlungen abhängig. Zudem kann niemandem gekündigt werden, solange er die gesetzlichen Voraussetzungen erfüllt, und auch «schlechte Risiken» muss die AHV aufnehmen. Auch im Verfahren, mit dem man Leistungen einklagen kann, werden die Versicherten privilegiert, indem sie keine oder nur tiefe Gerichtskosten zahlen müssen. Zu den Sozialversicherungen zählen:

> AHV und IV
> die obligatorische Unfallversicherung (UVG)
> der obligatorische Teil der Pensionskasse
> die Grundversicherung der Krankenkasse
> die Arbeitslosenversicherung
> die Ergänzungsleistungen
> der Erwerbsersatz für Dienstleistende und bei Mutterschaft
> die Familienzulagen

Ein ganz anderer Wind weht bei den Privatversicherungen: Sie nehmen Personen nicht oder nur zu horrenden Prämien auf, wenn sie das finanzielle Risiko als zu hoch einschätzen. Die Leistungen werden individuell im Versicherungsvertrag – und im Kleingedruckten dazu – umschrieben und die Prämie steht in einem direkten Verhältnis zu den Schadensleistungen. Verursacht eine Autofahrerin zum Beispiel viele Unfälle, steigt die Prämie ihrer Motorfahrzeughaftpflichtversicherung. Muss man gegen eine Privatversicherung klagen, geschieht das mit normaler Zivilklage, bei der man in der Regel die Gerichtskosten voll tragen muss, wenn man unterliegt. Zu den Privatversicherungen gehören zum Beispiel:

> Lebensversicherungen
> Privathaftpflicht- und Hausratversicherung
> die Zusatzversicherungen der Krankenkasse
> und viele mehr (siehe auch Seite 229)

Samuel H., 54, ...
... will die Krankenkasse wechseln, weil seine Versicherung in Preisvergleichen regelmässig schlecht abschneidet.
Er kündigt vorsorglich sowohl die Grund- wie auch die Zusatzversicherung. Seine neue Wunschkasse begrüsst ihn als Versicherten in der Grundversicherung, will ihn aber in die Zusatzversicherung nur mit Vorbehalt aufnehmen, weil er vier versteifte Rückenwirbel hat als Folge wiederholter Bandscheibenvorfälle. Kosten für diesen Gesundheitsschaden werde man nicht übernehmen, schreibt die Kasse. Samuel H. ärgert sich, dass er seine bisherige Zusatzversicherung gekündigt hat. Dort hatte er keinen solchen Vorbehalt, weil er die Versicherung vor dem operativen Eingriff abgeschlossen hatte. Jetzt will ihn auch die alte Kasse nur noch mit Vorbehalt wieder in die Zusatzversicherung aufnehmen.

Wer ist wie versichert?

Ihr Schutz durch Sozialversicherungen ist unterschiedlich je nachdem, ob Sie unselbständig erwerbend, selbständig erwerbend, arbeitslos oder nicht erwerbstätig sind.

Am besten abgesichert: Angestellte
Sind Sie unselbständig erwerbend, geniessen Sie den besten Schutz und vieles läuft automatisch über Ihren Arbeitgeber. Im Alter erhalten Sie Leistungen von AHV und Pensionskasse, bei Arbeitsunfähigkeit nach einem Unfall von der Unfallversicherung (ab acht Wochenarbeitsstunden beim selben Arbeitgeber auch nach einem Freizeitunfall), bei Invalidität zahlen IV, Unfallversicherung und/oder Pensionskasse (ab einem Jahreslohn von 19 890 Franken), bei Arbeitslosigkeit zahlt die Arbeitslosenversicherung ein Taggeld, bei Krankheit übernimmt die Grundversicherung der Krankenkasse die Heilungskosten.

8. Sozialversicherungen und Sozialhilfe

Trotzdem gibt es ein paar wichtige Checks, die sich lohnen:

> **Schauen Sie im Arbeitsvertrag** oder im Personalreglement nach, ob Ihr Arbeitgeber für Sie eine Krankentaggeldversicherung abgeschlossen hat (siehe Seite 185).
> **Kontrollieren Sie regelmässig,** ob alle Ihre Arbeitgeber die AHV- und Pensionskassenbeiträge jeweils an die Ausgleichs- bzw. Pensionskasse überwiesen haben. Das ersehen Sie aus dem Pensionskassenausweis, der Ihnen jährlich zugestellt wird (siehe Seite 271) und aus dem individuellen Kontozusammenzug der Ausgleichskasse (siehe Seite 270).

Selbständigerwerbende: eigene Vorsorge wichtig

Selbständigerwerbende sind zwar bei der AHV, der IV und der Grundversicherung einer Krankenkasse versichert, automatisch aber weder bei einer Unfallversicherung noch bei einer Pensionskasse noch bei der Arbeitslosenversicherung. Für diese Risiken müssen Sie selbst vorsorgen. Sie können sich freiwillig der Unfallversicherung nach UVG unterstellen, sich einer Pensionskasse anschliessen oder mit privaten Versicherungen massgeschneiderte Lösungen suchen (Säule 3a, Lebensversicherung, private Invaliditätsversicherung). Tun Sie das nicht, sind Sie bei einer bleibenden Erwerbsunfähigkeit schlecht geschützt. Es lohnt sich zudem, eine (private) Krankentaggeldversicherung abzuschliessen.

Arbeitslose: schlecht versichert

Arbeitslose sind bei der AHV und IV weiterhin versichert. Über das Arbeitslosengeld haben sie auch weiterhin eine Pensionskasse (Stiftung Auffangeinrichtung BVG). Diese versichert jedoch nur die Risiken Tod und Invalidität und äufnet kein Alterskapital. Ebenfalls mit dem Arbeitslosengeld gekoppelt ist die Unfallversicherung (Suva). Die Versicherungsdeckung ist aber schlecht, weil sie auf den oft tiefen Taggeldern beruht.

Nichterwerbstätige: kaum geschützt

Nichterwerbstätige sind am schlechtesten geschützt. Ausgesteuerte, Studierende, Hausfrauen und -männer müssen sicherstellen, dass sie die jährlichen Minimalbeiträge für AHV und IV einzahlen – ausser wenn sie verheiratet sind –, sonst verpassen sie wichtige Beitragsjahre und die Renten werden im Alter oder bei Invalidität gekürzt. Sie können sich weder der Unfallversicherung nach UVG unterstellen noch können sie auf die Leistungen einer Pensionskasse zählen. Immerhin übernimmt die Krankenkasse die Heilungskosten. Möchten Nichterwerbstätige zusätzlichen Versicherungsschutz, müssen sie diesen privat finanzieren.

8.2 Gut geschützt bei Unfall

Ob Krankheit oder Unfall – für Sie ist das Resultat dasselbe: Sie können wochenlang nicht arbeiten. Für die Versicherungen ist es aber ein himmelweiter Unterschied, ob Sie wegen eines Unfalls oder wegen einer Krankheit arbeitsunfähig sind.

Zumindest gilt das für Angestellte, die über den Arbeitgeber zwingend gegen Unfall versichert sind. Für sie muss die Unfallversicherung nicht nur die Arzt- und Spitalkosten übernehmen, sondern auch den Grossteil des Lohnes ersetzen. Führt der Unfall zu lebenslangen Beschwerden, erhalten Angestellte eine Entschädigung von mehreren Tausend Franken (Integritätsentschädigung) und bei einer dauernden Einschränkung der Arbeitsfähigkeit neben der Invalidenrente der IV eine zusätzliche Rente von der Unfallversicherung.

Ist es hingegen eine Krankheit, die Sie arbeitsunfähig macht, werden zwar die Arzt- und Spitalkosten von der Krankenversicherung gedeckt. Der Lohnausfall aber wird zwingend nur während ein paar Wochen ersetzt, danach springt allenfalls eine Krankentaggeldversicherung ein – aber nur für zwei Jahre und nur, wenn der Arbeitgeber eine solche Versicherung abgeschlossen hat. Kommt es zu einer dauernden Erwerbsunfähigkeit, zahlen Invalidenversicherung und Pensionskasse eine (kleine) Rente und auch das erst ein Jahr nach Beginn der Arbeitsunfähigkeit.

Unfall oder Krankheit – der entscheidende Unterschied

Wie willkürlich die Unterscheidung zwischen Unfall und Krankheit ausfallen kann, zeigt das folgende Beispiel einer Meniskusverletzung.

Petra D.s Knie ...

... tut weh. Die Ärztin stellt eine Meniskusverletzung fest. Auf die Frage, wann die Schmerzen das erste Mal aufgetreten seien, antwortet die Patientin: «Die Schmerzen sind schon länger da, sie wurden einfach immer ein bisschen stärker.» Aufgrund dieser Auskunft wird die Ärztin den Meniskus

Klären Sie bei einem Gesundheitsschaden immer zuerst ab, ob er nicht durch die Unfallversicherung gedeckt ist.

als langsame Abnützung des Knies und demnach als Krankheit beurteilen. Petra D. werden nur die Arzt- und Spitalkosten vergütet – abzüglich Selbstbehalt und Franchise. Hätte sie hingegen gesagt: «Als ich vorgestern beim Treppensteigen zwei Stufen auf einmal genommen habe, da hatte ich plötzlich einen Stich im Knie. Seither kann ich es nicht mehr richtig strecken», dann hätte die Ärztin ihr geraten, eine Unfallmeldung auszufüllen. Und die Versicherung hätte dieses plötzliche Ereignis als Unfall eingestuft. Petra D. erhielte nicht nur die vollen Arzt- und Spitalkosten vergütet, sondern auch Taggelder ausbezahlt, später eventuell sogar eine Rente.

So definieren Juristen einen Unfall

Als Unfall bezeichnen Juristen ein ungewöhnliches äusseres Ereignis, das plötzlich und unbeabsichtigt eintritt und zu einem Körperschaden führt.

Klar ist, dass die Unfallversicherung nie nur für blosse Sachschäden zahlt, es braucht einen Körperschaden. Klar ist auch, dass man sich den Körperschaden nicht selbst bewusst zugefügt haben darf (zum Beispiel bei einem Suizid). Doch wann ist ein Ereignis ungewöhnlich? Wann ist es äusserlich? Wann ist es plötzlich?

Diese eher schwammigen Begriffe wurden von den Gerichten in vielen Urteilen konkreter umschrieben. Am meisten beschäftigt hat die Richter die Ungewöhnlichkeit eines Ereignisses. Beissen Sie sich zum Beispiel am Plastikfigürchen im Dreikönigskuchen einen Zahn aus, ist das nach herrschender Rechtspraxis kein Unfall, weil mit einem König im Dreikönigskuchen zu rechnen, der beschädigte Zahn somit nicht ungewöhnlich ist. Passiert Ihnen aber dasselbe beim Genuss eines Nussbrots, gilt das als Unfall, weil man in einem Nussbrot nicht mit Nussschalen zu rechnen hat. Dann muss die Unfallversicherung die Zahnarztkosten übernehmen.

Beschädigen Sie sich beim Essen die Zähne, bewahren Sie den Gegenstand auf, auf den Sie gebissen haben. Gut ist, wenn Sie Zeugen für den Vorfall haben.

Grenzfälle sind also für Laien schwer zu beurteilen. Als grobe Hilfe finden Sie eine Anzahl typischer Unfallereignisse in der nebenstehenden Checkliste aufgeführt. Vermuten Sie, dass Ihre Verletzung auf einen Unfall zurückzuführen ist, lohnt es sich, eine spezialisierte Rechtsberatungsstelle zu konsultieren (Adressen siehe Seite 285).

CHECKLISTE: UNFALL ODER NICHT?

Anerkannte Unfälle

- ☐ Klassischer Autounfall mit Körperschaden
- ☐ Schlag auf den Kopf
- ☐ In der Regel Verletzung bei Sportarten mit Körperkontakt (zum Beispiel Fussball, Eishockey) durch Einwirkung eines Mitspielers
- ☐ Sportverletzung durch programmwidrigen Bewegungsablauf (Ausgleiten, Stolpern, reflexartiges Abwehren eines Sturzes)
- ☐ Zeckenbisse
- ☐ Grober Arztfehler
- ☐ Zahnschaden durch Nussschale im Nussbrot, Knochensplitter in der Wurst, Steinchen im Spinat

Den Unfällen gleichgestellt

- ☐ Berufskrankheiten (zum Beispiel Staublunge)
- ☐ Knochenbrüche, Meniskusrisse, Muskelrisse, Bandläsionen, sofern sie nicht auf eine Erkrankung oder Degeneration zurückzuführen sind

Keine Unfälle

- ☐ Zahnschäden durch Schrotkugeln im Wildgericht, Dekorationsperlen auf oder in einem Kuchen, Zwetschgensteine im Tuttifrutti, Plastikfigur im Königskuchen (nicht ungewöhnlich)
- ☐ Verletzungen durch Suizidversuch (beabsichtigt)
- ☐ Spontane Hirnblutung (keine äussere Einwirkung)

Ausführliche Informationen zum Thema Unfall – auch zu den haftpflichtrechtlichen Fragen – finden Sie im Beobachter-Ratgeber «Unfall – was tun? Leistung, Haftpflicht, Versicherung» (www.beobachter.ch/buchshop).

Sie hatten einen kleinen Unfall

Klar, melden Sie nicht jedes kleine Bobo der Unfallversicherung. Da hätten Sie auch gar keine Chance, denn Unfallversicherungen entschädigen nur erhebliche Beeinträchtigungen der Gesundheit. Sobald aber Arzt- oder Spitalrechnungen zu bezahlen sind, lohnt es sich, den Vorfall als Bagatellunfall bei der Versicherung zu melden, direkt oder über den Arbeitgeber. Dann werden die Rechnungen vergütet, ohne dass Sie wie bei der Krankenversicherung Franchise und Selbstbehalt selber übernehmen müssen. Gerade bei Zahnverletzungen empfiehlt sich eine Meldung auch aus einem andern Grund: Entsteht später ein grösserer Schaden, der auf den Unfall zurückzuführen ist, muss die Unfallversicherung auch dann noch für die Arzt- oder Zahnarztkosten aufkommen. Es empfiehlt sich in einem solchen Fall, alle Unterlagen aufzubewahren.

Die vierjährige Daria ...

... stürzt im Treppenhaus und schlägt sich ein Stück vom Schaufelzahn ab. Die Eltern gehen nicht zum Zahnarzt, da das Kind nach wenigen Minuten nicht mehr weint und der Zahn auch nicht wackelt. Drei Jahre später fällt der beschädigte Milchzahn aus, aber es wächst kein neuer Zahn nach. Der konsultierte Zahnarzt stellt fest, dass die Wurzel des zweiten Zahnes beschädigt ist. Das teure Zahnimplantat, das eingesetzt wird, müssen die Eltern aus der eigenen Tasche berappen. Die Versicherung bestreitet, dass der fehlende Zahn etwas mit dem Unfall zu tun hat. Hätten die Eltern bereits nach dem Sturz im Treppenhaus einen Zahnarzt konsultiert und das Ereignis der Unfallversicherung gemeldet, wären diese Behandlung und sämtliche Folgekosten bis hin zum Implantat gedeckt gewesen.

Arbeitsunfähig nach einem Unfall

Sind Sie wegen eines Unfalls längere Zeit nicht arbeitsfähig, erhalten Sie trotzdem Lohn. Gesetzlich vorgeschrieben sind Unfalltaggelder, die 80 Prozent Ihres bisherigen Lohnes decken (versichert ist ein Lohn von maximal 106 800 Franken, ab 1. Januar 2008 126 000 Franken). Häufig aber haben Unternehmen eine Zusatzversicherung abgeschlossen, welche die restlichen 20 Prozent übernimmt, sodass Ihnen der volle Lohn ausbezahlt wird.

Die Taggelder erhält der Arbeitgeber, der sie an Sie weiterleitet. Das bleibt so, bis Sie geheilt sind oder bis klar ist, dass eine dauernde Beeinträchtigung zurückbleibt. Die Phase der Taggeldzahlungen kann unter Umständen Jahre dauern und es gibt keinen Grund, auf eine Invalidenrente zu drängen. In der Regel fahren Sie mit dem Taggeld besser.

Sabine K. ...

... wird am letzten Tag der Skiferien von einem Pistenrowdy umgefahren, schlittert einen Steilhang hinunter und wird erst von einem Baum unsanft gebremst. Zum Glück geht der Unfall glimpflich aus: Schürfungen im Gesicht, Quetschungen im Brustbereich und ein gebrochenes Bein. Doch als Lastwagenfahrerin kann sie längere Zeit nicht arbeiten. Noch vom Spital aus meldet sie den Unfall ihrem Arbeitgeber und schickt ein Arztzeugnis nach. Der Arbeitgeber wickelt alles mit der Unfallversicherung ab. Sabine K. erhält 80 Prozent ihres Lohnes als Taggeld.

Sobald der Versicherer irgendwelche Bedenken vorbringt, ob die Leistungen berechtigt sind, wenden Sie sich umgehend an eine Anwältin oder eine spezialisierte Rechtsberatungsstelle.

Wenn eine Invalidität zurückbleibt

Wenn Sie neun bis zehn Monate nach einem Unfall immer noch zu mindestens 40 Prozent arbeitsunfähig sind, sollten Sie sich bei der Invalidenversicherung (IV) anmelden. Gibt es Möglichkeiten, Ihre Erwerbsfähigkeit zu verbessern, tun Sie dies besser schon früher. Das ist wichtig, auch wenn Sie eine Unfallversicherung haben, denn Umschulungen und andere berufliche Massnahmen zahlt nur die Invalidenversicherung. Und auch auf eine IV-Rente haben Sie allenfalls Anspruch – zusätzlich zur Rente der Unfallversicherung.
Nach Ihrer Anmeldung wird die IV-Stelle medizinische Abklärungen vornehmen und

Die Anmeldeformulare erhalten Sie bei der IV-Stelle in Ihrem Kanton (Adressen im Telefonbuch oder unter www.ahv.ch). Füllen Sie diese Formulare sehr genau aus. Auf Ihre Angaben wird immer wieder abgestellt.

bei Ihrem früheren Arbeitgeber Erkundigungen einziehen. Überwachen Sie genau, ob alle Ihre Angaben korrekt notiert werden. Sie haben ein Akteneinsichtsrecht und können auch die Angaben anderer Personen einsehen.

Eingliederung vor Rente

Die Invalidenversicherung wird als Erstes prüfen, ob Sie zum Beispiel durch spezielle Massnahmen Ihren Job behalten oder durch eine Umschulung in einen andern Beruf wieder ins Erwerbsleben eingegliedert werden können. Während einer solchen Umschulung übernimmt die IV die Taggeldzahlungen.
Erst wenn Sie in Ihrem angestammten Beruf während mindestens zwölf Monaten nicht mehr als 60 Prozent arbeiten konnten (Arbeitsunfähigkeit) und auch nach einer Umschulung auf einen andern Beruf erheblich und dauerhaft weniger verdienen werden (Erwerbsunfähigkeit), gelten Sie als invalid und können eine IV-Rente beantragen. Diese kann auch rückwirkend bis zwölf Monate vor Ihrer Anmeldung ausgezahlt werden.

8. Sozialversicherungen und Sozialhilfe

Mit der 5. IV-Revision soll ab Anfang 2008 ein neues System der Früherfassung und Frühintervention bereits nach einem Monat Arbeitsunfähigkeit einsetzen. Auch der Arbeitgeber kann dann eine potenzielle Invalidität melden; er hat aber – anders als bei der Unfallversicherung – keine Meldepflicht. Ziel des neuen System ist es, mehr Menschen rasch wieder in die Arbeitswelt einzugliedern.

Mehrere Versicherungen involviert

Sie werden über längere Zeit sowohl mit der Invalidenversicherung wie auch mit der Unfallversicherung und allenfalls mit der Pensionskasse zu tun haben, die alle Ihren Anspruch auf eine Invalidenrente prüfen. Anspruch auf eine Rente der Unfallversicherung haben Sie aber erst, wenn die Ärzte der Ansicht sind, dass Sie mit Therapien und medizinischen Massnahmen nicht mehr vollends geheilt werden können und in Ihrer Erwerbsfähigkeit eingeschränkt bleiben.

Sabine K.s Bein ...

... ist längst wieder zusammengewachsen, doch arbeiten kann sie auch vier Jahre nach dem Unfall nicht voll – weder in ihrem angestammten Beruf als Lastwagenfahrerin noch in ihrem neuen als KV-Angestellte. Kopfschmerzen, Übelkeit und Konzentrationsstörungen zwingen sie immer wieder zu langen Erholungspausen. Die Ärzte haben ein Schleudertrauma diagnostiziert und sehen kaum Heilungschancen. Der Unfallversicherer stellt plötzlich die Taggeldzahlungen ein und will von einer Rente schon gar nichts wissen. Der Skiunfall sei nicht Ursache der gesundheitlichen Probleme von Sabine K. Diese seien auf psychische Schwierigkeiten zurückzuführen, die nichts mit dem Unfall zu tun hätten, meint der Versicherer. Sabine K. muss den Entscheid anfechten. Das kantonale Sozialversicherungsgericht heisst ihre Beschwerde gut. Dies vor allem, weil durch eine Computertomografie organische Schäden im Halswirbelbereich nachgewiesen werden können.

Wie hoch sind die Invalidenrenten?

Die Höhe der Invalidenrente wird von IV, Unfallversicherer und Pensionskasse unterschiedlich berechnet. Allen gemeinsam ist aber der Faktor Invaliditätsgrad. Dieser wird häufig von der IV-Stelle festgelegt und von den andern Versicherungen übernommen. Der Invaliditätsgrad bestimmt sich nicht nach dem Grad der Arbeitsunfähigkeit, sondern nach der Einkommenseinbusse, die durch die bleibende Beeinträchtigung ent-

> **WICHTIGE BEGRIFFE FÜR DIE BERECHNUNG DES INVALIDITÄTSGRADS**
>
> **Das Valideneinkommen**
>
> Damit wird dasjenige Einkommen bezeichnet, das ohne gesundheitliche Einschränkung erzielt werden könnte.
>
> **Das Invalideneinkommen**
>
> Damit wird dasjenige Einkommen bezeichnet, das man mit gesundheitlicher Einschränkung erzielen kann.

steht. Oder anders gesagt: Wer ein Bein verloren hat, aber weiterhin ungefähr gleich viel verdient wie bisher, ist für die Versicherungen nicht invalid.

Die Festlegung des Invaliditätsgrads ist wichtig, aber kompliziert und für Laien fast unmöglich zu überprüfen. Wenden Sie sich deshalb an eine spezialisierte Rechtsberatung oder Anwältin.

> **Verfolgen Sie äusserst genau, ob die IV-Stelle Ihren Invaliditätsgrad korrekt festsetzt. Das Resultat hat Auswirkungen auch auf die Renten von Unfallversicherung und Pensionskasse. Lassen Sie sich im Zweifelsfall beraten.**

Abstufungen der IV-Rente

Die IV kennt vier Rentenstufen – abhängig vom Invaliditätsgrad:

> **Viertelsrente** ab einem Invaliditätsgrad von 40 Prozent
> **Halbe Rente** ab einem Invaliditätsgrad von 50 Prozent
> **Dreiviertelsrente** ab einem Invaliditätsgrad von 60 Prozent
> **Ganze Rente** ab einem Invaliditätsgrad von 70 Prozent

Der konkrete Rentenbetrag richtet sich aber – wie bei der AHV – nach der Höhe Ihrer Beiträge und danach, ob Sie ab dem 20. Altersjahr bis zum Unfall lückenlos jedes Jahr Beiträge entrichtet haben. Die ganze Rente bei lückenlosen Beitragsjahren beträgt je nach durchschnittlichem Jahreseinkommen zwischen 1105 und 2210 Franken pro Monat (Stand 2007). Die Teilrenten sind die entsprechenden Bruchteile davon.

Müssen Sie für Kinder sorgen, erhalten Sie zusätzlich zu Ihrer eigenen Rente Kinderrenten (siehe Seite 267).

Sabine K. ...

... kann nach ihrem Unfall und einer Umschulung zur kaufmännischen Angestellten nur noch Teilzeit arbeiten und verdient 31 000 Franken (Invalideneinkommen). Die IV stellt fest, dass sie in ihrem angestammten Beruf als Lastwagenfahrerin 60 000 Franken verdienen könnte (Valideneinkommen).

Ihr Invaliditätsgrad wird folgendermassen berechnet:

$$\frac{(60\,000 - 31\,000) \times 100}{60\,000} = 48{,}3\,\%$$

Damit erhält Sabine K. eine Viertelsrente der IV. Da sie seit 20 lückenlos eingezahlt hat und ein mittleres Einkommen erzielte, wird ihr eine monatliche Rente von 456 Franken ausbezahlt.

Die Invalidenrente der Unfallversicherung

Hier ist die Rechnung einfacher: Es kommt nur auf den direkt vor dem Unfall erzielten Lohn an. Ausserdem gibt es keine Rentenstufen wie bei der IV. Bei einem Invaliditätsgrad von 100 Prozent beträgt die Rente 80 Prozent des vorherigen Lohnes, bei einem tieferen Invaliditätsgrad entsprechend weniger. Jedes Prozent mehr an Invalidität schlägt sich in der Rentenhöhe nieder. Deshalb ist die Invalidenrente der Unfallversicherung eine wichtige Einkommensstütze.

Die Invalidenrente der Unfallversicherung hat man zusätzlich zur IV-Rente zugut. Die Unfallversicherung kann ihre Leistungen aber kürzen, wenn die Summe der beiden Renten mehr als 90 Prozent des früheren Einkommens ausmacht.

Sabine K. ...

... erhält von der Unfallversicherung eine Invalidenrente von 48,3 Prozent von 4833 Franken (letzter Lohn vor dem Unfall einschliesslich 13. Monatslohn). Das sind monatlich 1867 Franken.

Und die Pensionskasse?

An sich müsste bei einer Invalidität auch die Pensionskasse eine Rente zahlen (siehe Seite 267). Sie kann ihre Leistungen aber kürzen, wenn alle Renten zusammengerechnet mehr als 90 Prozent des mutmasslich entgangenen Einkommens ausmachen. Da diese Grenze häufig schon mit den Renten von Unfall- und Invalidenversicherung erreicht ist, müssen Pensionskassen nach einem Unfall kaum je Invalidenrenten zahlen.

Als Selbständigerwerbende tun Sie gut daran, sich entweder freiwillig dem UVG zu unterstellen oder eine entsprechende private Versicherung abzuschliessen.

8.3 Die Leistungen bei Krankheit

Jede gesundheitliche Beeinträchtigung, die nicht als Unfall gilt, ist automatisch eine Krankheit. Da gibt es also keine knifflige Definitionsprobleme. Doch die Leistungen der Sozialversicherungen sind bei Krankheit deutlich schlechter als bei Unfall.

Sie liegen mit Fieber im Bett, gehen vielleicht zur Hausärztin, die Ihnen ein Medikament verschreibt und sind nach drei Tagen wieder auf dem Damm. Eine Banalität. Den Unterschied zum Unfall merken Sie daran, dass Sie bei Krankheit Arztrechnung und Medikamente mitunter selbst zahlen müssen, weil der Betrag noch in Ihre Franchise fällt. Bei der Unfallversicherung gibt es keine Franchise.

Die Krankenkasse wechseln

Wenn die eigene Krankenkasse in den allherbstlichen Prämienvergleichen immer wieder schlecht abschneidet, kommt irgendwann der Wunsch nach einem Wechsel auf. Wollen Sie Ihre Krankenkasse kündigen, müssen Sie zwischen Grundversicherung und Zusatzversicherung unterscheiden. Sie können die Grundversicherung alleine kündigen und die Zusatzversicherung bei der alten Kasse lassen oder umgekehrt. Die beiden Versicherungen sind unabhängig voneinander. Einige Kassen verlangen aber zusätzliche Gebühren für die Zusatzversicherung, wenn man die Grundversicherung nicht auch bei ihnen hat.

Die Grundversicherung der Krankenkasse ist eine Sozialversicherung und richtet sich nach dem Krankenversicherungsgesetz. Die Zusatzversicherung dagegen gehört zu den Privatversicherungen und ist im Versicherungsvertragsgesetz geregelt (siehe auch Seite 250). Diese Unterscheidung zieht sich durch alle Fragen zur Krankenkasse.

Wie kündige ich die Grundversicherung?

Das ist einfach: Die Grundversicherung können Sie mit einer Frist von einem Monat per 31. Dezember kündigen. Das heisst, Ihr Kündigungsschreiben muss spätestens am

30. November bei der Krankenkasse eingehen (es gilt nicht der Poststempel!).

Schicken Sie die Kündigung zur Sicherheit am 25. November ab, und zwar eingeschrieben. Wollen Sie nur die Grundversicherung kündigen, schreiben Sie das ausdrücklich hin (Musterbrief im Anhang).

Haben Sie eine Franchise von 300 Franken, können Sie zudem mit einer dreimonatigen Frist per 30. Juni kündigen. Das heisst, die Kündigung muss spätestens am 31. März bei der Krankenkasse sein. Für Versicherungen mit höherer Franchise oder mit HMO- oder Hausarztmodell gilt diese zusätzliche Kündigungsmöglichkeit nicht; diese sind nur per 31. Dezember kündbar.

Bevor Sie kündigen, müssen Sie natürlich prüfen, ob es eine günstigere Grundversicherung gibt. Vergleiche finden Sie zum Beispiel im «Beobachter» und in andern Konsumentenzeitschriften oder im Internet (www.praemien.admin.ch oder www.vzonline.ch). Melden Sie der neuen Kasse mit eingeschriebenem Brief, dass Sie per 1. Januar als Versicherter eintreten wollen (Musterbrief im Anhang). Die neue Kasse ist verpflichtet, Sie aufzunehmen.

Wie kündige ich die Zusatzversicherung?

Wollen Sie die Krankenzusatzversicherung kündigen, müssen Sie genug früh und mit der nötigen Umsicht vorgehen.

> **Spätestens im August** sollten Sie eine Offerte für eine neue Zusatzversicherung einholen. Prüfen Sie, ob die Leistungen dieselben sind wie bei Ihrer alten Kasse. Dies ist leider schwierig, weil die Leistungen meist sehr unübersichtlich aufgeführt sind. Doch auch hier gibt es Preis- und Leistungsvergleiche im Internet (www.vzonline.ch und www.comparis.ch).

> **Füllen Sie die Gesundheitserklärung wahrheitsgetreu aus** und schicken Sie Ihren Antrag an den neuen Versicherer. Er wird ihn prüfen und Ihnen mitteilen, ob Sie aufgenommen werden und ob Sie Vorbehalte akzeptieren müssen.

> **Kündigen Sie die alte Zusatzversicherung erst,** wenn Sie die schriftliche Bestätigung des neuen Versicherers haben, dass Sie aufgenommen sind. Schicken Sie die Kündigung eingeschrieben. Sie muss spätestens am 30. September angekommen sein (es gilt nicht der Poststempel!), damit sie auf den 31. Dezember wirksam wird. Das heisst: Schicken Sie die Kündigung zur Sicherheit spätestens am 25. September ab.

🔍

Ausnahmsweise können Sie eine Zusatzversicherung auch nach dem 30. September oder auf einen früheren Termin als auf Ende Jahr kündigen: wenn die Krankenkasse die Prämien dafür erhöht. Von dem Tag an, an dem Sie die neue Police erhalten, haben Sie in der Regel 30 Tage Zeit, die Zusatzversicherung zu kündigen. Das ist kurz, denn Sie müssen ja vorgängig noch von einem neuen Versicherer akzeptiert werden.

Mit der Krankenkasse streiten

Wird Ihnen eine ärztliche Leistung nicht vergütet, obwohl Sie glauben, darauf Anspruch zu haben? Erhalten Sie keine Kostengutsprache für eine Operation oder den Aufenthalt in einer Rehabilitationsklinik? Prüfen Sie zuerst anhand der nebenstehenden Checkliste, ob eine Leistungspflicht der Krankenkasse besteht.

Sind Sie auch nach diesem Leistungscheck der Meinung, dass die Krankenkasse die Leistung übernehmen oder die Kostengutsprache machen müsste, wenden Sie sich am besten an die Ombudsstelle der sozialen Krankenversicherung – egal, ob es um Leistungen der Grund- oder der Zusatzversicherung geht (Adresse siehe Seite 286). Der Ombudsmann kann zwar keine verpflichtenden Urteile sprechen, aber in begründeten Fällen vermitteln.

Kommen Sie auch mit der Ombudsstelle nicht zu einer befriedigenden Lösung, können Sie den Rechtsweg beschreiten. Dieser ist unterschiedlich je nachdem, ob es sich um Leistungen der Grundversicherung oder der Zusatzversicherung handelt. Sind Sie im Zweifel, welche Versicherung für die Leistung zuständig ist, beschreiten Sie am besten beide Wege gleichzeitig.

CHECKLISTE: LEISTUNGSPFLICHT DER KRANKENKASSE

☐ Findet sich die Behandlung im Leistungskatalog? Für die Grundversicherung ist der Leistungskatalog im Krankenversicherungsgesetz und seinen Verordnungen aufgeführt; für die Zusatzversicherung sind die Leistungen in den allgemeinen Versicherungsbestimmungen (AVB) zu Ihrem Vertrag umschrieben.

☐ Lassen Sie sich von Ihrer Ärztin bestätigen, dass die Behandlung angemessen ist, um Ihr Leiden zu behandeln.

☐ Prüfen Sie sodann, ob der Leistungserbringer von der Krankenkasse anerkannt ist und die Behandlung nicht schon zu lange dauert (zum Beispiel bei einer Psychotherapie).

8. Sozialversicherungen und Sozialhilfe

Verzichten Sie in wenig komplexen Fällen und bei tiefem Streitwert getrost auf einen Anwalt. So können Sie bei Streitigkeiten mit der Grundversicherung ohne jegliches Kostenrisiko prozessieren.

Der Rechtsweg bei der Grundversicherung

Das Verfahren bei der Grundversicherung ist kostenlos, kann aber gut zwei bis drei Jahre dauern, wenn Sie bis ans Bundesgericht gelangen müssen. Und das sind die Schritte auf dem Rechtsweg:

> **Anfechtbare Verfügung** verlangen: Sie müssen zuerst von der Krankenkasse eine anfechtbare Verfügung verlangen (der blosse Brief, in dem Ihnen die Kasse mitteilte, dass Sie die Leistung nicht übernehmen, die Kostengutsprache nicht leisten will, ist noch keine Verfügung). Tun Sie dies schriftlich und eingeschrieben.

> **Einsprache** an die Krankenkasse innert 30 Tagen: Damit fordern Sie die Kasse auf, ihre Verfügung nochmals zu überprüfen. Legen Sie Ihre Begründung dar.

> **Beschwerde** ans Sozialversicherungsgericht: Fällt der Einspracheentscheid der Krankenkasse negativ aus, können Sie ihn innert 30 Tagen weiterziehen. Formulieren Sie ein Rechtsbegehren, schildern Sie den Sachverhalt und begründen Sie Ihr Rechtsbegehren. Legen Sie allfällige Unterlagen bei.

> **Verwaltungsgerichtsbeschwerde** ans Bundesgericht: Nachdem Sie das Urteil des kantonalen Gerichts erhalten haben, haben Sie wieder 30 Tage Zeit für einen Weiterzug.

Die Adressen der zuständigen Instanzen und die Fristen für die Rechtsmittel finden Sie jeweils am Ende der Verfügungen und Entscheide, in der sogenannten Rechtsmittelbelehrung.

Bei Auseinandersetzungen um Leistungen der Grundversicherung muss das Gericht den Sachverhalt von Amtes wegen feststellen und kann unabhängig von Ihren Anträgen Entscheide fällen. Das bedeutet: Wenn Ihnen eigentlich mehr zustünde, als Sie verlangt haben, erhalten Sie das auch.

Der Rechtsweg bei der Zusatzversicherung

Bei einem Verfahren in der Zusatzversicherung besteht ein grösseres Kostenrisiko: Zwar erhebt nur das Bundesgericht Gerichtskosten, doch müssen Sie eine Parteientschädigung an die Krankenkasse zahlen, falls Sie unterliegen und die Kasse eine Anwältin beigezogen hat.

Das Verfahren beginnt nicht mit einer Verfügung der Krankenkasse, sondern mit einer Klage, die Sie einreichen – in der Regel beim kantonalen Sozialversicherungsgericht, beim Obergericht, Kantonsgericht oder Verwaltungsgericht (die Bezeichnung variiert von Kanton zu Kanton). Auch hier wird der Sachverhalt vom Gericht von Amtes wegen ermittelt, doch ist das Gericht an Ihre Anträge gebunden. Deshalb muss Ihre Klage sorgfältig formuliert sein. Lassen Sie sie von einem spezialiserten Anwalt oder einer Rechtsberatungsstelle überprüfen.

Achtung Verjährung: Forderungen aus der Zusatzversicherung verjähren bereits nach zwei Jahren. Wenn Ihnen also ein Arzt seine Rechnung erst vier Jahre nach der Behandlung schickt, können Sie den Betrag nicht mehr von der Krankenkasse zurückfordern. Den Arzt bezahlen müssen Sie aber trotzdem!

Mehr zum Thema Krankenkasse – vor allem auch zur Frage, welche Leistungen von der Grundversicherung und den Zusatzversicherungen übernommen werden – erfahren Sie im Beobachter-Ratgeber «Krankenkasse. Was Gesunde und Kranke wissen müssen» (www.beobacher.ch/Buchshop).

Arbeitsunfähig wegen einer Krankheit

Liegen Sie länger als drei Tage im Bett, sollten Sie dem Arbeitgeber ein Arztzeugnis zustellen. Den Lohn erhalten Sie in den ersten Krankheitswochen auf jeden Fall weiter bezahlt (siehe Seite 183). Dauert die Krankheit aber Monate, ist der Lohnausfall nur gedeckt, wenn Ihr Arbeitgeber für Sie eine (freiwillige) Krankentaggeldversicherung abgeschlossen hat.

Ob dies der Fall ist, sehen Sie in Ihrem Arbeitsvertrag oder im Personalreglement. Wenn ja, wird Ihnen in der Regel 80 Prozent des Lohnes während 720 Tagen bezahlt. Unter Umständen werden Sie von einem Vertrauensarzt begutachtet und von einer Fallverantwortlichen der Krankentaggeldversicherung zu Hause besucht. Damit wollen die Versicherungen langen Arbeitsabsenzen vorbeugen.

Die Krankheit führt zur Invalidität

Der auf Seite 257 beschriebene Ablauf gilt auch für diesen Fall – mit der Ausnahme natürlich, dass keine Unfallversicherung eine Invalidenrente prüft. Die IV wird Ihren Fall medizinisch abklären und weitere Erkundigungen bei Ihrem letzten Arbeitgeber einziehen. Zuerst werden berufliche Massnahmen geprüft, damit Sie wieder eingegliedert werden können. Gelingt das nicht oder nur teilweise, wird eine allfällige Invalidenrente berechnet.

Da Sie nicht auch noch auf eine Rente der Unfallversicherung zählen können, ist das Verfahren zur Festlegung Ihres Invaliditätsgrads noch viel wichtiger. Kontrollieren Sie alle Angaben gut, es wird sich doppelt und dreifach auf Ihre Renten auswirken: bei ihrer persönlichen Rente, bei einer allfälligen Kinderrente und bei der Invalidenrente der Pensionskasse, auf die Sie ebenfalls Anspruch haben.

Für Ralf U. ...

... berechnet die IV-Stelle einen Invaliditätsgrad von 46 Prozent. Damit hätte er bloss Anspruch auf eine Viertelsrente. Bei der Durchsicht der Unterlagen merkt Herr U. aber, dass die IV-Stelle vergessen hat, beim Valideneinkommen den 13. Monatslohn zu berücksichtigen. Er weist die Behörde darauf hin. Die neue Berechnung kommt auf einen Invaliditätsgrad von 51 Prozent. Ralf U. hat Anspruch auf eine halbe Invalidenrente –

 FRAGEBOX

Nach einem Hirnschlag beziehe ich eine halbe Invalidenrente der IV, fühle mich aber mit meinen 53 Jahren trotzdem noch rüstig und möchte eigentlich in reduziertem Pensum als Buchhalter wieder arbeiten. Darf ich das trotz meiner IV-Rente?

Ja, Sie dürfen. Dabei dürfen Sie aber maximal 50 Prozent des Valideneinkommens erzielen, das die IV-Stelle der Berechnung des Invaliditätsgrads zugrunde gelegt hat. Damit hat die IV-Stelle ja gerade angenommen, dass Sie wieder arbeiten und ein Einkommen in dieser Höhe erzielen können. Also tun Sies auch! Passen Sie aber auf: Wenn Sie über längere Zeit genau den Grenzwert erreichen, wird die IV allenfalls überprüfen, ob es Ihnen nicht möglich und zumutbar ist, ein höheres Einkommen zu erreichen. Damit würde der Invaliditätsgrad sinken und Ihre Rente gekürzt oder wegfallen. Also: Arbeiten ja, aber mit Mass.

sowohl von der IV wie auch von seiner Pensionskasse. Das macht bei ihm einen Unterschied von rund 1000 Franken pro Monat.

Kinderrenten bessern das Einkommen auf

Die IV und teilweise auch die Pensionskassen – nicht aber die Unfallversicherung – richten bei Invalidität zusätzlich Kinderrenten aus, wenn die invalide Person Kinder hat. Solche Renten gibt es für alle Kinder, bis sie achtzehn sind. Stehen sie dann noch in Ausbildung, dauert der Anspruch bis längstens zum 25. Altersjahr. Die Kinderrente macht 40 Prozent der Hauptrente aus. Das ist sehr viel! Wenn Sie drei oder vier Kinderrenten erhalten, gibt das einen wesentlichen Zuschuss.

Die Rolle der Pensionskasse

Was viele nicht präsent haben: Die Pensionskasse dient nicht nur der Altersvorsorge, sondern ist auch eine Versicherung für die Risiken Invalidität und Tod. Gerade bei einer Erwerbsunfähigkeit wegen Krankheit wird die Pensionskasse wichtig, weil dann keine Unfallversicherung Renten zahlt. Zuständig ist diejenige Pensionskasse, bei der Sie versichert waren, als Sie zum ersten Mal wegen der Krankheit, die später zur Invalidität führte, erwerbsunfähig wurden.
Die Invalidenrente der Pensionskasse ist gleich abgestuft wie diejenige der IV: Es gibt also Viertels-, halbe, Dreiviertels- und ganze Renten. Auch beim Invaliditätsgrad hält sich die Pensionskasse an den Entscheid der IV (siehe Seite 258).
Wie hoch die Rente ausfällt, hängt von Ihren Beiträgen und vom Pensionskassenreglement ab. Im Pensionskassenausweis finden Sie den Betrag für die ganze Rente (siehe Seite 272). Auch Pensionskassen zahlen Invalidenkinderrenten aus.
Übersteigen die Renten der IV und der Pensionskasse zusammen 90 Prozent des mutmasslich entgangenen Einkommens, kann die Pensionskasse ihre Leistungen kürzen. Gemeint ist dasjenige Einkommen, das die versicherte Person ohne gesundheitliche Einschränkung erzielen könnte.

Bei den meisten Pensionskassen muss man 24 Monate warten, bis eine Rente ausbezahlt wird.

Ergänzungsleistungen beantragen

Wer eine IV- oder eine AHV-Rente bezieht, aber in schlechten finanziellen Verhältnissen lebt, hat Anspruch auf Ergänzungsleistungen. Diese Zusatzzahlungen helfen, den Lebensunterhalt zu decken.
Unter www.ahv.ch (→ Ergänzungsleistungen) können Sie provisorisch berechnen, ob Ihnen Ergänzungsleistungen zustehen. Scheuen Sie sich nicht, ein Gesuch dafür einzureichen. Die zuständige Stelle finden Sie ebenfalls auf dieser Internetseite.

8.4 Die Altersvorsorge

Auf drei Beinen steht man sicher. Dieses Prinzip liegt auch der Schweizer Altersvorsorge zugrunde: mit der AHV als erster Säule, der beruflichen Vorsorge in der Pensionskasse als zweitem und der privaten Vorsorge als drittem Standbein.

Doch die praktische Umsetzung des stabilen Konzepts klappt nicht für alle. Für viele Menschen klaffen Lücken im Vorsorgeschutz. Zum Beispiel weil sie in jungen Jahren die Erwerbstätigkeit eingestellt haben, um die Kinder grosszuziehen. Oder weil sie arbeitslos geworden sind.

Kommen Sie als Rentner oder Rentnerin finanziell nicht über die Runden? Prüfen Sie, ob Sie Anspruch auf Ergänzungsleistungen haben (siehe Seite 267).

Wie hoch können Altersrenten werden?

Bei der AHV sind die Eckpfeiler klar: Die minimale Altersrente haben alle zugut, die lückenlos Beiträge eingezahlt haben; die maximal mögliche Rente beträgt das Doppelte davon. Anders die Pensionskasse. Dabei handelt es sich um eine Sparversicherung: Wer im Lauf des Berufslebens mehr einzahlen konnte, erhält nach der Pensionierung entsprechend mehr.

Die AHV-Rente

Bei lückenloser Beitragszeit beträgt die AHV-Rente zwischen 1105 und 2210 Franken für eine Einzelperson. Für Ehepaare ist es das Eineinhalbfache, das heisst zwischen 1658 und 3315 Franken (Stand 2007).

Welche Rente Sie genau erhalten, hängt von der Höhe der eingezahlten Beiträge und von der Anzahl Beitragsjahre ab. Waren Sie zum Beispiel längere Zeit im Ausland oder als Studentin nicht erwerbstätig und haben vergessen, den Minimalbeitrag an die AHV einzuzahlen, können daraus grosse Einkommenseinbussen im Alter entstehen. AHV-Beiträge lassen sich nur fünf Jahre rückwirkend einzahlen. Danach sind Beitragsjahre definitiv verloren.

Die Rente der Pensionskasse

Die Rente aus der beruflichen Vorsorge teilt sich auf in eine obligatorische Leistung, die vom Gesetz definiert ist und dem Sozialversicherungsrecht untersteht, und – bei den meisten Kassen – in eine überobligatorische Leistung, die reglementarisch festgelegt ist und sich aus einer Privatversicherung ergibt. Das ist ähnlich wie bei der Krankenkasse, bei der die Grundversicherung eine Sozialversicherung, die Zusatzversicherung eine Privatversicherung ist.

Im obligatorischen Bereich liegt nur der Lohn zwischen dem sogenannten Koordinationsabzug von 23 025 Franken und der Obergrenze von 79 560 Franken (Stand 2007). Der maximale versicherte Lohn beträgt also 56 535 Franken. Für tiefe Einkommen – ab der Eintrittsschwelle von 19 980 Franken – gilt der minimale versicherte Lohn von 3315 Franken.

Nur die Pensionskassenbeiträge für den obligatorisch versicherten Lohnanteil müssen nach den gesetzlichen Vorgaben verzinst und nach dem vorgegebenen Umwandlungssatz in eine Rente umgewandelt werden. Der Minimalzinssatz liegt derzeit bei 2,5 Prozent. Der Umwandlungssatz lag lange Zeit bei 7,2 Prozent, wird aber bis ins Jahr 2014 schrittweise auf 6,8 Prozent gesenkt. So weit das neue Recht, wie es das Parlament bereits beschlossen hat; allerdings wird bereits über eine zusätzliche und raschere Reduktion diskutiert.

Der Lohnanteil, der über 79 560 Franken liegt, ist je nach Pensionskasse allenfalls im Überobligatorium versichert. Einige Pensionskassen versichern auch Einkommen unter 19 980 Franken oder sehen für Teilzeiterwerbstätige reduzierte Koordinationsabzüge vor. Im überobligatorischen Bereich können die Vorsorgeeinrichtungen die Zins- und Umwandlungssätze völlig frei festlegen; bei den meisten liegen sie deutlich tiefer als die gesetzlichen.

Niklaus W. ...

... verdient jährlich 120 000 Franken. Er will wissen, wie seine Pensionskassenbeiträge verzinst werden und welcher Umwandlungssatz gilt. Von den 120 000 Franken fallen 56 355 unters Obligatorium, die Sparbeiträge daraus werden also zu 2,5 Prozent verzinst, das Altersguthaben dereinst mit einem Satz von 6,8 Prozent in eine Rente umgewandelt. Der Rest der Altersgutschriften gilt als überobligatorisch und wird gemäss Reglement der Pensionskasse behandelt: Zinssatz bloss 1,75 Prozent, Rentenumwandlungssatz 5,8 Prozent.

AHV: lückenlose Beiträge sind wichtig

Nicht selten kommt es vor, dass Arbeitgeber die AHV-Beiträge zwar vom Lohn abziehen, aber nicht an die AHV-Ausgleichskasse überweisen. Können Sie jedoch belegen, dass Ihnen die Beiträge abgezogen wurden, darf Ihnen daraus kein Nachteil entstehen.

Bewahren Sie deshalb unbedingt Ihre monatlichen Lohnausweise auf.

Wollen Sie Ihre Papierberge etwas reduzieren, können Sie gratis bei jeder AHV-Ausgleichskasse einen Zusammenzug aller Einzahlungen auf all Ihren Konten bestellen (individueller Kontozusammenzug). Kontrollieren Sie den Zusammenzug sorgfältig. Die Lohnausweise für Zeiten, die korrekt abgerechnet wurden, können Sie anschliessend getrost wegwerfen.

Am schnellsten gehts per Internet (www.ahv.ch → Formulare → Kontoauszug). Wichtig: Klicken Sie an: «Ich wünsche Auszüge sämtlicher für mich bei der AHV geführten Konti.»

Ist ein Arbeitgeber oder ein Einkommen nicht aufgeführt, reklamieren Sie umgehend bei der AHV-Zweigstelle, bei der Sie den Kontozusammenzug angefordert haben. Schicken Sie Kopien der Lohnausweise mit, die belegen, dass Ihnen AHV-Beiträge abgezogen wurden (Musterbrief im Anhang).

Isabel O. ...

... arbeitet als Erotiktelefonistin bei einer kleinen Zuger Firma. Die Firma geht Konkurs, da sich das Erotikgeschäft immer mehr ins Internet verlagert hat. Als Frau O. bei der Zuger Ausgleichskasse einen individuellen Kontozusammenzug bestellt, realisiert sie, dass die Firma keine AHV-Beiträge überwiesen hat. Zum Glück hat sie die Lohnausweise aufbewahrt. Diese belegen, dass die Arbeitnehmerbeiträge von ihrem Lohn abgezogen wurden. Die Beträge werden Frau O.s Konto gutgeschrieben, wie wenn sie überwiesen worden wären. Die ausstehenden Zahlungen macht die Ausgleichskasse im Konkursverfahren geltend und fordert den Rest vom Geschäftsinhaber, der persönlich für AHV-Beiträge haftet.

Achten Sie darauf, dass Sie in Zeiten ohne Lohn – zum Beispiel bei unbezahltem Urlaub oder während des Studiums – wenigstens den Mindestbeitrag einzahlen. Nur so erreichen Sie eine lückenlose Beitragsdauer und sichern sich eine optimale Rente. Stellen Sie auf Ihrem Kontozusammenzug Lücken fest, die aus eigenem Versäumnis entstanden sind, können Sie diese fünf Jahre zurück noch nachzahlen. Das lohnt sich in jedem Fall.

Den Pensionskassenausweis verstehen

Jedes Jahr im Februar oder März erhalten Sie Ihren aktuellen persönlichen Ausweis von der Pensionskasse. All die komplizierten Begriffe und anstrengenden Zahlen, werden Sie denken – und das Papier lochen und ablegen. Daraus kann Ihnen grundsätzlich kein Nachteil erwachsen, denn der Pensionskassenausweis ist ein reines Informationspapier, aus dem keine Rechte und Pflichten abgeleitet werden können. Zentral für Rechte und Pflichten ist das Pensionskassenreglement, das Sie beim Stellenantritt erhalten haben – wenn nicht, verlangen Sie es vom Arbeitgeber – und auf dem der Pensionskassenausweis basiert. Zweifeln Sie, ob eine Angabe auf dem Ausweis stimmt, schauen Sie immer zuerst im Reglement nach, wie die Frage geregelt ist.

Trotzdem lohnt es sich, den Pensionskassenausweis zu studieren, denn er enthält viele wertvolle Informationen über die Leistungen im Alter, bei Invalidität oder Tod. Und: Diese Leistungen können von Kasse zu Kasse sehr verschieden sein.

Verlangen Sie von Ihrer Pensionskasse Auskunft über die Höhe der Verwaltungskosten. Seit 2005 haben Sie Anspruch auf diese Information.

Lesehilfe für Ihren Pensionskassenausweis

Es gibt keinen einheitlichen Pensionskassenausweis. Alle Pensionskassen listen die Angaben unterschiedlich auf. Als Lesehilfe finden Sie auf der nächsten Doppelseite das Beispiel eines Pensionskassenausweises für einen 40-jährigen Mann mit Erklärungen.

Säule 3a: wertvolle Ergänzung

Die dritte Säule umfasst die private Altersvorsorge. Im Unterschied zu AHV und Pensionskasse ist sie nicht obligatorisch und vom Staat kaum geregelt. Das private Alterssparen wird von Bund und Kantonen mit steuerlichen Anreizen gefördert:

Erstens dürfen die Einzahlungen in die Säule 3a bis zu einem gewissen Betrag – 6365 Franken für Sparer mit einer BVG-Pensionskasse; 20 Prozent des Erwerbseinkommens, maximal 31824 Franken, für Sparer ohne BVG-Pensionskasse (Stand 2007) – vom steuerbaren Einkommen abgezogen werden. Im Gegenzug bleibt das Guthaben für die Altersvorsorge gebunden und kann frühestens fünf Jahre vor dem ordentlichen Rentenalter bezogen werden. Ausnahmen: Bezug für die Finanzierung von Wohneigentum oder für die Aufnahme einer selbständigen Erwerbstätigkeit.

Zweitens wird das angesparte Kapital erst beim Bezug besteuert und dann zu einem reduzierten Tarif. Der Steuerspareffekt der Säule 3a greift vor allem bei hohen Einkommen, da dort die Progression ausgeprägt ist.

Persönlicher Ausweis

Ausweis gültig ab 01.05.2007 *Vertrag Nr. 9/9999/FF*

			CHF	
Versicherte Person	Lukas P.			
	Geburtsdatum 04.09.1966	Vers. Nr. 111.22.333.444		
	Versicherungsbeginn 01.01.2007	Jahreslohn	79'100	①
	Erreichen Pensionsalter am 01.10.2031	Versicherter Lohn	56'525	②
	Beschäftigungsgrad		70%	

			BVG-Teil	Total	
Leistungen im Alter	(voraussichtliche Werte für BVG-Teil mit 2.5% Zins, für überobligatorischen Teil mit 2.25% Zins hochgerechnet)				
	Jährliche Altersrente bei Pensionierung	am 01.10.2031	24'513	31'098	③
	oder Alterskapital		360'479	473'345	

Der Umwandlungssatz zur Berechnung der Altersrente aus dem Alterskapital bei ordentlicher Pensionierung beträgt für den BVG-Teil 6.8% und für den überobligatorischen Teil 5.835%. (Differenz zwischen Total und BVG-Teil).

Leistungen bei Invalidität	Jährliche Invalidenrente	nach 24 Monaten Wartefrist	33'915 *	④
	Jährliche Invaliden-Kinderrente	nach 24 Monaten Wartefrist	6'783 *	
	Beitragsbefreiung	nach 24 Monaten Wartefrist		
Leistungen im Todesfall	Jährliche Ehegattenrente		22'610 *	⑤
	Jährliche Lebenspartnerrente		22'610 *	
	Todesfallkapital	zusätzlich zur Ehegatten- bzw. Lebenspartnerrente	-	
	Todesfallkapital	wenn keine Ehegatten- bzw. Lebenspartnerrente fällig wird	88'204	
	Jährliche einfache Waisenrente		6'783 *	
	Jährliche Vollwaisenrente		13'566 *	

* Bei Unfall werden die Leistungen der obligatorischen Unfallversicherung angerechnet.
In diesen Fällen gelten die Einschränkungen gemäss Reglement.

			BVG-Teil	Total	
Altersguthaben	Ihr Altersguthaben	per 01.05.2007	40'366.55	82'431.90	⑥

Die Verzinsung für das Altersguthaben im Jahr 2007 beträgt für den BVG-Teil 2.5% und für den überobligatorischen Teil 2.25% (Differenz zwischen Total und BVG-Teil).

			BVG-Teil	Total	
Freizügigkeit/ Wohneigentum	Total aller eingebrachten Freizügigkeitsleistungen		31'946.65	69'351.75	
	Freizügigkeitsleistung	per 01.05.2007	40'366.55	82'431.90	⑦
	Möglicher Betrag für Vorbezug zugunsten Wohneigentum	per 01.05.2007		82'431.90	

Beiträge	Gesamtbeitrag	vom 01.05.2007 – 31.12.2007	6'532.20	
	Ihr Beitrag		3'135.00	⑧
	davon	für Altersvorsorge	2'072.55	
		für Risikoversicherung und Sicherheitsfonds	1'062.45	
	Ihr persönlicher Monatsbeitrag	auf der Basis von 12 Monaten	391.90	

Grundlage dieses Ausweises bildet das Reglement Ihrer Pensionskasse. Er ersetzt alle früheren Ausweise.
Erstellt am 25.04.2007 im Auftrag Ihrer Pensionskasse durch xy AG, Postfach, 8000 Zürich.

① **Jahreslohn**
Diese Zahl sollte dem Bruttolohn gemäss Ihrem Lohnausweis entsprechen.

② **Versicherter Lohn**
Der versicherte Lohn ist jener Teil des Bruttolohns, auf dem Versicherungsleistungen bezahlt werden. Er umfasst zwingend den obligatorischen Teil und je nach Reglement einen mehr oder weniger grossen überobligatorischen Teil.

③ **Jährliche Altersrente/Alterskapital**
Das Alterskapital bezeichnet die Summe, die Sie bis zum regulären Pensionierungsalter angespart haben – vorausgesetzt, Ihre Anstellungsbedingungen und der Zinssatz bleiben gleich. Es handelt sich also in keiner Art und Weise um vorhandenes Kapital, auf das Sie wie bei einer Bank irgendwie Anspruch hätten.

④ **Leistungen bei Invalidität**
Wie sich die Invalidenrente berechnet, ersehen Sie aus dem Reglement Ihrer Pensionskasse. In diesem Fall beträgt die Invalidenrente 60 Prozent des versicherten Lohnes. Die Pensionskasse sieht eine Wartefrist von 24 Monate vor. Das ist normal.

⑤ **Leistungen im Todesfall**
Wie sich die Ehegattenrente berechnet und ob Angestellten im Konkubinat eine Lebenspartnerrente gewährt wird, steht im Reglement. In diesem Fall beträgt die Ehegatten- und die Lebenspartnerrente 40 Prozent des versicherten Lohnes.
Die Rente für Halbwaisen ist 20 Prozent der Invalidenrente, für Vollwaisen das Doppelte.

⑥ **Altersguthaben**
Hier wird das aktuell vorhandene Altersguthaben ausgewiesen. Der BVG-Teil wird gesondert aufgeführt, weil dafür gesetzlich garantierte Zins- und Umwandlungssätze gelten. Hilfreich die Information, dass die Kasse Kapital im überobligatorischen Bereich mit 2,25 Prozent verzinst.

⑧ **Freizügigkeit/Wohneigentum**
Hier ist der Betrag aufgeführt, den Sie bei einem Wechsel der Pensionskasse mitnehmen oder sich zum Beispiel für die Finanzierung von Wohneigentum auszahlen lassen können.

⑦ **Beiträge**
Der Gesamtbeitrag listet die Zahlungen von Arbeitnehmer und Arbeitgeber zusammen auf (mindestens die Hälfte muss der Arbeitgeber übernehmen). Der Beitrag für die Altersvorsorge ist quasi die Einzahlung ins Alterskapital; nur dieser Anteil wird gespart. Der Beitrag für die Risikoversicherung und den Sicherheitsfonds ist die Prämie für die Invaliden- und Todesfallversicherung. Der persönliche Monatsbeitrag ist die Summe, die monatlich vom Lohn abgezogen wird. Sie sollte mit dem Abzug auf dem Lohnausweis übereinstimmen.

⑨ **Fehlendes**
Was auf diesem Ausweis fehlt, sind separat ausgewiesene Verwaltungskosten. Sie sind ein nicht näher differenzierter Teil der Risikoprämie. Das ist seit Anfang 2005 unzulässig und muss von der Pensionskasse korrigiert werden. Wünschbar wären zudem Angaben zum maximal möglichen Einkauf von Beitragsjahren und zu den Arbeitnehmervertretern im Stiftungsrat der Pensionskasse. Diese sind nämlich Ihre ersten Ansprechpartner bei Fragen zur Pensionskasse.

Bank oder Versicherung?

3a-Spar-Produkte bieten sowohl Versicherer als auch Banken an. Das 3a-Konto bei einer Bank ist, wenn es Ihnen hauptsächlich ums Sparen geht, den Versicherungslösungen vorzuziehen. Denn bei einer 3a-Police wird ein Teil Ihrer Einzahlung für die Versicherung der Risiken Tod und Invalidität verwendet. Zudem sind Sie verpflichtet, jedes Jahr die vereinbarte Prämie zu bezahlen – auch wenn Sie finanziell einmal knapp durchmüssen. Beim 3a-Konto dagegen sind Sie flexibel und zahlen so viel ein, wie Sie können und wollen. Brauchen Sie zusätzlichen Versicherungsschutz, fahren Sie mit einer reinen Risikopolice meist besser. Die Faustregel sagt: Fürs Sparen die Bank, für die Risikoabdeckung die Versicherung.

Wenn die Pensionierung naht

Wie wollen Sie Ihre Vorsorgeguthaben beziehen? Bei der AHV brauchen Sie nicht viel zu entscheiden; hier gibt es eine Rente, die Sie rechtzeitig beantragen müssen. Bei der Pensionskasse dagegen stellt sich die Frage: Rente, Kapitalbezug oder beides?

Die AHV-Rente kommt nicht von selbst

Drei bis vier Monate vor der Pensionierung sollten Sie sich bei der AHV-Ausgleichskasse, bei der Sie zuletzt Beiträge geleistet haben, zum Rentenbezug anmelden. Die vollständige Liste der dafür nötigen Unterlagen finden Sie auf dem Anmeldeformular. Dieses können Sie in vielen Kantonen von der Homepage der kantonalen Ausgleichskasse herunterladen.

Pensionskasse: Kapital oder Rente?

Bei den meisten Pensionskassen müssen Sie sich drei Jahre vor Ihrer Pensionierung entscheiden, ob Sie das angesparte Guthaben als Kapital beziehen möchten oder sich davon eine Rente auszahlen lassen wollen. Das Gesetz schreibt vor, dass die Kasse Ihnen mindestens ein Viertel des Altersguthabens als Kapital auszahlen muss. Viele Pensionskassen regeln dies in ihren Reglementen aber grosszügiger und lassen den Bezug des gesamten Kapitals zu.

Doch wollen Sie sich mit Börsen, Fonds und Anlagefragen herumschlagen? Denn genau das werden Sie tun müssen, wenn Sie sich

Immer mehr angehende Pensionierte entscheiden sich für den Mittelweg: Sie beziehen zum Beispiel den gesetzlichen Viertel als Kapital und den Rest als Rente. So haben sie ein regelmässiges Einkommen zur Deckung der Grundbedürfnisse und eine grössere Summe zur freien Verfügung.

> **DIE LEISTUNGEN FÜR HINTERBLIEBENE**
>
> Im Todesfall werden Ihre Hinterbliebenen durch die AHV, die obligatorische Unfallversicherung und die berufliche Vorsorge abgesichert.
>
> **AHV und Unfallversicherung**
>
> Von der AHV und der Unfallversicherung erhalten nur die hinterbliebene Ehefrau oder der Ehemann eine Rente. Witwer sind den Witwen allerdings nicht gleichgestellt. Konkubinatspartner gehen leer aus.
> Kinder, die einen Elternteil verlieren, haben bis zum 18. Altersjahr (bzw. bis zum 25., wenn sie noch in Ausbildung sind) Anspruch auf eine Waisenrente – egal, ob die Eltern verheiratet waren oder nicht. Wird ein Kind Vollwaise, erhält es den doppelten Betrag.
>
> **Berufliche Vorsorge**
>
> Auch die Pensionskassen zahlen Witwen-, Witwer- und Waisenrenten aus. Witwen und Witwer sind gleichgestellt. Ob auch Konkubinatspartner Hinterlassenenleistungen erhalten, ist im Reglement festgehalten. Manche Kassen kennen zudem noch Todesfallkapitalien. Lesen Sie im Reglement nach, was in Ihrem Fall gilt.

das Pensionskassenguthaben auszahlen lassen. Wenn Sie sich das zutrauen, sollten Sie sich die Vor- und Nachteile eines Kapitalbezugs von einem Fachmann erläutern lassen. Allgemeine Tipps gibt es in dieser Frage wenige, da die individuellen Konstellationen sehr unterschiedlich sein können.

Ein Kriterium kann zum Beispiel die Frage sein, was bei Ihrem Tod mit dem Guthaben geschieht: Bei einem Kapitalbezug kommt alles, was vom Pensionskassengeld noch vorhanden ist, voll Ihren Erben zugute. Bei einem Rentenbezug hingegen erhalten zwar die Witwe bzw. der Witwer und die Kinder – je nach Pensionskasse allenfalls auch der Konkubinatspartner – eine Hinterlassenenrente. Das Restguthaben aber fällt an die Pensionskasse.

8.5 Arbeitslos – wie weiter?

Die Stelle verloren und keine neue in Sicht? Wenden Sie sich rasch an das Regionale Arbeitsvermittlungszentrum (RAV). Dort erfahren Sie, was Sie tun müssen, um zum Arbeitslosentaggeld zu kommen.

Bei der Arbeitslosenversicherung sind nur angestellt Erwerbstätige versichert. Selbständigerwerbende können sich auch nicht freiwillig unterstellen. Scheitert ihr Unternehmen, bleibt häufig nur der Gang aufs Sozialamt.

Aber auch nicht alle unselbständig Erwerbenden erhalten Arbeitslosengeld. Zuerst muss man einige Bedingungen erfüllen:

> in der Schweiz wohnen
> **im richtigen Alter sein:** nicht mehr in der obligatorischen Schulzeit und noch nicht im AHV-Alter
> **Beiträge bezahlt haben:** Verlangt werden mindestens zwölf Beitragsmonate in den letzten zwei Jahren. Waren Sie irgendwo angestellt, haben Sie in der Regel automatisch Beiträge an die Arbeitslosenversicherung gezahlt. Diese wurden Ihnen nämlich vom Lohn abgezogen.
> **vermittlungsfähig sein:** gewillt und fähig, mindestens eine 20-Prozent-Stelle anzunehmen

Bei der Beitragszeit gibt es Ausnahmen für Schulabgänger, Mütter, Geschiedene, Strafentlassene, Selbständigerwerbende, Auslandschweizer, EU- sowie EFTA-Bürger und nach einem gescheiterten Versuch der Selbständigkeit. Informieren Sie sich beim regionalen Arbeitsvermittlungszentrum (RAV, Adressen unter www.treffpunkt-arbeit.ch).

Was zahlt die Arbeitslosenversicherung?

Im Zentrum steht natürlich das Taggeld, das «Einkommen» eines Arbeitslosen. Es beträgt 70 oder 80 Prozent des Lohnes, den man in den letzten sechs Monaten bzw. zwölf Monaten vor der Arbeitslosigkeit verdient hat. Als versicherter Lohn gilt grundsätzlich das AHV-pflichtige Einkommen, die nicht deklarierten Einkünfte wie Trinkgeld oder Spesen fallen natürlich nicht darunter. Nicht dazu gehört auch Überstundenlohn, obwohl darauf Beiträge gezahlt wurden.

Diesen Lohnersatz erhalten Arbeitslose in Form von Taggeldern, die pro Arbeitstag ausbezahlt werden. Wie viele Taggelder es sind, hängt vom Alter und von der Situation vor der Arbeitslosigkeit ab:

> **Maximal 400 Taggelder** sind die Regel.
> **Bis zu 260 Taggelder** erhält, wer von der Erfüllung der Beitragszeit befreit war – zum Beispiel als Studienabgänger.
> **520 Taggelder** können über 55-Jährige beziehen, die mindestens 18 Monate lang Beiträge gezahlt haben. Wer weniger als vier Jahre vor dem AHV-Alter unfreiwillig in den Ruhestand geschickt wurde, erhält nochmals 120 Taggelder.

Mit diesen Stellen haben Sie zu tun

Als Arbeitsloser haben Sie mit zwei staatlichen Stellen zu tun: mit dem Regionalen Arbeitsvermittlungszentrum (RAV) und der Arbeitslosenkasse. Verkürzt gesagt: Das RAV betreut Sie, berät Sie bei der Stellensuche und ordnet arbeitsmarktliche Massnahmen an. Unter Umständen erhalten Sie auch einen Kurs oder eine Weiterbildung finanziert. Die Arbeitslosenkassen kontrollieren die vom RAV angeordneten Massnahmen und zahlen die Taggelder sowie das Geld für Kurse und Beschäftigungsprogramme aus.

Die Arbeitslosenkasse, welche die Taggelder ausrichtet, können Sie frei wählen. Beim RAV wird man Ihnen eine Liste vorlegen.

Das richtige Verhalten nach der Kündigung

Werden Sie aktiv, sobald Sie den blauen Brief erhalten haben. Gehen Sie sofort auf Jobsuche, bewahren Sie Ihre Bewerbungen und auch Absagen auf und halten Sie Ihre weiteren Bemühungen schriftlich fest. Sonst kann es Taggeldkürzungen geben (siehe nächste Seite). Gehen Sie bereits während der letzten Arbeitswochen beim RAV vorbei. Dort erhalten Sie Merkblätter und die wichtigsten Informationen.

Auch Erwerbslose, die selber gekündigt haben, haben Anspruch auf Arbeitslosengeld. Es ist höchstens mit einer Kürzung der Taggelder zu rechnen.

Wurden Sie ohne wichtigen Grund fristlos entlassen, müssen Sie sofort handeln: Protestieren Sie schriftlich und eingeschrieben

8. Sozialversicherungen und Sozialhilfe

gegen die fristlose Entlassung, melden sich unverzüglich beim RAV und klären Sie gerichtliche Schritte. Nehmen Sie eine ungerechtfertigte fristlose Kündigung einfach hin, kann Ihnen die Arbeitslosenkasse ebenfalls Taggelder streichen.

Achtung Versicherungsschutz

Ihr Versicherungsschutz für Unfall und Krankheit hängt zu einem grossen Teil an Ihrer Erwerbstätigkeit. Wenn Sie die Stelle verlieren, müssen Sie sich darum kümmern, dass er trotzdem weiterläuft:

> Unfallversicherung
  Die obligatorische Unfallversicherung über Ihren Arbeitgeber läuft nach Beendigung des Jobs noch 30 Tage weiter (Nachdeckung). Gegen eine günstige Prämie von 150 Franken können Sie sich beim selben Unfallversicherer für weitere sechs Monate versichern (Abredeversicherung). Das lohnt sich. Zwar werden Sie auch als Arbeitslose gegen Unfall versichert sein, aber zu den tiefen Ansätzen des Taggelds. Und wenn Sie aus irgendwelchen Gründen kein Taggeld beziehen können, haben Sie zumindest den Versicherungsschutz während sieben Monaten.

> Krankentaggeldversicherung
  Hat Ihr Arbeitgeber eine Kollektiv-Krankentaggeldversicherung abgeschlossen, können Sie diese als Einzelversicherung weiterführen. Verlangen Sie beim Versicherer Ihres letzten Arbeitgebers eine Offerte. Die Prämien sind allerdings meist sehr hoch, was diese sinnvolle Versicherung für Arbeitslose unerschwinglich macht.

> Pensionskasse
  Für die Risiken Tod und Invalidität sind Sie bei der Stiftung Auffangeinrichtung BVG versichert, so lange Sie Arbeitslosentaggeld beziehen.

Einstelltage und wie man sich dagegen wehrt

Wurden Sie durch eigenes Verschulden arbeitslos – haben Sie zum Beispiel selbst gekündigt – oder haben Sie sich nicht genügend um zumutbare Arbeit bemüht, kann Ihnen die Arbeitslosenkasse oder das RAV Taggelder kürzen (sogenannte Einstelltage). Dies muss Ihnen in Form einer schriftlichen Verfügung mitgeteilt werden.

Gegen diese Verfügung können Sie innert 30 Tagen Einsprache einreichen. Dazu genügt ein einfacher Brief, in dem Sie die Ausführungen des RAV bestreiten. Nennen Sie wenn möglich Zeugen oder Belege für Ihre Sicht der Dinge. Darauf prüft das RAV oder die Arbeitslosenkasse den Entscheid nochmals und teilt Ihnen mit, ob die Verfügung geändert wird.

Wird Ihre Einsprache abgewiesen, können Sie dagegen bei einem kantonalen Gericht Beschwerde einreichen – die genaue Bezeichnung finden Sie im Einspracheentscheid unter dem Titel «Rechtsmittelbelehrung». Sind Sie auch mit dessen Entscheid nicht einverstanden, bleibt als letzte Instanz das Bundesgericht.

Ihre Rechte im Verfahren

Bereits wenn die Behörde prüft, ob sie Einstelltage verhängen will – sowie vor sämtlichen weiteren Instanzen –, haben Sie Anspruch auf rechtliches Gehör und auf Akteneinsicht. Das heisst: Sie haben Anspruch darauf, Ihre Sicht der Dinge darzutun und alle Unterlagen zu Ihrem Fall einzusehen. Zudem haben Sie Anspruch auf eine anständige Begründung für alle Entscheide, welche die Behörden fällen. Und die Gerichte und Behörden sind verpflichtet, den richtigen Sachverhalt von Amtes wegen zu ermitteln.

Zumindest statistisch lohnt sich der Rechtsweg: Die Chance auf einen Prozesserfolg liegt bei rund 30 Prozent. Alle Verfahren sind kostenlos – ausser wenn Sie ein Verfahren mutwillig anzetteln. Ziehen Sie aber einen Anwalt bei, müssen Sie diesen natürlich selber bezahlen.

8.6 Wenn alle Stricke reissen: Sozialhilfe

Wer durch sämtliche Maschen des Sozialversicherungsnetzes rasselt und keine unterstützungspflichtigen Verwandte hat, hat Anspruch auf Sozialhilfe. Zurzeit sind das in der Schweiz rund 218 000 Menschen.

Sie sind also bei Weitem nicht allein und müssen sich auch nicht genieren, diese Unterstützung anzunehmen. Im besten Fall helfen Ihnen die Sozialhilfeleistungen wieder auf die Beine und Sie können Ihr Leben erneuert in die eigenen Hände nehmen.

Alle Ansprüche prüfen und sich beraten lassen

Wenn das Geld am Monatsende immer wieder nicht reicht, sollten Sie zwei Dinge tun:

> **Prüfen Sie sämtliche Ansprüche auf finanzielle Hilfe:** Haben Sie Anspruch auf Leistungen von Unfall- und Invalidenversicherung? Von AHV oder Pensionskasse? Auf Arbeitslosentaggeld? Auf Kinderzulagen, Prämienverbilligung der Krankenkasse oder Ergänzungsleistungen? Können Sie Alimentenbevorschussung beantragen? Oder Stipendien, Familienzulagen? Haben Sie Anspruch auf Unterstützung von Verwandten, auf Alimente von Ihrer Ehefrau oder Ihrem Lebenspartner? Informationen zu diesen Stichwörtern finden Sie in den Kapiteln dieses Buches; benützen Sie das Stichwortverzeichnis auf Seite 336.

> **Suchen Sie eine Budgetberatungsstelle auf.** Die Beraterin kann Ihnen allenfalls auch helfen, ein Gesuch an die Stiftung SOS Beobachter zu stellen (Adressen siehe Seite 286).

Nehmen Sie nie, NIE einen Kleinkredit auf, um eine dringende und unvorhergesehene Ausgabe zu finanzieren. Das lindert die finanzielle Not nur kurzfristig und verstärkt die Schuldenspirale, da Sie enorme Zinsen bezahlen müssen.

Was ist Sozialhilfe?

Sozialhilfe soll den «notwendigen Lebensunterhalt» gewähren, die «Mittel für ein menschenwürdiges Dasein» zur Verfügung stellen. So steht es in der schweizerischen Bundesverfassung und in den kantonalen Sozialhilfegesetzen. Diese ungenauen Begriffe werden in den Richtlinien der Schweizerischen Konferenz für Sozialhilfe (SKOS) auf Franken und Rappen konkretisiert. Diese Richtlinien sind entscheidend für Sie, dazu die Praxis Ihres Wohnkantons, wie weit er die Richtlinien anwendet.

Wer hat Anspruch auf welche Leistungen?

Wer mit seinem monatlichen Nettoeinkommen den grundlegenden Lebensbedarf nicht zahlen kann und auch über kein nennenswertes Vermögen verfügt, hat Anspruch auf Sozialhilfe (Ausnahme: abgewiesene Asylbewerber; ihnen leistet der Staat bloss sogenannte Nothilfe). Sozialhilfe beziehen kann nur, wer in der Schweiz wohnt. Die finanzielle Unterstützung setzt sich aus folgenden Positionen zusammen:

> **Materielle Grundsicherung**: Das sind ein Grundbedarf für den Lebensunterhalt (gemäss Pauschalbeträgen der SKOS), die Wohnkosten (so weit ortsüblich) sowie die Kosten für die medizinische Grundversorgung (Krankenkassenprämie, Franchise, Selbstbehalt).

> **Situationsbedingte Leistungen:** Sie dienen dazu die berufliche Selbständigkeit und soziale Einbettung zu fördern (zum Beispiel Erwerbsunkosten, Ausbildungskosten, Kinderbetreuungskosten).

> **Integrationszulagen:** Diese werden Personen ausbezahlt, die sich besonders um ihre soziale oder berufliche Integration bemühen.

> **Einkommensfreibetrag** für Sozialhilfebezügerinnen, die ganz oder teilweise erwerbstätig sind: Das soll einen Anreiz schaffen, wieder ins Berufsleben zurückzufinden.

Peter und Linda J. ...

... haben drei Kinder im Alter von 8, 10 und 13 Jahren. Herr J. ist seit längerer Zeit arbeitslos, seine Frau arbeitet unregelmässig als Garderobiere und Coiffeuse. Für den Lebensbedarf erhält die fünfköpfige Familie gemäss SKOS-Richtlinien 2323 Franken. Dazu übernimmt das Sozialamt die Wohnungsmiete – allerdings nur 1300 von den effektiv 1600 Franken, da dies die kantonale Obergrenze für eine fünfköpfige Familie ist. Die medizinische Grundversorgung übernimmt die Gemeinde nach Bedarf, zahlt aber jeden Monat den Teil der Krankenkassenprämien, der nach Abzug der Prämienverbilligung noch bleibt: rund 250 Franken. Gesamthaft hat Familie J. also Anspruch auf 3873 Franken Sozialhilfe. Dieser Betrag wird jedoch um die Einkünfte von Linda J. reduziert. Ihr Verdienst schwankt zwischen 500 und 1500 Franken, wovon sie zwischen 200 und 500 Franken als Freibetrag behalten kann. Der Rest wird angerechnet. Deshalb bezieht die fünfköpfige Familie J. pro Monat zwischen 2873 und 3573 Franken Sozialhilfe.

So kommen Sie zu den Leistungen

Möchten Sie Sozialhilfe beziehen, müssen Sie sich beim Sozialamt Ihrer Wohngemeinde melden. In Gesprächen wird man abklären, ob Sie Leistungen erhalten und wie hoch der Betrag ist. Rufen Sie vorher an, um einen Termin auszumachen, und fragen Sie, welche Unterlagen Sie mitbringen müssen.

Beim Sozialamt wird man Ihnen auch helfen, ein Steuererlassgesuch zu formulieren und gegebenenfalls eine Schuldensanierung an die Hand zu nehmen. Denn für Steuern und Schulden erhalten Sie keine Sozialhilfe.

Müssen Sozialhilfegelder zurückgezahlt werden?

Grundsätzlich ja. Die meisten Kantone verlangen die Rückzahlung, wenn Sie wieder so viele Mittel haben, dass Ihnen eine Rückerstattung der Sozialhilfebeträge «zugemutet werden» kann. Die Sozialbehörden haben also einen grossen Ermessensspielraum. Die Praxis ist in der Schweiz von Kanton zu Kanton, ja sogar von Gemeinde zu Gemeinde sehr verschieden.

 FRAGEBOX

Ich habe mit meinem kleinen Betrieb Konkurs gemacht. Als Selbständigerwerbender habe ich keinen Anspruch auf Arbeitslosengeld und muss mich beim Sozialamt anmelden. Nun besitze ich aber ein Haus, in dem ich mit meiner vierköpfigen Familie lebe. Habe ich überhaupt Anspruch auf Sozialhilfe?

Ja, grundsätzlich schon. Wohneigentum steht Sozialhilfe nicht von vornherein entgegen. Wenn Sie im eigenen Haus wohnen und dies zu marktüblichen oder sogar günstigeren Bedingungen, verlangt die Sozialbehörde den Verkauf nicht. Zudem ist für Sie das eigene Haus eine wichtige Altersvorsorge, weil Sie im Konkurs wohl auch sämtliche Freizügigkeitsleistungen der Pensionskasse verloren haben. Verkaufen Sie die Liegenschaft aber später, müssen Sie mit einer Rückforderung der Sozialbehörde rechnen.

Mehr Informationen und viele hilfreiche Tipps zum Thema Sozialhilfe erhalten Sie im Beobachter-Ratgeber «Habe ich Anspruch auf Sozialhilfe? Rechte und Pflichten, Richtlinien und Berechnungsbeispiele» (www.beobachter.ch/buchshop).

Verwandtenunterstützung: Wer muss wann zahlen?

Das rauere Klima im Sozialbereich spüren vermehrt auch die Verwandten von Sozialhilfebezügern. Denn die Gemeinden nehmen sie immer häufiger in die Pflicht und verlangen, dass sie ihre bedürftigen Angehörigen finanziell unterstützen. Grundsätzlich ist man dazu von Gesetzes wegen verpflichtet (siehe Kasten).

Doch oft fordern Gemeinden zu viel zurück oder nehmen Verwandte in die Pflicht, deren finanzielle Verhältnisse dies eigentlich gar nicht zulassen. Es lohnt sich also, die Forderungen genau zu prüfen.

Am meisten Auseinandersetzungen gibt es zur Frage, wann jemand genug Einkommen und/oder Vermögen hat, um zur Unterstützung eines Verwandten herangezogen zu werden. Ausgangspunkt für die relativ komplizierte Berechnung sind das steuerpflichtige Einkommen sowie ein Anteil des Vermögens. Gemäss den Richtlinien der SKOS sollte eine Unterstützungspflicht erst geprüft werden, wenn das steuerpflichtige Einkommen plus der Vermögensanteil höher sind als

> **60 000 Franken** bei Alleinstehenden
> **80 000 Franken** bei Verheirateten
> **plus ein Zuschlag** von 10 000 Franken pro minderjähriges oder in Ausbildung befindliches Kind

Bei der Berechnung des monatlichen Unterstützungsbeitrags werden sodann genau be-

VORAUSSETZUNGEN FÜR DIE UNTERSTÜTZUNGSPFLICHT

Damit man zur Unterstützung Verwandter verpflichtet werden kann, müssen folgende Voraussetzungen erfüllt sein (Art. 328 und 329 ZGB):

> Verwandtschaft in gerader Linie: Eltern, Grosseltern, Urgrosseltern oder Kinder, Enkel, Urgrosskinder. Für Geschwister, Onkel und Tanten oder Verschwägerte besteht keine Unterstützungspflicht.
> Die berechtigte Person lebt am sozialhilferechtlichen Existenzminimum (objektive Notlage).
> Die Pflichtigen haben genug Einkommen und/oder Vermögen.
> Der Unterstützungsbeitrag ist für die Pflichtigen zumutbar.

8. Sozialversicherungen und Sozialhilfe

stimmte Ausgaben des Pflichtigen berücksichtigt (Lebensunterhalt, Berufsauslagen und übrige Kosten). Ein Fallbeispiel soll Ihnen einen ungefähren Anhaltspunkt geben:

Das Ehepaar Regula und Thomas Z. ...

... verdient zusammen 8000 Franken, anrechenbares Vermögen haben sie keines. Ihr 25-jähriger Sohn Louis hat einen Dorgenentzug für 40 000 Franken gemacht, den seine Wohngemeinde vorfinanziert hat. Der anrechenbare Bedarf von Herrn und Frau Z. beträgt 6500 Franken. Sie haben also monatlich 1500 Franken «Überschuss». Davon darf die Gemeinde aber gemäss SKOS-Richtlinien nur die Hälfte als Unterstützungsbeitrag einverlangen. Regula und Thomas Z. müssen monatlich 750 Franken an die Gemeinde zahlen.

Zweifeln Sie an der Richtigkeit der Rechnung der Gemeinde? Zögern Sie nicht, eine Beratung in Anspruch zu nehmen, zum Beispiel beim Beobachter-Beratungszentrum oder bei einer spezialisierten Anwältin.

Links, Adressen, rechtliche Grundlagen

Allgemeine Beratung

Beobachter-Beratungszentrum
Das Wissen und der Rat der Fachleute stehen Abonnenten des Beobachters im Internet und am Telefon kostenlos zur Verfügung:
> HelpOnline: Rund um die Uhr im Internet unter www.beobachter.ch/helponline, Rubriken: Altersvorsorge, Versicherungen, Geld (weitere Geldthemen), Sozialfragen (Existenzsicherung)
> Telefon: Montag bis Freitag von 9 bis 13 Uhr, Fachbereich Sozialversicherung 043 444 54 05, Fachbereich Sozialhilfe 043 444 54 08

www.bsv.admin.ch
Website des Bundesamts für Sozialversicherungen, des Kompetenzzentrums des Bundes für Informationen zu sämtlichen Sozialversicherungen

AHV/IV/Ergänzungsleistungen

www.ahv.ch
Alle wichtigen Informationen zur AHV, zur IV und zu den Ergänzungsleistungen; Adressen der Ausgleichskassen, der IV-Stellen und der EL-Stellen; hilfreiche Merkblätter zum Herunterladen

Arbeitslosigkeit

www.impulsbern.ch
Impuls
Spitalgasse 33
3011 Bern
Tel. 031 311 91 55
Treffpunkt und Beratung für Erwerbslose

sah-impuls@sah.ch
Impuls - Treffpunkt für Erwerbslose
Körnerstrasse 12
8004 Zürich
Tel. 044 296 50 00
Rechtsberatung für Erwerbslose

www.treffpunkt-arbeit.ch
Seite des Staatssekretariats für Wirtschaft (seco) zum Thema Arbeitsmarkt, Arbeitslosenversicherung; Adressen der Regionalen Arbeitsvermittlungszentren (RAV) und der Arbeitslosenkassen; informative Merkblätter (zum Beispiel «Berufliche Vorsorge für arbeitslose Personen»)

www.viavia.ch/spip
Kontaktstelle für Arbeitslose
Greifengasse 7
4058 Basel
Tel. 061 691 24 36
Rechtsberatung für Erwerbslose

Erkundigen Sie sich auch bei der Gewerkschaft Ihrer Branche und Region nach Beratungsstellen.

Rechtsberatung bieten zudem die Arbeitsgerichte an. Diese finden Sie im Telefonbuch, meist im Kantons- oder Bezirkshauptort.

Invalidität und Unfall

www.procap.ch
Rechtsschutz ProCap
Schweizerischer Invalidenverband
Froburgstrasse 4
4601 Olten
Tel. 062 206 88 88

www.rechtsberatung-up.ch
Rechtsberatungsstelle UP für Unfallopfer
und Patienten
Werdstrasse 36
8004 Zürich
Tel. 0800 70 72 77

www.saeb.ch
Rechtsdienst für Behinderte SAEB mit Zweigstellen in Zürich, Bern und Lausanne

Krankheit

www.ombudsman-kv.ch
Ombudsstelle der sozialen Krankenversicherung
Morgartenstrasse 9
6003 Luzern
> Tel. 041 226 10 10 (Deutsch)
> Tel. 041 226 10 11 (Französisch)
> Tel. 041 226 10 12 (Italienisch)
Zuständig für Fragen der Grundversicherung
und der Zusatzversicherung der Krankenkasse

www.prämien.admin.ch
Website der Bundesverwaltung für Prämienvergleiche

Pensionskasse

www.aeis.ch
Stiftung Auffangeinrichtung BVG
Birmensdorferstrasse 198
8003 Zürich
Tel. 043 333 36 98
Versicherung von arbeitslosen Personen;
freiwillige Versicherung für Selbständigerwerbende

www.bvg.ch
Breite Information zur beruflichen Vorsorge

www.bvgauskuenfte.ch
Beratungsstelle des Vereins BVG-Auskünfte
Sozialzentrum
Ausstellungsstrasse 88
8005 Zürich
Tel. 044 447 17 17
Jeden ersten Mittwoch im Monat (17 bis 19 Uhr),
Voranmeldung obligatorisch; Beratungsangebote auch in Bern, Brugg, Frauenfeld,
Luzern, St. Gallen

Sozialhilfe

www.beobachter.ch (→ SOS Beobachter)
Stiftung SOS Beobachter
Förrlibuckstrasse 70
8021 Zürich
Finanzielle Hilfe zur Überbrückung von
Notlagen, wenn alle andern Möglichkeiten
ausgeschöpft sind; Merkblatt und Formular
für Unterstützungsgesuch auf der Website

www.budgetberatung.ch
Arbeitsgemeinschaft Schweizerischer Budgetberatungsstellen (ASB)
Hashubelweg 7
5014 Gretzenbach
Tel. 062 849 42 45
Adressen der regionalen Budgetberatungsstellen; Budgetbeispiele, Erhebungsblätter,
Richtlinien und Merkblätter

www.schulden.ch
Dachverband Schuldenberatung
Feerstrasse 13
5001 Aarau
Tel. 062 822 82 11
Adressen der regionalen Fachstellen für
Schuldenberatung

www.skos.ch
Website der Schweizerischen Konferenz für Sozialhilfe; Richtlinien im Wortlaut und umfangreiche Informationen zur Anwendung in den Kantonen

www.sozialinfo.ch
Umfassende Plattform für Informationen zur Sozialhilfe

Rechtliche Grundlagen

AHV: Bundesgesetz über die Alters- und Hinterlassenenversicherung (AHVG, SR 831.10)

Arbeitslosenversicherung: Bundesgesetz über die obligatorische Arbeitslosenversicherung und die Insolvenzentschädigung (AVIG, SR 837.0)

Ergänzungsleistungen: Bundesgesetz über Ergänzungsleistungen zur Alters-, Hinterlassenen- und Invalidenversicherung (ELG, SR 831.30)

Invalidenversicherung: Bundesgesetz über die Invalidenversicherung (IVG, SR 831.20)

Krankenversicherung:
> Bundesgesetz über die Krankenversicherung (KVG, SR 832.10)
> Bundesgesetz über den Versicherungsvertrag (VVG, SR 221.229.1)

Pensionskasse:
> Bundesgesetz über die berufliche Alters-, Hinterlassenen- und Invalidenvorsorge (BVG, SR 831.40)
> Reglement Ihrer Pensionskasse

Sozialhilfe:
> Art. 328 bis 330 Zivilgesetzbuch (ZGB, SR 210)
> Kantonale Sozialhilfegesetze (zu finden über www.legalswiss.ch)
> Richtlinien der Schweizerischen Konferenz für Sozialhilfe SKOS (zu finden unter www.skos.ch)

Unfallversicherung: Bundesgesetz über die Unfallversicherung (UVG, SR 832.20)

Für alle Sozialversicherungszweige:
> Allgemeiner Teil des Sozialversicherungsrechts, mit einheitlichen Definitionen der Grundbegriffe (ATSG, SR 830.1)
> Verordnungen zu allen Gesetzen (zu finden in der Systematischen Rechtssammlung des Bundes (SR) im unmittelbaren Umfeld der SR-Nummer des Gesetzes)

Muster im Anhang

Kündigung der Grundversicherung bei der Krankenkasse (Muster 20, Seite 325)

Beitritt zur neuen Grundversicherung (Muster, 21, Seite 325)

Meldung fehlender AHV-Beiträge (Muster 22, Seite 326)

9. Steuern, Strassenverkehr und Strafrecht

In den bisherigen acht Kapiteln ging es darum, was gilt, wenn Sie als Privatperson mit einer andern Privatperson etwas vereinbaren, und um Ihre Ansprüche gegenüber dem Staat. Jetzt geht es um das Verhältnis zwischen Ihnen als Privatperson und dem Staat als Inhaber des Machtmonopols, der von Ihnen Steuern einfordern, Sie büssen oder einsperren darf.

9.1 Steuern zahlen, aber nicht zu viel	**290**
Die wichtigsten Abzüge	292
Die Steuereinschätzung anfechten	292
Den Überblick über die Steuerzahlungen behalten	293
9.2 Recht im Strassenverkehr	**295**
Sich gegen eine Busse wehren	295
Wenig Rechte bei einer Polizeikontrolle	295
Sich gegen den Führerausweisentzug wehren	296
Das richtige Verhalten nach einem Verkehrsunfall	297
9.3 Verwickelt in ein Strafverfahren	**299**
So läuft ein Strafverfahren ab	299
Sein Recht selbst in die Hand nehmen?	300
Wann darf die Polizei jemanden festnehmen?	301
Ihre Rechte bei einer Einvernahme	302
Ihre Rechte bei einer Verhaftung	302
Wann empfiehlt sich der Beizug eines Anwalts?	303
Sich gegen Übergriffe der Polizei wehren	303
Der Eintrag ins Strafregister	304
Angehörige im Strafverfahren	304
Jugendliche im Strafverfahren	305
Opfer einer Gewalttat	306
Links, Adressen, rechtliche Grundlagen	**308**

9. Steuern, Strassenverkehr und Strafrecht

9.1 Steuern zahlen, aber nicht zu viel

Es ist wieder einmal Ende Januar, und die Steuererklärung liegt in der Post. Ein dicker Brief, der viel unangenehme Arbeit bringt: all die Zahlen und immer das Gefühl, irgendeinen Abzug vergessen zu haben ...

Denken Sie in diesem Moment zum ersten Mal an die Steuererklärung, haben Sie den entscheidenden Fehler schon gemacht. Denn nur wer frühzeitig an die steuerrechtlichen Folgen einer Ausgabe denkt, kann Steuern sparen. Die Einzahlung in die Säule 3a etwa muss bis Ende Jahr gemacht sein, wenn Sie sie in der Steuererklärung abzie-

HIER BRAUCHEN SIE HILFE

> Wenn Sie als Selbständigerwerbender oder Besitzer von Wohneigentum die Steuern optimieren wollen.
> Wenn Ihnen der Entzug des Führerausweises droht. Achtung: Konsultieren Sie bereits bei der vorgängigen Busse einen spezialisierten Anwalt.
> Wenn Sie einen Strafantrag stellen wollen.
> Wenn ein Strafverfahren gegen Sie droht.
> Wenn Sie verhaftet werden.
> Wenn Sie nach einem Unfall körperliche Beschwerden haben und von den Versicherungen Geld einfordern wollen.
> Wenn Sie Opferhilfe beantragen möchten.

DAS KÖNNEN SIE SELBST ANPACKEN

> Ein Gesuch um Fristverlängerung für die Steuererklärung einreichen.
> Einsprache gegen die definitive Steuereinschätzung machen, wenn diese nicht korrekt ist.
> Die Steuerrechnung überprüfen.
> Sich gegen eine ungerechtfertigte Verkehrsbusse wehren.
> Sich gegen eine ungerechtfertigte Blutprobe wenden.
> Bei einer polizeilichen Einvernahme auf Ihre Rechte pochen.
> Sich gegen einen Polizisten beschweren, der Sie nicht korrekt behandelt hat.
> Einsicht in Ihre Untersuchungsakten verlangen.

CHECKLISTE: FÜNF SCHRITTE ZUR AUSGEFÜLLTEN STEUERERKLÄRUNG

☐ **Steuererklärung des Vorjahrs hervornehmen**
Am einfachsten schauen Sie zuerst einmal in der letztjährigen Steuererklärung nach, was Sie an Belegen brauchten, um das ganze Formular samt den zugehörigen Beiblättern auszufüllen.

☐ **Unterlagen und Belege zusammenstellen**
Stellen Sie alle nötigen Unterlagen zusammen: Lohnausweise, Kontoauszüge, Verzeichnis der Wertschriften, Belege für allfällige Schulden und Schuldzinsen, Belege für Berufsauslagen, Belege für Krankheitskosten, Belege für Kosten für die Fremdbetreuung Ihrer Kinder, Belege für bezahlte oder erhaltene Alimente, Belege für Einzahlungen in die Säule 3a, Belege für Spenden ...

☐ **Beilageblätter ausfüllen**
Füllen Sie zuerst die Beilageblätter aus: das Wertschriftenverzeichnis, die Liste der Berufsauslagen, der besonderen Krankheitskosten usw. Erst dann machen Sie sich an den Hauptteil.

☐ **Abzüge beachten**
Widmen Sie den Abzügen besondere Aufmerksamkeit (siehe nächste Seite).

☐ **Unklarheiten klären**
Wenn Sie unsicher sind: Blick in die Wegleitung oder Telefon ans Steueramt Ihrer Gemeinde.

hen wollen. Und die teure Zahnsanierung muss möglichst in ein Kalenderjahr gelegt sein, sodass Abzüge wegen besonderen Krankheitskosten möglich sind.

Sind Sie selbständigerwerbend, besitzen Sie ein Haus oder eine Wohnung, lohnt sich eine Steuerberatung, denn es gibt viele Möglichkeiten, Steuern zu sparen. So können Hauseigentümer zum Beispiel Schuldzinsen und werterhaltende Investitionen in der Steuererklärung abziehen, nicht aber wertvermehrende. Selbständigerwerbende können hohe Beiträge an die 2. Säule und die Säule 3a sowie für Abschreibungen in Abzug bringen.

Wenn Sie aus Erfahrung wissen, dass Sie es selten schaffen, die Steuererklärung pünktlich auszufüllen, verlangen Sie umgehend schriftlich eine Fristverlängerung. Sie wird meistens gewährt.

Die wichtigsten Abzüge

Stellen Sie sicher, dass Sie keine Abzüge vergessen. Erkundigen Sie sich bei Freunden in der gleichen Lebenssituation, beim Steueramt oder leisten Sie sich die Beratung einer Steuerexpertin (Kostenpunkt: 200 bis 400 Franken für Privatpersonen). Denn die möglichen Abzüge variieren von Lebenssituation zu Lebenssituation und von Kanton zu Kanton. Die Tipps, die Sie erhalten, können Sie anschliessend jedes Jahr wieder anwenden. Hier eine – unvollständige – Liste von möglichen Abzügen:

> **Familienexterne Kinderbetreuung** (Hort, Krippe)
> **Pauschaler Kinderabzug**
> **Krankheits- und Unfallkosten** (meist nur bei hohen Zahnarztkosten möglich)
> **Spenden** an gemeinnützige Organisationen und an Parteien
> **Generalabonnement** der SBB oder sonstige Fahrkosten mit der Bahn (unter Berufsauslagen)
> **Büromiete** (ausserhalb oder teilweise auch im eigenen Haus als Berufsauslage)
> **Weiterbildung** und Umschulung
> **Unterhaltsbeiträge**, die Sie zahlen müssen
> **Einkäufe in die 2. Säule** (erkundigen Sie sich über die Möglichkeiten bei Ihrer Pensionskasse)
> **Einzahlungen in die Säule 3a**

Steueroptimierung müssen Sie das ganze Jahr betreiben. Denn richtig sparen können Sie nur, wenn Sie bereits vor einer Ausgabe überlegen, welches die Folgen für die Steuern sind.

Wertvolle Hilfe beim Ausfüllen der Steuererklärung bietet Ihnen der Beobachter-Ratgeber «Steuern leicht gemacht. Praktisches Handbuch für Angestellte, Selbständige und Eigenheimbesitzer (www.beobachter.ch/buchshop).

Die Steuereinschätzung anfechten

Haben Sie die Steuererklärung abgeschickt, hören Sie lange nichts mehr vom Steueramt. Dann kommt eine provisorische Steuereinschätzung. Diese können Sie nicht anfechten. Erst gegen die definitive Steuereinschätzung, die Ihnen später zugestellt wird, kann Einsprache erhoben werden. Schauen Sie deshalb, wie das Schreiben des Steueramts bezeichnet ist.

Wenn der Steuerbeamte gewisse Abzüge nicht oder nicht in der geforderten Höhe zulassen will oder sonst mit Ihrer Steuererklärung nicht einverstanden ist, muss er das deutlich machen und auch begründen. Danach haben Sie 30 Tage Zeit, um gegen die definitive Steuereinschätzung Einsprache zu erheben (Musterbrief im Anhang). Die Adresse der Einsprachebehörde steht in der Steuerverfügung. Sie müssen Ihre Einsprache begründen und Ihre Sicht der Dinge belegen.

Das Einspracheverfahren ist kostenlos. Erst wenn Sie den Einspracheentscheid vor Gericht oder vor eine Steuerrekurskommission ziehen, geht die Sache ins Geld.

Wenn die Steuerrechnung kommt

Wenn Sie die (definitive) Steuereinschätzung erhalten, vergleichen Sie die Zahlen mit der Kopie Ihrer Steuererklärung und prüfen Sie folgende Punkte:

> Stimmen die Einkommen überein?
> Stimmen Antrag und Abrechnung für die Rückerstattung der Verrechnungssteuer überein?
> Wurde der richtige Tarif angewandt (für Verheiratete, für Ledige)?

Den Überblick über die Steuerzahlungen behalten

Alle Kantone kennen unterdessen die Gegenwartsbesteuerung. Das heisst: Die Behörden bemessen beispielsweise die Steuern fürs Jahr 2007 nach Ihrem tatsächlichen Einkommen im Jahr 2007. Und das geht so: Im Jahr 2007 zahlen Sie laufend provisorische Steuerraten. Diese stützen sich auf Ihr Einkommen im Jahr 2005, falls Sie die Steuererklärung 2005 im Frühling 2006 fristgerecht einreichen. Haben Sie Fristerstreckung verlangt, stützen sich die provisorischen Zahlungen auf das Einkommen im Jahr 2004.

 FRAGEBOX

Gestern hat mir das Steueramt eine Rechnung für Steuernachzahlungen aus den Jahren 2005 und 2006 in der Höhe von 8000 Franken geschickt. Das sprengt mein Erspartes. Soll ich einen Kleinkredit aufnehmen?

Auf keinen Fall! Für Kleinkredite zahlen Sie einen Zins von bis zu 15 Prozent. Verzugszinsen für Steuern dagegen betragen bloss 4 Prozent. Es lohnt sich also schon rein finanziell nicht. Am besten nehmen Sie sofort Kontakt mit dem Steueramt auf und versuchen, eine Stundung zu erwirken oder Ratenzahlungen abzumachen. In der Regel bieten die Steuerbehörden dazu Hand, wenn Sie Ihre Zahlungsunfähigkeit nachweisen oder glaubhaft schildern können. Seien Sie sich aber bewusst, dass Sie mit Ratenzahlung auch länger Verzugszinsen für die verspäteten Steuern zahlen.

9. Steuern, Strassenverkehr und Strafrecht

Was Sie im Jahr 2007 einzahlen, ist vielleicht zu viel oder vielleicht zu wenig. Das stellt sich erst Ende 2008 heraus, wenn die Behörden Ihre Steuererklärung 2007 geprüft haben und wissen, wie viel Sie im Jahr 2007 tatsächlich verdienten. Deshalb Achtung: Wenn Sie wissen, dass Sie 2007 viel mehr Einkommen haben als in den Vorjahren, legen Sie mit Vorteil etwas Geld auf die Seite oder zahlen freiwillig mehr ein, als die Steuerbehörde empfiehlt. So werden Sie Ende 2008 nicht von hohen Steuernachforderungen überrascht.

Viele Gemeinden und Kantone bieten im Internet kostenlose Steuerberechnungsprogramme an. Benutzen Sie diese, um Ihre ungefähre Steuerbelastung im Voraus zu berechnen.

9.2 Recht im Strassenverkehr

Nicht nur via Steuererklärung hat man regelmässig mit dem Staat zu tun, sondern auch im Strassenverkehr – sei es bei einer Verkehrskontrolle, einer Parkbusse oder einem Unfall, bei dem Menschen verletzt werden.

Fast alle sind wir täglich im Verkehr unterwegs – als Autofahrer, Fussgänger, Velo- oder Mopedfahrerin. Geregelt wird das Miteinander auf den öffentlichen Strassen vom Strassenverkehrsrecht, der Ordnungsbussenverordnung und der Bussenliste Ihres Kantons. Für Ordnung auf der Strasse sorgt die Polizei.

Sich gegen eine Busse wehren

Verkehrsbussen – zum Beispiel für Parksünden, zu schnelles Fahren oder Missachten eines Rotlichts – werden von der Polizei in der Regel selbständig und ohne Hilfe eines Richters erledigt. Als fehlbare Automobilistin haben Sie jeweils 30 Tage Zeit, die Busse zu zahlen.
Sind Sie nicht einverstanden mit der Busse und wollen sich dagegen wehren, zahlen Sie einfach nicht. Dann kommt es automatisch zu einem ordentlichen Strafverfahren. Aber Achtung: Unterliegen Sie dabei, müssen Sie auch für weitere Gebühren und Gerichtskosten aufkommen.
Bei offensichtlichen Fehlern lohnt es sich, mündlich auf dem Polizeiposten oder schriftlich bei der Zentralstelle für Verkehrs- und Ordnungsbussen zu reklamieren. Die Adresse steht auf dem Bussenzettel.

Yvonne B., drei Taschen am Arm, ...
... kommt vom ergiebigen Samstagseinkauf zum Auto zurück und findet einen Bussenzettel unter dem Scheibenwischer. Grund für die Busse: Parkzeit abgelaufen um 10 Uhr 10. Frau B. schaut auf die Uhr und stellt fest, dass es eben 10 Uhr 00 ist. Sie nimmt den Bussenzettel und rennt auf den Polizeiposten, wo sie ihn um 10 Uhr 10 vorweisen kann. Der offensichtliche Fehler wird vom diensthabenden Polizisten umgehend korrigiert und die Parkbusse für gegenstandslos erklärt.

Wenig Rechte bei einer Polizeikontrolle

Die Polizei hat das Recht, jederzeit Verkehrskontrollen durchzuführen. Dabei müssen Sie Führer- und Fahrzeugausweis vorweisen können, nicht aber eine Identitätskarte oder einen Pass. In der Schweiz gilt nämlich keine generelle Ausweispflicht. Da die Polizisten Sie aber zur Feststellung der Personalien auf den Posten mitnehmen könnten, lohnt es sich trotzdem, immer einen Ausweis dabeizuhaben.

Eine Alkoholkontrolle mit Atemlufttest kann die Polizei bei jeder Automobilistin durchführen. Dazu braucht es keine Verdachtsmomente. Widerstand ist also strafbar und führt direkt zur Blutprobe. Ansonsten ist eine Blutprobe nur möglich, wenn Anzeichen bestehen, dass die Automobilistin nicht fahrfähig ist – das kann eben ein Atemlufttest sein, der mehr als 0,5 Promille Alkohol ergibt. Bis 0,8 Promille können Sie einer Blutprobe entgehen, indem Sie das Ergebnis anerkennen.

Bei andern Drogen muss die Polizei Gründe haben, Sie für fahrunfähig zu betrachten, sonst ist ein Drogentest – etwa eine Speichelprobe – nicht zulässig. Da können Sie sich also wehren.

Sich gegen einen Führerausweisentzug wehren

Bei besonders krassen Verletzungen der Verkehrsregeln nimmt die Polizei den fehlbaren Automobilisten den Führerausweis vor Ort ab. Das ist der Fall, wenn jemand mit zu viel Alkohol im Blut oder unter Drogeneinfluss Auto fährt oder wenn das Tempo massiv zu hoch ist.

In weniger schweren Fällen oder wenn man geblitzt wird, folgt ein allfälliger Entzug des Führerausweises erst später. Dann gilt es aufzupassen: Oft kommt zuerst ein Strafbefehl des Richters mit einer Busse und erst danach der Entscheid des Strassenverkehrsamts über den Führerausweisentzug. Denn beide Behörden befassen sich mit dem Fall, die eine aus strafrechtlicher, die andere aus verwaltungsrechtlicher Sicht.

Wichtig ist, dass Sie sich bereits gegen die Geldstrafe wehren, wenn diese für eine schwere Verkehrsregelverletzung verhängt wird. Denn der Entscheid des Richters kann Folgen für die Entzugsfrage haben – auch wenn die Geldstrafe bloss gering ist. Die Entzugsbehörde ist nämlich grundsätzlich an die Erwägungen der Strafbehörde gebunden. Und bei einer schweren Verletzung der Verkehrsregeln ist ein Ausweisentzug üblich.

Jede Verwarnung und jeder Entzug des Führerausweises wird in einem speziellen Register der Strassenverkehrsbehörden festgehalten.

Stellt eine Behörde eine schwere Verletzung der Verkehrsregeln fest, sollten Sie einen spezialisierten Rechtsanwalt beiziehen, auch wenn es sich (vorerst) nur um eine Geldstrafe handelt.

Eckpfeiler vom Bundesgericht

Grundsätzlich haben die Behörden beim Führerausweisentzug einen weiten Ermessensspielraum. Gewisse Eckpfeiler hat das Bundesgericht aber definiert.

So hat es eine detaillierte Praxis entwickelt, bei welchen Geschwindigkeitsüberschreitungen beim ersten Mal noch eine Verwarnung ausgesprochen werden kann und wann der Führerausweis sofort zu entziehen ist: Innerorts verliert man den blauen Ausweis in der Regel, wenn man 21 km/h zu schnell gefahren ist, ausserorts ab 26 km/h, auf der Autobahn ab 31 km/h.

Wer im angetrunkenen Zustand – mit 0,8 oder mehr Promille – erwischt wird, verliert den Führerausweis immer. Beim ersten Mal entzieht ihn die Polizei für mindestens drei Monate, beim zweiten Mal innerhalb von fünf Jahren für mindestens ein Jahr.

Das richtige Verhalten nach einem Verkehrsunfall

Nach einem Unfall gilt es nicht nur, verkehrssichernde Massnahmen zu ergreifen und allenfalls Erste Hilfe zu leisten; häufig geht es auch darum, den Schaden aufzunehmen.

Glück gehabt: nur Sachschaden

Ist bloss Sachschaden entstanden, brauchen Sie die Polizei in der Regel nicht zu rufen. Ausnahme: Wenn der Geschädigte es ausdrücklich verlangt.

Aber auch wenn Sie die Polizei nicht rufen, ist es wichtig, den Sachverhalt für die Versicherungsgesellschaften genau festzuhalten. Erstellen Sie dafür ein Protokoll, am besten ein Europäisches Unfallprotokoll. Darin halten die Beteiligten fest, was wann und wo geschehen ist, wer am Unfall beteiligt war und welche Versicherungen die Haftpflicht decken. Achten Sie darauf, dass Sie gemeinsam nur eine Garnitur des Unfallprotokolls ausfüllen. Und notieren Sie sich auch persönlich Namen und Adresse des andern Unfallbeteiligten.

Legen Sie ein Europäisches Unfallprotokoll ins Handschuhfach, damit Sie es bei Bedarf zur Hand haben (erhältlich bei Ihrem Versicherer).

Ist der Geschädigte nicht vor Ort – zum Beispiel wenn Sie beim Einparken das Auto auf dem Nebenparkplatz rammen –, müssen Sie ihn sofort benachrichtigen und dabei Namen und Adresse angeben. Erreichen Sie ihn nicht, müssen Sie der Polizei Meldung erstatten. Ein blosser Zettel unter dem Scheibenwischer genügt nicht.

Wenn Menschen zu Schaden kommen

Wurden beim Unfall auch Menschen verletzt, müssen Sie die Polizei an den Unfallort rufen. Das ist eine gesetzliche Pflicht. Es genügen bereits geringe Verletzungen. Auch wenn der Verletzte beteuert, es sei nicht nötig, die Polizei zu rufen, sind Sie nicht von dieser Pflicht entbunden. Einen Unfall müssen Sie nur dann nicht der Polizei melden, wenn bloss kleine Schürfungen oder Prellungen entstanden sind. Denken Sie daran, dass innere Verletzungen von aussen nicht sichtbar sind – zum Beispiel bei einem Schleudertrauma. Deshalb gilt: Im Zweifelsfall immer die Polizei rufen.

Anerkennen Sie nie Ihre Schuld am Unfallort. Wird später eine Mitschuld des andern Automobilisten erkennbar, deckt die Versicherung unter Umständen nur einen Teil des Schadens. Das Unfallprotokoll ist keine Schuldanerkennung.

Wer einen Verkehrsunfall verursacht, durch den jemand verletzt oder getötet wird, und sich aus dem Staub macht, bevor die Polizei kommt, begeht strafbare Führerflucht.

 FRAGEBOX

Ich bin auf dem Velo vor einem Rotlicht an einer Autokolonne vorbeigefahren und habe einem schwarzen Audi mit dem Lenker den Lack zerkratzt. Die Reparatur kostet 2000 Franken. Obwohl ich eine Velovignette gelöst habe, will die Versicherung den Schaden nicht übernehmen, weil die Vignette nicht am Velo klebte. Ist das korrekt?

Ja, leider ist das korrekt. Mit der Velovignette lösen Sie eine Haftpflichtversicherung, die Schäden übernimmt, welche Sie andern zufügen – seien es Sach- oder Personenschäden. Gesetzlich vorgeschrieben ist eine Minimaldeckung von zwei Millionen Franken. Doch muss die Versicherung den Schaden nicht übernehmen, wenn die Vignette nicht am Velo angebracht ist. Sie zahlt also keinen Rappen, auch wenn die gültige Vignette ausgefüllt zu Hause auf dem Pult liegt. Übrigens: Die Vignette fürs neue Jahr muss spätestens am 1. Juni am Velo kleben.

9.3 Verwickelt in ein Strafverfahren

Werden Sie als Angeschuldigter in ein Strafverfahren hineingezogen, macht das Angst. Die Polizei bietet zu Einvernahmen auf, vielleicht werden Sie gar inhaftiert und stehen am Ende vor dem Richter. Da ist es wichtig, dass Sie Ihre Rechte kennen.

Auch wenn Sie selber ein Strafverfahren einleiten wollen, sollten Sie sich zuerst über die Folgen klar werden. Zwar ist es einfach, Strafanzeige einzureichen – ein Muster finden Sie im Anhang. Doch die Folgen sind mitunter für Laien schlecht absehbar, deshalb sollten Sie sich vorher zumindest kurz rechtlich beraten lassen. Einerseits kann eine Strafanzeige Sinn machen auch unabhängig von einer Verurteilung des Täters, weil Sie bereits im Strafverfahren klare Schadenersatzansprüche geltend machen oder einen nachfolgenden Haftungsprozess vorbereiten können. Andererseits können für Sie als Opfer unerwartet hohe Kosten entstehen. Zum Beispiel bei einem Ehrverletzungsverfahren, weil Sie Gerichtskosten und Parteientschädigung zahlen müssen, wenn Sie mit Ihrer Strafklage unterliegen.

So läuft ein Strafverfahren ab

Am Anfang eines Strafverfahrens steht in der Regel eine Strafanzeige. Strafanzeige können Sie bei jedem Polizeiposten erstatten. Dieser ist gesetzlich verpflichtet, Ihre Anzeige entgegenzunehmen und an die zuständige Behörde weiterzuleiten. Darauf geht das Verfahren unterschiedlich weiter je nachdem, ob es sich um ein Offizialdelikt oder um ein Antragsdelikt handelt.

> **Offizialdelikte** sind schwere Delikte, die der Staat von Amtes wegen verfolgt: zum Beispiel vorsätzliche Tötung, Diebstahl, schwere Körperverletzung. Bei Offizialdelikten genügt eine Strafanzeige, um das Strafverfahren in Gang zu bringen.

> **Antragsdelikte** sind Straftaten von geringerer Bedeutung, die der Staat nur auf ausdrücklichen Antrag der geschädigten Person verfolgt: zum Beispiel Tätlichkeit, Sachbeschädigung, Hausfriedensbruch, Ehrverletzung. Bei solchen Delikten müssen Sie zusätzlich zur Strafanzeige in Form eines schriftlichen Strafantrags die Bestrafung der angeschuldigten Person verlangen.

Nach der Strafanzeige – und allenfalls dem Strafantrag – folgt die Voruntersuchung zur

Für Ihren Strafantrag haben Sie nur drei Monate Zeit. Die Frist beginnt an dem Tag, an dem Ihnen der mutmassliche Täter bekannt wird.

Klärung aller offenen Fragen mit Einvernahmen und Beweiserhebung. Am Ende der Ermittlungen entscheidet der Untersuchungsrichter oder der Staatsanwalt (je nach Kanton und Delikt), ob Anklage erhoben oder das Verfahren eingestellt werden soll. Wird Anklage erhoben, geht die Sache an den Strafrichter. Wird eingestellt, können Sie sich mit Beschwerde oder Rekurs – die Begriffe variieren von Kanton zu Kanton – dagegen wehren.

Was kostet mich ein Strafantrag?

Das hängt von der Tat ab, die Sie zur Anzeige bringen. In vielen Kantonen werden nämlich Ehrverletzungen, teilweise auch Tätlichkeiten im sogenannten Privatstrafklageverfahren erledigt. Weist das Gericht eine solche Strafklage ab, müssen Sie die Gerichtskosten und allfällige Anwaltskosten des Angezeigten tragen. Das kann mitunter bis zu 3000 Franken kosten. Sie haben aber vor dem Urteil jederzeit die Möglichkeit, den Strafantrag zurückzuziehen. Dann fallen keine Kosten an. Offizialdelikte und andere Antragsdelikte werden kostenlos beurteilt.

Sein Recht selbst in die Hand nehmen?

Grundsätzlich ist es Sache von Polizei und Richter, Täter zu verfolgen und zu bestrafen. Nur ausnahmsweise darf man das Recht in die eigenen Hände nehmen. So zum Beispiel, wenn man angegriffen wird, sein Ei-

**Ehrverletzungsklagen lohnen sich in der Regel nicht.
Sie haben ein hohes Kostenrisiko und helfen nicht, den zugrunde liegenden Konflikt zu lösen. Eine Mediation bringt oft mehr.**

 FRAGEBOX

Durch unsere Wohnstrasse fahren regelmässig Autofahrer mit überhöhter Geschwindigkeit. Dürfen wir Blumenkisten auf die Strasse stellen?

Nein. Das wäre illegal und Sie könnten wegen Nötigung verurteilt werden, weil Sie die Autofahrer in ihrer Handlungsfähigkeit stark beeinträchtigen. Sie sollten die Autonummern der Raser notieren und der Polizei melden.

gentum schützt oder einer angegriffenen Person zu Hilfe eilt (Notwehr, Notstand, Notwehrhilfe). Doch auch dann darf man nicht alles, sondern muss verhältnismässige Mittel einsetzen. So darf man zum Beispiel einen Entreissdieb nicht niederschiessen, sondern muss ihn festhalten, bis die Polizei kommt. Ansonsten macht man sich selbst strafbar.

Wann darf die Polizei jemanden festnehmen?

Grundsätzlich braucht die Polizei einen Vorführungsbefehl vom Bezirksanwalt, Untersuchungsrichter oder Staatsanwalt – die Begriffe und Zuständigkeiten sind von Kanton zu Kanton verschieden –, um Sie festnehmen zu dürfen. Ausnahmsweise darf sie Sie auch ohne Vorführungsbefehl vorläufig festnehmen,

> wenn Sie auf frischer Tat ertappt wurden.
> wenn die Polizei einen dringenden Tatverdacht gegen Sie hat.
> wenn Gefahr besteht, dass Sie fliehen, Beweise beseitigen, Zeugen beeinflussen oder weitere Delikte begehen würden.

Nach der Festnahme muss die Polizei Sie sofort verhören. Wenn kein Haftgrund besteht, müssen Sie darauf unverzüglich entlassen werden. In der Praxis dauert das aber ein paar Stunden. Spätestens nach 24 Stunden muss man Sie entlassen oder einem Bezirksanwalt, einem Untersuchungsrichter oder einer Staatsanwältin zuführen.

Wenn Sie verhaftet werden und auf dem Polizeiposten sind, haben Sie eine ganze Anzahl Rechte (siehe nächste Seite).

Keine Festnahme bei Übertretung

Wegen einer blossen Übertretung darf man Sie grundsätzlich nicht festnehmen. Übertretungen sind zum Beispiel schwarzfahren, Drogen konsumieren oder an einer unbewilligten Demonstration teilnehmen. Dann darf die Polizei nur Ihre Personalien überprüfen und muss Sie wieder gehen lassen – ausser Sie machen weiter mit Ihrer Übertretung oder können sich nicht ausweisen. Spätestens nach sechs Stunden muss ein Polizeioffizier eine solche Festnahme überprüfen.

Pablo R. ...

... steht am Strassenrand und schaut der Schlägerei zu, die zwischen Demonstranten und der Polizei beim 1.-Mai-Umzug entstanden ist. Plötzlich ist er mitten drin, wird von einem Polizisten gepackt und zum Einsatzwagen geführt. Der Polizist verlangt den Ausweis, beginnt, Fragen zu stellen. Pablo R. kommt aus Ecuador und hat in seinem Heimatland mit der Polizei sehr schlechte Erfahrungen gemacht. Er verweigert die Angaben, obwohl er eine einwandfreie Aufenthaltsbewilligung hat. Er wird auf den Posten mitgenommen, nach einer dreistündigen Abklärung aber wieder freigelassen. Dieses Vorgehen der Polizei ist zulässig, da Pablo R. die Angaben zur Person verweigerte.

Ihre Rechte bei einer Einvernahme

Aussageverweigerungsrecht: Als Angeschuldigter haben Sie das Recht, jederzeit die Aussage zu verweigern. Daraus darf Ihnen kein Nachteil erwachsen. Über dieses Recht müssen Sie von Polizei und vom Untersuchungsrichter informiert werden, sonst können Ihre Aussagen grundsätzlich nicht verwendet werden. In der Regel lohnt es sich, bei den ersten Einvernahmen nichts zu sagen und erst nach einem Gespräch mit der Anwältin Aussagen zu machen.

Recht auf einen Anwalt: Sie können jederzeit den Beizug eines Anwalts Ihrer Wahl verlangen (Auftragsmuster im Anhang). Es besteht aber kein Recht darauf, dass Anwälte bei der ersten polizeilichen Einvernahme dabei sind (Ausnahme: Kanton Solothurn). In der Regel können Anwälte erst bei der Einvernahme durch den Untersuchungsrichter beigezogen werden. In Basel, Bern und Zürich gibt es den Pikettdienst Strafverteidigung, über den spezialisierte Strafverteidiger tagsüber erreicht werden können.

Ihre Rechte bei einer Verhaftung

Zusätzlich zu den Rechten bei der Einvernahme haben Sie folgende Rechte bei einer Verhaftung:

> **Haftgrund**
> Die Polizei muss Ihnen sagen, wegen welchem Verdacht Sie verhaftet wurden.
> **Unschuldsvermutung**
> Es gilt die Unschuldsvermutung. Sie gelten so lange als unschuldig, bis die Justiz Ihre Schuld nachgewiesen hat.
> **Benachrichtigung der Angehörigen**
> Sie haben ein Recht darauf, dass Ihre Angehörigen benachrichtigt werden. Dieses Recht kann verweigert werden, wenn es die Ermittlungen der Polizei beeinträchtigen könnte.
> **Haftdauer**
> Die Polizei darf Sie in der Regel höchstens einige Stunden festhalten (rund sechs Stunden). Liegen Haftgründe vor, müssen Sie spätestens nach 24 Stunden dem Untersuchungsrichter vorgeführt werden. Dieser muss innert 24 Stunden Antrag auf Untersuchungshaft stellen oder Sie freilassen (Muster für ein Haftentlassungsgesuch im Anhang).
> **Unentgeltlicher Anwalt**
> Können Sie selber keinen Rechtsbeistand zahlen, haben Sie spätestens nach einigen Tagen Polizeigewahrsam oder Untersuchungshaft Anspruch auf einen unentgeltlichen Anwalt.

Einsicht in Untersuchungsakten

Die Untersuchungsbehörden müssen über Einvernahmen der Angeschuldigten, Einvernahmen von Zeugen, Auskunftspersonen und Sachverständige, über Gutachten und polizeiliche Befragungen Akten anlegen. In diese Akten können Sie bei der Verfahrensleitung Einsicht verlangen. Die Akteneinsicht kann nur eingeschränkt werden, wenn die Untersuchung dadurch ernsthaft gefährdet würde. Nach Abschluss der Untersuchung haben Sie als Angeschuldigter volles Akteneinsichtsrecht.

Auch das Opfer kann Akteneinsicht verlangen, aber nur soweit es das braucht, um seine Verfahrensrechte geltend zu machen.

Wann empfiehlt sich der Beizug eines Anwalts?

Grundsätzlich ist es sinnvoll, sich von einem Anwalt beraten zu lassen, bevor Sie gegenüber der Polizei oder gegenüber der Bezirksanwältin, dem Untersuchungsrichter, der Staatsanwältin Aussagen machen. Konnten Sie (noch) nicht mit einem Rechtsbeistand sprechen, verweigern Sie am besten die Aussage. Der Rat eines Anwalts kann gerade im Strafrecht entscheidend sein: So kann der fast gleiche Tatablauf zu einer Verurteilung wegen Entwendung, Diebstahl oder Raub führen.
In bestimmten Fällen müssen Sie von Gesetzes wegen verteidigt werden (sogenannte notwendige Verteidigung). Zum Beispiel, wenn Ihnen eine Freiheitsstrafe von mehr als einem Jahr droht oder wenn Sie Ihre Rechte wegen einer geistigen oder körperlichen Behinderung nicht selber wahren können (das ist von Kanton zu Kanton unterschiedlich geregelt).
Wird der Verteidiger vom Gericht eingesetzt, spricht man von amtlicher Verteidigung. Die Kosten eines solchen Pflichtverteidigers schiesst der Staat vor. Kommen Sie später aber wieder zu Einkommen, müssen Sie die Auslagen unter Umständen zurückerstatten.

Kennen Sie keinen Verteidiger, verlangen Sie das Pikett Strafverteidigung der Kantone Zürich, Basel oder Bern. Diese Stellen können auch Strafverteidiger aus andern Kantonen vermitteln (Adressen siehe Seite 309).

Sich gegen Übergriffe der Polizei wehren

Fühlen Sie sich von der Polizei ungerechtfertigt behandelt oder gar misshandelt, wenden Sie sich in Bern, Basel-Land, Basel-Stadt, St. Gallen oder im Kanton Zürich am besten an die kantonalen oder städtischen Ombudsstellen (Adressen siehe Seite 308). In Kantonen, die keine Ombudsstellen kennen, richten Sie Ihre (Aufsichts-)Beschwerde an die speziellen Beschwerdestellen für Polizeiübergriffe, die innerhalb der Polizeikorps bestehen. Richten Sie Ihre Beschwerde jeweils an das andere Korps – wenn Sie Probleme mit der Stadtpolizei haben an die Beschwerdestelle des kantonalen Polizeikorps und umgekehrt.

Verfassen Sie unmittelbar nach dem Vorfall ein Erlebnisprotokoll, in dem Sie festhalten, was Ihnen widerfahren ist. Möglichst detailliert sein sollten die Angaben zu Ort und Zeit des Übergriffs sowie zu den Namen des oder der Polizisten.

Der Eintrag ins Strafregister

Ein Strafregistereintrag ist ein Flecken im Reinheft, der Konsequenzen haben kann: Für Staatsexamen, Visa, Patentanmeldungen oder Waffenkäufe müssen Strafregisterauszüge beigelegt werden, und vermehrt verlangen dies auch Arbeitgeberinnen und Vermieter.

In einem Strafregisterauszug für Privatpersonen erscheinen aber nicht alle Strafen, die im Strafregister eingetragen sind. So werden etwa Bussen und gemeinnützige Arbeit wegen Übertretungen (zum Beispiel kleineren Strassenverkehrsdelikten) gar nicht aufgeführt, Freiheitsstrafen nur während zwei Dritteln der Eintragungsdauer.

Für Strafbehörden und weitere berechtigte Behörden sind jedoch alle eingetragenen Strafen sichtbar. Bei Übertretungen sind das Bussen ab 5000 Franken und gemeinnützige Arbeit ab 180 Stunden, bei Verbrechen und Vergehen sämtliche Strafen.

Entfernt werden diese Einträge erst nach 10 bis 40 Jahren. Sind die Daten entfernt, sind sie wirklich getilgt, also auch für die Strafbehörden nicht mehr einsehbar.

Angehörige im Strafverfahren

Als Mutter oder Vater eines Jugendlichen, der in ein Strafverfahren verwickelt ist, ha-

WANN WIRD DER STRAFREGISTEREINTRAG DEFINITIV GELÖSCHT?	
Bedingte Freiheitsstrafen, Bussen und gemeinnützige Arbeit	nach 10 Jahren
Freiheitsstrafen unter 1 Jahr	nach Ablauf der Strafdauer plus 10 Jahren
Freiheitsstrafen von 1 bis 5 Jahren	nach Ablauf der Strafdauer plus 15 Jahren
Freiheitsstrafen von 5 und mehr Jahren	nach Ablauf der Strafdauer plus 20 Jahren

ben Sie wenig Rechte. Sie haben zum Beispiel keinen Anspruch darauf, bei Einvernahmen Ihres Kindes dabei zu sein. Doch die meisten Jugendanwaltschaften versuchen, mit den Eltern zusammenzuarbeiten, da beim Jugendstrafrecht weniger die Strafe als der erzieherische Zweck im Vordergrund steht (siehe nebenan).

Als Angehörige eines Erwachsenen, der in einem Strafverfahren steht, werden Sie noch weniger einbezogen. Eine Inhaftierte hat zwar gemäss Bundesverfassung das Recht, ihre Angehörigen zu informieren. Das geschieht in der Regel nach 48 Stunden durch den Untersuchungsrichter oder die Bezirksanwältin. Diese dürfen aber keine Auskunft geben über den Haftgrund.

Ziehen Sie einen Anwalt bei, denn bevollmächtigte Anwälte erhalten Auskunft darüber, wo die Angeschuldigten inhaftiert sind und was ihnen vorgeworfen wird.

Es kann sich lohnen, mit dem zuständigen Untersuchungsrichter oder der Bezirksanwältin zu reden. Diese können auch Besuche bewilligen. Besuche sind für Inhaftierte psychologisch und materiell wichtig, aber für Angehörige oft frustrierend, weil sie die geliebte Person nur hinter Glas sehen und beim Gespräch überwacht oder gar auf Tonband aufgenommen werden.

Jugendliche im Strafverfahren

Für Jugendliche zwischen dem 10. und dem 18. Altersjahr gilt ein spezielles Strafrecht, das Jugendstrafrecht. Anders als bei Erwachsenen soll bei Jugendlichen eine Straftat primär Anlass sein abzuklären, ob der Täter Schutz und Erziehung braucht, um auf den richtigen Weg zu kommen. Erst in zweiter Linie geht es darum, wie die Tat als solche geahndet werden soll. Deshalb gibt es für Jugendliche besondere Schutzmassnahmen und Strafen sowie besondere Rechte im Verfahren und Vollzug.

Strafen und Massnahmen im Jugendstrafrecht

In der Regel werden Schutzmassnahmen und Strafen zusammen verhängt. Der Vollzug der Strafe wird aber zugunsten der Massnahme aufgeschoben.

> **Unter 10 Jahren** sind Jugendliche nicht strafmündig. Es ist somit weder eine Strafe noch eine Massnahme gemäss Jugendstrafrecht möglich, eine vormundschaftliche Massnahme – zum Beispiel ein Erziehungsbeistand – hingegen schon.
> **Zwischen 10 und 14** sind als Strafen nur der Verweis oder die persönliche Leistung bis maximal zehn Tage möglich.
> **Ab 15** können Jugendliche auch zu einer Freiheitsstrafe von maximal einem Jahr verurteilt werden.

BESONDERHEITEN FÜR JUGENDLICHE IM VERFAHREN UND VOLLZUG

> Es gelten deutlich kürzere Verjährungsfristen als für Erwachsene.
> Eine Untersuchungshaft von Jugendlichen kann nur getrennt von Erwachsenen durchgeführt werden.
> Ein amtlicher Verteidiger muss dem Jugendlichen gestellt werden, wenn er für mehr als 24 Stunden in Untersuchungshaft genommen wird oder wenn seine vorsorgliche Unterbringung angeordnet werden soll.
> Der Freiheitsentzug muss in einer speziellen Einrichtung für Jugendliche vollzogen werden.
> Freiheitsstrafen bis zu einem Jahr können in Halbgefangenschaft vollzogen werden.
> Der Freiheitsentzug bis zu einem Monat kann auch tageweise abgesessen werden.

> **Von 16 bis 18** ist in schweren Fällen eine Freiheitsstrafe bis zu vier Jahren möglich (zum Beispiel bei Tötung, schweren Formen von sexueller Nötigung, Vergewaltigung).
> **Die Strafbefreiung** liegt im Ermessen des Richters und ist zum Beispiel möglich, wenn eine Jugendliche von den Eltern oder Dritten schon genug bestraft wurde, wenn es sich um ein geringfügiges Delikt handelt oder wenn die Täterin von ihrer Tat selbst stark betroffen ist.
> **Zugunsten einer Mediation** kann das Verfahren vorläufig eingestellt werden, wenn die Tat nicht mit unbedingtem Freiheitsentzug sanktioniert ist (Art. 8 JStG).
> **Die Massnahmen** sind nicht nach Alter abgestuft. Sie heissen Aufsicht, persönliche Betreuung, ambulante Behandlung und Unterbringung und enden spätestens mit dem 22. Geburtstag des Betroffenen.

Opfer einer Gewalttat

Während sich das Strafrecht vor allem auf den Täter konzentriert, gingen die Opfer früher häufig vergessen. Das ist heute besser: Dank dem Opferhilfegesetz, das auf eine Initiative des Beobachters hin ausgearbeitet wurde, können Menschen, die durch eine Gewalttat in ihrer körperlichen, sexuellen oder psychischen Integrität beeinträchtigt wurden, beim Staat Hilfe beantragen. Das können zum Beispiel Opfer von Körperverletzung, Vergewaltigung oder versuchter Vergewaltigung sein, aber auch Opfer von fremd verschuldeten Verkehrsunfällen.

Auch die Eltern, der Ehemann, die Lebenspartnerin und die Kinder eines Opfers haben Anspruch auf Hilfe – besonders natürlich bei vorsätzlicher Tötung.

Die Opferhilfe besteht nicht nur in Geld, sondern vor allem auch in psychologischer und ärztlicher Betreuung, Rechtsberatung sowie unmittelbarer Hilfe. Auch eine finanzielle Entschädigung und eine Genugtuung sind möglich; diese muss man innerhalb von zwei Jahren ab dem Zeitpunkt der Straftat beantragen (ab 2008 wird diese Frist auf fünf Jahre verlängert).

Eine Liste der Opferhilfe-Beratungsstellen finden Sie unter www.opferhilfe-schweiz.ch. Ihre Dienstleistungen sind kostenlos.

Claudia C. ...

... hatte immer wieder Blutergüsse an den Armen, manchmal auch im Gesicht. Eine Arbeitskollegin sprach sie darauf an. Nur stockend und unter Tränen erzählte Claudia C., dass ihr Mann sie manchmal schlage. Die Arbeitskollegin riet ihr, sich an eine Opferhilfestelle zu wenden. Nach längerem Zögern wagte Frau C. den Schritt – und ist im Nachhinein froh darüber. Die Berater bei der Opferhilfestelle vermittelten ihre eine Notunterkunft in einem Frauenhaus, berieten sie, ob sie Strafanzeige einreichen solle, und begleiteten sie, als sie im Strafverfahren von der Polizei, der Untersuchungsbehörde und vom Gericht befragt wurde. Ihr Mann wurde wegen vorsätzlicher Körperverletzung verurteilt. Claudia C. lebt heute in einer guten Partnerschaft.

Links, Adressen, rechtliche Grundlagen

Beratung

Beobachter-Beratungszentrum
Das Wissen und der Rat der Fachleute stehen Abonnenten des Beobachters im Internet und am Telefon kostenlos zur Verfügung:
> HelpOnline: Rund um die Uhr im Internet unter www.beobachter.ch/helponline, Rubriken: Staat, Strassenverkehr
> Telefon: Montag bis Freitag von 9 bis 13 Uhr, Fachbereich Staat 043 444 54 06

Ombudsstellen

Ombudsstellen können nur tätig werden, wenn Angestellte ihres Gemeinwesens betroffen sind.

Ombudsmann der Stadt Bern
Junkerngasse 56
3011 Bern
Tel. 031 312 09 09

Ombudsmann Baselland
Rheinstrasse 28
4410 Liestal
Tel. 061 925 62 90

Ombudsmann des Kantons Basel-Stadt
Freie Strasse 52
4001 Basel
Tel. 061 261 60 50

Ombudsmann der Stadt St. Gallen
Vadianstrasse 5
9000 St. Gallen
Tel. 071 224 52 74
ombudsstelle@stadt.sg.ch

Ombudsmann des Kantons Zürich
Mühlebachstrasse 8
8008 Zürich
Tel. 044 269 40 70

Ombudsperson der Stadt Winterthur
Marktgasse 53
8400 Winterthur
Tel. 052 212 17 77

Ombudsmann der Stadt Zürich
Oberdorfstrasse 10
8001 Zürich
Tel. 044 261 37 33

Opferhilfe

www.opferhilfe-schweiz.ch
Website der Schweizerischen Verbindungsstellen-Konferenz Opferhilfegesetz (SVK-OHG) mit den Adressen sämtlicher Opferhilfestellen

Steuern

www.steuerkonferenz.ch
Website der Vereinigung schweizerischer Steuerbehörden mit Links zu den kantonalen Steuerämtern sämtlicher Kantone

Strafregister

Ein Strafregisterauszug kostet 20 Franken und kann nur per Post bestellt werden:

Schweizerisches Strafregister
Bundesrain 20
3003 Bern
Gesuchsformular unter www.bj.admin.ch

Strafverfahren

Wenn die Zeit nach einer Verhaftung drängt, stellen folgende Stellen rasch einen Anwalt zur Verfügung:

www.beratungsnetz.ch/pikett
Pikett Strafverteidigung (ZH)
Geschäftsstelle
Gartenhofstrasse 15
8004 Zürich
Tel. 044 291 42 22
Pikettnummer: 044 201 00 10

Pikett Bernischer Anwaltsverband
Demokratische Juristinnen und Juristen Bern
Postfach 1052
3401 Burgdorf
Tel. 034 423 11 89
Mo bis Fr 8 bis 12 und 13.30 bis 17.30 Uhr

Pikett Strafverteidigung (BS)
c/o Nikolaus Tamm
Spalenberg 20
4051 Basel
Tel. 061 272 02 02

Rechtliche Grundlagen

Steuern:
> Bundesgesetz über die direkte Bundessteuer (DBG, SR 642.11)
> Steuergesetze Ihres Wohnkantons und Ihrer Gemeinde

Strassenverkehrsrecht:
> Strassenverkehrsgesetz (SVG, SR 741.01)
> Ordnungsbussenverordnung (OBV, SR 741.031)
> Ordnungsbussenliste Ihres Wohnkantons

Strafverfahren/Haft:
> Art. 31 der Bundesverfassung (BV, SR 101)
> Strafprozessordnung Ihres Wohnkantons

Strafregister:
> Art. 365 bis 371 des Schweizerischen Strafgesetzbuchs (StGB, SR 311)
> Verordnung über das Strafregister (SR 331)

Jugendstrafrecht: Bundesgesetz über das Jugendstrafrecht (JStG, SR 311.19)

Opferhilfe: Bundesgesetz über die Hilfe an Opfer von Straftaten (OHG, SR 312.5)

Muster im Anhang

Einsprache gegen definitive Steuereinschätzung (Muster 23, Seite 326)

Strafantrag (Muster 24, Seite 327)

Auftrag an einen Verteidiger (Muster 25, Seite 328)

Haftentlassungsgesuch (Muster 26, Seite 328)

Anhang

Musterbriefe und -verträge	312
Glossar	329
20 gesamtschweizerische Links und Adressen	332
Beobachter-Ratgeber und andere hilfreiche Bücher	334
Stichwortverzeichnis	336

Musterbriefe und -verträge

Auf den folgenden Seiten finden Sie einige Muster für Briefe und Verträge. Sie sollen Ihnen das eigene Formulieren erleichtern. Doch passen Sie auf: Keine Vorlage kann alle möglichen Situationen und Kombinationen Ihres spezifischen Falles berücksichtigen. Schnell werden Muster verwendet, die gar nicht passen, oder Klauseln weggelassen, die wichtig gewesen wären.
Deshalb: Eine Mustervorlage müssen Sie immer an Ihren konkreten Fall anpassen. Und beim leisesten Zweifel fragen Sie am besten bei einer Rechtsberatung nach, ob es die richtige Vorlage ist und ob Sie sie richtig angepasst haben.

1. Einem Anwalt das Mandat entziehen

Absender

EINSCHREIBEN
Adresse des Anwalts

Ort, Datum

Mandatsentzug

Sehr geehrter Herr A.

Hiermit entziehe ich Ihnen per sofort das anwaltliche Mandat und widerrufe sämtliche Ihnen gewährten Vollmachten.
Ich bitte Sie, mir eine detaillierte Abrechnung zukommen zu lassen.

Mit freundlichem Gruss

Unterschrift

2. Eine detaillierte Anwaltsrechnung verlangen

Absender

EINSCHREIBEN
Adresse des Anwalts

Ort, Datum

Anwaltsrechnung

Sehr geehrter Herr A.

Mit Brief vom x. y. 200z habe ich Ihnen das Mandat entzogen und Sie aufgefordert, mir eine detaillierte Aufstellung Ihres Aufwands zukommen zu lassen. Die von Ihnen erstellte Schlussabrechnung vom x. y. 200z weist jedoch nur pauschal einen «Arbeitsaufwand» von 3000 Franken aus.

Gemäss Verzeichnis sind Sie Mitglied des Schweizerischen Anwaltsverbands und damit an dessen Standesregeln gebunden. Laut Artikel 21 dieser Standesregeln haben Sie Ihren Aufwand auf Verlangen hin zu detaillieren. Ich bitte Sie nochmals, dies zu tun.

Zudem erachte ich ein Honorar von 3000 Franken für zwei halbstündige Beratungsgespräche und einen Brief ans Bundesamt für Migration als übersetzt. 1000 Franken sind ein angemessenes Honorar für diese Leistung.

Ich bitte Sie, mir bis in 14 Tagen – das heisst bis am x. y. 200z – eine detaillierte Abrechnung mit tieferer Honorarsumme zukommen zu lassen und mir den Restbetrag zurückzuerstatten.

Ich behalte mir vor, die Rechnung der Honorarkommission des kantonalen Anwaltsverbands sowie der kantonalen Aufsichtskommission über die Rechtsanwälte zu unterbreiten.

Mit freundlichen Grüssen

Unterschrift

3. Beschwerde an die kantonale Aufsichtskommission über die Rechtsanwälte

Absender

EINSCHREIBEN

*Adresse der kantonalen Aufsichtskommission über die Rechtsanwälte;
zu finden im Telefonbuch meist unter Obergericht oder Kantonsgericht*

Ort, Datum

Beschwerde gegen Rechtsanwalt B.

Sehr geehrte Damen und Herren Oberrichter

Ich möchte Ihnen ein meines Erachtens schwerwiegendes Fehlverhalten von Rechtsanwalt B. zur Anzeige bringen. Er hat seine Kanzlei in Zürich (_____) [*genaue Adresse angeben*] und ist im Anwaltsregister des Kantons Zürich eingetragen.

Rechtsanwalt B. hat mein Mandat am x. y. 200z übernommen (Beilage 1) und einen Kostenvorschuss von 10 000 Franken erhalten (Quittung, Beilage 2). Er hatte den Auftrag, bei einem Kunden mein Honorar gerichtlich einzuklagen. Mit Urteil vom x. y. 200z hat das Bezirksgericht unsere Klage gutgeheissen und verfügt, dass der Beklagte mir eine Parteientschädigung zahlen muss (Beilage 3). Das Urteil wurde rechtskräftig und die erstrittene Summe wurde zusammen mit der Parteientschädigung am x. y. 200z an Rechtsanwalt B. überwiesen.

Mit Brief vom x. y. 200z habe ich von Rechtsanwalt B. mit Frist bis am x. y. 200z eine detaillierte Abrechnung seines Aufwands und die Herausgabe des überschüssigen Geldes verlangt. Bis heute habe ich nichts erhalten.

Dieses Vorgehen widerspricht Artikel 12i des Bundesgesetzes über die Freizügigkeit der Rechtsanwälte (BGFA) sowie Artikel 18 und 21 der Standesregeln des Schweizerischen Anwaltsverbands.

Deshalb bitte ich Sie, Rechtsanwalt B. zu verwarnen und eine angemessene Busse zu verhängen. Falls weitere Fälle bekannt sind, sei Rechtsanwalt B. vorübergehend in der Berufsausübung einzustellen.

Mit freundlichen Grüssen

Unterschrift

Beilagen erwähnt

Kopie an: Anwaltsverband des Kantons Zürich

4. Mängel an der Mietsache: Herabsetzung des Mietzinses

Absender

EINSCHREIBEN
Adresse des Vermieters

Ort, Datum

Herabsetzung des Mietzinses

Sehr geehrter Herr C.

Mit Brief vom x. y. 200z habe ich Ihnen mitgeteilt, dass in unserem Haus die Heizung ausgefallen ist. Die Temperatur in den Räumen ist auf 15 Grad gesunken. Dieser Zustand hat zwei Wochen angedauert.
Deshalb fordere ich eine einmalige Mietzinsreduktion von 30 Prozent. Bei einem Mietzins von Fr. 1560.– macht dies für zwei Wochen Fr. 260.–.
Ich bitte Sie höflich, innert 30 Tagen zu meinem Begehren Stellung zu nehmen.

Freundliche Grüsse

Unterschrift

PS: Aus Beweisgründen schicke ich Ihnen diesen Brief eingeschrieben. Ich bitte Sie um Verständnis.

5. Begehren um Herabsetzung des Mietzinses wegen Hypothekarzinssenkung

Absender

EINSCHREIBEN

Adresse des Vermieters

Ort, Datum

Herabsetzung des Mietzinses

Sehr geehrter Herr D.

Seit dem 1. x. 200z bezahle ich für meine 4-Zimmer-Wohnung einen Mietzins von netto Fr. 2320.– pro Monat. Dieser basiert laut Ihrer damaligen Begründung auf einem Hypothekarzinssatz von 4,5 Prozent.
Inzwischen steht der Zins für Ersthypotheken bei der Kantonalbank bei 3,25 Prozent. Dies ist sicher ein Grund, auch den Mietzins herabzusetzen. Eine Reduktion um Fr. 180.– monatlich scheint mir – auch unter Berücksichtigung der Teuerung – angebracht.
Ich bitte Sie höflich, innert 30 Tagen zu meinem Begehren Stellung zu nehmen.

Freundliche Grüsse

Unterschrift

PS: Aus Beweisgründen schicke ich Ihnen diesen Brief eingeschrieben. Ich bitte Sie um Verständnis.

6. Begründung für eine Mietzinserhöhung einfordern

Absender

EINSCHREIBEN

Adresse des Vermieters

Ort, Datum

Mietzinserhöhung vom 1. x. 200z

Sehr geehrter Herr E.

Mit Brief vom 1. x. 200z teilen Sie uns mit, dass der Mietzins für unsere 3-Zimmer-Wohnung per 1. y. 200z von Fr. 1150.– auf Fr. 1450.– angehoben wird. Diese massive Mietzinserhöhung können wir so nicht akzeptieren. Wir bitten Sie, uns die Gründe für die Erhöhung schriftlich zu belegen.

Mit freundlichem Gruss

Unterschrift

7. Die Schlichtungsbehörde um Vermittlung bitten

Absender

EINSCHREIBEN
*Adresse der staatlichen Schlichtungsbehörde für Mietstreitigkeiten;
Adresse im Telefonbuch zu finden*

Ort, Datum

Begehren um Herabsetzung des Mietzinses

Sehr geehrte Damen und Herren

Am x. y. 200z habe ich meine Vermieterin (Frau Melanie E., XY-Strasse 99 in Z.) gebeten, meinen Mietzins herabzusetzen. Bis jetzt habe ich keine Antwort erhalten. Der beiliegenden Kopie meines Briefes an die Vermieterin können Sie meine Begründung entnehmen. Ich bitte Sie um Vermittlung.

Freundliche Grüsse

Unterschrift

Beilagen: Kopie des Briefes an die Vermieterin
 Kopie des Mietvertrags

Orientierungskopie an die Vermieterin

8. Störungen beim Vermieter monieren

Absender

EINSCHREIBEN
Adresse des Vermieters

Ort, Datum

Lärmbelästigung

Sehr geehrter Herr F.

Ich bin Mieter einer Dreizimmerwohnung in Ihrer Liegenschaft an der XY-Strasse in Z. Seit mehreren Wochen habe ich ein Problem mit der Familie A., meinen Nachbarn unter mir im dritten Stock. Der 16-jährige Sohn hört bis spät nachts, oft bis 23 Uhr oder gar 24 Uhr, laut Musik.
Da ich bereits um 22 Uhr zu Bett gehe, um morgens um 7 Uhr meine Arbeit als Kassiererin antreten zu können, hindert mich das am Einschlafen.

Ich habe schon einige Male versucht, das Problem mit Herrn und Frau A. zu besprechen. Doch sie stellen sich auf den Standpunkt, Jugendliche bräuchten eine gewisse Toleranz.

Durch das Verhalten des Jugendlichen fühle ich mich in der Nachtruhe gestört, die gemäss Hausordnung ab 22 Uhr eingehalten werden muss. Die vertraglich vereinbarte Nutzung meiner Wohnung wird dadurch eingeschränkt.

Bitte sprechen Sie mit meinen Nachbarn und sorgen Sie dafür, dass die Nachtruhe eingehalten wird.

Mit freundlichen Grüssen

Unterschrift

9. Maklervertrag

Auftraggeber: _____ [*Ihr Name, Adresse*]
beauftragt hiermit
Auftragnehmer: _____ [*Name, Adresse des Maklers*]

als Makler im Sinn von Art. 412 ff. OR den Verkauf folgender Liegenschaft zu vermitteln:

Liegenschaft: _____ [*genaue Bezeichnung, Strasse und Ort*]

1. Richtpreis
Der Richtpreis beträgt Fr. _____ [*gewünschten Betrag einsetzen*]

2. Auftragsdauer
Die Auftragsdauer beträgt _____ [*zum Beispiel 6 Monate*]. Der Vertrag endet ohne Kündigung am _____ [*Datum einsetzen*].
In diesem Fall wird mit dem Auftraggeber über die entstandenen Kosten und die separat zu belastenden Leistungen gemäss Ziffer 4 und 8 abgerechnet.

3. Provision
Die Provision beträgt _____ Prozent des Verkaufspreises [*üblich: 2 bis 3 Prozent*].
Die Provision ist geschuldet, wenn durch Vermittlung des Beauftragten ein Kaufvertrag zustande kommt.
Kündigt der Auftraggeber den Maklervertrag vorzeitig oder wird die Liegenschaft während der Vertragsdauer vom Auftraggeber selbst oder durch Dritte verkauft, hat der Beauftragte Anspruch auf eine Pauschalentschädigung von _____ Prozent des vereinbarten Verkaufspreises [*üblich: ½ Prozent*].

4. Weitere Kosten
Die Kosten für Verkaufsdokumentationen, Werbung und Inserate im Zusammenhang mit diesem Maklervertrag gehen zulasten des Auftraggebers. Die Parteien vereinbaren für diese Kosten ein Budget von Fr. _____ .

Alle übrigen Spesen gehen zulasten des Beauftragten. Dies gilt auch, wenn das Haus nicht verkauft wird.

5. Mehrwertsteuer

Die Mehrwertsteuer ist in Provisionen und Entschädigungen nicht enthalten und ist zusätzlich geschuldet.

6. Fälligkeit

Die Provision und die Entschädigung für weitere Kosten nach Ziffer 4 und 8 werden mit Beurkundung des Kaufvertrags fällig.

7. In der Provision enthaltene Dienstleistungen

Mit der Provision sind folgende Dienstleistungen abgegolten:

7.1 Vorbereitungsarbeiten wie Besichtigung des Objekts, Beschaffung und Sichtung der notwendigen Unterlagen

7.2 Beratung bei der Festlegung des Verkaufspreises anhand einer Marktanalyse

7.3 Erstellen einer Verkaufsdokumentation, Inseratewerbung und weitere geeignete Werbeaktionen

7.4 Verkaufsberatung/Vermittlung
- Durchführung von Besichtigungen und Verhandlungen mit Kaufinteressenten
- Abschlussverhandlungen, Mitarbeit und Hilfe bei der Ausarbeitung des Vertrags (Vorverträge, Kaufverträge, Kaufrechtsverträge, Baurechtsverträge)
- Organisation und Teilnahme an der Beurkundung

8. Nicht in der Provision enthaltene Dienstleistungen

Folgende Leistungen und Kosten werden separat belastet:
- Beratung bei der Erstellung der Grundstückgewinnsteuer-Selbstdeklaration
- Grundbuchtechnische Bereinigung
- _____ [*allfällige weitere Posten einsetzen*]

9. Verkaufsunterlagen

Der Auftraggeber liefert folgende Verkaufsunterlagen:
- Grundbuchauszug
- Angaben über allfällige Hypotheken
- Katasterplan
- Grundrisspläne
- Schätzungsanzeige der kantonalen Gebäudeversicherung
- Mietzinslisten und wichtige Angaben über die Mietverhältnisse
- Hausschlüssel
- _____ [*allfällige weitere Unterlagen einsetzen*]

10. Vollmacht

Der Auftraggeber ermächtigt den Beauftragten, alle nötigen Dokumente bei den zuständigen Amtsstellen zu beschaffen, Einsicht in Eintragungen, welche die Liegenschaft betreffen, zu nehmen und entsprechende Auskünfte zu verlangen.

11. Gegenseitige Information

Der Beauftragte informiert über seine Verkaufsbemühungen und der Auftraggeber über allfällige Interessenten, die sich direkt bei ihm melden, sodass der Makler die Verhandlungen weiterführen kann.

12. Gerichtsstand

Beide Parteien anerkennen _____ [*mit Vorteil Ihren Wohnsitz*] als Gerichtsstand.

Dieser Vertrag ist zweifach ausgefertigt und enthält alle getroffenen Abmachungen. Er hat erst Gültigkeit, wenn beide Vertragspartner unterzeichnet haben.

Ort/Datum

Unterschrift Auftraggeber   Unterschrift Beauftragter

Basis: Mustervertrag des Schweizerischen Verbands der Immobilien-Treuhänder (SVIT), Sektion Zürich

10. Konkubinatsvertrag

Das abgedruckte Muster eines Konkubinatsvertrags ist auf einfache Verhältnisse zugeschnitten: ein Konkubinatspaar ohne gemeinsame Kinder, ohne gemeinsames Haus und ohne gemeinsames Geschäft. Sobald Kinder da sind, die gemeinsam bewohnte Wohnung einem Partner allein gehört oder die Partnerin im Geschäft ihres Lebensgefährten mitarbeitet, müssen einige weitere Fragen geregelt werden. Bei solch komplexen Verhältnissen lohnt es sich, den Vertragsentwurf mit einem Notar oder einer Anwältin zu besprechen.

Konkubinatsvertrag

zwischen
Renate G., Rosenstrasse 12, 8640 Rapperswil
und
Andreas H., Rosenstrasse 12, 8640 Rapperswil

1. Kosten, gemeinsamer Lebensunterhalt

Renate G. und Andreas H. wohnen seit dem 1. x. 200z zusammen. Sie übernehmen die laufenden Kosten für die Haushaltsführung je zur Hälfte. Dazu richten sie eine Haushaltskasse ein, in die jede Seite jeweils am Ersten des Monats den Betrag von Fr. 500.– einzahlt. Aus der Haushaltskasse werden Ausgaben für Lebensmittel, Wasch- und Putzmittel beglichen. Die Partner bewahren bei ihren

Einkäufen für den gemeinsamen Haushalt die Quittungen auf. Am Monatsende wird die Kasse abgerechnet und ausgeglichen.

Die Aufgaben im Haushalt teilen sich Renate G. und Andreas H.

Über das eigene Einkommen und Vermögen verfügen der Partner und die Partnerin je unabhängig. Jede Seite haftet auch allein für eingegangene Verpflichtungen und persönliche Schulden.

2. Mietzins

Der Mietvertrag für die Wohnung lautet auf Renate G. Zwischen den Konkubinatspartnern besteht ein schriftlicher Untermietvertrag (Beilage zu diesem Vertrag).

Die Kosten für Elektrizität, Gas, Hausrat- und Haftpflichtversicherung teilen sich die Konkubinatspartner hälftig.

3. Inventar

Über die Einrichtungsgegenstände haben Renate G. und Andreas H. ein Inventar erstellt (Beilage zu diesem Vertrag). Es wird immer am Jahresende aktualisiert.

Ist ein Gegenstand nicht im Inventar aufgeführt, soll diejenige Person als Eigentümerin gelten, welche Rechnungen oder Quittungen über den Gegenstand vorweisen kann. Fehlen solche Belege, wird Miteigentum der Parteien angenommen.

Gegenstände, die Renate G. und Andreas H. gemeinsam anschaffen oder geschenkt bekommen, werden ebenfalls ins Inventar aufgenommen. Bei einer Auflösung des Haushalts müssen sich die Parteien über die Zuteilung dieser Stücke einigen. Zum Ausgleich schulden sie sich den Zeitwert dieser Gegenstände.

4. Besondere Vereinbarungen

Geschenke, die sich die Konkubinatspartner während ihres Zusammenlebens machen, sind bei einer Auflösung des Haushalts nicht zurückzugeben.

Rapperswil, x. y. 200z

Renate G. Andreas H.

Quelle: Beobachter-Handbuch «Schreiben leicht gemacht. Brief- und Vertragsmuster für den Schweizer Alltag»

11. Vereinbarung Erbvorbezug

Für den Erwerb einer Wohnung an der XY-Strasse in Z., übergebe ich meiner Tochter Deborah J. den Betrag von 100 000 Franken. Sie muss sich diesen Betrag bei der künftigen Erbteilung anrechnen lassen. Zinsen muss Sie sich dafür aber nicht anrechnen lassen.

Kandersteg, x. y. 200z   Franz J.

Einverstanden: Deborah J.

Kopie an: Werner J., Bruder

12. Testament

Achtung: Verfassen Sie das Testament unbedingt von Anfang bis Schluss handschriftlich!

Testament

Ich _____ [*Name, Geburtsdatum, Adresse*] verfüge letztwillig, was folgt:

1. Ich widerrufe sämtliche letztwilligen Verfügungen, die ich jemals getroffen haben sollte.

2. Unter Vorbehalt allfälliger Pflichtteilsrechte setze ich meine Lebenspartnerin _____ [*vollständiger Name, Adresse*] als Alleinerbin meiner gesamten Hinterlassenschaft ein [*Variante: als Erbin von ... Prozent*].
   Es steht ihr das Recht zu, die von ihr gewünschten Vermögenswerte und Gegenstände meiner Erbschaft auf Anrechnung an ihren Erbteil vorab zu bestimmen.
   Folgende Gegenstände und Vermögenswerte sollen jedoch andern Personen und Institutionen zukommen:

   _____
   _____ [*Liste mit Namen und Adressen der Begünstigten*]

3. Sollte meine Partnerin vor oder gleichzeitig mit mir verstorben sein, gilt die gesetzliche Erbfolge.

4. Ich bestimme meine Partnerin zu meiner Willensvollstreckerin. Es steht ihr frei, diese Aufgabe an eine Person ihres Vertrauens zu delegieren.

5. Dieses Testament gilt unter dem Vorbehalt, dass die Lebensgemeinschaft zwischen mir und _____ [*Name der Partnerin*] bis zu meinem Tod Bestand hat. Sollte diese Frage unter meinen Erben strittig sein, ist massgebend, ob _____ [*Name der Partnerin*] zum Zeitpunkt meines Todes an meiner Wohnadresse angemeldet war.

Ort, Datum   Unterschrift

13. Kündigung des Arbeitsvertrags

Absender

EINSCHREIBEN

Adresse des Arbeitgebers

Ort, Datum

Kündigung

Sehr geehrter Herr K.

Hiermit kündige ich meine Stelle unter Einhaltung der gesetzlichen Kündigungsfrist auf den 30. y. 200z. Ich bitte Sie um Kenntnisnahme.

Mit freundlichen Grüssen

Unterschrift

14. Begründung für eine Kündigung des Arbeitgebers einfordern

Absender

EINSCHREIBEN

Adresse des Arbeitgebers

Ort, Datum

Schriftliche Begründung

Sehr geehrter Herr L.

Mit Schreiben vom x. y. 200z haben Sie mir gekündigt. Unter Hinweis auf Artikel 335 OR bitte ich Sie, diese Kündigung schriftlich zu begründen.

Mit freundlichen Grüssen

Unterschrift

15. Protestbrief gegen eine missbräuchliche Kündigung

Absender

EINSCHREIBEN
Adresse des Arbeitgebers

Ort, Datum

Einsprache

Sehr geehrter Herr M.

Ich erhebe hiermit Einsprache gegen Ihre mit Schreiben vom x. y. 200z per 31. Dezember 200z erfolgte Kündigung. Die von Ihnen dargelegten Kündigungsgründe halte ich für nicht stichhaltig. Ich biete Ihnen meine Arbeitskraft weiterhin an.
Begründung: Vor drei Tagen habe ich Ihnen dargelegt, dass ich meine korrekt gemeldeten Überstunden entschädigt haben möchte, weil in meinem Vertrag kein Verzicht auf Entschädigung oder Kompensation der Überstunden enthalten ist. Ihre Kündigung ist die Vergeltung dafür, dass ich mich für meine Rechte eingesetzt habe. Eine solche Kündigung ist gemäss Artikel 336 des Obligationenrechts missbräuchlich.
Ich bitte Sie deshalb, auf Ihren Entscheid zurückzukommen und die Kündigung aufzuheben.

Mit freundlichen Grüssen

Unterschrift

16. Widerruf eines Haustürgeschäfts

Absender

EINSCHREIBEN
Adresse der Firma des Vertreters

Ort, Datum

Widerruf

Gestern besuchte mich Ihr Vertreter unaufgefordert bei mir zu Hause. Ich unterschrieb einen Vertrag für den Kauf des Kosmetikpakets Beauté plus.
Gemäss Artikel 40b des Obligationenrechts widerrufe ich diesen Vertrag.

Mit freundlichen Grüssen

Unterschrift

17. Widerruf eines Leasingvertrags innert sieben Tagen

Absender

EINSCHREIBEN
Adresse des Leasinggebers

Ort, Datum

Widerruf des Leasingvertrags vom x. y. 200z

Sehr geehrte Damen und Herren

Ich möchte hiermit fristgerecht vom Vertrag vom x. y. 200z betreffend Leasing eines Opel Corsa zurücktreten. Die siebentägige Frist ist gewahrt.

Mit freundlichem Gruss

Unterschrift

18. Darlehensvertrag

Darlehensvertrag

zwischen Markus O., Rankweg 11, 3123 Belp (Darlehensgeber)
und Vera P., Waldstrasse 62, 3123 Belp (Darlehensnehmerin)

1. Markus O. gewährt Vera P. ein Darlehen von 20 000 Franken (in Worten: zwanzigtausend Franken). Darlehensgeber Markus O. verpflichtet sich, den Betrag bis spätestens am 31. Dezember 200z auf das Konto der Darlehensnehmerin Vera P. (Kontonummer: 99-999999-9) bei der Postfinance zu überweisen.

2. Das Darlehen wird zur Renovation eines Eigenheims an der Waldstrasse 62 in Belp verwendet.

3. Die Darlehensnehmerin verpflichtet sich, das Darlehen in vier jährlichen Raten von je 5000 Franken bis zum 31. Dezember 200x zurückzuzahlen. Die Rückzahlung erfolgt jeweils per 31. Dezember, erstmals am 31. Dezember 200y.

4. Für eine vorzeitige Kündigung ist eine Frist von sechs Monaten einzuhalten.

5. Die Darlehensnehmerin verpflichtet sich, den jeweils noch ausstehenden Darlehensbetrag mit 3 Prozent zu verzinsen. Der Zins ist jeweils jährlich zusammen mit der Teilrückzahlung zu überweisen, erstmals am 31. Dezember 200y.

Belp, x. y. 200z

Vera P.   Markus O.

19. Schuldanerkennung

Schuldanerkennung

Vera P., Waldstrasse 62, 3123 Belp, bestätigt, dass sie heute von Markus O., Rankweg 11, 3123 Belp, den Betrag von 10 000 Franken erhalten hat.
Vera P. verpflichtet sich, diesen Betrag bis zum 31. Dezember 200x zurückzuzahlen.

Belp, x. y. 200z

Vera P.

20. Kündigung der Grundversicherung bei der Krankenkasse

Absender

EINSCHREIBEN
Adresse der Krankenkasse

Ort, Datum

Kündigung der Grundversicherung

Sehr geehrte Damen und Herren

Hiermit kündige ich meine Grundversicherung (Policen-Nummer 999.999.9) auf den 31. Dezember 200z. Die Zusatzversicherung SpitalPlus bleibt bestehen.

Mit freundlichem Gruss

Unterschrift

21. Beitritt zur neuen Grundversicherung

Absender

EINSCHREIBEN
Adresse der Krankenkasse

Ort, Datum

Sehr geehrte Damen und Herren

Hiermit trete ich ab dem 1. Januar 200z Ihrer Krankenversicherung für die Grundversicherung bei.
Ich bitte Sie, dies meiner bisherigen Kasse zu melden.
Meine Personalien: _____ [*Name, Vorname, Adresse, Geburtsdatum, Zivilstand*]
Bitte sehen Sie eine Jahresfranchise von 2500 Franken vor und schliessen Sie das Unfallrisiko aus.

Die Prämien werde ich monatlich bezahlen. Mein Konto für Rückerstattungen lautet: _____
[*Bankverbindung oder PC-Konto*].

Mit freundlichem Gruss

Unterschrift

Beilagen: Kopie meines aktuellen Versicherungsausweises
            Kopie des Kündigungsschreibens an die alte Kasse

22. Meldung fehlender AHV-Beiträge

Absender

EINSCHREIBEN
Adresse der Ausgleichskasse Ihres Arbeitskantons

Ort, Datum

Sehr geehrte Damen und Herren

Sie haben mir am x. y. 200z einen Zusammenzug meiner AHV-Konten geschickt. Bei der Durchsicht habe ich festgestellt, dass die Beiträge für das Jahr 2005 fehlen. Im Jahr 2005 war ich angestellt als Erntearbeiter beim Gemüsebauer O. in Suberg. Von meinem Lohn wurden mir die AHV und IV-Beiträge abgezogen, doch diese Beträge erscheinen nicht auf dem Kontoauszug.
Eine Kopie des Lohnausweises für das Jahr 2005 lege ich Ihnen bei. Ich bitte Sie, der Sache nachzugehen und mich umgehend zu informieren.

Vielen Dank und freundliche Grüsse

Unterschrift

23. Einsprache gegen definitive Steuereinschätzung

Absender

EINSCHREIBEN
Adresse der Steuerbehörde

Ort, Datum

Einsprache gegen die definitive Steuereinschätzung

Sehr geehrte Damen und Herren

Mit Brief vom x. y. 200z haben Sie mir die definitive Steuereinschätzung für das Jahr 200x zugestellt. Dabei haben Sie den Abzug für meine Weiterbildungskosten nicht zugelassen.

Ich stelle hiermit den Antrag, diesen Abzug im vollen Umfang von 12 000 Franken zuzulassen.
Begründung: Der Jahreskurs als Webpublisherin steht in einem direkten Zusammenhang mit meiner Tätigkeit als Projektleiterin in der Internetagentur XY. Deshalb handelt es sich dabei um eine abzugsfähige berufsbedingte Weiterbildung.
Ich würde Ihnen diese Gründe gerne persönlich darlegen und bitte Sie dafür um einen Terminvorschlag.

Mit freundlichem Gruss

Unterschrift

Beilagen: [*unbedingt Belege beilegen*]
Kursrechnung
Arbeitsvertrag

24. Strafantrag

Absender

EINSCHREIBEN
*Adresse des Polizeipostens Ihrer Wohngemeinde
oder des Stadtteils, in dem Sie wohnen*

Ort, Datum

Strafantrag

Sehr geehrte Damen und Herren

Hiermit stelle ich Strafantrag wegen Hausfriedensbruchs gegen meinen Vermieter,
Herrn Ramon S., XY-Strasse in Z.
Am _____ [*genaues Datum des Vorfalls*] kam ich von der Arbeit nach Hause und fand meine Wohnungstüre offen. Wenig später teilte mir mein Vermieter mit, er habe einen antiken Stuhl aus meiner Wohnung abtransportieren lassen, um sicherzustellen, dass ich für die Schäden aufkomme, die ich angeblich auf der Dachterrasse durch unsachgemässes Grillieren verursacht haben soll (was ich ausdrücklich bestreite).
Somit ist mein Vermieter unerlaubterweise in meine Wohnung eingedrungen. Dies erfüllt den Tatbestand des Hausfriedensbruchs. Ich beantrage hiermit, ein entsprechendes Strafverfahren einzuleiten.

Mit freundlichem Gruss

Unterschrift

25. Auftrag an einen Verteidiger

Absender

EINSCHREIBEN

Adresse des Anwalts

Ort, Datum

Sehr geehrter Herr T.

Seit dem x. y. 200z bin ich im Polizeigefängnis _____ [*Name, Adresse*] in Untersuchungshaft. Zuständig ist Untersuchungsrichterin Ursula. V. Es geht um eine Körperverletzung. Mit diesem Schreiben bevollmächtige ich Sie, mich in diesem Strafverfahren zu vertreten, und bitte Sie, mich bald im Gefängnis zu besuchen.
Sollten Sie diesen Auftrag nicht annehmen, bitte ich Sie, einen Anwalt Ihres Vertrauens mit dem Mandat zu betrauen.

Mit freundlichen Grüssen

Unterschrift

26. Haftentlassungsgesuch

Absender

EINSCHREIBEN

Adresse des Bezirksanwalts

Ort, Datum

Sehr geehrter Herr W.

Ich stelle das Gesuch, aus der Untersuchungshaft entlassen zu werden. Ich möchte vom Haftrichter persönlich angehört werden und werde bei dieser Gelegenheit das Haftentlassungsgesuch begründen.

Mit freundlichen Grüssen

Unterschrift

Glossar

Allgemeine Geschäfts- oder Vertragsbedingungen (AGB)
Die AGB sind das Kleingedruckte eines Vertrags, das heisst standardisierte, vorgedruckte Vertragsbestimmungen, die gelten, wenn man keine individuelle, abweichende Lösung ausgehandelt hat.

Beschwerde
Als Beschwerde bezeichnet man das Rechtsmittel, mit dem man im Verwaltungsverfahren den Entscheid einer unteren Behörde von der oberen Instanz überprüfen lassen kann. Darin liegt der Unterschied zur → Einsprache, bei der die gleiche Instanz ihren Entscheid selbst nochmals überprüft.

Einsprache
Als Einsprache bezeichnet man das Rechtsmittel, mit dem man von einer Behörde fordern kann, ihren Entscheid nochmals zu überprüfen.

Erlass
Erlass ist der Oberbegriff für alle Anordnungen des Staates, die für eine unbestimmte Vielzahl von Menschen gelten. Solche Erlasse können Verfassung, Gesetz, Verordnung, Dekret oder ähnlich heissen. Der Erlass unterscheidet sich von der → Verfügung, die nur für diejenige Person gilt, gegen die sie angeordnet wurde.

Existenzminimum
Als Existenzminimum bezeichnet man jenes Einkommen, das der Staat einem Sozialhilfebezüger als Minimum garantiert (sozialhilferechtliches Existenzminimum). Der Betrag variiert von Kanton zu Kanton und von Gemeinde zu Gemeinde, da das Existenzminimum in der Schweiz nicht einheitlich definiert ist. Davon zu unterscheiden ist das betreibungsrechtliche Existenzminimum; damit ist das minimale Einkommen gemeint, das im Betreibungsverfahren nicht gepfändet werden darf.

Garantie
Die Garantie ist die vertragliche Abmachung, wie lange und in welcher Form der Verkäufer oder Werkersteller für Fehler oder Mängel des Kaufobjekts oder Werks einstehen muss (→ Mängelrechte)

Gerichtskosten
Das sind die Kosten, die ein Gericht der unterliegenden Partei für seinen Aufwand in Rechnung stellt: Gebühr für die Tätigkeit des Gerichts sowie seine Auslagen, zum Beispiel für Vorladungen oder Gutachten.

Gewährleistung
Die Gewährleistung ist die gesetzlich festgelegte Art, wie der Verkäufer oder Werkersteller für Fehler oder Mängel des Kaufobjekts oder Werks einzustehen hat, wenn keine vertragliche Abmachung besteht (→ Mängelrechte).

Instanzenzug
Der Instanzenzug ist die Abfolge von Entscheidinstanzen, die einander hierarchisch übergeordnet sind und an die man einen Entscheid jeweils weiterziehen kann. Instanzenzüge sind zum Beispiel: Bezirksgericht – Obergericht – Bundesgericht; IV-Stelle – kantonales Versicherungsgericht – Bundesgericht.

Invalidität
Invalid ist, wer als Folge eines Gesundheitsschadens voraussichtlich bleibend oder für längere Zeit ganz oder teilweise erwerbsunfähig ist.

Kausalität / Kausalzusammenhang
Ein Kausalzusammenhang zwischen zwei Ereignissen besteht immer dann, wenn das eine Ereignis eine zwingende Folge des andern ist – wenn also zum Beispiel der Tod des Opfers nur wegen des Messer-

stichs eingetreten ist oder wenn ein Gesundheitsschaden auf den Unfall zurückzuführen ist. Denkt man das eine Ereignis weg, fällt auch das andere weg.

Neben dieser sogenannten natürlichen Kausalität, gibt es im Sozialversicherungs- und Haftpflichtrecht auch die adäquate Kausalität. Sie ist gegeben, wenn eine konkrete Gesundheitsschädigung nach dem gewöhnlichen Lauf der Dinge und nach der allgemeinen Lebenserfahrung noch dem Unfall zugeordnet werden kann.

Klage

Mit Klage bezeichnet man in der Regel die Eingabe eines Privaten, mit der dieser ein Gerichtsverfahren aktiv einleitet. Meist sind damit Zivilklagen gemeint. Im Unterschied zur → Beschwerde gibt es also nicht bereits eine Anordnung einer Behörde oder eines Gerichts, gegen die der Private sich wehrt.

Mängelrechte

Mängelrechte sind die Ansprüche, die der Käufer gegen den Verkäufer oder der Werkbesteller gegen den Unternehmer hat, wenn das Kaufobjekt oder das Werk Mängel aufweist. Als Mängelrechte sieht das Gesetz die Nachbesserung, die Minderung und die Wandlung vor. Sie können vertraglich wegbedungen werden.

Mediation

Die Mediation ist ein aussergerichtliches Verfahren zur Streitschlichtung. Die Konfliktparteien suchen unter Anleitung eines neutralen Vermittlers – eben des Mediators – eine einvernehmliche, tragfähige Lösung. Diese kann etwas ganz anderes vorsehen als ein Entscheid, den ein Gericht aufgrund von Gesetz und Rechtspraxis in derselben Angelegenheit fällen würde – vorausgesetzt, beide Parteien sind damit einverstanden.

Parteientschädigung

Die Parteientschädigung ist die Geldsumme, die man der Gegenpartei zahlen muss, wenn man einen Prozess verliert – oder die man erhält, wenn man gewinnt. Häufig decken Parteientschädigungen jedoch die eigenen Anwaltskosten nur zum Teil.

Präjudiz

Ein Präjudiz ist ein wegweisendes Urteil, in dem eine Rechtsfrage erstmals entschieden wurde und auf das sich Richter bei späteren ähnlichen Fällen wieder beziehen. Entscheidet das Bundesgericht erstmals einen Fall, ist dies ein Präjudiz, weil die unteren Gerichte immer damit rechnen müssen, dass ihre anders lautenden Urteile aufgehoben würden, falls sie ans Bundesgericht weitergezogen würden.

Rechtliches Gehör

Das rechtliche Gehör ist der Anspruch einer Partei, in einem Gerichts- oder Verwaltungsverfahren ihre Sicht der Dinge darlegen zu dürfen. Dazu gehört auch das Akteneinsichtsrecht, also das Recht, alle Unterlagen zum eigenen Fall einsehen zu dürfen.

Rechtsmittel

Rechtsmittel ist der Oberbegriff für alle Möglichkeiten, sich gegen einen Entscheid zu wehren. Ergreift man ein Rechtsmittel, hat man einen Anspruch auf erneute Beurteilung.

Rechtskraft

Ein Urteil erwächst in Rechtskraft, wenn es nicht mehr angefochten werden kann, das heisst, wenn dagegen innert Frist kein Rechtsmittel erhoben wurde – oder wenn die letzte Instanz endgültig entschieden hat.

Strafantrag

Hat man mit einer → Strafanzeige ein Delikt zur Anzeige gebracht, das die Strafbehörden nicht von Amtes wegen untersuchen müssen (Antragsdelikt), muss man zusätzlich einen Strafantrag einreichen, damit die Strafbehörden tätig werden.

Strafanzeige

Mit einer Strafanzeige bringt man der Polizei ein strafrechtliches Verhalten zur Kenntnis.

Streitwert

Der Streitwert ist der Geldbetrag, um den in einem Forderungsprozess gestritten wird. Häufig gilt: Je höher der Streitwert, desto höher die → Gerichtskosten und die → Parteientschädigung.

Übertretung

Übertretungen sind Taten, die nur mit Busse bedroht sind. Zum Beispiel: falsches Parkieren, Nichtanzeigen eines Fundes oder unbefugtes Tragen der militärischen Uniform.

Unentgeltliche Prozessführung und Rechtsvertretung

Mit unentgeltlicher Prozessführung und Rechtsvertretung bezeichnet man die Bevorschussung der Gerichts- und Anwaltskosten durch den Staat. Sie wird gewährt, wenn eine Person mittellos, der Fall nicht völlig einfach und der Prozess nicht aussichtslos ist. Kommt die Person später wieder zu Vermögen, muss sie die bevorschussten Gerichts- und Anwaltskosten unter Umständen zurückerstatten.

Unfall

Ein Unfall ist die plötzliche, nicht beabsichtigte schädigende Einwirkung eines ungewöhnlichen Faktors auf den menschlichen Körper, die eine Beeinträchtigung der körperlichen oder geistigen Gesundheit oder den Tod zur Folge hat.

Verbrechen

Verbrechen sind Taten, die mit einer Freiheitsstrafe von mehr als drei Jahren bedroht sind. Zum Beispiel: vorsätzliche Tötung, Raub oder Diebstahl.

Vergehen

Vergehen sind Taten, die mit einer Freiheitsstrafe bis zu drei Jahren oder mit Geldstrafe bedroht sind. Zum Beispiel: Sachbeschädigung, üble Nachrede oder einfache Körperverletzung.

Verjährung

Nach Ablauf einer gewissen Frist können Ansprüche vor Gericht nicht mehr durchgesetzt werden – auch wenn man Beweise dafür hätte. Weil diese Fristen nach Jahren bestimmt sind, spricht man von «Verjährung». Je nach Anspruch sind die gesetzlichen Verjährungsfristen unterschiedlich lang (von einem Jahr bis zehn Jahre). Die Verjährung kann unterbrochen werden, beispielsweise durch eine Betreibung, nicht aber durch eine gewöhnliche Mahnung.

Verfügung

Eine Verfügung ist eine konkrete Anordnung einer Behörde gegenüber einer bestimmten Person – zum Beispiel die definitive Steuerveranlagung, ein Strafbefehl oder der Entscheid über den Invaliditätsgrad. Eine Verfügung muss eine Begründung und eine Rechtsmittelbelehrung enthalten, in der steht, bei welcher Behörde und innert welcher Frist sich die betroffene Person gegen die Verfügung wehren kann.

Vergleich

Der Vergleich ist die Einigung zwischen zwei Parteien, die entweder ausserhalb des Gerichts (aussergerichtlicher Vergleich) oder vor dem Gericht (gerichtlicher Vergleich) zustande kommt. Der Richter legt also nicht selbst fest, was gilt (Urteil). Vergleiche können im Unterschied zu Urteilen nicht oder nur sehr schwer angefochten werden.

Verordnung

Die Verordnung ist ein Erlass der Exekutive (ausführende Gewalt – Bundesrat, Regierungsrat), mit der sie die Details eines Gesetzes (Erlass der Legislative – also eines Parlaments) ausführt, damit dieses in konkreten Fällen angewendet werden kann. Zum Beispiel die Lärmschutzverordnung des Bundesrats, die die Bestimmungen des Umweltschutzgesetzes konkretisiert.

20 gesamtschweizerische Links und Adressen

Beobachter-Beratungszentrum

Das Wissen und der Rat der Fachleute in acht Rechtsgebieten stehen im Internet und am Telefon zur Verfügung:

> HelpOnline: Rund um die Uhr im Internet mit umfassenden Informationen, Antworten zu Rechtsproblemen, Hinweisen auf einschlägige Gesetzesartikel sowie Musterbriefen und Checklisten
> www.beobachter.ch/helponline

> Telefon: Montag bis Freitag von 9 bis 13 Uhr, Nummern der Fachbereiche:
> Arbeit: 043 444 54 01
> Wohnen: 043 444 54 02
> Konsum: 043 444 54 03
> Familie: 043 444 54 04
> Sozialversicherungen: 043 444 54 05
> Staat: 043 444 54 06
> Geld: 043 444 54 07
> Sozialfragen: 043 444 54 08

Wer den Beobachter abonniert hat, profitiert gratis von der Beratung. Wer kein Abo hat, kann online oder am Telefon eines bestellen und erhält sofort Zugang zu den Dienstleistungen.

> www.beobachter.ch (→ SOS Beobachter)
> Stiftung SOS Beobachter
> Förrlibuckstrasse 70
> 8021 Zürich
> Finanzielle Hilfe zur Überbrückung von Notlagen, wenn alle andern Möglichkeiten ausgeschöpft sind

Behörden und Gerichte

www.admin.ch
Offizielle Website der Behörden der Schweizerischen Eidgenossenschaft, des Bundesrats und der Bundesverwaltung; alle Bundesgesetze im Wortlaut unter → Bundesgesetze → Systematische Sammlung. Die kantonalen Verwaltungen findet man unter dem Kantonskürzel (zum Beispiel www.gr.ch).

www.bger.ch
Offizielle Website des Bundesgerichts

www.bsv.admin.ch
Website des Bundesamts für Sozialversicherungen, des Kompetenzzentrums des Bundes für Informationen zu sämtlichen Sozialversicherungen

www.bundespublikationen.ch
Vertriebs- und Verkaufsstelle für die Publikationen des Bundes

www.ch.ch
Wegweiser zu den Verwaltungsstellen des Bundes, der Kantone und der Gemeinden, zum Beispiel zum Passantragsformular oder zum Führerausweis

www.opferhilfe-schweiz.ch
Website der Schweizerischen Verbindungsstellen-Konferenz Opferhilfegesetz (SVK-OHG) mit den Adressen sämtlicher Opferhilfestellen

www.skos.ch
Website der Schweizerischen Konferenz für Sozialhilfe; Richtlinien im Wortlaut und umfangreiche Informationen zur Anwendung in den Kantonen

www.steuerkonferenz.ch
Website der Vereinigung schweizerischer Steuerbehörden mit Links zu den kantonalen Steuerämtern sämtlicher Kantone

Gesamtschweizerische Ombudsstellen

www.bankingombudsman.ch
Schweizerischer Bankenombudsman

www.ombudscom.ch
Schlichtungsstelle der Telekommunikationsbranche

www.ombudsman-kv.ch
Ombudsstelle der sozialen Krankenversicherung

www.ombudsman-touristik.ch
Ombudsstelle der Schweizer Reisebranche

www.swisshotels.ch
Ombudsstelle der Schweizer Hotellerie

www.versicherungsombudsman.ch
Ombudsstelle der Privatversicherungen und der Suva

Suche nach einem Anwalt oder Mediator

www.bgfa.ch (→ BGFA-Register)
Alle kantonalen Anwaltsregister

www.djs-jds.ch
Demokratische Juristinnen und Juristen der Schweiz (DJS)
Neuengasse 8
3011 Bern
Tel. 031 312 83 34
Mitgliederliste mit Spezialgebieten

www.infomediation.ch
Der Schweizerische Dachverband Mediation bietet auf seiner Website weiterführende Informationen und vermittelt Fachpersonen.

www.mediation-svm.ch
Website des Schweizerischen Vereins für Mediation mit weiterführenden Informationen und den Adressen von Fachpersonen in Ihrer Region

www.swisslawyers.com
Schweizerischer Anwaltsverband
Postfach 8321
3001 Bern
Tel. 031 313 06 06
Unter «Recht im Alltag» von der Lebenssituation zum spezialisierten Anwalt; Liste aller kantonalen Anwaltsverbände mit ihren unentgeltlichen Rechtsauskunftsstellen

Beobachter-Ratgeber und andere hilfreiche Bücher

Allgemeine rechtliche Ratgeber

Baumgartner, Gabriela: Schreiben leicht gemacht. Brief- und Vertragsmuster für den Schweizer Alltag. 2. Auflage, Beobachter-Buchverlag, Zürich 2007

Von Flüe, Karin; Knellwolf, Peggy A.; Strub, Patrick: ZGB für den Alltag. Kommentierte Ausgabe aus der Beobachter-Beratungspraxis. 7. Auflage, Beobachter-Buchverlag, Zürich 2007

Wirz, Toni: Mediation. Konflikte lösen im Dialog. 2. Auflage, Beobachter-Buchverlag, Zürich 2006

Ruedin, Philippe; Christen, Urs; Bräunlich Keller, Irmtraud: OR für den Alltag. Kommentierte Ausgabe aus der Beobachter-Beratungspraxis. 6. Auflage, Beobachter-Buchverlag, Zürich 2007

Arzt, Gunther: Einführung in die Rechtswissenschaft. Grundlagen mit Beispielen aus dem schweizerischen Recht. 2. Auflage, Helbing & Lichtenhahn, Zürich 1996

Wesel, Uwe: Fast alles, was Recht ist. Jura für Nichtjuristen. Piper, München 2004

Merkblätter zum Umgang mit Anwälten unter www.swisslawyers.com

Ratgeber zum Thema Wohnen

Birrer, Mathias: Im Clinch mit den Nachbarn. Handbuch für Eigentümer und Mieter. 2. Auflage, Beobachter-Buchverlag, Zürich 2007

Birrer, Mathias: Stockwerkeigentum. Kaufen, finanzieren, leben in der Gemeinschaft. 2. Auflage, Beobachter-Buchverlag, Zürich 2007

Westermann, Reto; Meyer, Üsé: Der Weg zum Eigenheim. Kauf, Bau, Finanzierung und Unterhalt. 5. Auflage, Beobachter-Buchverlag, Zürich 2006, und: Kaufen, Bauen, Wohnen. CD-ROM zum Ratgeber

Zihlmann, Peter; Strub, Patrick: Mietrecht. Umzug, Kosten, Kündigung – alles, was Mieter wissen müssen. 6. Auflage, Beobachter-Buchverlag, Zürich 2007

Ratgeber zum Thema Familie

Bisig, Nicole; Noser, Walter: Gut begleitet durch die Schulzeit. Wegweiser für Eltern. Beobachter-Buchverlag, Zürich 2004

Von Flüe, Karin: So regeln Sie die letzten Dinge. Ratgeber für den Todesfall. 3. Auflage, Beobachter-Buchverlag, Zürich 2006

Von Flüe, Karin: Zusammen leben, zusammen wohnen. Was Paare ohne Trauschein wissen müssen. 5. Auflage, Beobachter-Buchverlag, Zürich 2007

Studer, Benno: Testament, Erbschaft. 13. Auflage, Beobachter-Buchverlag, Zürich 2005

Töndury, Barblina: Jugendliche haben Recht. Freizeit, Freunde, Geld und mehr. Beobachter-Buchverlag, Zürich 2007

Trachsel, Daniel: Scheidung. Alles, was
Sie wissen müssen. 14. Auflage, Beobachter-
Buchverlag, Zürich 2007

Trachsel, Daniel: Trennung – von der Krise
zur Lösung. Kinder, Rechtliches, Finanzen.
Beobachter-Buchverlag, Zürich 2005

Ratgeber zum Arbeitsrecht

Bräunlich Keller, Irmtraud: Arbeitsrecht.
Vom Vertrag bis zur Kündigung. 9. Auflage,
Beobachter-Buchverlag, Zürich 2006

Bräunlich Keller, Irmtraud: Mobbing – was tun?
So wehren Sie sich am Arbeitsplatz.
Beobachter-Buchverlag, Zürich 2006

Bräunlich Keller, Irmtraud: So klappts mit
der Lehre. Lehrstellensuche, Rechte am Arbeitsplatz. Beobachter-Buchverlag, Zürich 2006

Dacorogna, Trudy: Stellensuche mit Erfolg.
So bewerben Sie sich richtig. 10. Auflage,
Beobachter-Buchverlag, Zürich 2005

Winistörfer, Norbert: Ich mache mich selbständig. Von der Geschäftsidee zur
erfolgreichen Firmengründung, 10. Auflage,
Beobachter-Buchverlag, Zürich 2005

Ratgeber zum Konsumentenrecht

Krampf, Michael: So kommen Sie zu Ihrem
Geld. Fordern, betreiben, klagen – wie Gläubiger
richtig vorgehen. Beobachter-Buchverlag,
Zürich 2006

Ursenbacher, Ruedi: Richtig versichert.
Haftpflicht-, Hausrat-, Auto- und andere
Versicherungen im Überblick. 8. Auflage,
Beobachter-Buchverlag, Zürich 2005

Ratgeber zum Thema Sozialversicherungen

Arbeitslos – was tun? 3. Auflage, Beobachter-
Buchverlag, Zürich 2005

Kieser, Ueli; Senn, Jürg: Invalidität. Alles über
Renten, Rechte und Versicherungen. 2. Auflage,
Beobachter-Buchverlag, Zürich 2005

Kieser, Ueli; Senn, Jürg: Pensionskasse.
Vorsorge, Finanzierung, Sicherheit, Leistung.
Beobachter-Buchverlag, Zürich 2005

Schaffhauser, Urs: Unfall – was tun?
Leistung, Haftpflicht, Versicherung.
Beobachter-Buchverlag, Zürich 2007

Wirz, Toni: Habe ich Anspruch auf Sozialhilfe?
Rechte und Pflichten, Richtlinien und
Berechnungsbeispiele. 3. Auflage, Beobachter-
Buchverlag, Zürich 2006

Ratgeber zum Thema Steuern, Strassenverkehr und Strafrecht

Leiser, Daniel: Meine Rechte im Strassenverkehr. Alles, was Automobilisten, Zweirad-
fahrer und Fussgänger wissen müssen.
Beobachter-Buchverlag, Zürich 2004

Lüthy, Heini: Steuern leicht gemacht.
Praktisches Handbuch für Angestellte, Selb-
ständige und Eigenheimbesitzer. 3. Auflage,
Beobachter-Buchverlag, Zürich 2007

Hug, Barbara; Marti, Adrien; Brunner, Matthias:
Strafuntersuchung – was tun?
Rechtsauskunftsstelle Anwaltskollektiv,
eco-Verlag, Zürich 1993

Verein Neustart (Hrsg.): Ratgeber Strafverfahren
Basel-Stadt, Verein Neustart, Basel 1998,
www.vereinneustart.ch

Stichwortverzeichnis

A

Adoption 143, 146
AHV 268, 287
- Beitragslücken 252, 269, 326
- Rente beantragen 274
- und Konkubinat 141
- und unbezahlter Urlaub 194, 270
Alimente, bei Scheidung 161, 162
Alimente, und Konkubinat 141
Alimenten- bevorschussung 159, 165
Alimenteninkasso 165
Allgemeine Vertrags- bedingungen 214, 329
Ältere Familienmitglieder 166
Altersrente 268
Altersvorsorge 268
Ämter, Umgang mit 51
Angestellte siehe Arbeitnehmer
Antragsdelikt 47, 299
Anwalt 33, 55
- Anwalts-Check 34
- erster Termin 36
- im Strafverfahren 303
- Probleme mit 42, 312, 313
- Suche nach 34, 55
- übersetztes Honorar ... 43, 312
Arbeitnehmer (siehe auch Arbeitsrecht)
- Rechte und Pflichten 180
- Sozialversicherung 251
Arbeitsgericht 203
Arbeitslosigkeit 276, 287
- Einstelltage 278
- Sozialversicherung bei 252
- Taggeld 276
Arbeitsrecht 178, 209

- Aushilfe 205, 206
- Bewerbungsgespräch 182
- Ende des Arbeitsverhältnisses 202
- Ferien 184, 188
- Freistellung 202
- Freitage 189
- fristlose Kündigung 201
- Kündigung 198, 322
- Lehrlinge 207
- Lohnausweis 190
- Lohn bei Krankheit 183, 184
- Lohndiskriminierung 192
- missbräuchliche Kündigung 200, 323
- Mobbing 195
- Mutterschafts- versicherung 184, 187
- Schäden am Arbeitsplatz 191
- Sozialversicherungs- abzüge 191
- Sperrfrist 199
- Stellensuche 181
- Teilzeitarbeit 205
- Überstunden 184, 190
- unbezahlter Urlaub 193
- und Schwanger- schaft 183, 186
- Zahlungsunfähigkeit des Arbeitgebers 197
Arbeitsunfähigkeit 183
- nach Unfall 256
- wegen Krankheit 265
Arbeitsvertrag 181, 183, 184
Arbeitszeugnis 203
Architektenvertrag 115
Aushilfe 205, 206
Aussageverweigerungs- recht 302

Autohalter, Haftung 228
Autoversicherung wechseln 231

B

Bauen (siehe auch Umbau) 115
- und Nachbarrecht 91
Bauhandwerkerpfandrecht 117
Behörden, Umgang mit 50
Berufliche Vorsorge siehe Pensionskasse
Beschwerde 48, 264, 278, 313, 329
Besuchsrecht 163
Betreibung 165, 239, 242
Betreibungsregistereintrag .. 240
Betriebsgefahr 228
Betrüger erkennen 221
- im Internet 235
Beweise 21, 22
Beweisregeln 46
Bussen 295
BVG-Obligatorium 269

D

Darlehen 144, 225
Datenschutz 237
Depot siehe Mietkaution
Duplik 46

E

Ehe 137, 177
- Ehe- und Familien- beratung 156
- erbrechtliche Begünstigung 171
- Familienname 142
- Familienwohnung 142
- Geldfragen 142, 157
- Krisen 156

- rechtliche Folgen 142
- rechtliche Gründe für 140
- Scheidung 159
- Trennung 158
- und Kinder 142, 145
- und Steuern 142
- Vergleich mit Konkubinat .. 141
- Wohneigentum 106
Eheliches Vermögen 142, 161
Eheschutzgericht 157, 158
Eigenbedarf, Mietrecht 19, 76, 78
Eigenheim siehe Wohneigentum
Eigenkapital 98, 108
Eingetragene
 Partnerschaft 137, 143
- Auflösung 159
- Krisen 156
- Wohneigentum 107
Einsprache 48, 264, 278, 329
Einspracheentscheid...............48
Einstelltage, Arbeitslosen-
 versicherung 278
Einvernahme, Rechte bei 302
Elterliche Sorge
- bei Scheidung 162
- im Konkubinat 139, 146
Eltern (siehe auch Kinder) 145
- Besuchsrecht 163
- Haftung für Kinder 154
- Schulfragen 152
- Unterhalt für Kinder 150
E-Mail (siehe auch
 Internet) 235
- am Arbeitsplatz 196
Entlassung siehe Kündigung,
 Arbeitsrecht
Erbengemeinschaft 174
Erbrecht 169, 177
- Anfechtung Testament 173
- Ausschlagung Erbschaft 174
- Begünstigung Ehegatte 171
- Begünstigung Konkubinats-
 partner 141, 172

- Erbteilung 174
- Erbvertrag 107, 170, 172
- Erbvorbezug 173, 321
- Pflichtteile 169
- Testament 170, 321
Ergänzungsleistungen 267
Erneuerungsfonds, Stockwerk-
 eigentum 127, 129
Existenzminimum .. 329, 241, 281

F

Familie siehe Kinder, Eltern
- ältere Mitglieder 166
Familienmediation 160
Familienname 142, 143, 145, 146
Familienrecht 134, 177
Familienwohnung 106, 142
Ferien 181, 184, 188, 232
- bei Kündigung 202
- Pauschalreise 232
- selber buchen 233
- Teilzeitarbeit 205, 206
- Time-Sharing 234
Festnahme durch Polizei 301
Freistellung, Arbeitsrecht 202
Freitage 189
Fristen 22
Fristlose Kündigung,
 Arbeitsrecht 201, 277
Führerausweisentzug 296
Fürsorge siehe Sozialhilfe

G

Garantie 216, 329
Garantiefristen,
 Bauvorhaben 117
Geldfragen 221
Gemeinsame elterliche
 Sorge 139, 145, 146, 162
Gemeinschaftliche Kosten,
 Stockwerkeigentum 126
Gemeinschaftliche Teile,
 Stockwerkeigentum 126

Gerichtskosten 38, 329
- unentgeltliche Rechts-
 pflege 21, 40, 302, 331
Gerichtsverfahren 45
- Beweise 21, 22
- Fristen 22
- Parteientschädigung 38
- Sozialversicherung 49
- Strafrecht 47
- Verwaltungsrecht 48
- vor Arbeitsgericht 204
- Zivilrecht 46
Gesamtarbeitsvertrag 181
Geschäftspartner,
 Bonitätsprüfung 242
Gesetze 27, 54
- zwingende
 Bestimmungen 181
Gespräch zur
 Konfliktlösung 24, 85
Gewährleistung 120, 217, 329
Gläubiger, Umgang mit 240
Grundversicherung
- Kündigung 261
- Rechtsweg 264

H

Haft siehe Verhaftung
Haftpflichtversicherung 148, 154, 229
- wechseln 231
Haftung 228
- Eltern 154
- Hauseigentümer 228
- Hundehalter 228
- Kinder 154
- Motorfahrzeughalter 228
- Produktehaftpflicht 228
- Schäden am
 Arbeitsplatz 91
- Velofahrer 298
Handwerker 118
- Bauhandwerker-
 pfandrecht 117

- Mängel 120
- Werkvertrag 118

Hauseigentümer (siehe auch
　Wohneigentum)
- Haftpflichtversicherung ... 229
- Haftung 228

Hausratversicherung 148, 229
- wechseln 231

Haustiere 71, 125

Haustürgeschäft 225, 323

Heirat (siehe auch Ehe) .. 137, 140
- rechtliche Folgen 142
- rechtliche Gründe für 140

Hypothekarzins und
　Mietzins 62, 71, 73

Hypotheken,
　Wohneigentum 109

I/J

Internet
- Auktionen 236
- Gaunereien 223, 235
- Kauf per 217
- Online-Banking 223
- Spam 235

Invalideneinkommen 259

Invalidität 257, 266, 287 329
- Eingliederung 257
- Invaliditätsgrad 258, 266
- IV-Rente 257, 258, 266
- IV-Revision 258
- nach Krankheit 266
- nach Unfall 257
- und Pensionskasse ... 260, 267
- Kinderrente 267
- Verfahren 49

Invalidenversicherung,
　private 148

Jugendstrafrecht 305, 309

Juristen, Umgang mit 16, 19

Juristische Kommentare ... 27, 28

K

Kauf im Internet 217

Kauf von Wohneigentum 108

- Altbau 113, 114
- Checkliste Kaufvertrag 112
- Eigenkapital 108
- Hypotheken 109
- Kauf ab Plan 110, 112
- Kaufvertrag 110, 112
- Reservationsvertrag 111
- Stockwerkeigentum 129

Kaufverträge 213

Kausalität 329

Kettenbriefe 225

Kinder 145
- Anerkennung 146
- Besuchsrecht 163
- Betreuungskosten 150
- elterliche Sorge 139, 145,
　　　　　　　　　　　146, 162
- Familienname 145, 146
- Haftung 154
- Jugendstrafrecht 305
- Kosten 148
- kranke betreuen 187
- Krankenkasse 147
- Schule 152
- Strafmündigkeit 305
- Taschengeld 151
- und Konkubinat 145
- und Scheidung 162
- und Verträge 154
- Unterhalt 146, 150, 165
- Versicherungen 148

Kinderrente 267

Kinderzulage 148

Kindesvermögen 150

Klage 330

Klageantwort 46

Klageschrift 46

Konflikte lösen 24
- Anwalt 33
- Gespräch 24, 85
- Mediation 33
- Rechtsberatung 29

Konkubinat 137, 177
- AHV 138, 141

- einfache Gesellschaft 139
- Erbrecht 141, 172
- gemeinsame elterliche
　Sorge 146
- Krisen 156
- Mietrecht 63
- Pensionskasse 141, 173
- Steuern 141
- und Alimente 141
- und Kinder 145
- und Trennung 139, 141
- Vater im 139, 146
- Vor- und Nachteile 138, 141
- Wohneigentum 106

Konkubinatsvertrag 106,
　　　　　　　　　　　139, 319

Konkurs 239, 242
- des Arbeitgebers 197

Konsumentenrecht 210

Kostenvoranschlag,
　Handwerker 119

Krankenkasse 147, 261
- für Kinder 147
- Leistungspflicht 263
- Prämienverbilligung 149
- Streit mit 263
- und Schwangerschaft 147
- Wechsel 261, 325

Krankentaggeld-
　versicherung 184, 185, 194,
　　　　　　　　　229, 265, 278

Krankheit (siehe auch
　Krankenkasse)
- Arbeitsunfähigkeit 265
- Lohnfortzahlung 183, 185
- und Kündigung 199
- Unterschied zu Unfall 253

Kündigung, Arbeitsstelle 198
- Abrechnung 202
- Begründung 199
- Freistellung 202
- fristlose 201
- Kündigungsfristen 198
- missbräuchliche 200

- Sperrfrist 199
- und Arbeitslosen-
  versicherung 277
- ungültige 199
Kündigung der
  Wohnung 75, 322
- Eigenbedarf 76
- eigene 78
- Kündigungsfristen 63, 75
- Mieterstreckung 75, 76
- missbräuchliche 77, 323
- Nachmieter 79
- Sperrfrist 77
- Vermieterwechsel 78
Kündigung, Versicherung 231

L

Lärmimmissionen,
  Nachbarrecht 90
Leasing 219, 220, 324
Lehrlinge 207
Lohn
- Abzüge 191
- bei Krankheit 183, 184,
  205, 206
- Lohnausweis 190
- Lohndiskriminierung 192
- Stundenlohn 184
- Zahlungsschwierigkeiten des
  Arbeitgebers 197
Lohnfortzahlungs-
  pflicht 183, 185

M

Makler, Wohneigentum .. 122, 317
Mängel
- beim Bau 117
- in den Ferien 232
- Mietrecht 66
- von Kaufsachen 216
Mängelrechte 120, 217, 330
Mängelrüge 120, 216
Mediation 33, 160, 306, 330
Mieterstreckung ... 59, 75, 76 78

Mietkaution 62, 81
Mietrecht 19, 56, 82
- Eigenbedarf 19, 76
- eigene Kündigung 78
- Ersatz von Geräten .. 67, 69, 73
- Hausordnung 62
- Haustiere 71
- Indexmiete 61
- Kündigung bei Todesfall 174
- Kündigung des Vermieters .. 75
- Kündigungsfristen 63
- Kündigungstermine 78
- Mängel 66, 314
- missbräuchliche
  Kündigung 77
- Mitmiete 63
- Nebenkosten 62, 69
- Rechte und Pflichten 65
- Reparaturen 66
- Schlichtungsbehörde 19,
  59, 316
- Staffelmiete 61
- Teilkündigungsklausel ... 63, 64
- Umbau 68
- und Nachbarn 87
- Untermiete 63, 64, 70
- Wohnungsrückgabe 79
- Wohnungssuche 58, 60
Mietvertrag 61, 62
Mietzins 71
- und Hypothekarzins 62,
  71, 73
- Mietzinserhöhung .. 71, 72, 315
- Mietzinshinterlegung ... 59, 67
- Mietzinssenkung .. 73, 314, 316
- Vorbehalt 62
Missbräuchliche Kündigung,
  Arbeitsrecht 200, 323
Missbräuchliche Kündigung,
  Mietrecht 77
Mobbing 195
Mutterschafts-
  versicherung 184, 187

N

Nachbarrecht 84, 93
- Bauvorhaben 91
- für Eigenheimbesitzer 88
- für Mieter 87, 316
- für Stockwerkeigentümer ... 87
- übermässige Immissionen .. 89
Nachbarrechtliche Klage 88
Nachmieter 79
Nebenkosten 62, 69
Nichterwerbstätige,
  Sozialversicherung 252

O

Offizialdelikt 47, 299
Ombudsstellen 29
- der Gemeinwesen 308
- gesamtschweizerisch 54
Online-Banking 223
Opferhilfe 306
Ordentliche Kündigungstermine,
  Mietrecht 78
Ortsüblichkeit, Mietrecht 67,
  74, 79

P

Parteientschädigung 38, 330
Partnerschaft 137
- eingetragene 107,
  137, 143, 159
- Krisen 156
Pauschalreise 232
Pensionskasse 184, 268, 287
- Altersrente 269
- für Arbeitslose 278
- für Selbständig-
  erwerbende 252
- Invalidenrente 260, 267
- Kapitalbezug 274
- Obligatorium 269
- Reglement 271
- überobligatorische
  Leistungen 269

- und Konkubinat ... 141, 173, 275
- und Kündigung 202
- und unbezahlter Urlaub 194
- und Wohneigentum 108
- Waisenrente 275
- Witwen-/Witwenrente 275
Pensionskassen-
  ausweis 271, 272
Pfändung 241
Pflichtteil 169
Polizei (siehe auch Strassen-
  verkehr und Strafverfahren)
- Festnahme 301
- Polizeikontrolle 295
- Übergriffe 303
Privathaftpflicht siehe
  Haftpflichtversicherung
Privatversicherung, Unterschied
  zur Sozialversicherung 250
Produktehaftpflicht 228
Prozess siehe Gerichtsverfahren
Prozessfinanzierer 42
Prozessrecht, Grundzüge 46

R

Rechtliches Gehör 278, 330
Rechtsberatung 29
- Adressen 54, 82, 93,
  132, 176, 209, 244,
  285, 286, 308
- Gespräch bei 29
Rechtskraft 330
Rechtsmittel 330
Rechtsmittelbelehrung 53
Rechtsöffnung 241, 242
Rechtspflege, unentgeltliche .. 21,
  40, 302, 331
Rechtsschutz-
  versicherung 21, 41
Rechtsvorschlag erheben ... 239,
  242
Rechtsweg 47, 48, 204,
  278, 329

Reisen
- Pauschalreisen 232
- selbst zusammengestellt 33
- Time-Sharing 234
Rekurs 48
Reparaturen, mangelhafte
  Kaufsache 216
Reparaturen, Mietrecht 66
Replik 46
Rücktritt von Haustür-
  geschäft 215

S

Säule 3a 173, 271
Schadenfall, Vorgehen 230
Scheidung 159
- auf gemeinsames
  Begehren 159
- Besuchsrecht 163
- Ehegattenunterhalt 62
- Mediation 160
- Scheidungsgründe 159
- und Kinder 162
- Vereinbarung 160, 161
Scheidungsfolgen 160
Scheidungskonvention ... 160, 161
Schenkkreise 225
Schlichtungsbehörde 47
- in Mietsachen 19, 59
Schriftlich argumentieren 25
Schuldanerkennung 225,
  241, 242, 325
Schulden, Umgang mit 240
Schule 152
Schwangerschaft
- Mutterschafts-
  versicherung 187
- und Arbeitsrecht 186
- und Krankenkasse 147
- und Kündigung
  Arbeitsstelle 199
- und Stellensuche 183
Selbständige Erwerbs-
  tätigkeit 208

- Sozialversicherung 252
Sonderrecht 126, 129
Sozialhilfe 246, 280, 287
- Anspruch auf 281
- Rückerstattung 282
- und Verwandtenunter-
  stützungspflicht 283
- und Wohneigentum 282
Sozialversicherung 246, 287
- AHV 268
- Arbeitslosen-
  versicherung 276
- Drei-Säulen-System 249
- Ergänzungsleistungen 267
- für Arbeitnehmer 251
- für Arbeitslose 252
- für Nichterwerbstätige 252
- für Selbständig-
  erwerbende 252
- Invaliden-
  versicherung 257, 266
- Krankenkasse 261
- Leistungen für
  Hinterbliebene 275
- Pensionskasse .. 260, 267, 269
- und Konkubinat 141
- Unfallversicherung 256
- Unterschied zu
  Privatversicherung 250
- Verfahren 49
Sozialversicherungs-
  abzüge 191
Spam 235
Sperrfrist, Arbeitsrecht 199
Sperrfrist, Mietrecht 77
Stellensuche 181
Steuern 290, 309
- Abzüge 292
- Fristerstreckung 291
- Kinderabzüge 149
- Steuereinschätzung
  anfechten 292, 326
- und Konkubinat 141
- und Säule 3a 271

Stockwerkeigentum 100, 125, 132
- ausschliessliches Benutzungsrecht 127, 129
- Erneuerungsfonds 127, 129
- gemeinschaftliche Kosten .. 126
- gemeinschaftliche Teile 126
- Hausordnung 89, 129
- Kaufvertrag 129
- Reglement 129
- Sonderrecht 126, 129
- und Nachbarrecht 87
- und Umbau 131
- Verkauf 131
- Verwaltung 129
- Vor- und Nachteile 128
- Wertquote 126
Stockwerkeigentümergemeinschaft 125, 128
Stockwerkeigentümerversammlung 88, 130
- Entscheidquoren 130
Strafantrag ... 47, 299, 327, 330
Strafanzeige 47, 299, 330
Strafrecht 299
- Definition 46
- Verfahren 47, 229
Strafregistereintrag 304
Strafverfahren 47, 299
- Akteneinsicht 302, 309
- Beizug eines Anwalts 303, 328
- Jugendstrafrecht 305
- Opferhilfe 306
- Rechte bei Einvernahme ... 302
- Rechte bei Verhaftung 302, 328
- und Angehörige 304
- unentgeltlicher Verteidiger 302
Strafverteidiger 303
Strassenverkehr 295, 309
- Blutprobe 296
- Busse anfechten 295
- Führerausweisentzug 296

- Haftung 228, 298
- Polizeikontrolle 295
- Unfall 297
Streitwert 331
Suche nach Wohneigentum 103, 105
Sühneverfahren 47

T

Taggeld, Arbeitslosenversicherung 276
Taschengeld 151
Teilkündigungsklausel 63, 64
Teilzeitarbeit 205
Telefonmarketing, Schutz gegen 238
Telekommunikation 235
Testament 170
- anfechten 173
Time-Sharing 234
Tragbarkeit, Wohneigentum 98, 100
Trennung 158
- und Schulden 159
- zivilgerichtliche 160
Trennungsfrist, zweijährige ... 159

U

Übermässige Immissionen, Nachbarrecht 89
Überstunden 184, 190, 202, 205
Übertretung 301, 331
Umbau 115
- Bauabnahme 117
- Bauhandwerkerpfandrecht 117
- Bewilligung 116
- Handwerker 118
- Mängel 120
- und Mietrecht 68, 73
- und Stockwerkeigentum 131
- Werkvertrag 118
Umgang mit Behörden 50
Unbestellte Zusendungen 216

Unbezahlter Urlaub 193, 270
Unentgeltliche Rechtspflege ... 21, 40, 302, 331
Unfall 253
- Arbeitsunfähigkeit 256
- Bagatellunfall 255
- Definition 254, 331
- Unterschied zur Krankheit 253
Unfallversicherung 253, 287
- Abredeversicherung 194
- bei Teilzeitarbeit 205
- für Arbeitnehmer 253
- für Arbeitslose 278
- für Selbständigerwerbende 252
- Invalidenrente 260
- Taggeld 256
- und unbezahlter Urlaub 194
Unschuldsvermutung 302
Unterhalt, für Kinder 146, 150, 165
Unterhaltsbeitrag siehe Alimente
Untermiete 63, 64, 70
Urlaub, unbezahlter 193, 270

V

Valideneinkommen 259
Vaterschaft
- im Konkubinat 139, 146
- in der Ehe 145
- Kindesanerkennung 146
Velovignette 298
Verbrechen 331
Verfahren siehe Gerichtsverfahren
Verfügung 48, 53, 264, 278, 331
Vergehen 331
Vergleich 331
Verhaftung 302, 328
Verjährung 21, 226, 331
- Fristen 225
- Unterbruch 226

Verkauf von Wohneigentum ... 122
- Haftung 124
- Maklervertrag 123, 124, 317
- Stockwerkeigentum 131
Verkehr siehe Strassenverkehr
Vermieter (siehe auch
   Mietrecht) 60
- und Nachbarrecht 87
- Vermieterwechsel 73, 78
Verordnung 331
Versicherung, private 228
- für Kinder 148
- Unterschied zu Sozial-
   versicherung 250
- Versicherungsabschluss ... 230
- Vorgehen im Schadenfall .. 230
- wechseln 231
Verteidiger siehe Strafverteidiger
Vertrag
- allgemeine Vertrags-
   bedingungen 214
- mit Kindern 154
- Schriftlichkeit 22
- Zustandekommen 213
Verwaltungsgerichts-
   beschwerde 49, 264
Verwaltungsrecht
- Definition 46
- Verfahren 48
Verwandtenunterstützungs-
   pflicht 168, 283

Verzugsschaden 239
Verzugszins 239
Vorbehalt, Mietrecht 62
Vorbescheid, Invaliden-
   versicherung 49
Vorsorge siehe
   Sozialversicherung

W

Waisenrente 275
Weiterbildung 184, 193
Werbung, unerwünschte 237
Werkvertrag 118, 208
Wertquote, Stockwerk-
   eigentum 126
Widerruf Leasing-
   vertrag 220, 324
Witwen-/Witwerrente 275
Wohnbaugenossenschaft 101
Wohneigentum 94, 132
- Altbau 113, 114
- Eigenkapital 98, 108
- Eigentumsformen 99, 104
- Finanzierungsregeln 98
- für Ehepaare 106
- für eingetragene Partner ... 107
- für Konkubinatspaare 106
- Hypotheken 109
- Kauf 108, 129
- Kauf ab Plan 110, 112
- Kaufvertrag 110, 112

- Maklervertrag 123, 124, 317
- Miteigentum 104
- Reservationsvertrag 111
- Stockwerkeigentum ... 100, 125
- Suche nach Objekt 103
- Umbau 115
- und Pensionskassen-
   guthaben 108
- verkaufen 122, 131
- Wohnbaugenossenschaft ... 101
Wohnung siehe Mietrecht,
   Wohneigentum
Wohnungssuche 58, 60
Wohnungsvermittlung 60

Z

Zahlungsbefehl 239, 242
Zahlungsunfähigkeit des
   Arbeitgebers 197
Zahnunfall 256
Zivilgerichtliche Trennung ... 160
Zivilrecht
- Definition 46
- Verfahren 46
Zusatzversicherung
- Kündigung 262
- Rechtsweg 265
Zwangsverwertung 241
Zweijährige Trennungsfrist 159

GUT BERATEN

SCHREIBEN LEICHT GEMACHT

Das neue Beobachter-Standardwerk mit integrierter CD-ROM bietet über 200 Vorlagen für Briefe und Verträge aller Art. Sie stammen aus den Bereichen Konsum- und Arbeitsrecht, Familienrecht, Miet- und Nachbarrecht. Zudem zeigt die Autorin, wie man einfach und verständlich schreibt. Mit rechtlichen Erläuterungen und Beobachter-Praxistipps. Kein langes Abtippen: Alle Vorlagen gibt es elektronisch als Word-Dateien auf CD-ROM.

340 Seiten, gebunden

OR UND ZGB FÜR DEN ALLTAG

Das unverzichtbare Beobachter-Buchset für Haushalt, Studium und Unternehmen, aktualisiert und gestalterisch optimiert. Holen Sie sich verbindliche Antworten zu Ihren alltäglichen oder speziellen Rechtsfragen: Vollständige Gesetzestexte mit leserfreundlichen Kommentaren, Gerichtsurteile und viele Beispiele machen es Ihnen leicht! Mit umfassendem Stichwortverzeichnis und praktischem Griffregister.

2 Bände im Set, gebunden

ARBEITSRECHT

Dieses Handbuch der Beobachter-Arbeitsrechtsspezialistin verschafft den Durchblick. Es enthält leicht verständliche Informationen, konkrete Beispiele, Tipps sowie rechtliche Grundlagen und wegweisende Gerichtsurteile. Was gehört in einen Arbeitsvertrag? Was tun bei einer Lohnkürzung? Wie läuft es mit Überstunden? Wie kündige ich korrekt? Wie kann ich mich wehren?

272 Seiten, broschiert

Updates, Leseproben und mehr:
Einfach gratis downloaden unter www.beobachter.ch

www.beobachter.ch